매경TEST

출제예상문제

매경TEST는 매일경제신문사가 주최하는 비즈니스 사고력 테스트를 말한다. 단순히 경제 · 경영 지식의 단편적인 지식 측정이 아닌 응용력과 전략적인 사고력 등을 입체적으로 측정하는 통합적인 이해력 측정 테스트이다. 현대사회에서는 경제 · 경영 기초 개념은 물론이며 비즈니스 창의력과 실무능력을 갖춘 인재를 원하고 있다. 이에 매경TEST는 이러한 기업의 평가척도를 철저히 점검할 수 있는 공신력 있는 문제들로 구성되어 있다. 또한 그동안 인재의 선발시 영어에 의존하던 관행에서 벗어나 대학 · 대학원 진학, 기업의 채용 · 선발 · 배치 등에 매경TEST를 다양하게 활용함으로써 경제교육의 역동효과를 가져올 것이라 기대된다.

아울러 매경TEST의 출범으로 청소년을 비롯한 일반인들이 진정한 자본주의 시장경제의 의미와 우리경제의 선진화에 대한 진지한 고민이 이루어지는 계기가 되길 바란다.

이에 본서는 매경TEST를 준비하는 수험생들이 원하는 목표에 도달할 수 있도록 효과적인 경제 · 경영 능력의 향상을 목표로 구성되었다.

1. 최신 기출문제 유형을 최대한 반영하여 출제유형을 한 눈에 파악할 수 있도록 하였다.
2. 경제 · 경영 파트를 각각 3개의 영역으로 구분하고 영역별 출제범위의 예상문제를 수록하여 심도있는 학습을 할 수 있도록 하였다.
3. 매 문제마다 상세한 해설을 수록하여 효율적인 학습이 가능하도록 하였다.

INFORMATION

매경TEST의 개요

매일경제신문이 만드는 비즈니스 사고력 테스트인 국가공인 매경TEST는 경제 · 경영 기초적인 개념과 지식은 물론, 응용력과 전략적인 사고력을 입체적으로 측정한다. 복잡화한 현대사회에서 비즈니스 창의력과 현실감각을 갖춘 인재의 발굴과 평가에 적합한 기준이라고 자부한다.

매경TEST 문제는 국내 · 외 최고의 대학 교수 출제위원진과 매일경제신문 박사급 기자 그리고 경제 · 경영 전문가들이 출제하며 석학들로 구성된 감수위원들이 문제 하나하나를 철저히 검증한다. 경제와 경영 두 영역에서 각각 40문항씩 출제되는 매경TEST는 경제 · 경영 분야의 통합적인 이해력을 철저하게 측정할 수 있는 국내 유일의 인증시험이다.

매경TEST의 특성

① 경제 · 경영 기초 개념과 지식은 물론, 응용력과 전략적인 사고력을 입체적으로 측정한다.
② 비즈니스 창의력과 현실감각을 갖춘 창의적인 인재발굴 평가 시스템이다.
③ 경제 · 경영분야의 통합적인 이해력을 측정하는 국내 유일의 테스트이다.
④ 해외 유수 언론과 제휴를 통해 글로벌 경제토플로 진화한다.

매경TEST의 특장점

① 임직원의 능력진단 Tool 제시
㉠ 사원들에게 자신의 과제와 목표를 명확하게 제시하는 과제 발견 수단
㉡ 사원의 능력을 명확히 검증하는 평가기준 제공
㉢ 조직의 목표를 구체화해 교육의 방향을 제시하는 교육 지침

② 동기부여를 통한 인재 양성
㉠ 일상 정보와 뉴스에 대한 민감도를 향상시켜 현실감각 제고
㉡ 사원들의 생각하는 습관을 형성시켜 사고력 육성
㉢ 국가공인 점수(600점 이상)을 취득함으로써 자기계발 유도

③ 교육 및 훈련비 절감 효과
㉠ 자체 검정시험 개발에 따르는 시간과 비용, 노력을 절감
㉡ 인사 담당자는 평가분석과 기획업무에 전념 가능
㉢ 자기주도 학습에 따라 기업의 직원 재교육 비용 대폭 감소

문제의 구성

경제 · 경영 분야 각 40문제로 총 80문항이 출제되며, 두 분야에서 각각 지식, 사고력, 시사라는 3축으로 구성돼 응시자의 이해력을 입체적으로 평가한다.

구분	지식	사고력	시사
경제(40문항)	15문항	15문항	10문항
경영(40문항)	15문항	15문항	10문항
계(80문항)	30문항	30문항	20문항

INFORMATION

출제범위

분야	구분	세부내용
경제	경제 필수개념의 이해 -미시 경제 분야-	기초 경제개념(기회비용, 희소성 등), 합리적인 의사결정, 시장의 종류와 개념, 시장과 정부(공공경제, 시장실패) 등
	경제 안목 증진 및 정책의 이해 -거시 경제 분야-	기초 거시변수(GDP, 물가, 금리), 고용과 실업, 화폐와 통화정책, 경기변동(경기안정화 정책, 경제성장) 등
	글로벌 경제 감각 기르기 - 국제 경제 분야-	국제 무역과 국제수지의 이해, 환율 변화와 효과
경영	기업과 조직의 이해 - 경영일반/인사조직 분야 -	기업에 대한 일반지식과 인사조직의 필수 개념, 경영자료의 해석
	기업의 경쟁우위의 이해 - 전략 · 마케팅 분야	경영전략, 국제경영, 마케팅의 개념과 원리에 대한 사례 응용
	재무제표와 재무지식의 이해 - 회계/재무관리의 기초 -	기본적인 재무제표 해석, 기초 재무지식, 금융/환율 상식

평가방법

① 매경TEST는 경제 500점, 경영 500점(총점 1,000점 만점)으로 구성되며, 총점 이외에도 응시자의 영역별 점수, 상위누적 백분위, 세부평가 영역별 방사형 그래프 및 코멘트 등 입체적인 성적분석 데이터를 제공한다.

② 응시자의 상대적인 위치를 상위누적 백분위(총점, 영역별)를 통해 보여줌으로써 자신의 경제 · 경영 이해력의 수준을 상대 평가해 볼 수 있다.

③ 총점 이외에 경제 · 경영 영역의 분야별 점수가 방사형 그래프가 함께 제공되어 본인의 강점과 약점을 한눈에 파악할 수 있습니다. 더불어 비즈니스 수행에 필요한 사고력과 현장 감각, 업무수행 능력에 대한 종합적인 평가를 제시하여 이해력을 높혔다.

신청절차

① **응시절차**

㉠ **개인** : 모든 응시자는 매경TEST 홈페이지에서 지원서를 작성하고 응시료 결제를 한 다음 접수확인과 수험표 출력을 한다.

㉡ **단체** : 단체 응시는 일단 매경TEST 사무국에 개별신청을 하고, 단체코드와 비밀번호를 부여 받은 후 단체 접수하면 된다.

㉢ **결제방법** : 온라인 계좌이체, 신용카드 결제, 휴대폰 결제

② **응시지역**

서울, 인천, 수원, 대구, 대전, 광주, 전주, 특별고사장

③ **응시료**

㉠ **일반/대학생** : 3만 원(단체 : 20명 이상 2만 5,000원)

㉡ **중고생** : 2만 원(단체 : 20명 이상 1만 5,000원)

STRUCTURE

출제예상문제

기출경향 분석을 통해 시험에 출제가 예상되는 문제를 엄선하여 수록하였습니다.

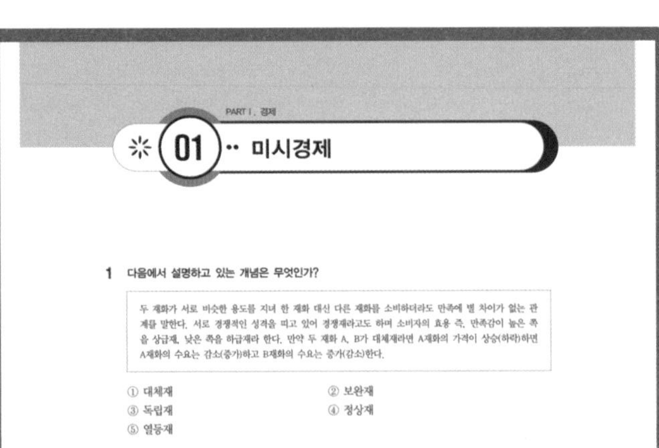

PART I . 경제

01 ·· 미시경제

1 다음에서 설명하고 있는 개념은 무엇인가?

두 재화가 서로 비슷한 용도를 지녀 한 재화 대신 다른 재화를 소비하더라도 만족에 별 차이가 없는 관계를 말한다. 서로 경쟁적인 성격을 띠고 있어 경쟁재라고도 하며 소비자의 효용 즉, 만족감이 높은 쪽을 상급재, 낮은 쪽을 하급재라 한다. 만약 두 재화 A, B가 대체재라면 A재화의 가격이 상승(하락)하면 A재화의 수요는 감소(증가)하고 B재화의 수요는 증가(감소)한다.

① 대체재 ② 보완재
③ 독립재 ④ 정상재
⑤ 열등재

경제 · 경영용어

최신 경제 · 경영용어 및 시험에 자주 출제되는 필수 용어와 약어를 수록하였습니다.

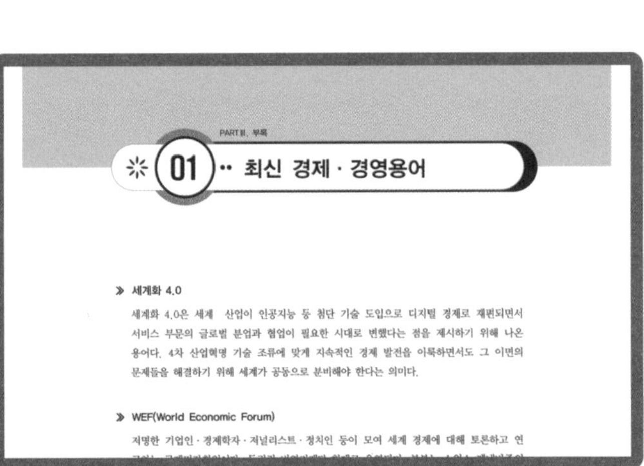

PART Ⅲ. 부록

01 ·· 최신 경제 · 경영용어

» 세계화 4.0

세계화 4.0은 세계 산업이 인공지능 등 첨단 기술 도입으로 디지털 경제로 재편되면서 서비스 부문의 글로벌 분업과 협업이 필요한 시대로 변했다는 점을 제시하기 위해 나온 용어다. 4차 산업혁명 기술 조류에 맞게 지속적인 경제 발전을 이룩하면서도 그 이면의 문제들을 해결하기 위해 세계가 공동으로 분비해야 한다는 의미다.

» WEF(World Economic Forum)

저명한 기업인 · 경제학자 · 저널리스트 · 정치인 등이 모여 세계 경제에 대해 토론하고 연

CONTENTS

경제

01 •• 미시경제

1 다음에서 설명하고 있는 개념은 무엇인가?

> 두 재화가 서로 비슷한 용도를 지녀 한 재화 대신 다른 재화를 소비하더라도 만족에 별 차이가 없는 관계를 말한다. 서로 경쟁적인 성격을 띠고 있어 경쟁재라고도 하며 소비자의 효용 즉, 만족감이 높은 쪽을 상급재, 낮은 쪽을 하급재라 한다. 만약 두 재화 A, B가 대체재라면 A재화의 가격이 상승(하락)하면 A재화의 수요는 감소(증가)하고 B재화의 수요는 증가(감소)한다.

① 대체재
② 보완재
③ 독립재
④ 정상재
⑤ 열등재

2 다음 중 원료비가 하락과 관련된 현상으로 옳지 않은 것은?

① 기업들은 상품을 더 낮은 가격에 팔 수 있다.
② 기업들은 같은 가격에 더 적은 양을 팔 수 있다.
③ 공급곡선이 오른쪽으로 이동 될 수 있다.
④ 임금, 이자 등이 저렴해질 때도 같은 현상을 보인다.
⑤ 일반적으로 생산기술의 진보는 생산비용의 절감을 가져온다.

ANSWER 1.① 2.②

1 ② 한 재화씩 따로 소비하는 것보다 두 재화를 함께 소비하는 것이 더 큰 만족을 주는 재화의 관계를 말한다.
③ 한 재화의 가격이 다른 재화의 수요에 아무런 영향을 주지 않는 재화의 관계를 말한다.
④ 우등재 또는 상급재라고도 하며 소득이 증가(감소)하면 수요가 증가(감소)하여 수요곡선 자체가 우상향(좌상향)으로 이동한다
⑤ 소득이 증가(감소)하면 수요가 감소(증가)하며, 수요곡선 자체가 좌하향(우상향)으로 이동한다

2 ② 생산비용이 하락하면 기업들은 같은 가격에 더 많은 양을 생산할 수 있기 때문에 더 많은 양을 팔 수 있다.

3 **다다음의 가격탄력성 크기에 어울리는 개념으로 옳은 것은?**

$$E_d = 0$$

① 비탄력적
② 단위탄력적
③ 완전비탄력적
④ 탄력적
⑤ 완전탄력적

4 **다음 중 최고가격제에 관한 설명으로 옳지 않은 것은?**

① 최고가격제는 가격의 상한을 설정하고 그 이상으로 가격을 받지 못하도록 하는 정책이다.
② 최고가격제를 통해 소비자는 이전보다 낮은 가격으로 재화를 구입할 수 있다.
③ 최고가격은 균형가격보다 낮은 가격에서 설정되므로 초과수요가 발생하고 암시장의 출현 가능성이 커진다.
④ 최고가격제의 시행으로 생산자의 수익성을 보장하고 제품의 잉여량을 확보할 수 있으며 특히 최저임금제 등으로 노동자를 보호할 수 있다.
⑤ 최고가격제를 통해 사회적인 후생손실이 발생할 수 있다.

ANSWER 3.③ 4.④

3 가격탄력성의 구분

가격탄력성 크기	용어
$E_d = 0$	완전비탄력적
$0 < E_d < 1$	비탄력적
$E_d = 1$	단위탄력적
$1 < E_d < \infty$	탄력적
$E_d = \infty$	완전탄력적

4 ④는 최저가격제의 효과이다.

5 **다음 재화 중 수요변화의 요인이 다른 하나는?**

① 정상재
② 열등재
③ 기펜재
④ 중간재
⑤ 보완재

6 **다음에서 설명하고 있는 개념은 무엇인가?**

> 소비자에게 동일한 만족 또는 효용을 제공하는 재화의 묶음들을 연결한 곡선을 말한다. 즉 총효용을 일정하게 했을 때 재화의 조합을 나타내는 것으로 무차별곡선상의 어떤 조합을 선택하여도 총효용은 일정하다. 때문에 만약 X재의 소비량을 증가시키는데 Y재의 소비량이 그대로라면 총효용은 증가하게 되어 무차별곡선 자체가 이동하게 되므로 Y재의 소비량은 감소시켜야 한다. 즉, 한 재화의 소비량을 증가시키면 다른 재화의 소비량은 감소하므로 무차별곡선은 우하향하는 모습을 띤다. 무차별곡선은 다음과 같은 가정을 지닌다.

① 무차별곡선
② 개인수요곡선
③ 등량곡선
④ 보상수요곡선
⑤ 균형가격곡선

ANSWER **5.⑤ 6.①**

5 ①②③④는 소비자의 소득에 따라 변화하는 재화이고, ⑤는 관련재화의 가격변동에 따라 변화하는 재화이다.

※ **관련재화의 가격변동에 따른 재화**

㉠ **대체재**: 두 재화가 서로 비슷한 용도를 지녀 한 재화 대신 다른 재화를 소비하더라도 만족에 별 차이가 없는 관계를 말한다. 서로 경쟁적인 성격을 띠고 있어 경쟁재라고도 하며 소비자의 효용 즉, 만족감이 높은 쪽을 상급재, 낮은 쪽을 하급재라 한다. 만약 두 재화 A, B가 대체재라면 A재화의 가격이 상승(하락)하면 A재화의 수요는 감소(증가)하고 B재화의 수요는 증가(감소)한다.

㉡ **보완재**: 한 재화씩 따로 소비하는 것보다 두 재화를 함께 소비하는 것이 더 큰 만족을 주는 재화의 관계를 말한다. 따라서 두 재화 A, B가 보완재일 경우, A재화의 가격이 상승(하락)하면 A재화 및 B재화 모두 수요가 감소(증가)한다.

㉢ **독립재**: 한 재화의 가격이 다른 재화의 수요에 아무런 영향을 주지 않는 재화의 관계를 말한다. 따라서 수요곡선 자체도 불변이다.

6 ② 개인수요곡선은 한 재화의 가격과 한 소비자가 구매하고자 하는 해당 재화의 양과의 관계를 나타낸다.

③ 같은 양의 재화를 생산할 수 있는 생산요소 투입량의 조합들로 구성된 곡선으로 일반적인 형태는 우하향하는 곡선이다.

7 다음 빈칸에 들어갈 내용으로 적절한 것은?

$$\text{노동의 평균생산물}(AP_L) = \frac{\text{생산량의 변화}}{(\qquad\qquad)}$$

① 자본투입량의 변화
② 노동투입량의 변화
③ 경제활동인구
④ 비경제활동인구
⑤ 실업자수

8 다음 중 수요의 가격탄력성에 관한 설명으로 옳지 않은 것은?

① 대체재의 수가 많을수록 그 재화는 일반적으로 탄력적이다.
② 사치품은 탄력적이고 생활필수품은 비탄력적인 것이 일반적이다.
③ 재화의 사용 용도가 다양할수록 비탄력적이다.
④ 수요의 탄력성을 측정하는 기간이 길수록 탄력적이다.
⑤ 수요의 가격탄력성은 가격에 변화가 생길 경우 그 변화율에 대한 수요량 변화율의 상대적 크기로 나타낸다.

ANSWER 7.② 8.③

7 $\text{노동의 평균생산물}(AP_L) = \frac{\text{생산량의 변화}}{\text{노동투입량의 변화}}$

8 수요의 가격탄력성 결정 요인
㉠ 대체재의 수가 많을수록 그 재화는 일반적으로 탄력적이다.
㉡ 사치품은 탄력적이고 생활필수품은 비탄력적인 것이 일반적이다.
㉢ 재화의 사용 용도가 다양할수록 탄력적이다.
㉣ 수요의 탄력성을 측정하는 기간이 길수록 탄력적이다.

9 **다음 중 '규모에 대한 수확'에 관한 설명으로 옳지 않은 것은?**

① 모든 생산요소의 투입량이 2배 증가하였을 때 생산량이 정확히 2배 증가하는 경우를 규모에 대한 수확불변이라고 한다.
② 모든 생산요소의 투입량이 2배 증가하였을 때 생산량이 2배보다 더 크게 증가하는 경우를 규모에 대한 수확체증이라고 한다.
③ 규모에 대한 수익체증의 경우는 분업화나 기술혁신 등으로 자연독점이 발생할 가능성이 있다.
④ 모든 생산요소의 투입량이 1.5배 증가하였을 때 생산량이 3배보다 작게 증가하는 경우를 규모에 대한 수확체감이라고 한다.
⑤ 규모에 대한 수확체감은 기업의 방만한 운영에 따라 경영의 비효율성이 나타나는 경우 발생한다.

10 **다음에서 설명하고 있는 개념은 무엇인가?**

> 한 기업이 2종 이상의 제품을 함께 생산할 경우 각 제품을 다른 기업이 각각 생산할 때보다 평균비용이 적게 드는 현상을 말한다. 이는 생산요소의 기능을 조절하여 효율적으로 생산하는 것을 말한다. 범위의 경제는 인수합병의 이론적 근거가 되며, 평균 비용과 한계비용의 절감 효과가 있다.

① 정부 실패
② 외부 효과
③ 외부 경제
④ 규모의 경제
⑤ 범위의 경제

ANSWER 9.④ 10.⑤

9 ④ 모든 생산요소의 투입량이 2배 증가하였을 때 생산량이 2배보다 작게 증가하는 경우를 규모에 대한 수확체감이라고 한다.

10 ① 정부 실패란 정부가 시장에 대한 불완전 정보와 능력의 한계 등으로 제대로 기능을 발휘하지 못하는 경우를 말한다.
② 외부효과란 시장 가격기구와는 별개로 다른 경제주체에게 의도하지 않은 혜택이나 손해를 입히는 것을 말한다.
③ 외부 경제는 기업의 생산 활동이나 개인의 행위가 다른 기업이나 개인에 직접적, 부수적으로 이익을 주며 유리한 영향을 끼치는 것을 뜻한다.
④ 규모의 경제는 생산량이 증가할수록 생산비용이 감소하는 것을 말한다.

11 다음 중 완전경쟁시장을 위한 조건으로 옳지 않은 것은?

① 수요공급분석에서 두개의 시장가격이 존재한다.
② 새로운 기업이 해당산업에 진입하거나, 해당산업으로부터 나오는 것에 특별한 비용이 발생하지 않는다.
③ 수요자와 공급자는 시장가격에 영향을 미칠 수 없는 기업이나 소비자이다.
④ 자원의 완전한 이동과 완벽한 정보를 얻을 수 있다.
⑤ 수요곡선과 공급곡선이 교차하는 점에서 가격과 수요량이 결정된다.

12 다음 중 수요의 교차탄력성에 관한 설명으로 옳지 않은 것은?

① 수요의 교차탄력성이란 한 재화의 가격이 변화할 때 다른 재화수요량의 변화 정도를 나타내는 지표이다.
② 수요의 교차탄력성이 0보다 큰 경우에 정상재로 구분할 수 있다.
③ 수요의 교차탄력성이 0보다 큰 경우에 대체재로 구분할 수 있다.
④ 수요의 교차탄력성이 0보다 작은 경우에 보완재로 구분할 수 있다.
⑤ 수요의 교차탄력성이 0인 경우에 독립재로 구분할 수 있다.

13 다음 중 독점시장의 단기균형에 관한 설명으로 옳지 않은 것은?

① 독점기업은 한계수입과 한계비용이 만나는 점에서 가격과 수량이 결정된다.
② 단기에 독점기업은 초과이윤, 정상이윤, 손실 중 어느 것도 가능하다.
③ 독점시장은 가격(P)과 한계비용(MC)은 일치한다.
④ 가격과 한계비용의 불일치로 인해 독점시장에서는 사회적 후생손실이 발생한다.
⑤ 독점시장의 단기공급곡선은 존재하지 않는다.

ANSWER 11.① 12.② 13.③

11 ① 수요공급분석에서 하나의 시장가격만이 존재한다.

12 ② 수요의 소득탄력성이 0보다 큰 경우에 정상재로 구분할 수 있다.

13 ③ 완전경쟁시장에서는 가격(P) = 한계비용(MC)이 성립하고, 독점시장은 가격(P) > 한계비용(MC)가 성립한다.

14 다음 중 가격차별의 조건이 아닌 것은?

① 소비자를 각각 상이한 그룹으로 구분이 가능해야 한다.
② 구매자간 상품의 전매가 불가능하여야 한다.
③ 판매자가 시장지배력을 행사해야 한다.
④ 서로 같은 그룹으로 구분된 시장, 수요자군의 가격탄력성은 모두 같아야 한다.
⑤ 시장을 구분하는데 소요되는 비용이 가격차별의 이익보다 작아야 한다.

15 다음 중 지니계수에 관한 설명으로 옳지 않은 것은?

① 로렌츠곡선이 나타내는 소득분배를 수치화한 것이다.
② 지니계수는 $\frac{\alpha}{\alpha+\beta}$ 이다.
③ 지니계수 = 0일 때, 소득분배는 완전평등하다.
④ 지니계수 = 1일 때, 소득분배는 완전불평등하다.
⑤ 0과 1사이의 값이며 그 값이 클수록 소득분배가 평등하다.

16 다음 중 십분위배율에 관한 설명으로 옳지 않은 것은?

① 중간 계층의 소득이 어느 정도인지 알기 쉽다.
② 소득분배가 가장 균등할 때 값은 2이다.
③ 소득분배가 가장 불균등할 때 값은 0이다.
④ 십분위분배율은 0에서 2사이의 값을 가진다.
⑤ 십분위분배율이 클수록 소득분배가 균등함을 의미한다.

ANSWER 14.④ 15.⑤ 16.①

14 ④ 서로 다른 그룹으로 구분된 시장, 수요자군의 가격탄력성은 모두 달라야 한다.

15 ⑤ 0과 1사이의 값이며 그 값이 작을수록 소득분배가 평등하다.

16 ① 중간 계층의 소득이 어느 정도인지 알기 어렵다.

17 다음에서 설명하고 있는 가격차별의 형태는?

- 재화의 구입량에 따라 가격을 다르게 설정하는 것을 말한다.
- 1차 가격차별보다 현실적이며 현실에서 그 예를 찾기 쉽다.
- 전화의 사용량에 따라 그 요금의 차이가 나는 것은 이것의 예이다.

① 1차 가격차별
② 2차 가격차별
③ 3차 가격차별
④ 4차 가격차별
⑤ 5차 가격차별

18 다음 중 시장실패의 원인으로 보기 어려운 것은?

① 외부효과
② 공공재의 공급
③ 정부실패
④ 불완전한 정보
⑤ 시장지배력

ANSWER 17.② 18.③

17 제시된 내용은 2차 가격차별에 관한 설명이다.

※ 가격차별의 형태

㉠ 1차 가격차별
- 동일한 상품일지라도 소비자 개개인이 얻는 효용은 모두 다르다. 따라서 각각의 소비자는 상품에 대한 가격지불의사 또한 다르다. 1차 가격차별은 이러한 개별 소비자의 지불의사에 가격을 부과하는 것으로 상품을 지불할 수 있는 금액을 모두 부과하므로 소비자 편익은 남지 않으며 모두 기업이윤으로 귀속되는 가격정책이다.
- 기업이 개별 소비자가 얻는 효용을 완전하게 알고 있을 때에 가능하므로 현실에서 예를 찾아보기 힘들다.

㉡ 2차 가격차별
- 재화의 구입량에 따라 가격을 다르게 설정하는 것을 말한다.
- 2차 가격차별은 1차 가격차별보다 현실적이며 현실에서 그 예를 찾기 쉽다.
- 전화의 사용량에 따라 그 요금의 차이가 나는 것은 2차 가격차별의 예이다.

㉢ 3차 가격차별
- 소비자의 특징에 따라 시장을 분할하여 각 시장마다 서로 다른 가격을 설정한다.
- 극장에서 심야시간대와 일반시간대의 입장료가 다른 것을 말한다.
- 각 시장마다 소비자들의 수요에 대한 가격탄력성이 다르므로 이윤극대화를 달성하기 위해서는 수요의 가격탄력성이 작은 시장에 높은 가격, 수요의 가격탄력성이 큰 시장에 낮은 가격을 설정한다.

18 정부실패 … 시장실패가 일어나면 보통 정부가 개입하게 되며, 정부 역시 시장에 대한 불완전 정보와 능력의 한계 등으로 제대로 기능을 발휘하지 못하는 경우를 정부실패라 한다.

19 다음 중 공공재의 성격으로 옳은 것은?

① 배제성
② 대칭성
③ 대체성
④ 비경합성
⑤ 비공평성

20 다음 중 소득분배 불평등의 원인이 아닌 것은?

① 교육기회 차이
② 부의 상속 정도 차이
③ 사회복지제도
④ 경제구조
⑤ 누진세

21 A 기업이 자본을 150단위 줄이고 노동을 50단위로 늘렸을 때 생산량은 불변하다고 하자. 노동의 한계생산물이 15이면 자본의 한계생산물은?

① −5
② 2
③ 5
④ 10
⑤ 12

ANSWER 19.④ 20.⑤ 21.③

19 공공재란 비경합성과 비배제성을 가지고 있어 대가를 지불하지 않아도 모든 사람이 함께 소비할 수 있는 재화나 서비스를 의미한다. 국방서비스, 도로, 항만 등이 대표적 예다.

20 ⑤ 누진세 … 소득이 증가할수록 더 높은 세율을 적용하여 고소득자와 저소득자간의 소득격차를 줄이는 기능이 있다.

21 $MRTS_{LK} = -\frac{\Delta K}{\Delta L} = \frac{-150}{50} = -\frac{MP_L(15)}{MP_K(5)}$ 이다.

22 다음 중 소비자잉여(consumer surplus)에 대한 설명으로 옳은 것은?

① 수요곡선과 공급곡선이 만나는 점에서의 소비자의 총지출
② 시장가격보다 높은 수요곡선 부분의 면적
③ 수요자가 얻는 모든 한계효용을 합한 것
④ 소비자가 얻는 효용이 생산자가 얻는 효용을 초과할 때의 가치
⑤ 어떤 재화량에 대해 최소만큼 지불하고자 의도하는 금액

23 다른 생산요소를 일정하게 하고 한 생산요소를 증가시키면 처음에는 생산량의 증가율이 증가하다가 다음에는 그 증가율이 감소한다는 것은 어떤 의미인가?

① 수확체증의 법칙
② 대규모생산의 법칙
③ 가변비용의 법칙
④ 규모의 경제와 규모의 불경제
⑤ 한계생산물 균등의 법칙

ANSWER 22.② 23.③

22 소비자잉여(consumer surplus) … 어떤 재화를 소비함으로써 얻는 소비자의 총가치와 소비자가 소비를 위해 지불하는 시장가치의 차이를 말한다. 실제로 소비자가 지불하는 시장가치보다 소비를 통해 얻는 총가치가 클 때 소비자잉여가 존재하는데, 소비자잉여의 존재이유는 한계효용이 체감하기 때문이다. 제시된 그림에서 Oq_0만큼 소비할 때의 소비자 잉여는 색칠된 부분이다.

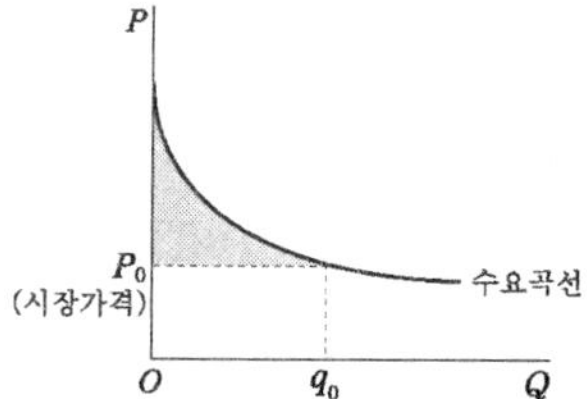

23 다른 생산요소는 일정하게 하고 한 생산요소만 증가하면 생산요소들 사이에 투입비율이 변하게 되어 처음에는 수확체증의 법칙이 나타나다가 수확체감의 법칙이 나타난다. 이 현상을 가변비용의 법칙이라고 한다.

24 다음 중 직각쌍곡선 모양인 것을 모두 고르면?

> ㉠ 한계대체율이 일정한 무차별곡선
> ㉡ 고전적 화폐수량설에서 도출되는 총수요곡선
> ㉢ 개별기업의 평균고정비용곡선
> ㉣ 모든 점에서 수요의 가격탄력성이 1인 수요곡선

① ㉠㉡
② ㉠㉢
③ ㉠㉡㉢
④ ㉡㉢㉣
⑤ ㉠㉡㉢㉣

25 다음 중 불확실성하의 경제에서 발생할 수 있는 현상이라고 볼 수 없는 것은?

① 위험선호적인 사람의 경우에는 어떤 불확실한 기회라도 문제가 되지 않는다.
② 위험중립적인 사람이라면 오로지 불확실한 기회로부터 예상되는 기대소득에만 관심이 있다.
③ 사람들은 정보를 획득함으로써 불확실성을 축소 또는 제거하려고 노력한다.
④ 이러한 경제에서는 이상적인 경우를 제외하고는 시장균형이 파레토 최적을 만족하기 어렵다.
⑤ 경제에서 불확실성이 바로 위험성을 의미한다고 볼 수 있다.

ANSWER 24.④ 25.①

24 ㉠ **한계대체율**(Marginal Rate of Substition ; MRS) : 무차별곡선의 기울기로서 두 상품 사이의 주관적 교환비율을 의미한다. 이 무차별곡선은 일정한 경우 우하향의 직선형태를 갖는다.

㉡ **고전학파의 화폐수량설** : 화폐공급량이 증가하면 물가가 비례적으로 상승한다. 이것은 화폐의 수량이 물가수준을 결정한다는 화폐수량설의 기본적인 결론이다. 이 이론에 의해 도출되는 총수요곡선은 다음과 같다.

$P=\frac{1}{k}\cdot\frac{M}{Y}$($k$, M은 상수) → 직각쌍곡선을 나타냄

㉢ **평균고정비용**(AFC) : 생산량이 증가함에 따라 하락한다. 생산량이 배가 되면 평균고정비용은 항상 반감한다. 따라서 AFC는 직각쌍곡선 모양이다.

㉣ 모든 점에서 수요의 가격탄력성이 1인 경우의 수요곡선은 다음과 같다.

$P=\frac{A}{Q}$(A는 상수) → 직각쌍곡선을 나타냄

25 현실의 경제주체들은 미래에 대한 전망이 불확실한 상황에서 의사결정을 해야 하는 경우가 많다. 그리고 어떤 경제주체가 불확실한 미래와 관련된 선택을 하면 그 선택의 결과로서 일정한 정도의 위험을 부담하게 된다는 사실이다. 그러므로 불확실성은 바로 위험성을 의미한다고 해도 좋을 정도로 양자는 불가분의 관계를 맺고 있다. 사람들의 위험부담에 대한 태도는 천차만별이다. 어떤 사람은 기꺼이 위험부담을 하고자 하는 태도를 보이는데, 수익이 불안정한 자산을 사는 사람이나 당첨될 확신도 없이 복권을 사는 사람들이 바로 그런 유형의 사람들이다. 반면에 어떤 사람은 그가 살아가는 데 필연적으로 따르는 위험부담까지 회피하려고 하는 경우도 있다. 이와 같이 위험부담에 대한 태도가 사람마다 서로 다르기 때문에 불확실한 상황에서의 선택이 서로 다르게 나타날 수 있다. 물론 사람에 따라 선택가능성, 즉 기회집합이 서로 달라 선택에 차이가 나는 경우도 있을 수 있다.

26 **완전가격차별하의 독점에 관한 설명으로 옳은 것은?**

① 독점가격과 마찬가지로 후생손실(welfare loss)을 초래한다.
② 사회적 후생을 최적화시키는 산출량을 생산하지만 이윤을 극대화시키지는 않는다.
③ 이윤을 극대화시킬 뿐만 아니라 소비자잉여와 생산자잉여를 증가시킨다.
④ 이윤을 극대화시킬 뿐만 아니라 최적의 사회후생을 달성시키는 산출량을 생산한다.
⑤ 소비자잉여는 생산자잉여에 귀속되지 않는다.

27 **다음 중 소득불평등도를 분석하는 방법에 대한 설명으로 옳지 않은 것은?**

① 로렌츠곡선이 대각선에 가까울수록 평등한 소득분배에 접근하게 된다.
② 로렌츠곡선은 서로 교차하지 않는다.
③ 로렌츠곡선은 서수적 평가방법이고 지니계수는 기수적 평가방법이다.
④ 로렌츠곡선은 저소득자로부터 누적가계들이 전체 소득의 몇 %를 차지하는가를 나타내는 곡선이다.
⑤ 로렌츠곡선이 나타내는 소득분배를 수치화하여 그 값이 작을수록 소득분배가 평등하다고 본다.

28 **일반적으로 호황 끝에는 소비재가격이 등귀하게 되어 실질임금이 저하되기 때문에 기업은 상대적으로 싼 노동력을 더 수요하고 기계나 시설과 같은 자본재의 이용도를 줄이게 되는데, 이것은 다음 중 어느 것과 관계가 깊은가?**

① 디드로 효과　　② 리카르도 효과
③ 스놉 효과　　④ 피구 효과
⑤ 승수 효과

ANSWER　26.④　27.②　28.②

26 완전가격차별 시행 시 소비자잉여는 모두 생산자잉여로 귀속된다. 단 생산량은 완전경쟁시장의 생산량과 일치한다.

27 ② 서로 다른 집단의 로렌츠곡선은 서로 교차할 수 있다.

28 실질임금이 하락하면 자본재를 노동력으로 대체하고 실질임금이 상승하면 노동력을 자본재로 대체하는 것을 리카르도 효과라고 한다.

29 다음 중 완전경쟁시장에서 반드시 이루어진다는 보장이 없는 것은? (단, 외부효과는 없다고 가정한다)

㉠ 교환의 효율성	㉡ 사회의 후생극대화
㉢ 분배의 공평성	㉣ 생산의 효율성

① ㉠㉢
② ㉠㉣
③ ㉡㉢
④ ㉡㉣
⑤ ㉢㉣

30 공용지의 비극(tragedy of commons)이라는 현상에 관련된 설명으로 옳지 않은 것은?

① 황해의 어족자원고갈이 그 단적인 예이다.
② 공용지 사용과 관련된 개인의 결정이 다른 사람에게 외부성을 일으키게 된다.
③ 여러 사람이 공동으로 사용하려고 구입된 재산이 결국은 한 사람의 수중으로 귀착되는 현상이다.
④ 공동으로 사용하는 자원은 너무나 빨리 고갈되는 경향이 존재하는 현상이다.
⑤ 공용지의 사용에 조세 등의 사용료를 부과한다면 비극을 어느 정도 줄일 수 있다.

ANSWER 29.③ 30.③

29 시장가격기구는 자원배분의 효율성을 이루지만 소득분배의 공평성을 이룰 수 없다. 따라서 가격기구 외에 사회후생함수가 주어져야만 분배의 공평성과 사회후생극대화 문제를 해결할 수 있다.

30 공용지(common resources) … 소비에 있어서의 경합성은 존재하나, 배제가 불가능한 자원을 의미한다. 예를 들어 어떤 마을에 공동소유의 목초지가 있다면 마을은 누구나 이용할 수 있으므로 배제가 불가능하다. 그런데 개인 A가 사육하는 가축의 수가 늘어난다면 이는 개인 B의 가축사육에 악영향을 미치게 되므로 소비는 경합적이다. 공용지는 누구나 아무런 비용없이 이용할 수 있으므로 최적수준보다 과도하게 이용되는 경향이 있는데, 이를 공용지의 비극(tragedy of commons)이라고 한다. 기본적으로 공용지의 비극은 어떤 개인이 공용지를 사용하는 것을 배재할 수 없기 때문에 발생한다. 정부가 개입하여 조세 등을 통하여 공용지의 사용에 사용료를 부과하게 되면 공용지가 과다하게 이용되는 공용지의 비극은 어느 정도 줄일 수 있다.

31 자원의 최적배분에 관한 설명으로 옳지 않은 것은?

① 파레토효율적 자원배분에서는 재화소비의 한계대체율이 모든 사람에게 동일하여야 한다.
② 파레토효율적 자원배분에서는 재화생산의 한계기술대체율이 동일하여야 한다.
③ 파레토효율적 자원배분에서는 재화생산에 있어서의 기회비용을 최소로 하고 있다.
④ 여러 재화의 최적배합의 생산(optimum product mix)에서는 재화소비의 한계대체율과 재화생산의 한계기술대체율이 일치하여야 한다.
⑤ 완전경쟁하에서 가격은 재화의 희소성을 반영하고 이러한 가격에 의해 재화의 배분이 이루어지는 것을 최적자원배분이라 하는 것이다.

32 파레토최적(pareto optimum)에 관한 다음 내용 중 옳지 않은 것은?

① 파레토최적의 자원배분하에서는 항상 사회후생이 극대화된다.
② 파레토최적의 자원배분은 일반적으로 무수히 많이 존재한다.
③ 어느 한 사람의 효용을 감소시키지 않고서는 다른 사람의 효용을 증가시킬 수 없는 상태를 말한다.
④ 일정한 전제조건이 충족될 때 완전경쟁시장에서의 일반균형은 파레토최적이 된다.
⑤ 파레토 최적 상태는 무수히 존재하여 우열의 결정이 안 된다는 등의 한계가 있다.

ANSWER 31.④ 32.①

31 자원배분이 파레토효율적이면 자원의 최적배분을 이루게 된다.
④ 재화소비의 한계대체율과 재화생산의 한계기술대체율은 서로 비교할 수 없다.

32 한 배분 E_1보다 파레토 우월한 배분이 없을 때 E_1을 파레토최적 또는 파레토효율적인 배분이라고 한다. 즉 E_1에서보다 모든 사람이 최소한 같은 만족을 얻고 한 사람 이상이 더 높은 만족을 얻는 실현가능한 배분을 찾을 수 없을 때 E_1은 파레토최적 또는 파레토효율적인 배분이다. 제시된 그림에서 E_2에서와 같이 주어진 배분에서 두 사람의 무차별곡선이 교차하게 되면 A의 무차별곡선보다 오른쪽 위에 위치하면서 B의 무차별곡선보다는 왼쪽 아래에 위치하는 배분을 항상 찾을 수 있고 이 배분에서 두 사람은 더 만족한다. 따라서 두 사람의 무차별곡선이 교차하는 지점의 배분은 파레토최적이 되지 못한다. 오직 E_1의 배분과 같이 두 사람의 무차별곡선이 접하는 경우에만 파레토최적이 달성된다는 것을 알 수 있다. 그리고 자원배분이 파레토효율적이라고 해서 항상 사회후생이 극대화되는 것은 아니다.

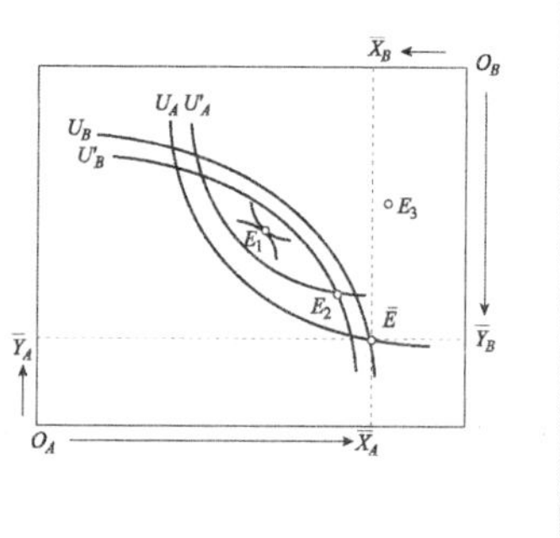

33 다음의 사례와 가장 관련성 깊은 경제적 개념을 고르면?

> 지구상에는 수없이 많은 종류의 커피가 존재한다. 그 중 인도네시아에서 생산되는 루왁커피는 다양한 종류의 커피 중 가장 맛이 좋고 향 또한 일반 커피와는 비교할 수 없을 정도로 특이한 최고의 커피라 인정받고 있다. 루왁커피는 특이한 과정을 거쳐 만들어지는데 커피의 익은 열매를 긴 꼬리 사향 고양이가 먹으면 익은 부드러운 커피 열매 껍질은 소화가 되고 나머지 딱딱한 씨 부분, 즉 우리가 커피로 사용하는 씨 부분은 소화되지 않은 커피 알 상태 그대로 유지된 채로 배설된다. 다시 말하면 루왁커피는 긴 꼬리 사향 고양이의 배설물인 것이다. 이런 특이한 발효 과정에서 태어난 커피는 롭스타(Robustar) 혹은 아라비카(Arabica)와 같은 고급 커피와도 비교할 수 없는 가격으로 거래되고 있는데, 보통 1파운드당 미화 $400 ~ $450에 미국이나 일본으로 판매되고 있다.

① 기회비용
② 희소성의 원칙
③ 비교우위
④ 효율성의 원칙
⑤ 합리적 선택

34 기령씨는 최근 아버님이 물려주신 그림을 감정 받았다. 감정위원은 그림은 ○○선생이 그린 △△의 모방작이며 진품일 경우 가치를 따질 수 없으므로 부르는 게 값이지만 모방작의 경우 시중에서 3만원 정도에 거래되고 있다고 하였다. 이와 같은 상황을 통해 추론한 내용으로 적절한 것을 모두 고르면?

> ㉠ 진품의 공급곡선은 수직이다.
> ㉡ 진품의 가격은 희소성과 관련이 있다.
> ㉢ 진품 소유자는 진품의 공급을 독점하고 있다.
> ㉣ 모방한 작품의 가격이 낮은 이유는 수요 곡선이 비탄력적이기 때문이다.

① ㉠㉡
② ㉡㉢
③ ㉢㉣
④ ㉠㉡㉢
⑤ ㉡㉢㉣

ANSWER 33.② 34.④

33 희소성의 원칙 … 무한한 인간의 욕구에 비해 이를 충족시킬 수 있는 자원은 상대적으로 부족한 현상을 말한다.

34 ④ 진품은 한 개뿐이므로 희소성을 지니고 진품의 소유자는 진품의 공급을 독점할 수 있게 된다. 모방한 작품의 가격이 낮은 이유는 수요 곡선이 탄력적이기 때문이다.

35 다음의 글에서 밑줄 친 재화의 특징으로 옳은 것을 고른 것은?

> 일반적으로 재화는 그에 대한 대가를 지불한 사람만이 그 재화를 쓸 수 있고(배제성), 누군가 그 재화를 써버리면 다른 사람은 동일한 재화를 쓸 수 없다(경합성). 배제성과 경합성을 동시에 지니지 못한 재화 이를테면 치안이나 국방 서비스 등의 재화를 가리켜 공공재라고 한다. 한편, 경합성은 지니고 있으나 배제성은 가지고 있지 못한 <u>재화</u>도 있다. 누구나 대가 없이 소비에 참여할 수 있으나 누군가 모두 소비해 버리면 다른 사람은 소비할 수 없는 재화이다.

> ㉠ 과잉 이용으로 고갈되어 간다.
> ㉡ 사적 이익을 목적으로 하여 생산된다.
> ㉢ 소유자가 없으며 경제적 가치를 지니고 있다.
> ㉣ 소유자가 있으나 경제적 가치를 지니고 있지 않다.

① ㉠㉡
② ㉠㉢
③ ㉠㉣
④ ㉡㉢
⑤ ㉡㉣

36 김 대리는 우리나라 매장에 수입되지 않는 다양한 향수를 구입하기 위해 해외구매대행 사이트를 통한 쇼핑을 즐겨한다. 월평균 쇼핑지출비용은 35만 원이며 이 중 구매대행을 이용한 향수의 쇼핑금액은 평균 12만 원이다. 최근 환율의 급격한 상승으로 평소 구입하던 향수 1병의 가격이 2만 원에서 4만 원으로 인상되었다. 가격이 인상되었어도 김 대리는 평균 12만 원을 향수 구입금액으로 지출하고 있다면 김 대리의 향수 수요의 가격탄력성은 얼마인가?

① 0
② 0.5
③ 1
④ 1.5
⑤ 2

ANSWER 35.② 36.②

35 목초지와 같은 공유자원은 누군가 사용하면 다른 사람들은 사용할 수 없게 되어 경합성은 지니고 있으나 대가를 지불하지 않은 다른 사람들의 사용을 배제할 수는 없다.

36 수요의 가격탄력성 = 수요량 변화(%)/가격의 변화(%)이다.

37 그림은 생산비용에 관한 그래프이다. B=0이 되는 경우의 설명으로 옳은 것은?

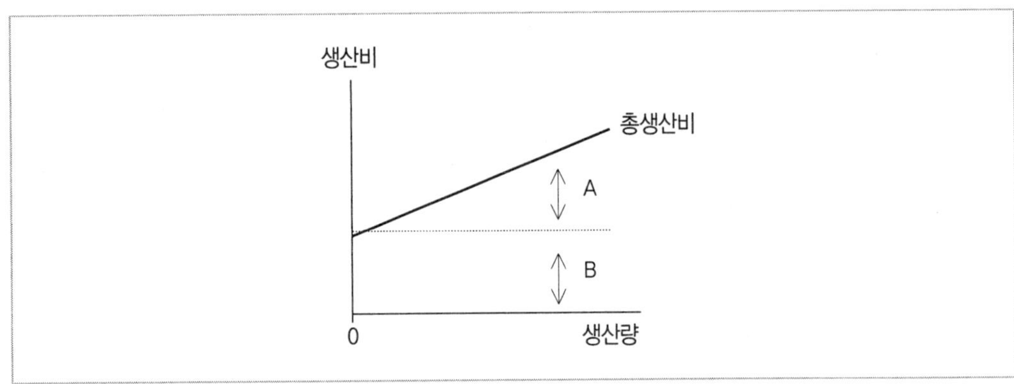

① 생산비가 전혀 들지 않는다.
② 기업의 수입과 비용이 일치하여 이윤이 없다.
③ 생산과정에서 노동투입 비용이 발생하지 않는다.
④ 이 기업의 생산비는 생산량과 관계없이 일정하게 발생한다.
⑤ 고정비용이 '0'이다.

38 미국산 소고기 수입과 관련한 광우병의 공포로 인하여 비육돈 평균가격이 5,178원을 기록했다. 이는 지난해 같은 기간 평균가격 3,837원대에 비해 35% 오른 것으로 1마리당 10만 원이 상승한 셈이다. 우리나라에서 특히 인기가 높은 삼겹살 시장의 균형을 위해 균형 가격 및 균형 거래량의 영향요인에 대한 설명으로 옳지 않은 것은?

① 돼지고기 사료가격의 인상은 생산비용이 상승함으로써 돼지고기 가격을 인하시킬 수 있다.
② 돼지고기 수요량의 증대에 따라 돼지고기 수입량을 증대시켜 가격을 인하시킬 수 있다.
③ 삼겹살의 과다섭취는 각종 성인병의 원인이 된다는 연구 결과를 발표하면 삼겹살의 가격이 하락하고 수급량이 감소할 수 있다.
④ 삼겹살의 대체재인 닭고기의 수요를 증가시킴으로써 삼겹살 수급량을 감소시킬 수 있다.
⑤ 삼겹살 외에 뒷다리살, 목살 등 다른 부위를 적극 홍보하여 삼겹살의 수요를 감소시킨다.

ANSWER 37.⑤ 38.①

37 그래프에서 B는 고정비용을 나타낸다. 따라서 B가 0이면 생산요소 중 공장이나 설비 등의 고정자본으로 인한 비용은 발생하지 않으며 생산비 모두가 가변비용만으로 구성되어 있다는 것이다.

38 ① 돼지고기 사료가격의 인상으로 인한 생산비용의 증대로 공급량이 줄어 가격은 상승하고 수급량은 감소할 수 있다.

39 **항운 노조의 독점적 노무공급권을 사업주가 직접 노동자와 고용 계약을 할 수 있을 때, 노동 시장에서 발생할 현상으로 옳지 않은 것은?**

① 고용량의 증가
② 기존에 고용되었던 항만 노동자의 손해
③ 항만 노동시장에서 발생했던 비효율성의 감소
④ 고용주의 항만 노동자에 대한 변화 없는 수요
⑤ 독점 노조의 금지로 인한 모든 노동자들의 더 높은 임금의 요구로 인한 임금 상승

40 **같은 영화라도 오전 첫 회에 상영하는 조조요금은 다른 시간대의 영화 관람료보다 저렴하다. 일반 관람료는 9,000원이라면 조조 관람료는 4,000원으로 같은 상품인데도 다른 가격이 매겨진다. 이러한 현상과 관련된 설명으로 옳은 것은?**

① 가격이 차별되는 시장 사이에 완전히 자유로운 교류가 필요하다.
② 가격이 차별되는 두 시장에서 수요의 가격 탄력성은 같아야 한다.
③ 극장이 어느 정도 독점력을 갖추어 가격을 설정할 수 있는 힘을 가진 경우에 가능하다.
④ 조조요금이 더 싼 것은 오전 영화관람 시장보다 오후 영화관람 시장의 수요가 더 탄력적이기 때문이다.
⑤ 극장이 경쟁업체보다 시장에서의 지위가 뒤쳐질 경우 이러한 전략을 사용한다.

ANSWER 39.⑤ 40.③

39 ⑤ 독점 노조는 공급을 제한해서 높은 임금을 요구하므로, 이것이 사라지면 임금은 감소하고 고용량은 증가하게 될 것이다.

40 영화관의 가격 차별화에 대한 질문이다. 이와 같은 가격 차별화가 가능하려면 극장은 어느 정도 독점력을 갖추고 있어 가격을 직접 설정할 수 있어야 한다.
① 가격이 차별화되는 두 시장은 완전히 단절되어야 한다.
② 두 시장에서 수요의 가격 탄력성은 달라야 한다.
④ 오전시장의 경우 오후시장으로 옮겨갈 가능성이 있기 때문에 더 탄력적이라고 할 수 있다.

41 지성은 소득이나 통신요금에 관계없이 소득의 4분의 1을 통신비로 지출한다. 지성의 통신 수요에 대한 설명으로 옳은 것은?

① 지성은 소득이 10,000원 증가하더라도 통신비의 지출은 변하지 않는다.
② 지성의 통신에 대한 수요곡선은 우하향하는 직선 형태를 지닌다.
③ 통신요금이 5% 하락하면 지성의 통신 수요량은 5% 증가한다.
④ 지성에게 통신은 가격 변화에 따른 소득효과가 대체효과보다 큰 기펜재(Giffen)임을 의미한다.
⑤ 지성의 소득이 증가한다면 통신수요곡선 자체가 좌측으로 이동할 것이다.

42 다음의 내용을 보고 계란의 수요 및 공급에 미치게 될 영향을 바르게 추론한 것은?

- 닭 사료의 가격하락
- 닭의 보완재인 베이컨의 가격 하락
- 미디어를 통한 계란이 인체에 미치는 악영향에 대한 보도

① 계란이 인체에 미치는 악영향이 보도되면 계란의 가격이 하락하여 계란에 대한 수요가 증가한다.
② 사료의 가격이 하락하면 닭의 생산과 공급이 감소하여 계란의 공급은 감소하게 된다.
③ 베이컨 가격의 하락은 베이컨에 대한 수요를 증가시키고 계란의 수요도 증가시킨다.
④ 보도에 의해 계란에 대한 수요가 감소하게 되면 균형거래량은 증가하게 된다.
⑤ 사료 가격이 하락하게 되면 균형가격은 증가하고 균형거래량은 감소하게 된다.

ANSWER 41.③ 42.③

41 ① 소득의 4분의 1을 통신비로 지출하므로 10,000원의 소득이 증가할 경우 통신비 지출 액수도 증가한다.
②⑤ 일반적인 시장 수요곡선은 우하향하는 직선 형태를 지니지만 소득과 관계없이 소득의 4분의 1을 통신비로 지출하므로 단위탄력적이며 수요곡선은 직각쌍곡선의 형태를 보인다.
④ 기펜재는 소득효과가 대체효과보다 커서 가격 하락시 수요량도 감소하는 재화를 말한다.

42 ①④ 계란이 인체에 미치는 악영향이 보도되면 계란에 대한 수요가 감소하고 가격이 하락하며 균형거래량이 감소하게 된다.
② 사료의 가격이 하락하면 닭의 생산 · 공급이 모두 증가하여 계란의 공급은 증가하게 된다.
⑤ 사료가격이 하락하게 되면 계란의 공급곡선이 오른쪽으로 이동하게 되어 균형가격은 하락하고 균형거래량은 증가하게 된다.

43 갑순이는 두 재화 x와 y를 소비하고 있으며 효용함수는 min(3x, y)로 표시된다. 그리고 재화 x의 가격은 5원이고 y의 가격은 10원이다. 그녀가 재화(x, y) = (11, 18)와 같은 만족감을 제공하는 두 재화 x와 y를 구입하는데 필요한 최소한의 소득(원)은?

① 202
② 210
③ 235
④ 222
⑤ 240

44 다음 글을 바탕으로 하여 설명한 것으로 옳지 않은 것은?

> 옆집 미야가 치는 피아노 소리는 도도를 불편하게 한다. 미야가 피아노를 쳐서 얻는 효용을 화폐가치로 환산하면 10,000원이고, 도도가 그 소리 때문에 잃은 효용은 5,000원이다. 법원은 도도에게 조용히 휴식을 취할 권리가 있다고 인정하였다.

① 미야가 피아노를 치는 것은 도도에게 외부효과를 미치는 것이다.
② 미야가 피아노를 치기 위해 도도에게 지불해야 하는 최소 금액은 5,000원이다.
③ 도도가 미야에게 피아노를 칠 수 있는 조건으로 받을 수 있는 최대보상금액은 10,000원이다.
④ 미야가 도도에게 10,000원을 지불하고 피아노를 치는 것과, 5,000원을 지불하고 피아노를 치는 것 둘 다 두 사람의 효용의 합에 미치는 영향은 동일하다.
⑤ 미야가 도도에게 7,500원을 지불하고 그 대가로 미야가 피아노를 치는 것은 두 사람 모두에게 동일한 액수만큼 이득이 되는 거래이므로 이 금액이 가장 적절한 지불 액수이다.

ANSWER 43.② 44.⑤

43 같은 만족감을 제공하는 두 재화는 제공하는 효용이 같음을 의미한다. 따라서 갑순이의 효용함수 min(3x, y) = a라 하면 3x = y = a이다.
재화(x, y) = (11, 18) min(33, 18)이므로 최소값 a = 18, 3x = y = 18
∴ x = 6, y = 18
x재 가격은 5원, y재 가격은 10원 ∴ (5 × 6) + (18 × 10) = 210원

44 외부효과에 대한 거래가 시장에서 이루어질 경우 자원배분을 효율적으로 이룰 수 있다는 코즈정리에 대한 문제로 미야가 10,000원을 도도에게 보상한다면 미야는 10,000원 지불로 10,000원에 해당하는 피아노를 치는 즐거움을 상쇄시킬 것이지만, 도도는 5,000원의 이득을 얻게 된다. 두 경우 모두 두 사람의 효용을 합한 양인 사회적 후생은 5,000원으로 동일하다. 두 사람간의 거래는 5,000원에서 10,000원 사이의 경우 동일한 5,000원의 이득을 나누는 것일 뿐이지 그 중 어느 가격이 사회적으로 효율적이라고 말할 수 없다.

45 갑과 을 두 흡연자만 있다. 갑은 담배 한 갑을 피울 때 최대한으로 3,000원을 지불할 용의가 있고, 을은 담배 한 갑을 피울 때 최대한으로 5,000원을 지불할 용의가 있다. 지금 한 갑당 2,000원의 가격에서 갑과 을은 하루에 한 갑씩 담배를 피운다. 이제 담배 한 갑당 2,000원의 건강세가 부과되었다. 이 건강세로부터 발생하는 하루 조세수입(원)은? (단, 두 사람은 담배를 소비하는 합리적 경제주체이고, 하루에 최대한으로 소비할 수 있는 담배의 양은 각각 한 갑이다)

① 0
② 2,000
③ 3,000
④ 4,000
⑤ 8,000

46 사과의 가격이 한 개당 500원일 때 수요의 가격탄력성이 1.5로 추정되었다. 어느 날 사과장수가 한 개당 500원의 가격으로 400개의 사과를 판매하였다. 만약 이 사과장수가 사과의 가격을 480원으로 낮추어 팔았다면 몇 개나 더 팔 수 있었을까?

① 16
② 20
③ 24
④ 30
⑤ 32

ANSWER 45.② 46.③

45 ② 갑은 담배를 피울 때 최대한으로 3,000원을 지불할 용의가 있다. 하지만 담배 한 갑당 2,000원의 건강세가 부과될 경우 담배 한 갑의 가격은 4,000원이 되므로 갑은 담배를 소비하지 않을 것이다. 따라서 5,000원의 지불용의가 있는 을이 담배 한 갑을 소비하고 조세수입은 한 갑에 해당하는 2,000원이 된다.

46 수요의 가격탄력성을 이용하면 가격 변화(ΔP)에 따른 생산량의 변화(ΔQ)를 알 수 있는데, 이 관계를 도출해보면 다음과 같다.

$$\epsilon_x = \frac{Q_x\text{의 변화율}}{P_x\text{의 변화율}} = \frac{\Delta Q_x / Q_x}{\Delta P_x / P_x} = \frac{\Delta Q_x}{\Delta P_x} \cdot \frac{P_x}{Q_x}$$

$$\Delta Q = \epsilon \cdot \frac{Q}{P} \times \Delta P$$

이 공식에서 사과수요의 가격탄력성이 1.5이고 가격이 500원일 때 400개의 사과를 판매하였으므로

$$\Delta Q = 1.5 \cdot \frac{400}{500} \times \Delta P \rightarrow \Delta Q = 1.2\Delta P$$

따라서 사과가격이 20원 하락하면 사과판매량은 $\Delta Q = 1.2 \times 20 = 24$이다.

47 지연이는 피자와 샐러드를 주식으로 한다. 피자와 샐러드의 단위당 가격은 각각 2원과 4원이며, 지연의 소득은 20원이다. 체중 조절에 힘쓰고 있는 그녀는 하루에 4,000칼로리 이상은 섭취하지 않는다. 피자와 샐러드의 단위당 열량은 각각 850칼로리와 200칼로리라고 한다. 만일 지연이가 자신의 소득을 모두 피자와 샐러드의 소비에 사용한다면 다음 중 옳은 것은?

① 지연이는 2개의 샐러드를 소비한다.
② 지연이는 최대한 4개의 피자를 소비한다.
③ 지연이는 최대한 5개의 피자를 소비한다.
④ 지연이는 최대한 4개의 샐러드를 소비한다.
⑤ 지연이는 4개의 샐러드를 소비한다.

48 정부가 휘발유 사용 억제와 대기오염의 감소를 위해서 현재 휘발유 가격에 리터당 100원의 세금을 부과하기로 결정하였다. 이런 결정에 대한 경제적 효과를 설명한 것 중 옳지 않은 것은?

① 휘발유 수요가 가격에 대해 비탄력적일수록 동일한 휘발유세 부과로 인해 감소되는 휘발유수요량이 작아지게 된다.
② 휘발유세 부과로 소비자는 더 높은 가격에 더 적은 양을 소비하게 되어 후생이 감소하므로 휘발유세는 생산자에게 부과하는 것이 보다 바람직하다.
③ 휘발유세 부과는 소비자의 지불가격 상승, 판매자의 수취가격 하락, 그리고 거래량의 감소를 가져온다.
④ 휘발유세 부과로 공급자는 더 낮은 가격에 더 적은 양을 팔아야 하므로 원유산업에 종사하는 근로자의 감소와 임금 감소가 초래될 수 있다.
⑤ 납세의무자를 누구로 지정하는가에 따라 부담의 크기는 서로 다르다.

ANSWER 47.② 48.②

47 우선 지연이의 소득을 모두 피자와 샐러드에 소비함에 있어 예산 제약과 칼로리 제약을 살펴보면 다음과 같다.
㉠ 예산제약식 : $2P+4S=20$
㉡ 칼로리제약식 : $850P+200S\leq 4,000\rightarrow 17P+4S\leq 80$
㉡ - ㉠을 연립하면 $P\leq 4$을 얻을 수 있다.
따라서 지연이가 소득을 전부 지출할 때 최대로 소비할 수 있는 피자의 수량은 4단위가 되고 샐러드의 소비수량은 3단위가 된다.

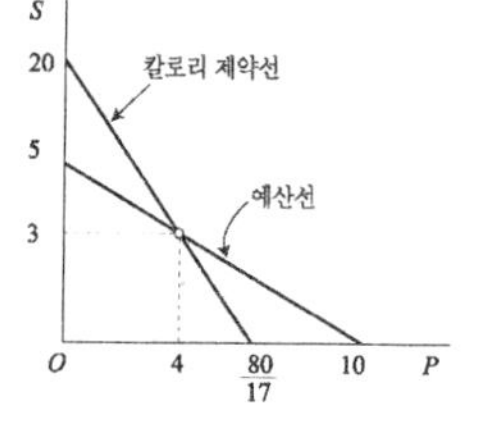

48 ② 휘발유세 부과는 수요와 공급의 탄력성에 의해 결정된다. 수요가 탄력적이면 소비자부담이 감소하고 공급이 탄력적이면 생산자부담이 감소하므로 납세의무자를 누구로 지정하는가와는 관계가 없다.

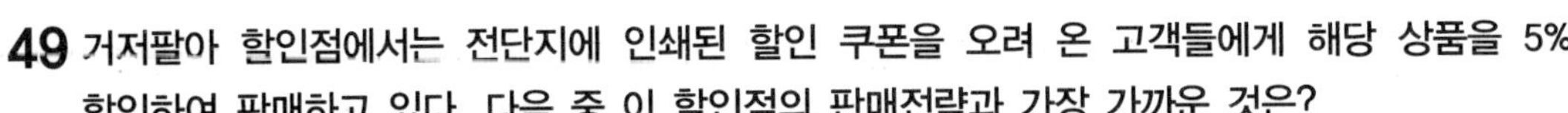

49 **거저팔아 할인점에서는 전단지에 인쇄된 할인 쿠폰을 오려 온 고객들에게 해당 상품을 5% 할인하여 판매하고 있다. 다음 중 이 할인점의 판매전략과 가장 가까운 것은?**

① A 할인점은 흠이 생긴 상품을 반값에 판매한다.
② B 미용실은 10번 이용한 고객에게 한 번을 무료로 서비스한다.
③ C 빵집은 당일 판매되지 않은 빵을 복지단체에 무상으로 제공한다.
④ 독점사업자인 S통신은 개인보다 기업에 대해 시간당 더 높은 통신료를 부과한다.
⑤ Y악기점은 연주가용 고급 원목 기타는 500만 원에, 보급형 합판 기타는 100만 원에 판매한다.

50 **근로소득세제가 노동공급에 미치는 영향에 대한 다음 설명 중 옳지 않은 것은?**

① 비례적인 근로소득세가 부과될 때 소득효과와 대체효과는 서로 반대방향으로 작용한다.
② 근로소득세 부과 시 노동공급이 변하지 않거나 오히려 증가한다면 사회적 잉여의 순손실은 발생하지 않는다.
③ 누진적인 근로소득세가 부과될 경우에 대한 분석방법은 비례적인 근로소득세가 부과될 경우와 크게 다르지 않다.
④ 근로소득세가 노동 공급에 미치는 영향을 분석하기 위한 일반적인 방법으로는 계량적 추정, 설문조사, 실험 등의 방법이 있다.
⑤ 소득세율이 상승할 때 노동공급이 어떻게 변화하는지는 가격소비곡선을 그려봄으로써 고찰할 수 있다.

ANSWER 49.④ 50.②

49 수요의 가격탄력성이 다른 소비자들을 구분할 수 있는 경우 동일한 상품을 다른 가격으로 판매하여 이윤을 높이는 가격차별 전략에 관한 문제로 쿠폰을 오려오는 수고를 하는 고객은 그렇지 않은 고객에 비해 수요의 가격탄력성이 높다는 것을 알 수 있다. 통신회사 역시 동일한 서비스를 탄력성에 따라 다른 요금으로 적용하고 있다.

50 납세 후 실질임금이 하락하고 이에 따라 노동을 줄이고 여가를 늘리는 대체효과와 노동을 늘리는 소득효과가 발생한다. 이 둘은 크기는 같고 방향은 반대이므로 노동공급은 변화가 없다. 그러나 대체효과로 인하여 조세의 초과부담은 발생한다.

51 다음 중 국내 이동전화 서비스 시장에서 1분당 통화 요금을 상승시킬 가능성이 가장 큰 것은?

① 이동전화 사업자간의 번호이동 허용
② 외국 이동전화 사업자의 국내 시장 진입
③ 새로운 무선통신 기술의 개발
④ 전반적인 경기침체
⑤ 휴대폰 가격의 인하

52 소득과 가격이 주어졌을 때 최초에 영선이의 최적 선택점은 다음 그림에서 A였다. X재의 수요가 탄력적일 경우 X재 가격만 하락하였다면 그녀의 새로운 최적점은 아래의 B, C, D 중 어떤 것인가?

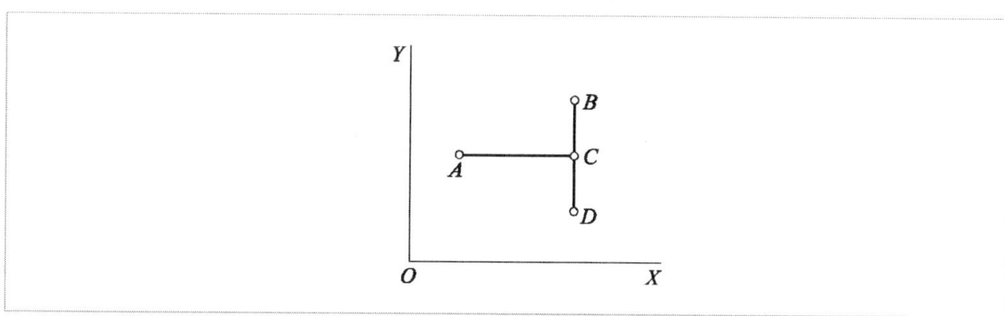

① B점
② C점
③ B점과 C점
④ D점
⑤ D점과 C점

ANSWER 51.⑤ 52.④

51 ⑤ 휴대폰과 이동전화 서비스는 보완 관계에 있다. 휴대폰 가격의 인하는 전화 통화 수요증가를 가져오고 이는 요금상승 요인이 된다.

52 X재의 수요가 탄력적일 경우 X재 가격만 하락하였다면 X재의 소비량은 증가할 것이다. 즉, A의 소비자균형점이 X재 가격의 하락에 의해 예산선이 회전이동하게 될 것이다. 여기서 소비자균형점은 예산선과 무차별곡선이 접하는 점에서 이루어진다. 그리고 그림에서 X재 수의 가격탄력성이 1보다 크다면 가격소비곡선이 우하향하는 균형점을 도출해 볼 수 있다. 그러므로 X재 가격이 하락할 때 새로운 최적점은 D에 이르게 된다.

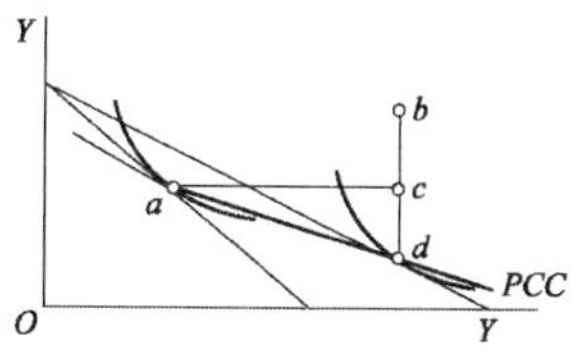

※ 가격-소비곡선(PCC ; Price-Consumption Curve) … 한 재화가격의 변화에 따른 소비자의 균형소비묶음의 궤적이다.

53 다음 중 정보비대칭으로 인해 나타나는 주인-대리인 문제와 관련이 없는 것은?

① 주주와 대표이사
② 국민과 국회의원
③ 판사와 변호사
④ 사장과 종업원
⑤ 재무컨설턴트와 고객

54 학교 앞에 있는 분식집에서 판매하는 어묵과 튀김은 학생들에게 대체재로 알려져 있다. 어묵 가격이 올라갔을 경우 나타나는 현상으로 옳은 것은?

① 튀김의 수요곡선은 우측으로 이동한다.
② 어묵의 수요량은 증가한다.
③ 튀김의 가격은 하락한다.
④ 튀김의 수요량은 감소한다.
⑤ 어묵의 공급곡선은 우측으로 이동한다.

55 ㈜왕창이 직장의료보험 가입을 개개인의 결정에 맡겼더니 아직 결혼하지 않은 젊은 직장인들은 모두 가입하지 않았다. 그로 인해 직장의료보험의 운영난에 시달리던 ㈜왕창은 모든 사원이 의무적으로 의료보험에 가입해야 한다고 통보했다. 다음 중 옳은 것은?

① 젊은 직장인들이 의료보험을 가입하지 않는 것은 가격수용자가 되려고 하기 때문이다.
② 의무적 가입을 통보한 것은 무임승차자문제를 해소하기 위함이다.
③ 젊은 직장인들이 직장의료보험에 가입하지 않은 것은 도덕적 해이이다.
④ 의무적 가입을 통보한 것은 역선택을 해소하기 위함이다.
⑤ 모든 사람에게 동일한 보험료를 부과하더라도 장기적으로는 모든 사람이 보험에 가입하게 될 것이다.

ANSWER 53.③ 54.① 55.④

53 ③ 판사와 변호사는 다른 보기와 달리 이해관계가 존재하지 않는다.

54 어묵의 가격상승은 수요감소를 가져오고 대체재인 튀김의 수요증가를 가져온다. 튀김의 가격은 변동이 없는 상황에서 튀김에 대한 수요가 늘었다는 것은 튀김의 수요곡선을 우측으로 이동시키는 것을 의미한다.

55 정보가 비대칭적인 상황에서 모든 사람들에게 동일한 보험료를 부과하면 보험금을 지급받을 가능성이 많은 사람들만 보험에 가입하는 현상이 발생한다. 이를 역선택이라 한다. 그리고 모든 사원에게 강제로 보험에 가입하도록 하면 병원을 자주 이용하는 사람들만 주로 보험에 가입하게 되는 역선택 문제는 해소된다.

※ 역선택(adverse selection) … 정보가 비대칭적으로 분포된 상황에서 정보를 갖지 못한 측의 입장에서 볼 때 바람직하지 못한 상대방과 거래를 할 가능성이 높아진다. 이런 현상이 나타났을 때 역선택이 일어났다고 말한다.

56 A나라는 석유를 전액 수입하고 있다. 그런데 갑자기 중동지역에 큰 전쟁이 일어날 전망이 제기되면서 석유가격이 크게 상승하였다. 이때 A나라 정부가 가계생활의 안정을 위해 가격상승분의 일부를 유류세 인하로 보전해주는 정책을 폈다고 할 경우 나타날 수 있는 결과를 나열한 것이다. 다음 중 A나라 석유시장과 유류세 인하의 효과에 대하여 바르게 설명한 것만을 짝지은 것은?

> ㉠ A국의 석유 공급곡선은 비탄력적이다.
> ㉡ 유류세 인하는 석유의 시장가격을 떨어뜨릴 것이다.
> ㉢ 유류세 인하의 혜택은 공급자가 전부 가져갈 것이다.
> ㉣ 유류세 인하로 석유 수요곡선이 원점에서 멀어진다.
> ㉤ A국의 석유 공급곡선은 X축에 대하여 수평이다.

① ㉠㉡　② ㉠㉣
③ ㉡㉢　④ ㉡㉣
⑤ ㉡㉢㉤

57 휘발유를 19L사면 1L당 370원이고 세차비는 1,000원이다. 그러나 만약 휘발유를 20L 사면 세차는 공짜로 할 수 있다. 그렇다면 20번째 휘발유 1L의 한계비용은? (단, 휘발유도 사고 세차도 할 경우의 한계비용)

① −630원　② 0원
③ 260원　④ 370원
⑤ 630원

ANSWER　56.①　57.①

56 ㉢ 유류세 인하는 수요자에게는 가격 혜택을, 공급자에게는 사용량 증가로 인한 혜택을 제공하게 된다.
㉣ 유류세 인하는 수요곡선에는 영향을 미치지 않고 공급곡선에만 영향을 미친다.
㉤ A국의 석유 공급곡선은 X축에 대하여 수직이다.
※ 공급의 가격탄력성과 공급곡선
㉠ 공급의 가격탄력성 : 가격이 변화할 경우 공급량이 얼마나 변하는지를 나타내는 지표이다. 재화의 공급량이 가격변화에 대해 민감하게 변하면 그 재화의 공급은 탄력적이라 하며, 가격이 변할 때 공급량이 조금만 변하면 공급은 비탄력적이라 한다.
㉡ 공급곡선 : 가격과 공급량과의 관계를 나타내는 곡선을 말하며, 다른 변수들이 동일할 경우 가격이 높을수록 공급량은 증가하기 때문에 공급곡선은 우상향의 형태를 띠게 된다.

57 휘발유를 19L에서 20L로 증가시키면 휘발유 1L가격 370원을 추가적으로 지출하여야 한다. 그러나 세차비 1,000원을 절약하게 되므로 한계비용(MC)은 −630원이 된다고 할 수 있다.

58 다음의 글에 대한 설명으로 가장 적합한 것은?

구성초등학교에 다니는 동진이는 용돈 3,000원으로 과자 2개와 사탕 3개를 사먹었다. 과자 1개의 가격은 500원이며, 사탕 1개의 가격도 500원이다. 남은 돈 500원을 가진 동진이는 지우개를 1개 사기로 했다.

① 동진이가 과자를 먹을 때마다 한계효용은 감소한다.
② 동진이가 과자를 세 개째 먹을 때와 사탕을 네 개째 먹을 때에 느끼는 한계효용은 같을 것이다.
③ 동진이의 친구인 승연이가 용돈 3,000원을 받았을 경우에도 동진이와 같은 선택을 할 수 밖에 없다.
④ 동진이가 두 번째로 사먹은 과자는 동진이에게 500원보다 작은 만족을 추가적으로 준다.
⑤ 동진이가 첫 번째의 사탕을 먹을 때에 느끼는 만족감은 두 번째의 사탕을 먹을 때에 느끼는 만족감보다 작을 것이다.

59 다음 글에 포함되어 있지 않은 경제적 개념은?

영화 '멋진 하루'가 개봉되었다. 서정이는 극장에서 볼지 아니면 2～3달 후에 집에서 비디오로 볼지 고민하다가 극장에서 보기로 결정했다. 그런데 서정이는 A신문에서 "이동통신사들이 자사 카드 사용자에 대한 영화 관람료 할인제도를 폐지하자 관람객 수가 감소했다"는 기사를 읽게 되었다. 예전에 이동통신사의 관람료 할인제도를 이용하던 서정이는 대신 조조할인을 받기 위해 일요일 아침 일찍 극장에 갔다. 영화를 보며 마시려고 매점의 커피를 샀는데, 일반 시중가격에 비하여 매우 비싸다고 느꼈다. 이 극장은 외부 음식물 반입을 금지하고 있다.

① 대체재
② 외부효과
③ 가격차별
④ 진입장벽
⑤ 수요의 가격 탄력성

ANSWER 58.① 59.②

58 모든 상품은 소비를 늘려감에 따라 추가로 얻는 만족감 즉 한계효용은 점차로 감소한다. 즉, 한계효용은 재화의 존재량에 반비례하며 각 상품에서 얻는 효용의 크기는 각자 동일하지 않다.

59 ① 극장 관람과 비디오 시청은 서로 '대체재'의 성격을 갖고 있다.
③⑤ 조조할인 제도는 극장이 동일한 영화에 대한 관람객의 특성(수요의 가격탄력성)에 따라 다른 가격을 매겨 이윤을 높이는 가격차별 전략이다.
④ 외부 음식물 반입을 금지하면서 시중보다 높은 가격을 받고 있는 극장 내의 매점은 '진입장벽'을 통해 독점의 이익을 누리고 있다.

60 철수의 2008년과 2009년의 A재와 B재의 소비량이 다음과 같다. 철수의 복지수준은 순전히 재화의 소비량에 의해 결정된다고 할 때 철수의 복지수준이 2008년에 비하여 2009년에 더 증가하였다면 X, Y에 들어갈 수치로 옳은 것은?

연도	재화	X	Y
2008년	가격(원)	4	4
	소비량(개)	X	12
2009년	가격(원)	6	Y
	소비량(개)	8	15

① 10, 4
② 11, 3
③ 11, 4
④ 12, 3
⑤ 12, 5

61 A마을에 개울이 흐르고 있는데 개울의 상류부근에는 염색공장이 있고, 하류부근에는 채소가게가 있다. 염색공장에서 1t의 염색물을 처리하면 염색공장은 5억 원의 수익을 얻는 반면, 염색물에서 나온 구정물을 개울에 버리면 채소가게는 1t당 5억 5천만 원의 피해를 입는다. 어느 날 채소가게주인이 염색공장 사장에게 함께 문제해결을 해보자고 제안한 후 구청에 갔다. 어떤 방법이 가장 적당한가?

① 염색공장의 영업허가권을 취소시킨다.
② 염색공장사장이 개울에 버릴 수 있는 폐수량을 구청에서 정해준다.
③ 염색공장사장은 현재와 같이 업무를 처리하고 그 대신 채소가게에서 발생하는 손실을 모두 배상하게 한다.
④ 구청에서 개울의 관리권을 양쪽의 어느 누구에게 부여하고 당사자들이 해결하도록 한다.
⑤ 개울의 사용권은 채소가게에게 부여되어야야 한다.

ANSWER 60.① 61.④

60 철수의 복지수준이 증가하였는지 알기 위해서는 우선 2008년도의 가격으로 동일하다고 가정하고 2008년과 2009년의 철수의 소비액을 구해보면 다음과 같다.
㉠ 2008년 가격을 평가한 2009년의 소비액 $= 4X+(4\times12)=4X+48$
㉡ 2008년 가격으로 평가한 2009년의 소비액 $=(4\times8)+(4\times15)=92$
위의 소비액을 비교에 의해서 2008년보다 2009년에 철수의 복지수준이 증가하기 위해서는 2009년의 소비액이 2008년 소비액보다 커야 하므로 $4X+48<92$의 관계가 된다. 이를 풀어보면 $4X<44\rightarrow X<11$이 된다. 그러므로 X값이 11보다 작은 값을 가지므로 위의 보기에서 해당되는 것은 ①에 해당된다. 그리고 Y값은 위의 방법과 같이 구하면 된다.

61 코즈 정리에 의하면 외부비경제가 발생할 경우 정부는 민간에게 공유지의 소유권을 부여하고 당사자들의 협상을 통해 해결하는 것이 사회적 후생수준을 증가시킬 수 있다고 본다.

62 A와 B 두 사람이 강남 최고의 레스토랑에 가서 한 사람당 20만 원 하는 최고급 바닷가재요리를 주문하였다. 그런데 절반쯤 먹고 나자 느끼하고 배가 너무 불렀다. B는 이미 돈을 다 지불하였으니 다 먹자고 할 때 A가 취할 수 있는 행동과 그에 대한 경제학적 개념으로 가장 적당한 것은?

① 기회비용 – 손해를 막기 위하여 억지로라도 다 먹어야 한다.
② 기회비용 – 돈을 지불했으므로 포장을 해서 집에 가져가도록 한다.
③ 매몰비용 – B와 내기를 하여 한 사람이라도 다 먹도록 한다.
④ 매몰비용 – 이미 계산이 끝난 것이므로 그냥 나오도록 한다.
⑤ 거래비용 – 소화제를 복용하면 되므로 억지로라도 다 먹는 것이 경제적으로 유리하다.

63 다음에 제시된 내용들을 토대로 추론한 것으로 바른 것은?

- 소비자소득의 증가
- 컴퓨터 소프트웨어 가격의 상승
- 대학들이 신입생들에게 반드시 컴퓨터를 구입하도록 요구
- 컴퓨터 칩 가격의 하락

① 소비자의 소득이 증가하게 되면 컴퓨터 수요가 증가하게 되므로 컴퓨터의 가격은 하락하고 균형거래량은 증가하게 된다.
② 소프트웨어의 가격이 상승하게 되면 컴퓨터의 수요는 증가하게 된다.
③ 컴퓨터의 구입이 의무화되면 컴퓨터의 수요가 증가하여 거래량 또한 증가하게 된다.
④ 칩 가격이 하락하게 되면 컴퓨터 공급량이 증가하게 되어 균형거래량은 하락하게 된다.
⑤ 소프트웨어와 컴퓨터는 서로 보완적인 관계에 있으므로 소프트웨어 가격의 상승은 컴퓨터의 가격과는 무관하다.

ANSWER 62.④ 63.③

62 바닷가재 요리를 이미 주문하였으므로 그 비용은 매몰된 상태이고 기회비용에 포함되지 않으므로 음식을 남기던지 억지로 다 먹는다고 하여 달라질 것은 없으므로 건강을 생각해서 남기고 그냥 나오는 것이 경제학적 최상의 선택이 된다.

63 ① 소비자소득이 증가하게 되면 컴퓨터의 수요가 증가하게 되면서 컴퓨터 가격의 상승과 균형거래량의 증가를 가져온다.
② 소프트웨어의 가격이 상승하게 되면 컴퓨터의 수요는 감소하게 되고 가격의 거래량의 하락을 가져온다.
④ 칩 가격이 하락하게 되면 컴퓨터 생산비용이 하락하므로 공급은 증가하나 균형가격의 하락과 균형거래량의 증가를 가져온다.
⑤ 소프트웨어와 컴퓨터는 서로 보완재의 관계에 있으므로 소프트웨어 가격의 상승은 컴퓨터에 대한 수요를 감소시키므로 컴퓨터의 가격은 하락하게 된다.

64 어떤 사람의 자산액은 90,000원이다. 화재가 발생할 경우의 손실액은 80,000원이다. 화재가 발생할 확률은 $\frac{3}{8}$이다. 이 사람의 효용함수는 $V = W^{\frac{1}{2}}$이다. 이 사람의 화재보험 가입과 관련된 다음 설명 중 옳지 않은 것은? (단, W는 자산액)

① 이 사람은 위험기피자이다.
② 화재보험에 가입하지 않을 경우의 기대효용은 225이다.
③ 화재 시 손실액을 전액 보상해주는 조건으로 30,000원의 보험료를 지불하는 조건이라면 이 사람은 보험에 가입한다.
④ 이 사람이 전액보상보험에 지불할 용의가 있는 최대보험료는 30,000원이다.
⑤ 화재보험에 가입하지 않을 경우의 기대자산가치는 60,000원이다.

ANSWER 64.④

64 효용함수가 $U = W^{\frac{1}{2}}$이다.

한계효용 $M = \frac{1}{2}W^{-\frac{1}{2}} > 0$이고,

$M' = -\frac{1}{4}W^{-\frac{3}{2}} < 0$이므로 효용이 체감적으로 증가한다.

따라서 이 사람은 위험기피자라 할 수 있다.

㉠ 화재보험에 가입하지 않을 경우의 기대자산가치

$\left(\frac{5}{8} \times 90,000\right) + \left(\frac{3}{8} \times 10,000\right) = 60,000$원

㉡ 화재보험에 가입하지 않을 경우의 기대효용

$\left(\frac{5}{8} \times \sqrt{90,000}\right) + \left(\frac{3}{8} \times \sqrt{10,000}\right) = 225$

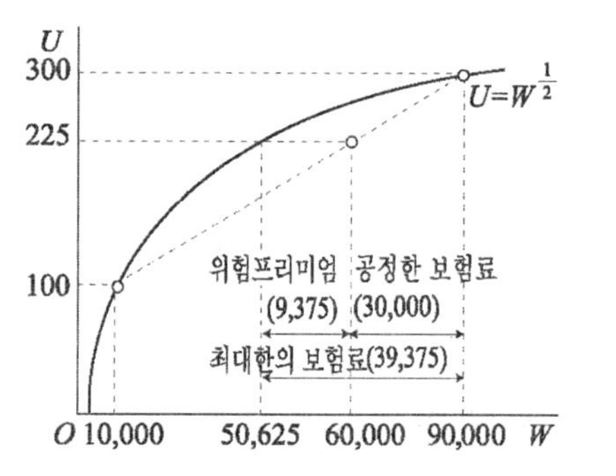

그러므로 이 사람의 자산액은 90,000원이고 기대자산가치가 60,000원이므로 공정한 보험료는 30,000원이 된다. 이로 보아 이 사람은 위험기피자로서 30,000원의 보험료를 지불하는 조건이라면 보험에 가입할 것으로 기대된다. 한편 이 사람이 전액 보상보험에 지불할 용의가 있는 최대보험료는 다음과 같다.

∴ 최대보험료 = 공정한 보험료 + 위험프리미엄

$= 30,000 + [60,000 - (225)^2] = 39,375$

65 몇 해 전 홍수로 인하여 한 지역의 경작지가 큰 피해를 입었다. 그런데 이 홍수로 인하여 농사를 망친 농부들은 손해를 보았으나 피해를 입지 않은 농부들은 이득으로 보았다. 이 이유를 가장 잘 설명한 것은?

① 이 지역의 피해를 입은 농부들과 피해를 입지 않은 농부들 모두는 천재지변에 의한 국가보상을 받게 되므로 피해를 입지 않은 농부들은 수확물의 판매와 국가배상 모두를 통해 이득을 챙길 수 있다.
② 피해를 입지 않은 농부들은 농작물 공급량의 감소로 인하여 높은 가격으로 팔 수 있어 이득을 보게 된다.
③ 피해를 입은 농부들은 농작물의 피해로 인한 소득의 감소를 보충하기 위해 농산물을 수입하여 팔 것이다.
④ 피해를 입지 않은 농부들의 수입증가는 피해를 입은 농부들의 수입 감소와 동일한 가격으로 책정할 수 있다.
⑤ 이 지역 농부들이 전체적으로 손해를 입었는지 이득을 보았는지의 여부를 알기 위해서는 피해 농부들의 피해액을 계산하면 된다.

66 마트판매량을 조사한 결과, 우유의 가격은 변함이 없는데, 판매량이 감소하였다. 다음 중 이러한 현상의 원인으로 가장 적절한 것은? (단, 우유와 쥬스는 대체관계라고 한다)

① 우유의 생산량 감소 + 우유의 선호도 증가
② 우유의 생산량 증가 + 쥬스의 생산량 감소
③ 우유의 생산량 감소 + 쥬스의 선호도 증가
④ 우유의 생산량 증가 + 쥬스의 선호도 증가
⑤ 우유의 생산량 감소 + 타국으로의 대규모 우유지원

ANSWER 65.② 66.③

65 홍수로 인한 농작물 수확의 감소는 균형가격의 상승을 초래하므로 홍수피해를 입지 않은 농부들은 이득을 볼 수밖에 없다.

66 우유의 판매량은 감소하고, 그 가격은 그대로 유지되기 위해서는 우유에 대한 공급이 감소(생산량 감소)하며 우유에 대한 수요 역시 감소해야 한다. 우유와 쥬스는 서로 대체재임을 가정했으므로 쥬스에 대한 선호도가 높아지면 우유의 수요는 감소한다.

67 **고층 빌딩의 청소부의 경우 복도를 청소하는 직원보다 바깥 창문을 청소하는 직원이 임금이 더 높다. 다음 중 이러한 임금 격차 현상과 가장 유사한 성격을 갖는 사례는?**

① 고졸 직원보다는 대졸 직원이 높은 임금을 받는다.
② 정규직 직원은 비정규직 직원보다 높은 임금을 받는다.
③ 노조에 가입한 직원은 가입하지 않은 직원보다 높은 임금을 받는다.
④ 영업 실적이 우수한 직원이 실적이 저조한 직원보다 높은 임금을 받는다.
⑤ 2교대 근무 시 야간 근무를 하는 직원이 주간 근무를 하는 직원보다 높은 임금을 받는다.

68 **E랜드(놀이공원)는 적자 해소를 위해 입장료를 10%로 인하한 반면, '서울시'의 지하철공사는 적자 해소를 위해 지하철 요금을 20% 인상하였다. 다음에서 옳은 설명을 모두 고르면?**

㉠ 지하철과 같은 노선을 운행하는 시내버스 회사의 수입은 증가한다.
㉡ 서울시의 지하철공사는 지하철에 대한 수요가 가격에 대해 비탄력적이라고 판단하고 있다.
㉢ E랜드에 인접한 놀이공원 C랜드의 수입은 증가한다.
㉣ E랜드는 입장 수요가 가격에 대해 비탄력적이라고 판단하고 있다.

① ㉠㉡
② ㉠㉢
③ ㉠㉣
④ ㉡㉢
⑤ ㉢㉣

ANSWER 67.⑤ 68.①

67 고층 빌딩의 바깥 창문을 청소하는 것은 복도를 청소하는 것보다 훨씬 위험을 갖고 있다. 따라서 이러한 비금전적 속성의 단점을 금전적 보상으로 채워주어야 위험한 직업을 선택하려는 사람이 생기게 된다. 이러한 사례는 임금의 보상적 격차를 말하는 것으로 2교대 근무 역시 주간 근무보다 야간 근무는 노동 강도가 더 높은 것으로 볼 수 있으므로 고층 빌딩의 청소부와 같은 사례로 판단된다.

68 가격의 인상은 대체재(시내버스)의 수요를 증가시키고 이를 생산하는 자(시내버스 회사)의 수입은 증가한다. 또한 수요가 가격에 대해 탄력적이라면 가격인하가 수입을 증가시키고, 비탄력적이라면 그 반대가 된다. 따라서 지하철공사가 지하철 요금을 인상한 것은 지하철에 대한 수요가 가격에 대해 비탄력적이라고 판단한 것이라고 할 수 있다.

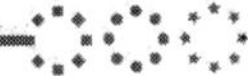

69 **정부가 가난한 사람에게 식비를 보조하는 방법에는 다음과 같은 방법이 있다. 이 중에서 어느 방법이 파레토 효율성을 저해하지 않는가?**

① 일정 소득 이하의 사람들에게 선착순으로 쌀을 배부하는 방법
② 민간자선단체에서 낮은 가격의 식사를 제공하는 급식소형태
③ 주식인 쌀의 가격을 규제하여 가격상한을 설정하는 방법
④ 일정 소득 이하의 가난한 사람에게 소득을 보조하는 방법
⑤ 최저임금제를 시행하여 비정규직의 최저소득을 설정하는 방법

※ 다음 물음에 답하시오. 【70 ~ 71】

A국의 ㈜질로는 소주를 생산하는 기업이다. 소주 한 개의 가격은 100원이고, 소주를 생산하는 데 드는 비용은 생산량에 따라 결정되며 각 생산량에 해당하는 총생산비용은 다음 표와 같다.

생산량	총생산비용
1	55
2	120
3	195
4	280
5	375
6	480
7	595
8	720
9	855
10	1,000

ANSWER 69.④

69 정부가 가난한 사람에게 소득보조를 할 경우에는 예산선이 평행하게 이동하므로 재화의 상대가격체계의 왜곡이 발생하지 않는다.
① 현물보조가 소비자의 선택가능영역을 감소시킴으로써 쌀 이외에 다른 재화를 매우 선호하는 소비자의 후생을 감소시킨다.
② 가격보조의 방법이 상대가격체계를 교란시키는 대체효과에 의해 효율성을 저해시키게 된다.
③ 쌀의 가격상한을 설정하는 최고가격제는 사회적 후생손실을 야기시킨다.
⑤ 최저임금제 역시 시장가격체계의 교란을 일으켜 사회적 후생손실을 야기시킨다.

70 ㈜질로의 이윤극대화 생산량은 얼마인가?

① 5　② 6
③ 7　④ 8
⑤ 9

71 ㈜질로가 소주 한 개를 생산할 때마다 2리터의 이산화탄소가 발생한다. 이산화탄소는 지구 온난화를 가속시킬 것이며 이것이 배출될 때에 드는 사회적인 비용은 이산화탄소 1리터당 5원이다. 만약 ㈜질로가 사회적인 비용까지 함께 고려하여 가장 효율적으로 소주를 생산한다면 이때 발생되는 이산화탄소의 배출량은 얼마인가?

① 6리터　② 7리터
③ 8리터　④ 9리터
⑤ 10리터

72 X재와 Y재를 소비하는 소비자의 한계대체율은 2이다. X재의 가격이 12,000원이고 Y재의 가격이 6,000만 원이라고 한다면 이 소비자가 자신의 효용을 극대화하기 위해 어떤 소비를 하여야 하는가?

① 현재 소비에서 변화를 줄 필요가 없다.
② X재의 소비를 늘린다.
③ Y재의 소비를 줄인다.
④ X재의 소비를 줄이고, Y재의 소비를 늘린다.
⑤ Y재의 소비를 늘리고, X재의 소비를 줄인다.

ANSWER　70.①　71.③　72.①

70 기업의 이윤극대화는 총수입 극대화, 총비용 극소화를 말한다. 총수입은 매 단위 판매로부터 얻는 수입 즉, 한계수입의 총합이며, 총비용은 매 단위 생산으로 인해 발생하는 한계비용의 합이다. ㈜질로의 경우, 소주 가격이 일정하게 100원이므로 100원이 한계수입이며, 소주생산으로 인한 한계비용은 표에서 주어진 대로 첫 번째 소주 생산의 경우 55원, 두 번째 소주 생산의 경우 65원, 세 번째 소주의 경우 75원이다. 여섯 번째 소주를 생산할 때에 한계수입은 100원, 한계비용은 105원인 반면, 다섯 번째 소주의 경우 한계비용은 95원이므로 ㈜질로는 다섯 개의 소주를 생산하는 것이 이윤극대화 조건에 부합한다.

71 소주 한 개당 사회적 비용이 10원이므로 이를 고려할 때에 소주 생산의 한계비용은 종전의 한계비용에 10원씩 더해진다. 즉, 첫 번째 소주 생산의 경우 한계비용은 65원, 두 번째 소주 생산의 경우 75원, 세 번째 소주의 경우 85원 등이 된다. 새로운 한계비용과 전과 동일한 한계수입을 고려해 사회적으로 효율적인 생산량을 구하면 소주는 네 개가 되며 따라서 이산화탄소의 최대 배출량은 8리터가 된다.

72 한계대체율이 2이고, 가격비는 12000/6000 = 2 이다. 한계대체율과 가격비가 같기 때문에 현재의 소비를 통해 효용이 극대화되고 있음을 알 수 있다.

73 **기술혁신에 의해 텔레비전 모니터 생산비가 하락했을 경우 텔레비전 모니터 시장에 나타날 변화에 대한 예상으로 옳은 것은?**

① 텔레비전 모니터의 생산비가 하락하게 되면 모니터의 공급량은 감소하게 될 것이다.
② 모니터의 균형가격은 상승하고 균형거래량 또한 증가하게 될 것이다.
③ 텔레비전 모니터의 생산비가 하락하게 되면 모니터의 공급량에는 아무 변화가 없을 것이다.
④ 모니터의 균형가격은 하락하고 균형거래량 또한 감소하게 될 것이다.
⑤ 모니터의 균형가격은 하락하고 균형거래량은 증가하게 될 것이다.

74 **석유수출기구(OPEC)에서 석유의 생산량을 줄이기로 결정했을 때, 이에 따라 일어날 수 있는 현상으로 옳지 않은 것은?**

① 석유수입국의 물가가 상승한다.
② 석유의 수요량이 감소한다.
③ 천연가스의 수요가 증가한다.
④ 자동차 수요가 증가한다.
⑤ 하이브리드 자동차 개발을 가속화한다.

75 **한 나라에서 A음료 시장 점유율이 1위인 회사가 B음료 시장 점유율 1위인 회사의 인수·합병 계획을 밝히자 소비자 단체에서는 독과점의 형성이 우려된다며 반대하고 있다. 다음 중 이러한 독과점 형성의 판단 근거로 적절한 것은?**

① A음료는 여름에, B음료는 겨울에 잘 팔린다.
② A음료의 맛이나 향은 B음료와는 큰 차이가 있다.
③ A음료의 가격이 오르는 경우 B음료가 잘 팔리게 된다.
④ A음료는 청소년이 B음료는 장년층이 선호한다.
⑤ A음료와 B음료를 절반씩 섞어 먹는 사람들이 증가하고 있다.

ANSWER 73.⑤ 74.④ 75.③

73 텔레비전 모니터의 생산비가 하락하게 되면 모니터의 공급량은 증가하게 되어 결과적으로 모니터 균형가격은 하락하고 균형거래량은 증가하게 된다.

74 ④ 석유생산량의 감소는 공급곡선을 좌측으로 이동시켜 석유가격을 상승시킨다. 석유가격의 상승은 대체재인 천연가스의 수요를 증가시키며, 석유가격의 상승은 보완재인 자동차 수요는 감소하지만 물가가 상승한다.

75 ③ 인수·합병 시 독과점을 형성하기 위해서는 동일한 시장에 속한 상품으로 대체재 관계일 경우이다. 대체재 관계에서는 한 상품의 가격이 하락하면 대체 관계의 다른 상품의 수요가 증가하게 된다.

76 **서울의 한 거리에 K샌드위치와 A샌드위치 두 가게만 존재한다고 한다. 두 가게는 현재 새로운 광고를 해야 할지를 고민하고 있는데 상대방이 광고를 하지 않아야 이익이 증가한다고 한다. 두 가게가 모두 최고 수준의 이익을 창출하려고 할 때 가장 적합한 내용은?**

① K가게만 광고를 하고 A가게는 광고를 하지 않아야 한다.
② A가게만 광고를 하고 K가게는 광고를 하지 않아야 한다.
③ 두 가게 모두 광고를 하여야 한다.
④ 두 가게 모두 낮은 가격으로 책정하여야 한다.
⑤ 두 가게 모두 높은 가격으로 책정하여야 한다.

77 **甲사는 올해 휴대폰 단말기인 A2009를 출시했다. 다음 지문 중에서 금년에 甲사의 A2009와 경쟁 관계에 있는 제품을 모두 고르면?**

> ㉠ 乙사에서 제작한 B 휴대폰 단말기
> ㉡ 잠재적인 시장진입자가 생산할 휴대폰 단말기
> ㉢ 작년에 발매된 甲사의 A2008
> ㉣ 내년에 발매될 甲사의 A2010

① ㉠
② ㉠㉡
③ ㉠㉢
④ ㉠㉡㉢
⑤ ㉠㉡㉢㉣

ANSWER 76.⑤ 77.⑤

76 두 가게 모두가 좋은 수준의 이익을 내기 위해서는 둘 다 높은 가격을 책정하여야 한다. 그러나 이는 두 가게가 담합을 하여야 하는 조건이 성립되어야 하고 이를 통해 가격이 상승하고 수량이 작아지면 소비자는 손해를 보게 되나 두 가게는 이득을 쟁취하게 된다.

77 경쟁 관계에 있는 제품이란 소비자가 잠재적으로 대체하여 선택할 수 있는 재화이다. 소비자가 A2009를 선택함에 있어서 다른 회사의 휴대폰을 쓸 것인지, 과거의 제품을 그대로 사용할 것인지, 또는 새로운 제품의 발매를 기다릴지를 고려해야 한다.

78 다음은 조선시대 서적 내용의 일부이다. 글에서 밑줄 친 ㉠과 ㉡에 해당하는 정책을 옳게 짝지은 것은?

> • 상인이란 저렴한 곳의 물건을 가지고 와서 비싼 곳에 판매하는 존재인데, 지금, ㉠이 명령을 시행한다면 서울의 상인들은 장차 곡물을 다른 데로 옮겨 가 버릴 것이다.
> • 조선시대에는 재정 수입의 확대를 위해 육의전을 비롯한 시전상인에게 서울 도성 안과 도성 아래 십 리 이내 지역에서 난전의 활동을 규제하고 특정 상품에 대한 전매권을 지키도록 ㉡금난전권을 부여하였다.

① 곡물 수입 금지, 최고 가격제
② 곡물 수입 금지, 최저 가격제
③ 최고 가격제, 진입 규제
④ 최저 가격제, 진입규제
⑤ 진입 규제, 최고 가격제

79 최근 생명보험에 가입하는 사람들의 수가 늘어나고 있다. 생명보험에 가입하는 사람들은 매년 일정한 금액을 보험료로 납부하고 가입자가 사망하는 경우 그의 가족은 보험료 납부액보다 더 많은 금액을 보험금으로 받을 수 있다. 그러나 생명보험에 가입하는 사람들의 사망률이 그렇지 않은 사람들에 비해 높다고 할 때 이에 대한 추론으로 옳은 것은?

① 생명보험에 가입한 사람들은 가입하지 않은 사람들보다 위험한 직업에 종사하기 때문이다.
② 평균 사망률보다 자신의 사망확률이 낮다고 생각하는 사람들이 더 많이 보험에 가입하기 때문이다.
③ 생명보험에 가입한 사람은 보험에 가입하지 않은 사람에 비해 위험한 행위를 할 가능성이 낮기 때문이다.
④ 사망의 위험이 더 높은 사람들이 보험에 가입할 강력한 유인을 갖기 때문이다.
⑤ 보험회사의 보험가입자에 대한 감시행위가 너무 강하기 때문이다.

ANSWER 78.③ 79.④

78 ㉠의 명령은 서울의 곡물 가격을 제한하는 정책이며, 금난전권은 난전의 진입을 제한하는 것이므로 진입 규제라고 할 수 있다.

79 ①③ 생명보험에 가입한 사람들은 가입하지 않은 사람들에 비해 위험한 행위를 하게 될 가능성이 높아지는 것은 사실이나 위험한 직종에 있다고 하여 누구나가 다 가입하는 것은 아니다.
② 보험료는 평균보다 높은 사망률을 가진 사람들의 비율을 반영하여 책정하므로 평균 사망률보다 자신의 사망확률이 낮은 경우에는 생명보험의 납부액이 높게 느껴지므로 가입하지 않는다.
⑤ 보험회사는 보험가입자들을 더욱 철저히 감시해야 하며 위험한 행위를 하는 가입자에게는 더 높은 납부액을 부과하여야 하고 모든 가입자들에게 이에 대비하기 위하여 건강진단서를 받아두어야 한다.

80 K 마을에서 케이블 TV 서비스와 인터넷 서비스를 독점 판매하는 '서원유선방송'은 수입을 최대화하는 판매 방법을 모색하고 있다. 서원유선방송은 두 서비스를 분리해서 따로 팔수도 있고, 묶어서 한 상품으로 팔수도 있다. K 마을에는 두 명의 소비자 甲과 乙이 있다. 甲은 케이블 TV에 15, 인터넷에는 10을, 乙은 케이블 TV에 8, 인터넷에는 12로 지불할 용의가 있다면, 다음 중 가장 많은 수입을 올릴 수 있는 판매 방법은?

① 두 서비스를 묶어서 20의 가격으로 판매한다.
② 두 서비스를 분리하여 케이블 TV 서비스는 8에, 인터넷 서비스는 10에 판매한다.
③ 두 서비스를 분리하여 케이블 TV 서비스는 15에, 인터넷 서비스는 10에 판매한다.
④ 두 서비스를 분리하여 케이블 TV 서비스는 8에, 인터넷 서비스는 12에 판매한다.
⑤ 두 서비스를 묶어서 25의 가격으로 판매한다.

81 최근 많은 공장 및 일터에서 외국인 근로자들을 많이 볼 수 있다. 다음 중 외국인 근로자의 국내 유입으로 인한 영향을 바르게 추론한 것은?

① 공장에서 외국인 근로자들을 사용하면 노동의 공급부족이 발생하게 된다.
② 공장에서 외국인 근로자들을 사용하면 노동자 임금이 상승하게 된다.
③ 공장에서 외국인 근로자들을 사용하면 임금이 하락하여 고용량이 감소하게 된다.
④ 공장에서 외국인 근로자들을 사용하면 노동의 한계생산과 한계생산가치는 상승한다.
⑤ 공장에서 외국인 근로자들을 사용하면 임금과 한계생산가치 모두 떨어지게 된다.

ANSWER 80.① 81.⑤

80 ① 甲, 乙 모두 서비스에 대해 금액을 지불할 용의가 있으므로 20 × 2 = 40, 총수입 = 40
② 케이블 TV 서비스를 두 사람 모두에게 판매한 경우 : 8 × 2 = 16
인터넷 서비스를 두 사람 모두에게 판매한 경우 : 10 × 2 = 20, 총수입 = 36
③ 甲에게 케이블 TV 서비스를 판매한 경우 : 15
두 사람 모두에게 인터넷 서비스를 판매한 경우 : 10 × 2 = 20, 총수입 = 36
④ 케이블 TV 서비스를 두 사람 모두에게 판매한 경우 : 8 × 2 = 16
乙에게 인터넷 서비스를 판매한 경우 : 12, 총수입 = 28
⑤ 甲에게 두 가지 서비스를 판매한 경우 : 25, 총수입 = 25

81 공장에서 외국인 근로자들을 사용하게 되면 근로자들의 증가로 인하여 노동의 초과공급이 발생하게 되고 노동의 초과공급으로 인하여 임금은 하락하게 된다. 또한 고용량을 늘리는 것은 회사의 입장에서 보면 이득이 되므로 고용량은 증가하게 되고 이에 따라 노동의 한계생산과 한계생산가치는 하락하고 임금과 한계생산가치 모두 떨어지게 된다.

82 최근 전염성이 있는 신종인플루엔자 발생이 확대되자 김 대리의 회사에서는 이 질병에 대한 예방접종을 하는 경우 예방접종비의 일부를 지원해 주기로 하였다. 하지만 지난해 전염성이 없는 B형 간염에 대한 예방접종을 받았을 때는 예방접종비를 지원받지 못하였다. 다음 중 이 회사의 시책과 유사한 성격을 지니는 것은?

① 정부는 매연을 줄이는 장치를 부착한 차량에 대해 자동차세의 일부를 감면해준다.
② ING보험회사는 매년 보험판매왕에게 특별 보너스를 지급한다.
③ 민간의료보험회사는 보험가입시 신체검사를 의무화한다.
④ 자동차보험회사는 사고시 손실금액의 일부만 보상한다.
⑤ 종합부동산세를 자진 납부하면 세액의 3%를 감면해 준다.

83 다음 조건들을 전제로 한계생산비가 0이라고 가정하면 양장본 한 종류의 책을 만들 때와 비교해 어떤 결과를 기대할 수 있는가?

- 어떤 경제학 교과서에 대한 독자층이 두 개의 그룹으로 분류된다.
  - 1만 명에 달하는 경제학 전공자와 수험생은 3만원의 높은 가격에도 불구하고 고급 양장본을 구입할 용의가 있다.
  - 40만 명의 일반 독자는 책의 장정에 관계없이 책값이 5,000원이라면 살 용의가 있다.
- 출판사는 이 두 독자층을 상대로 양장본(hard cover)과 종이책(soft cover)을 만들어 각 3만원과 5,000원으로 판매하는 차별화 전략을 채택하였다.

① 생산자 잉여와 사회후생이 감소한다.
② 생산자 잉여와 사회후생이 증가한다.
③ 생산자 잉여는 증가하지만 소비자 잉여는 그대로다.
④ 국내 시장에서의 가격차별은 생산자 잉여에 영향을 주지 않는다.
⑤ 책을 한 권 더 만들 때마다 5,000원의 손해를 본다.

ANSWER 82.① 83.②

82 전염성이 있는 T질병에 대한 접종비만을 보조하는 것은 외부성에 관련된 것이다. 매연은 대표적인 부정적인 외부성을 유발하는 것에 해당한다.

83 ② 한계 생산비가 0이므로 출판사는 책을 한 권 더 만들 때마다 5,000원의 이익을 본다. 따라서 생산자 잉여와 사회후생이 증가한다.

※ 소비자 · 생산자 잉여 및 사회후생
㉠ 소비자 잉여 : 소비자가 상품구입을 위해 지불하는 비용보다 그가 상품을 소비함으로써 얻는 효용이 클 때 그 차이를 말한다.
㉡ 생산자 잉여 : 공급을 위해 받지 않으면 안 되는 최소한의 수입과 실제로 받게 되는 총수입과의 차액을 말한다.
㉢ 사회후생 : 경제활동으로 사회가 얻는 복지의 증진을 나타내는 개념으로 소비자 잉여와 생산자 잉여의 합을 말한다.

84 예산 적자를 모면하기 위해 대중교통의 요금을 인상하거나 원화의 상승으로 무역수지가 악화될 것을 우려하여 외환시장에 개입하는 등의 경제정책이 기대하는 효과를 얻기 위해서는 반드시 고려해야 할 개념이 있다. 이 개념을 응용하지 않은 것은?

① 패스트푸드점에서 할인 쿠폰을 제공한다.
② 청소년들에게 극장의 입장료를 할인해 준다.
③ 기업의 전화요금을 비싸게 하고 가계의 전화요금을 싸게 책정한다.
④ 공해 배출을 원하는 경제주체에게 공해 배출권을 시장에서 판매한다.
⑤ 주류업자는 업소에 제공하는 술 보다 일반 할인점에 공급하는 술의 가격을 높게 책정한다.

85 최근 노타이 근무의 확산으로 넥타이와 넥타이 관련 용품의 매출이 급감하였다고 한다. 이러한 노타이 근무의 확산으로 기업이 받을 경제적 상황에 대한 추론이 적절하지 않은 것은?

① 넥타이를 매지 않을 경우 체감온도는 더 낮아질테니 본격적인 여름철을 맞아 에어컨 등의 과다사용으로 인한 에너지의 절감효과를 거둘 수 있을 것이다.
② 노타이 근무를 하면 에너지절감효과 및 이산화탄소 배출 절감 등의 효과를 얻을 수 있어 최근 재계의 화두로 떠오른 그린경영의 실천하는 방법이 될 수 있다.
③ 남성복을 판매하는 매장의 경우 다양한 넥타이 상품을 진열하는 것보다 쿨비즈 패션위주로 매장을 진열하는 것이 매장의 수익을 올릴 수 있는 방법일 것이다.
④ 겨울철의 웜비즈룩과 일맥상통한다.
⑤ 노타이 근무의 경우 하절기 냉방비를 감소시켜 경제적인 효과를 누릴 수 있지만 근무편의, 자율성 및 생산성 등의 측면에서 효율성이 감소하는 단점이 있다.

ANSWER 84.④ 85.⑤

84 탄력성의 개념에 대한 질문이다. 대중교통 요금을 인상하였을 때 가격탄력성이 크다면 수요가 감소하여 총수입이 줄어 적자를 모면하기 어렵다. 정부의 외환시장 개입은 환율변동으로 인한 무역 상품의 가격변동을 야기시키지만 무역 상품들에 대한 가격탄력성에 따라 무역수지 또한 변동한다.
④ 가격탄력성과 관련이 없는 공해배출권 정책을 설명하고 있다.

85 ⑤ 넥타이를 매지 않고 근무하는 경우 복장의 간소화로 인해 오히려 업무의 효율도 높아지는 결과를 얻을 수 있다.

86 서원각은 10억 원의 자금을 투입하여 자동화설비를 구축한 자동차 생산업체이다. 서원각은 정상적인 경영활동에서 10명의 근로자를 고용하고 있다. 서원각의 생산활동과 관련된 내용으로 틀린 것끼리 짝지어진 것은?

㉠ 자동화설비를 구축하기 위하여 투입된 10억 원이 모두 매몰비용이라면 자동차 1대의 가격이 자동차 생산을 위해 소요되는 평균가변비용보다 크다는 조건이 충족되는 이상 생산을 중단하지 않는 것이 좋다.
㉡ 서원각이 자동차를 생산하기 위하여 투입한 회계적 비용의 총액이 10억 원의 자동화 설비라인 구축비와 10명의 근로자 임금이라 한다면, 기회비용은 회계적 비용의 총액보다 크다.
㉢ 경기불황의 여파로 재고가 쌓이자 서원각은 한 달 동안 생산을 중단하기로 하였고 이때 서원각의 고정비용은 자동화설비를 구축하기 위해 소요되는 비용 이외에도 10명의 근로자에게 지급되는 임금 또한 고정비용에 해당된다.
㉣ 경제적 이윤이 0이 되는 경우 서원각은 경영을 지속할 유인이 없다.
㉤ 자동차 생산에 소요되는 회계적 비용의 총액을 고려할 때 자동차 생산으로 얻을 수 있는 총매출액이 회계적 비용 총액과 동일하다면 서원각은 양의 회계적 이윤을 벌어들이는 것이다.

① ㉠㉡
② ㉠㉢
③ ㉡㉣
④ ㉣㉤
⑤ ㉠㉡㉢

ANSWER 86.④

86 ㉣ 경제적 이윤이 0이 되는 경우 서원각은 조업을 계속하여야 한다.
㉤ 자동차 생산에 소요되는 회계적 비용의 총액을 고려할 때 자동차 생산으로 얻을 수 있는 총매출액이 회계적 비용 총액과 동일하다면 서원각은 음의 회계적 이윤을 얻게 된다.

87 **제시된 글을 읽고 인텔의 기술이 실용화되어 국내의 독점적인 전기 공급업체인 '대한전력'이 전력생산 비용을 크게 낮출 수 있다고 가정할 때, 이로 인해 나타날 결과로 옳은 것끼리 연결된 것은?**

> 인텔은 최근 변압기와 전기 콘센트로부터 자유롭게 함으로써 생활에 혁신적인 변화를 가져올 수 있다는 평가를 받고 있는 무선 전력공급시스템을 선보였다. 저스틴 래트너 인텔 최고기술책임자(CTO)가 샌프란시스코에서 열린 연례 개발자포럼에서 시연한 무선 전기공급시스템은 전선을 연결하지 않은 채 무대 위에 있는 60와트 전구를 밝혔으며 전력공급장치와 전력사용기구 사이에 있는 사람이나 물건에 아무런 영향도 주지 않았다. 와이어리스 에너지 리소넌트 링크로 불리고 있는 인텔의 전기공급장치는 60~90cm 거리에서 최대 60와트의 전력을 무선으로 공급했으며 이 과정에서 발생한 전력손실도 25%에 그쳤다.
> 스미스는 무선 전기공급시스템이 앞으로 사무실 내에서 전력을 전자기나 컴퓨터에 공급하는 데 사용될 수 있을 것이라고 말했다. 전문가들은 인텔이 선보인 무선 전기공급시스템이 상용화되기까지 많은 시간이 필요하지만 미래 생활을 바꿀 혁신적인 기술로 발전할 것이라고 평가했다. 엔덜리 그룹의 롭 엔덜리는 인텔의 무선 전력공급시스템이 충전기를 불필요하게 만들 것이고 궁극적으로는 전지를 사라지게 할 것이라면서 세계를 바꿀 수 있는 기술이 될 가능성이 있다고 말했다.

> ㉠ '대한전력'의 비용이 감소하므로 절대 이윤의 규모는 더욱 커진다.
> ㉡ 전력의 소비자 가격은 내려가고, 전력 소비량은 증가한다.
> ㉢ 전력이 독점적으로 공급되므로, 가격은 상승하고 소비량은 감소한다.
> ㉣ 지금과 동일한 수준의 이윤을 계속 유지한다.
> ㉤ 기술 변화는 시장수요에 영향을 미치지 않으므로 이 기술을 채택한 후에도 가격과 공급량에는 변화가 없다.

① ㉠㉡
② ㉠㉢
③ ㉠㉣
④ ㉡㉤
⑤ ㉡㉣

ANSWER 87.①

87 ㉢ 독점기업 역시 생산원가가 하락할 경우 판매가격을 낮춰야만 총판매량이 늘고, 이에 따라 이윤이 증가할 수 있다.
㉣ 생산단가를 낮추고 판매량을 늘릴 경우 이윤 규모가 커지게 된다.
㉤ 기술변화가 시장 수요에 아무런 영향을 주지 않는다면 어떤 기업도 기술혁신에 힘쓰지 않을 것이다.

※ 다음 글을 읽고 물음에 답하시오. 【88 ~ 89】

88 다음 중 U사가 이윤극대화를 위해 책정할 정수기 한 대의 판매가격은?

> U사는 3만 가구가 사는 어느 도시에서 가정용 정수를 독점적으로 판매하는 회사이다. 정수기 원가는 1만 원이며, 한번 설치된 정수기는 재설치가 불가능하다. 이 도시의 가구 중 85%는 고소득 가구로 정수기에 10만 원까지 지불할 용의가 있는 반면, 나머지 15%는 저소득 가구로 정수기에 3만 원까지만 지불할 용의가 있다. 한 가구에서 정수기는 한 대만 필요하다. U사는 이러한 정보를 가지고 있지만 고소득 가구와 저소득 가구를 구별하지 못한다.

① 1만 원
② 5만 원
③ 7만 5천 원
④ 8만 원
⑤ 10만 원

89 시 당국이 저소득 가구임을 증명하는 증빙서를 발부하기로 하였다. U사는 이 증빙서를 가져오는 가구에 대하여 정수기를 2만 원에 판매하기로 했다. 증빙서의 거래나 위조가 불가능하다고 할 때, U사의 이러한 방침에 대해 다음에 제시된 의견 중 옳은 것을 모두 고른 것은?

> 미라 : 독점회사가 소비자에 대해서 더 많은 정보를 얻게 되었으니 A사의 이윤이 늘어나겠구나.
> 시라 : 그러면 저소득 가구와 고소득 가구를 모두 포함한 소비자들의 편익은 줄어들겠네.
> 보라 : 사회 전체적인 편익을 생각한다면, U사가 증빙서를 이용한 판매행위를 못하도록 규제해야 돼.
> 세라 : 하지만 정수기를 사용하게 된 저소득 가구의 편익은 증가하잖아.

① 미라, 세라
② 시라, 보라
③ 시라, 세라
④ 미라, 보라, 세라
⑤ 미라, 시라, 세라

ANSWER 88.⑤ 89.①

88 가격을 3만 원으로 책정하면 3만 가구 전체가 구입하므로 3만 가구 × (3만 원 − 1만 원) = 6억 원이다. 3만 원 이상의 가격을 매길 경우 고소득 가구만 구입하게 되므로 수요량이 25,500대이다. 25,500대 × (10만 원 − 1만 원) = 2,295,000,000원이 된다. 따라서 10만 원이 이윤극대화하는 가격이 되며 U사는 10만 원의 가격을 책정할 것이다.

89 저소득 가구는 증빙서로 인해 2만 원에 정수기를 구입할 수 있게 되어 기존에 3만 원에 구입할 것을 2만 원에 구입하게 되어 1만 원의 순편익을 누릴 수 있게 된다. U사는 저소득 가구에게서 1만 원의 순편익을 누릴 수 있게 되었으며 소비자에 대해 더 많은 정보를 가짐으로써 U사의 이윤은 늘어나게 된다.

90 다음 글에 관한 설명으로 가장 타당한 것은?

> 혁신국에서는 S텔레콤과 L텔레콤의 두 이동통신사가 있다. 혁신국의 이동통신 이동자 중 80%는 S텔레콤에, 나머지 20%는 L텔레콤에 가입해 있다. 이동통신 이용자들은 가입한 통신사에 관계없이 서로 고르게 통화하며, 모든 통화로부터 동일한 편익을 얻는다. 통화료는 전화를 건 사람만이 부담하며 다음 ㉠ 또는 ㉡의 두 가지 통화료 체계가 가능하다.
> 가입자는 이동통신사를 자유롭게 변경할 수 있으며, 이에 따른 추가적인 비용은 발생하지 않는다.
> ㉠ 가입한 통신사와 상관없이 통화료는 분당 20원
> ㉡ 동일한 통신사 가입자 간 통화료는 분당 20원, 다른 통신사 가입자 간 통화료는 분당 30원

① ㉠에서 S텔레콤 가입자의 일부가 L텔레콤으로 옮겨 갈 경우, S텔레콤 이용자의 편익은 감소한다.
② ㉡에서 L텔레콤 가입자의 일부가 S텔레콤으로 옮겨 갈 경우, L텔레콤 이용자의 편익은 증가한다.
③ ㉠에서 L텔레콤 가입자의 일부가 S텔레콤으로 옮겨 갈 경우, L텔레콤 이용자의 편익은 감소한다.
④ ㉡에서는 S텔레콤의 시장점유율이 증가한다.
⑤ ㉠에서는 L텔레콤의 시장점유율이 증가한다.

ANSWER 90.④

90 이동통신 이용자들이 가입한 통신사와 관계없이 고르게 통화하며, 모든 통화로부터 동일한 편익을 얻으므로, 통화료 부담의 변화만 고려하면 된다. ㉠의 통화료 체계에서는 가입자가 통신사를 변경하여 동일한 통신사 가입자 간 통화와 다른 통신사 가입자 간 통화비율이 바뀐다 하더라도 기존 가입자의 통화료 부담에는 변화가 없다. 또한 통신사를 변경하는 가입자의 통화료 부담에도 변화가 없으므로 특별히 통신사를 변경할 유인이 없다. 반면, ㉡의 통화료 체계에서는 가입자의 일부가 빠져나간 통신사 가입자의 통화료 부담은 늘어나고, 가입자가 늘어난 통신사의 기존 가입자의 통화료 부담은 감소한다. 또한 가입자가 많은 통신사에 가입할 경우 통화료 부담이 줄어들기 때문에, 시장점유율이 높은 S텔레콤으로 가입자가 옮겨갈 유인이 생기고 S텔레콤의 시장점유율은 더욱 증가한다.

91 대부분 지역마다 자리 잡고 있는 대형마트들은 시장선점 경쟁을 벌이게 된다. 다음 중 대형마트가 구사하는 '진입제한 가격 설정'에 대한 설명으로 옳지 않은 것은? (단, 반경 5km 이내 독점적 지위를 갖는 기존 대형마트가 취급하는 제품은 하나만 존재한다)

① 일시적으로 다량의 제품을 판매하고 가격을 낮추어 경쟁자의 진입을 막는다.
② 최저가격보상제, 10년 전 가격 판매제 등을 실시한다.
③ 잠재적 경쟁자들이 진입하지 않을 것으로 판단될 경우 기존 대형마트는 다시 가격을 올린다.
④ 대형마트가 최저가격보상제를 실시하면 제품의 가격은 다른 지역에서 2개 이상 마트가 경쟁해서 얻게 되는 평균 가격보다 항상 낮다.
⑤ 잠재적 경쟁업체들은 부지매입, 점포 설치 등에 많은 비용이 들어 초기 판매 가격을 기존 대형마트 수준에 맞추기 어렵다.

92 다음의 별별국의 사례가 정설에 모순되지 않음을 설명하기 위해 두 기간 사이에 비교 조사해야 할 항목으로 적절하지 않은 것은?

- 정설 : 다른 조건이 일정이라면, 사람들이 구입하는 승용차의 평균 연비와 유가 간에는 정(+)의 관계가 있다.
- 별별국 사례 : 2009년 유가가 1979년에 비해 3배 높아졌다. 1979년에는 연비가 높아 경제적인 소형 승용차가 인기였지만 2009년에는 소형 승용차보다는 연비가 낮고 가격이 비싸지만 안정성이 높은 중대형 승용차가 인기이다.

① 승용차 연료비 지출이 소득에서 차지하는 비중
② 승용차의 안전성에 대한 소비자의 선호도
③ 소득 대비 승용차 가격 비율
④ 물가 상승률과 유가 상승률
⑤ 소형 승용차와 중대형 승용차의 부품 판매량

ANSWER 91.④ 92.⑤

91 불완전 경쟁체제의 하나인 독점적 경쟁은 수많은 공급자가 동일하지는 않지만 유사한 상품을 공급하는 시장구조를 말한다. 독점적 지위를 갖는 대형마트가 특정 제품을 최저가격보상제로 판매할지라도 타 지역의 2개 이상의 대형마트가 경쟁해서 얻을 수 있는 가격보다 낮을 수는 없다.

92 정설에서는 유가와 승용차의 평균 연비가 정(+)의 관계라고 하였다. 따라서 정설이 모순되지 않기 위해서는 1979년보다 유가가 3배 높아진 2009년에는 승용차의 평균 연비도 높아야 한다. 즉, 유가가 높아진 2009년에는 연비가 높은 소형차가 많이 팔려야 한다. 하지만 별별국의 사례에서는 유가가 높아진 2009년에 중대형 승용차가 인기이다. 따라서 유가 상승 외에 다른 요인의 작용을 추론할 수 있으며 소형 승용차와 중대형 승용차의 부품 판매량은 해당 승용차의 판매량을 알려주는 요인이므로 별별국의 사례가 모순되지 않음을 입증하는 자료가 될 수 없다.

93 다음과 같은 문제를 해결하고 시장을 활성화하기 위한 방안으로 옳지 않은 것은?

- 과일판매상이 과일에 대한 정보를 많이 갖고 있는데 반해 소비자는 필요한 정보가 주어지지 않는 경우, 이러한 정보 불균형이 지속되어 과일시장에서 거래량이 감소하거나 상대적으로 열등한 상품들이 많이 거래되는 결과가 나타난다.
- 보험 가입자가 자신의 건강에 대해 보험사보다 더 많은 정보를 가지고 있게 되면서, 건강하지 않은 사람이 보험에 가입하려는 확률이 높아지고 보험사는 평균 건강치에 의존하여 보험료를 책정할 수밖에 없다. 이 경우 건강하지 않는 사람들이 보다 많이 가입하면 보험사의 부담이 늘어 보험료의 인상이 불가피하게 되고, 더 높은 보험료를 지불하면서도 보험에 가입하는 사람들은 건강이 더 나쁜 사람들이 될 것이다.
- 중고차 시장에서 판매자와 구매자는 가지고 있는 정보가 서로 다르므로 구매자는 잘못된 선택을 할 가능성이 높다.

① 정부나 공신력 있는 기관이 각종 용역제공자의 용역의 질을 사전에 검증해 소비자로 하여금 용역의 질을 믿고 구매할 수 있도록 한다.
② 보험사가 가입자에 대한 건강관련 정보를 요구하고 객관적으로 검증하는 여러 가지 장치를 강구한다.
③ 중고차 판매회사가 판매 후 일정기간 품질을 보증한다.
④ 과일시장에서도 원산지 표시 범위를 확대하거나 과일에 대한 소독의 종류 및 횟수 등을 표시하게 한다.
⑤ 보험회사는 사고 시 보험가입자에게 손실의 일부만을 보상해 주는 공동보험제도를 채택한다.

93.⑤

93 ⑤ 지문의 경우는 역선택의 문제를 말하고 있으므로 이를 해결할 수 있는 방안에 관한 것을 찾아야 한다. 보험회사가 가입자에게 공동책임을 묻는 것은 보험가입 이후 위험회피노력을 소홀히 하는 것을 방지하는 것으로 도덕적 해이의 문제를 해결하는 것이다.

94 다음의 사례로부터 옳게 추론한 내용이 바르게 짝지어진 것은?

> 세계의 많은 대도시들은 교통 혼잡 문제로 골머리를 앓고 있다. 경제학자들은 이에 대해 도로 통행료 징수 제도를 해답으로 제시한다. 그러나 세계의 어느 도시도 싱가포르가 시도하기 전까지는 이 제도를 도입할 엄두를 내지 못했다. 싱가포르는 도심 주변에 통행료 징수기를 설치하여 이용한 도로, 이용 시간대 등을 토대로 도심에 진입하는 차량에 대해 통행료를 징수하고 있다.

> ㉠ 통행료를 징수함으로써 도로의 최적 이용량을 유도하고자 한다.
> ㉡ 통행료를 징수하는 도로는 국방과 같은 공공재이다.
> ㉢ 통행료를 징수하는 것은 도로 이용의 사적비용이 사회적 비용보다 크기 때문이다.
> ㉣ 통행료를 징수하지 않는 경우 누구나 이용할 수 있지만 혼잡에 따른 경합성이 있다.

① ㉠㉡
② ㉠㉣
③ ㉡㉢
④ ㉡㉣
⑤ ㉢㉣

95 다음은 전세계약 만료를 앞둔 부부의 대화이다. 다음 중 남편이 모르고 있는 경제학의 개념은?

> 남편 : 우리 전세계약이 다음 달에 끝나는데 이사를 안 할 수는 없나?
> 아내 : 마침 역전세난이라고 전세 보증금이 내린 모양이에요. 보증금 변동 없이 계약을 연장하자고 해볼까요?
> 남편 : 우리가 모아놓은 돈이 있는데 차라리 전세 보증금을 올려주면 어때? 어차피 돌려받을 거 아니야?
> 아내 : ???

① 희소성
② 한계효용
③ 규모의 경제
④ 기회비용
⑤ 한계비용

ANSWER 94.② 95.④

94 ㉡ 혼잡한 도로는 경합성은 있으나 배제성이 없는 공유자원이다.
㉢ 사회적 비용이 사적비용보다 클 경우 해로운 외부성이 발생한다.

95 기회비용 … 무엇을 얻기 위해 포기한 그 무엇을 말한다. 즉, 하나의 재화를 생산하기 위하여 다른 재화를 포기한다고 볼 수 있다. 여기서 남편이 아내에게 모아놓은 전세보증금을 올려주자고 했는데 이는 이 돈을 다른 곳에 투자해서 얻을 수 있는 수익의 기회를 포기한다고 볼 수 있다.

96 다음 글의 ㉠과 ㉡에 알맞은 것은?

> 어떤 나라에 TV 방송국 A와 B가 있다. 두 방송국은 오늘 밤 9시부터 11시 사이에 축구 경기 또는 발레 공연을 생중계할 수 있다. 국민의 70%는 축구 경기를, 나머지 30%는 발레 공연을 원하고 있다. 국민들은 원하는 내용이 방송되면 그것을 시청하고, 그렇지 않으면 TV를 시청하지 않는다. 만약 두 방송국이 동일한 내용을 방영하면 두 방송국의 시청률은 같아진다. 가장 많은 국민이 시청하는 경우는 (㉠)를 방영하는 것이고, 두 방송국이 각각 시청률을 높이려고 경쟁하는 경우는 (㉡)를 방영하는 것이다.

① ㉠ A 방송국은 축구, B 방송국도 축구 ㉡ A방송국은 축구, B 방송국도 축구
② ㉠ A 방송국은 축구, B 방송국도 축구 ㉡ A방송국은 축구, B 방송국은 발레
③ ㉠ A 방송국은 축구, B 방송국은 발레 ㉡ A방송국은 발레, B 방송국은 축구
④ ㉠ A 방송국은 발레, B 방송국도 발레 ㉡ A방송국은 축구, B 방송국은 발레
⑤ ㉠ A 방송국은 발레, B 방송국은 축구 ㉡ A방송국은 축구, B 방송국도 축구

97 가격이 상승할 때 수요가 감소할 가능성이 가장 큰 재화는?

① 다른 재화로 대체하기 쉽고, 소득이 감소할 때 수요가 증가하는 재화
② 다른 재화로 대체하기 쉽고, 소득이 감소할 때 수요가 감소하는 재화
③ 다른 재화로 대체하기 어렵고, 소득이 감소할 때 수요가 증가하는 재화
④ 다른 재화로 대체하기 어렵고, 소득이 감소할 때 수요가 감소하는 재화
⑤ 다른 재화로 대체하기 어렵고, 소득이 감소할 때 수요가 불변하는 재화

ANSWER 96.⑤ 97.②

96 ⑤ 방송국이 각각 다른 내용을 방송할 때 가장 많은 수의 국민이 시청하게 된다. 하지만 방송국이 경쟁을 하게 된다면 최소한 35%의 시청률을 얻을 수 있는 축구를 방송하게 될 것이다.

97 ② 가격이 상승하면 실질소득이 감소하므로 다른 재화로 대체하기 쉬울수록, 소득이 감소할 때 수요가 감소하는 재화일수록 수요가 큰 폭으로 감소한다.

98 수요곡선(D)과 공급곡선(S)이 다음의 그림과 같이 주어져 있다면 이는 이 재화가(의) (　　) (임)을 시사한다. 다음 (　　) 안에 적합한 것은?

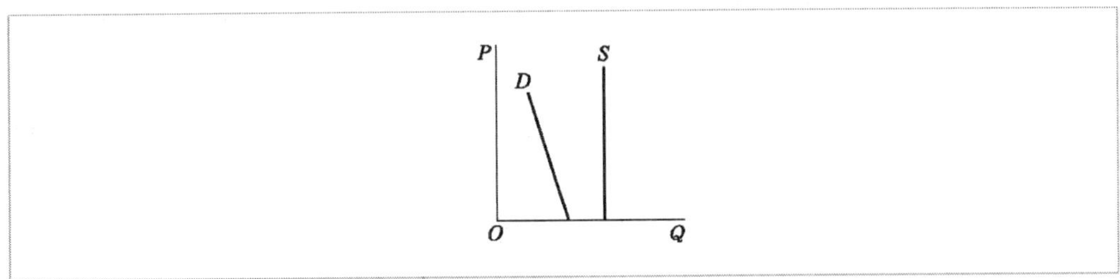

① 자유재
② 가격이 너무 높게 책정되어 공급 부족
③ 가격이 너무 낮게 책정되어 공급 과잉
④ 희소해서 일부 소비자는 원하는 만큼 소비할 수 없음
⑤ 대체재

99 A는 한 달 후 양파 1단을 2,000원에 팔겠다고 약속하였다. 만약 한 달 뒤에 양파 1단 값이 3,000원이 된다면?

① A는 1,000원의 이익을 얻게 된다.
② A는 1,000원의 손해를 입게 된다.
③ A는 2,000원의 이익을 얻게 된다.
④ A는 2,000원의 손해를 입게 된다.
⑤ A는 손해도 이익도 입지 않는다.

ANSWER 98.① 99.②

98 제시된 그림은 모든 가격수준에서 초과공급이 존재함을 나타내고 있다. 이로 보아 재화는 균형수급량이 존재하지 않는 재화로 자유재라고 할 수 있다.

※ **자유재**(free goods) … 사용가치는 있지만 무한으로 존재하여 교환가치가 없는 가치를 의미한다. 예를 들면 공기, 바닷물 등이다.

99 ② 3,000원짜리 양파를 2,000원에 팔아야 하므로 1,000원의 손해를 입게 된다.

100 다음 기사와 관련 있는 경제학 용어로 어떤 의견이나 상품의 유행으로 인하여 해당 의견이나 상품에 대한 선호도나 수요가 더욱 증가하는 현상을 무엇이라 하는가?

> 적어도 인터넷 공간에서는 긍정적인 의견이 부정적인 의견에 비해 영향력이 크다는 연구 결과가 나왔다. 미국의 매사추세츠공대(MIT) 연구팀은 최근 「사이언스」지에 발표한 논문을 통해 페이스북 등과 같은 웹사이트상에서 독자들은 '좋아요'라는 댓글이 붙은 글을 선호하는 경향이 있다는 사실을 밝혀냈다. 연구팀은 한 웹사이트에 올라온 특정한 글들을 대상으로 네티즌들의 호감비율을 조사한 결과 '좋아요'라는 댓글이 많이 붙은 글이 평균적인 글들보다 호감 비율이 25% 높았다고 밝혔다. 이는 실제로 훌륭한 글이 아니더라도 다른 사람이 좋다고 평가하면 그 글을 나중에 읽는 사람도 좋다고 생각할 가능성이 그만큼 크다는 얘기다. 그에 반해, 부정적인 의견은 상대적으로 영향력이 미약한 것으로 조사됐다고 연구팀은 밝혔다. 연구를 주도한 아랄 조교수는 "이러한 호감비율에는 편견이나 부풀림 현상이 반영돼 있다"면서 "집값 거품 현상도 일종의 긍정확대 현상인데, 만일 거품이 터지게 되면 돈을 잃을 수 있다"고 말했다.

① 롤링효과 ② 전시효과
③ 편승효과 ④ 기저효과
⑤ 톱니효과

ANSWER 100.③

100 ③ 본문은 긍정적인 의견의 편승효과를 설명하고 있다.

02 ·· 거시경제

1 다음 중 국내총생산(GDP)에 관한 설명으로 옳지 않은 것은?

① 기존의 주택을 제3자에게 판매한 것은 GDP에 포함된다.
② GDP는 일정기간 동안 한 나라 국경내에서 생산된 최종생산물의 가치로 정의된다.
③ GDP는 최종생산물에 대한 가치이므로 중간생산물은 GDP집계에 포함되지 않는다.
④ 주부의 가사업무는 GDP에서 제외되나 파출부의 가사업무는 GDP에 포함된다.
⑤ GDP는 '일정기간 동안'이므로 유량개념이 포함되며 또한 '국경 내에서'이므로 속지주의 개념이 포함된다. 국경 내에서의 생산이라면 생산의 주체가 자국인인지 외국인인지는 고려하지 않는다.

2 다음 중 빈칸에 공통적으로 들어갈 개념으로 적절한 것은?

> 국민소득 중 지출측면의 특성을 강조한 것으로 종래의 GNP에 해당한다. 생산과 소득의 구분 필요성에 따라 우리나라도 1995년부터 소득지표로 GNP 대신 _____을/를 사용하고 있다. _____은/는 한 나라의 국민이 생산 활동에 참여하여 벌어들인 총소득의 합계로서 기존의 GDP에 대외 교역조건의 변화를 반영한 소득지표라 할 수 있다.

① GDI
② GNI
③ GNP
④ GDP
⑤ GMP

ANSWER 1.① 2.②

1 주택을 새로 건설한 것은 GDP에 포함되나 기존의 주택을 제3자에게 판매한 것은 GDP에 포함하지 않는다.

2 ① 한 나라의 거주민이 국내외 생산요소들을 결합하여 생산 활동을 수행한 결과 발생한 소득을 의미하며 생산 활동을 통하여 획득한 소득의 실질구매력을 나타내는 지표이다.
③ 한 나라 국민이 국내 또는 해외에서 1년 동안 새로이 생산한 재화와 서비스의 시장 가치를 합산한 것을 의미 한다.
④ 국민 소득을 나타내는 가장 일반적인 지표로서 한 나라 안에서 그 나라의 국민과 외국인이 1년 동안 새로이 생산한 재화와 서비스의 시장 가치를 합산한 것을 의미한다.

3 다음에서 설명하고 있는 개념은 무엇인가?

> 저축의 증가는 총수요를 감소시키고 총수요의 감소는 국민소득을 감소시켜 경제의 총저축은 오히려 감소한다는 것을 말한다. 이 개념은 저축이 증가하더라도 투자기회가 부족하여 저축이 투자로 연결되지 않는 나라에서 성립한다.

① 수요의 역설
② 소비의 역설
③ 절약의 역설
④ 공급의 역설
⑤ 금리의 역설

4 다음에서 설명하고 있는 개념은 무엇인가?

> 중앙은행이 공급한 본원통화 한 단위가 예금은행의 신용창출과정을 통해 몇 배의 통화량을 창출하는지 나타내는 지표를 말하며, 지급준비율의 역수로 표시된다($\frac{1}{z_1}$).

① 본원통화
② 현금통화
③ 통화발행
④ 통화승수
⑤ 요구예금

ANSWER 3.③ 4.④

3 절약의 역설
저축을 늘리는 것이 개인의 입장에서는 부를 축적하고 미래 소득을 증가시키나, 사회 전체적으로는 증가한 저축만큼 소비가 줄고 기업의 매출이 감소하면서, 이것이 개인의 소득 감소로 이어져 사회 전체 저축 수준은 이전과 같거나 낮아지는 경제현상

4 제시된 내용은 통화승수(Money multiplier)에 관한 설명이다.

5 다음 빈칸에 들어갈 개념으로 적절한 것은?

> _____은/는 중앙은행이 물가상승률 목표를 명시적으로 제시하고 정책금리 조정 등을 통해 이를 직접 달성하려고 하는 통화정책 운영방식이다. 이 방식은 경제의 지속적 성장을 위해서는 임금, 가격 등의 결정에 큰 영향을 미치는 장래 예상물가의 안정이 무엇보다 중요하다는 인식을 바탕으로 중앙은행이 물가목표를 사전에 제시하고 달성해 나감으로써 일반 국민들의 기대인플레이션이 동 목표 수준으로 수렴하도록 하는 데 주안점을 두고 있다.

① 공개시장조작정책
② 재할인율정책
③ 지급준비율정책
④ 대출한도제
⑤ 물가안정목표제

6 다음 중 고전학파의 노동시장 특징으로 보기 어려운 것은?

① 노동시장은 항상 수급불균형이므로 실업은 존재하지 않는다.
② 노동시장에서 임금과 가격의 완전신축성을 가정한다.
③ 노동의 수요는 기업이 이윤극대화를 달성하는 수준에서 결정된다.
④ 이윤극대화 조건은 노동의 한계생산성과 실질임금이 일치하는 수준에서 달성된다.
⑤ 노동의 한계생산성은 고용량이 증가할수록 감소한다.

ANSWER 5.⑤ 6.①

5 ① 공개시장에서 국공채를 매입·매각함으로써 통화량과 이자율을 조정하는 것을 말한다.
② 예금은행이 중앙은행으로부터 차입할 때 적용받는 이자율인 재할인율을 조정함으로써 통화량과 이자율을 조절하는 정책이다.
③ 법정지급준비율을 변화시킴으로써 통화승수의 변화를 통하여 통화량과 이자율을 조절하는 정책이다
④ 직접적으로 중앙은행과 예금은행의 대출한도를 제한하거나 자산을 규제함으로써 금융기관의 대출한도를 제한하는 것이다.

6 고전학파의 노동시장
㉠ 노동시장에서 임금과 가격의 완전신축성을 가정한다.
㉡ 노동시장은 항상 수급균형이므로 실업은 존재하지 않는다.
㉢ 노동의 수요는 기업이 이윤극대화를 달성하는 수준에서 결정된다.
㉣ 이윤극대화 조건은 노동의 한계생산성과 실질임금이 일치하는 수준에서 달성된다.
㉤ 노동의 한계생산성은 고용량이 증가할수록 감소한다.

7 다음 빈칸에 들어갈 개념으로 적절한 것은?

$$실업률 = \frac{실업자\ 수}{경제활동인구} \times 100 = \frac{실업자\ 수}{(\qquad) + 실업자\ 수} \times 100$$

① 고령자수
② 취업자수
③ 취업준비자수
④ 노동가능인구
⑤ 비경제활동인구

8 다음 중 비경제활동인구에 속하지 않는 사람은?

① 15세 이상 인구 중에서 주부
② 15세 이상 인구 중에서 일할 능력이 없는 환자
③ 15세 이상 인구 중에서 구직활동에 참여한 실업자
④ 15세 이상 인구 중에서 교도소 수감자
⑤ 15세 이상 인구 중에서 군복무자

9 다음 중 실업의 유형과 의미가 일치하지 않는 것은?

① 마찰적 실업 : 직장을 옮기는 과정에서 일시적으로 실업상태에 놓여 있는 것을 말한다.
② 탐색적 실업 : 기존의 직장보다 나은 직장을 찾기 위해 실업상태에 있는 것을 말한다.
③ 경기적 실업 : 경기침체로 인해 일자리가 감소하여 발생하는 대량의 실업상태를 말한다.
④ 잠재적 실업 : 급속한 경제변화로 사양산업분야에 노동공급과잉으로 발생하는 실업을 말한다.
⑤ 구조적 실업 : 임금 경직성과 일자리 제한으로 인한 실업을 말한다.

ANSWER 7.② 8.③ 9.④

7 $$실업률 = \frac{실업자\ 수}{경제활동인구} \times 100 = \frac{실업자\ 수}{취업자\ 수 + 실업자\ 수} \times 100$$

8 경제활동인구와 비경제활동인구
㉠ 경제활동인구 : 15세 이상 인구 중에서 취업자와 구직활동에 참여한 실업자
㉡ 비경제활동인구 : 15세 이상의 인구 중에서 취업할 의사가 없는 사람들
- 일할 능력이 없는 환자, 고령자
- 주부 · 학생
- 군복무자, 교도소 수감자 등

9 ④는 구조적 실업에 해당한다.

10 다음에서 설명하고 있는 제도는 무엇인가?

근로자에 대하여 임금의 최저수준을 보장하여 근로자의 생활안정과 노동력의 질적 향상을 꾀함으로써 국민경제의 건전한 발전에 이바지하게 함을 목적으로 한다. 우리나라에서는 1953년에 '근로기준법'을 제정하면서 이 제도의 실시 근거를 두었으나, 실질적으로는 1986년에 관련법을 제정 · 공포하고 1988년부터 실시하게 되었다. 2000년 11월 24일부터 근로자를 사용하는 모든 사업 또는 사업장에 적용되고 있다.

① 주식거래제도
② 매매거래제도
③ 기업공시제도
④ 노동조합제도
⑤ 최저임금제도

11 다음 빈칸에 공통적으로 들어갈 개념으로 적절한 것은?

물가가 지속적으로 상승하는 경제현상으로 총수요의 증가와 생산비 상승이 주요 원인이다. ________로/으로 명목임금은 올라도 실질임금은 낮아져 임금소득자에게는 불리한 소득의 재분배가 이루어지며, 채무자에게는 유리하고 채권자에게는 불리한 부의 재분배 현상도 발생한다. ________은/는 이렇게 생산과정을 통하지 않고 사회구성원 사이에 소득과 부를 재분배하고, 경제적 효율성을 낮춰 경제 성장에 악영향을 미친다.

① 인플레이션
② 디플레이션
③ 본원통화
④ 통화창조
⑤ 통화승수

ANSWER 10.⑤ 11.①

10 최저임금제는 시장의 균형임금수준보다 높은 수준으로 임금이 정해진 것으로 노동시장의 초과공급을 야기시키고 기업의 노동수요를 감소시킨다.

11 빈칸에 들어갈 개념은 인플레이션이다.
※ 인플레이션의 발생원인
㉠ 통화량의 과다증가로 화폐가치가 하락한다.
㉡ (과소비 등으로) 생산물수요가 늘어나서 수요초과가 발생한다.
㉢ 임금, 이자율 등 요소가격과 에너지 비용 등의 상승으로 생산비용이 오른다.

12 다음 중 경제성장을 장려하기 위한 정부의 정책으로 옳지 않은 것은?

① 교육에 대한 지원
② 저축과 투자의 지양
③ 외국투자 자본의 유치
④ 통상정책의 확대
⑤ 새로운 기술에 대한 연구 · 개발

13 다음에서 설명하고 있는 개념은 무엇인가?

> 만 15세 이상 인구 중 조사대상 주간 동안 상품이나 서비스를 생산하기 위하여 실제로 수입이 있는 일을 한 취업자와 구직활동을 하였으나 일자리를 구하지 못한 실업자를 말한다.

① 취업자수
② 실업자수
③ 경제활동인구
④ 비경제활동인구
⑤ 생산가능인구

ANSWER 12.② 13.③

12 경제성장을 위한 정부대책
㉠ 저축과 투자의 장려
㉡ 교육에 대한 지원
㉢ 외국투자 자본의 유치
㉣ 통상정책의 확대
㉤ 새로운 기술에 대한 연구 · 개발
㉥ 재산권과 정치적 안전의 보장

13 경제활동인구
㉠ 만 15세 이상인 사람들 가운데 일할 능력이 있어 취업한 자와 취업할 의사가 있으면서 취업이 가능한 인구를 뜻한다.
㉡ 취업자는 조사대상 주간 중 수입을 목적으로 1시간 이상 일한 임금근로자와 무급가족종사자, 일시휴직자 등의 비임금근로자로 나눌 수 있다. 임금근로자에는 일용근로자(고용계약기간 1개월 미만), 임시근로자(1개월 이상~1년 미만), 상용근로자(1년 이상 또는 정규직)가 있다. 그러나 취업 능력과 취업할 의사가 있어도 현실적으로 취업이 불가능한 현역군인 · 사회복무요원 · 의무경찰 · 기결수 등은 제외된다.
㉢ 실업자는 조사대상 주간 중에 수입 있는 일에 전혀 종사하지 못한 자로서 적극적으로 구직활동을 하고 즉시 취업이 가능한 자를 말한다.

14 다음 중 외자도입의 경제적 효과로 옳지 않은 것은?

① 자본량이 증가하여 투자가 증가하고 이는 국민소득과 고용을 증가시킨다.
② 직접투자의 형태로 외국자본이 도입되면 생산기술, 경영기법 등도 함께 도입되므로 경쟁심화로 국내기업 경쟁력을 높일 수 있다.
③ 도입된 외국자본을 토대로 사회간접시설을 확충하여 경제성장의 발판을 마련할 수 있다.
④ 외국자본을 투여한 국가에 대한 의존도가 저하되어 경제의 변동성이 커진다.
⑤ 외국부채의 원금상환이 이루어지면 자본수지가 악화되고, 투자수익이 해외로 송금되면 경상수지가 악화된다.

15 다음에서 설명하고 있는 개념은 무엇인가?

> 한 나라의 경제가 보유하고 있는 전체 유동성의 크기를 측정하는 지표를 말한다. 금융기관유동성에 정부 및 기업 등이 발행한 유동성 시장금융상품(증권회사 RP, 여신전문기관의 채권, 예금보험공사채, 자산관리공사채, 자산유동화전문회사의 자산유동화증권, 국채, 지방채, 기업어음, 회사채 등)을 더한 개념이다. 나라 경제 유동성 측정 지표가 M1〈M2〈Lf〈L의 구조를 이룬다고 보면 된다.

① 협의통화
② 광의통화
③ 실질화폐잔고
④ 통화수요함수
⑤ 광의유동성

ANSWER 14.④ 15.⑤

14 외자의 경제적 효과
㉠ 긍정적인 효과
- 자본량이 증가하여 투자가 증가하고 이는 국민소득과 고용을 증가시킨다.
- 직접투자의 형태로 외국자본이 도입되면 생산기술, 경영기법 등도 함께 도입되므로 경쟁심화로 국내기업 경쟁력을 높일 수 있다.
- 도입된 외국자본을 토대로 사회간접시설을 확충하여 경제성장의 발판을 마련할 수 있다.

㉡ 부정적인 효과
- 외국자본을 투여한 국가에 대한 의존도가 높아져 경제의 변동성이 커진다.
- 외국자본은 국내저축을 대체하여, 단기적으로 국내저축이 감소할 가능성이 있다.
- 외국부채의 원금상환이 이루어지면 자본수지가 악화되고, 투자수익이 해외로 송금되면 경상수지가 악화된다.

15 ① 현금통화(민간보유현금)+요구불예금+수시입출금식 저축성예금
② 협의통화+기간물 정기 예 · 적금+실적배당형 상품+기타(투신사 증권저축, 종금사 발행어음) [단, 장기(만기 2년 이상)금융상품 제외]
③ 실제로 구입할 수 있는 재화 및 용역의 양으로 나타낸 통화량
④ 일반인이 소유하고 싶어 하는 실질 화폐 잔고의 양을 결정하는 요소를 나타내는 방정식

16 다음 중 실업에 관한 설명으로 옳지 않은 것은?

① 완전고용 상태 하에서 자발적 실업은 존재하지 않는다.
② 실업은 현재 국민경제 내에 존재하는 노동력의 수량이 기업측에서 고용하는 노동력의 수량보다 더 클 때에 발생한다.
③ 자발적 실업을 줄이기 위한 대책은 시장의 직업정보를 경제주체들에게 원활하게 제공하는 것이다.
④ 경기적 실업의 경우는 경기가 살아나면 기업의 노동수요가 증가하여 실업이 어느 정도 해소될 것이다.
⑤ 구조적 실업은 사양산업의 노동자들에게 재교육을 시켜 다른 산업으로 이동할 수 있도록 도와주는 것으로 해소할 수 있다.

17 다음 중 신용카드 사용에 관한 설명으로 옳지 않은 것은?

① 신용카드의 대중화는 화폐보유수요를 감소시킨다.
② 연체가 되어 불량거래자로 등재되면 카드거래 외에 다른 거래에서 제약은 없다.
③ 신용카드 사용액은 통화량에 포함되지 않는다.
④ 신용카드 사용은 대금의 지급을 결제일까지 연기하는 것으로 개인의 부채이다.
⑤ 신용카드는 지급의 연기수단으로 대금을 상환할 시기에 사용한 사람의 예금계좌를 통해 갚는 것으로 예금계좌에 있던 잔고는 통화저량의 일부분으로 이미 포함된 것이다.

ANSWER 16.① 17.②

16 ① 완전고용 상태 하에서도 자발적 실업(마찰적 실업+탐색적 실업)은 존재한다.

17 ② 신용카드 사용한도에 맞춰 사용하는 경우가 많아짐으로써 결국 연체가 되어 불량거래자로 등재되면 카드거래 뿐만 아니라 다른 거래에서도 많은 제약을 받게 된다.

18 다음 중 한국은행의 업무가 아닌 것은?

① 한국은행권 및 주화의 발행
② 통화신용에 관한 정책의 수립
③ 파생통화 창조
④ 외국환업무
⑤ 금융기관에 대한 대출

19 다음 중 고전학파의 노동시장에 관한 설명으로 옳은 것은?

① 명목임금의 하방경직성을 가정한다.
② 노동시장에 수급불균형이 일반적이다.
③ 노동량은 기업의 노동수요에 의해 결정된다.
④ 노동시장에서 임금과 가격의 완전신축성을 가정한다.
⑤ 노동수요곡선이 기업이윤극대화의 조건으로부터 도출되는 것은 고전학파 모형과 동일하다.

ANSWER 18.③ 19.④

18 한국은행의 업무
㉠ 한국은행권 및 주화의 발행
㉡ 통화신용에 관한 정책의 수립 및 집행
㉢ 금융기관 등의 예금의 수입과 예금지급준비금의 관리
㉣ 금융기관에 대한 대출
㉤ 공개시장에서의 증권의 매매
㉥ 국고금의 예수와 정부 및 정부대행기관과의 여수신
㉦ 지급결제제도의 운영 · 관리
㉧ 외국환업무

19 ①②③⑤는 케인지안의 노동시장이다.
※ 고전학파의 노동시장
㉠ 노동시장에서 임금과 가격의 완전신축성을 가정한다.
㉡ 노동시장은 항상 수급균형이므로 실업은 존재하지 않는다.
㉢ 노동의 수요는 기업이 이윤극대화를 달성하는 수준에서 결정된다.
㉣ 이윤극대화 조건은 노동의 한계생산성과 실질임금이 일치하는 수준에서 달성된다.
㉤ 노동의 한계생산성은 고용량이 증가할수록 감소한다.

20 다음 중 인플레이션을 해결하기 위한 방법이 아닌 것은?

① 총수요억제정책
② 경쟁촉진정책
③ 소득정책
④ 구조정책
⑤ 과소비장려책

21 다음 중 금리(이자율)의 기능을 모두 고르면?

㉠ 자금배분	㉡ 경기전망
㉢ 경기조절	㉣ 물가조정

① ㉠㉡㉢
② ㉠㉡㉣
③ ㉠㉡㉢㉣
④ ㉠㉢㉣
⑤ ㉡㉢㉣

22 케인즈 이론에서 이자율은 어떻게 결정되는가?

① 장래에 있어서 욕망충족은 현재에 있어서의 욕망충족보다 낮게 평가되어 그 차이가 이자율을 결정한다.
② 이자율은 대부자금의 수요 · 공급에 의하여 결정된다.
③ 이자는 유동성을 포기한데 대한 보수이며, 이자율은 화폐의 수요 · 공급에 의해서 결정된다.
④ 이자의 원천은 노동을 착취한 잉여가치이며, 이자율은 평균이윤에 의해서 결정된다.
⑤ 이자는 현재의 소비를 억제한데 대한 보수이다.

ANSWER 20.⑤ 21.④ 22.③

20 ⑤ 과소비는 인플레이션을 강화하는 방법이다.
※ 인플레이션의 발생원인
㉠ 통화량의 과다증가로 화폐가치가 하락한다.
㉡ (과소비 등으로) 생산물수요가 늘어나서 수요초과가 발생한다.
㉢ 임금, 이자율 등 요소가격과 에너지 비용 등의 상승으로 생산비용이 오른다.

21 금리의 기능 … 자금배분기능, 경기조절기능, 물가조정기능

22 ③ 케인즈는 이자율의 변동을 화폐적 현상으로 파악하였으며 따라서 화폐의 수요 · 공급에 따라 이자율이 결정된다 하였다.

23 구매력평가설에서는 환율의 변동요인을 무엇으로 보는가?

① 국제수지
② 금리
③ 인플레이션
④ 중앙은행의 시장개입
⑤ 경제성장률

24 거시경제분석에서 다루는 주요 경제변수가 아닌 것은?

① 투자
② 정부지출
③ 조세
④ 국민소득
⑤ 가격

25 케인지언의 총공급곡선에 관한 설명으로 옳지 않은 것은?

① 물가가 상승하면 주어진 명목임금하에서 실질임금이 감소하기 때문에 기업은 노동수요를 증가시킨다.
② 케인지언의 총공급곡선은 임금이 경직적인 단기를 가정하고 있어 단기총공급곡선이라고도 한다.
③ 케인지언의 총공급곡선이 우상향하는 이유로 물가수준에 대한 정보의 불완전성이 지적되고 있다.
④ 임금의 상승은 생산비를 상승시켜 AS 곡선을 좌측으로 이동시킨다.
⑤ 물가가 상승할 것으로 예상하면 AS 곡선을 우측으로 이동시킨다.

ANSWER 23.③ 24.⑤ 25.⑤

23 ③ 구매력평가설의 주장은 우리나라의 물가가 다른 나라에 비하여 상대적으로 올라갈 경우에는 우리나라의 돈의 가치가 떨어질 것으로 예상하여 우리나라돈 보다는 외국돈을 더 선호하게 되어 환율이 상승하게 된다는 것으로 환율과 인플레이션의 관계를 설명하고 있다.

24 ⑤ 가격(가치)과 관련된 내용은 미시경제분석에서 다루는 경제변수이다.

25 ⑤ 물가가 상승할 것으로 예상되면 임금인상을 강하게 요구할 것이므로 AS 곡선을 좌측으로 이동시킨다.

26 민간의 순자산가치의 변화로 인하여 가계의 소비 및 투자가 변화하게 되고 그 결과 실물부문에 영향을 미치게 되는 통화정책의 파급경로는?

① 파급경로
② 통화경로
③ 금리경로
④ 신용경로
⑤ 자산경로

27 인플레이션율이 4%로 예상되었으나, 실제로는 6%로 상승한 경우를 가정하자. 이러한 예상하지 못한 인플레이션으로 이득을 얻는 경제주체는?

① 국채에 투자한 국민연금
② 2년간의 임금계약이 만료되지 않은 노동조합 소속의 근로자
③ 채권자
④ 정부
⑤ 연금의 수혜자

ANSWER 26.⑤ 27.④

26 파급경로의 종류

㉠ **통화경로** : 통화정책의 효과가 실물경제에 파급되는 과정에서 통화량 자체의 변화가 실물경제에 영향을 미치는 경로이다.
㉡ **금리경로** : 단기금리의 조작으로 장기금리에 영향을 미침으로써 실물경제에 영향을 미치고자 하는 정책이다.
㉢ **신용경로** : 은행대출규모의 조절이 은행대출에 의존하는 민간기업의 생산활동 및 투자계획에 영향을 줌으로써 실물경제에 영향을 준다는 신용중시견해를 토대로한 파급경로이다.
㉣ **대차대조표경로** : 긴축정책의 경우 시장이자율이 높아지면 기업의 현금흐름이 악화되고 채무불이행위험이 증가하여 신용공급이 줄어드는 것을 의미한다.
㉤ **환율경로** : 통화정책이 환율의 변화를 통하여 실물경제에 영향을 미치는 경로이다.

27 실제인플레이션이 기대인플레이션보다 높은 경우이므로 채무자 또는 고정된 임금을 지급하는 기업주에게 유리한 상황이 된다. 일반적으로 정부는 채무자이고 가계는 채권자에 해당하므로 정부가 인플레이션으로 인한 이득을 얻는 경제주체라고 할 수 있다.
①②⑤ 고정된 금액을 지급받는 봉급생활자 및 연금생활자는 불리해진다.
③ 실제실질이자율은 감소하므로 채권자보다 채무자에게 유리하다.

28 **다음 중 주요 거시경제지표와 개념이 바르게 설명된 것은?**

① 실질GDP – 당해 연도의 생산물수량에 당해 연도의 시장가격을 곱해서 얻은 GDP
② 국민총소득 – 한 나라의 국민이 국내에 제공한 생산요소에 의해 발생한 소득의 합계
③ 고용률 – 경제활동가능인구수를 취업자수로 나누어 산출
④ 생산자물가지수 – 생산자의 국내시장 출하단계에서 재화 및 서비스의 평균적인 가격변동을 측정
⑤ 경제활동참가율 – 19세 이상 인구에서 경제활동인구가 차지하는 비율

29 **소득분배의 불균등도를 측정하는 방법이 아닌 것은?**

① Lorenz곡선
② Engel법칙
③ Gini집중지수
④ Gibrat법칙
⑤ 10분위 분배율

ANSWER 28.④ 29.②

28 ① **실질GDP** : 당해 연도의 생산물수량에 기준연도의 가격을 곱해서 얻은 GDP
② **국민총소득** : 한 나라의 국민이 국내외에 제공한 생산요소에 의해 발생한 소득의 합계
③ **고용률** : 취업자수를 경제활동인구수로 나누어 산출
⑤ **경제활동참가율** : 15세 이상 인구에서 경제활동인구가 차지하는 비율

29 **엥겔의 법칙**(Engel's law) … 독일의 통계학자 E. 엥겔이 1875년 근로자의 가계조사에서 발견한 법칙이다. 이 법칙은 저소득가정일수록 전체의 생계비에 대한 식료품비가 차지하는 비중이 높아지는 현상을 말한다. 그러므로 소득이 증가함에 따라 전체의 생계비 중에서 음식비가 차지하는 비중이 감소하는 현상으로 소득분배와는 무관하다.

30 다음과 같은 IS-LM 모형에서 균형국민소득의 크기는? (단, Y는 국민소득, Yd는 가처분소득, C는 소비지출, G는 정부지출, T는 세금, R은 이자율, I는 투자지출, Md는 화폐수요, Ms는 화폐공급이다)

• C = 125 + 0.5Yd	• Yd = Y − T
• T = 0.2Y	• I = 100 − 100R
• G = 40	• Md = 50 + 0.5Y − 200R
• Ms = 200	

① 300 ② 400
③ 500 ④ 600
⑤ 700

31 다음 중 AD-AS모형에 관한 설명으로 옳지 않은 것은?

① 물가수준이 일정할 때, 어떤 요인이 IS-LM곡선의 교차점을 우측으로 이동시켰다면 AD곡선은 상방 및 우측으로 이동한다.
② 고전학파는 총공급곡선이 자연산출량 수준에서 수직선이 된다고 주장하였다.
③ IS-LM모형과 달리 물가도 변화한다고 가정한다.
④ 케인즈학파는 AS곡선이 이동하는데 많은 시간이 소요된다고 주장하였다.
⑤ 장기적으로 총공급곡선은 완전고용산출량 수준에서 수평선이 된다.

ANSWER 30.② 31.⑤

30 균형국민소득은 생산물시장의 균형에서 도출되는 IS곡선과 화폐시장의 균형에서 도출되는 LM곡선의 교점을 구함으로 산출할 수 있다. 다음은 IS곡선과 LM곡선의 계산식이다.

㉠ IS곡선 : Y = C + I + G이므로
Y = 125 + 0.5(Y − 0.2Y) + 100 − 100R + 40
= 0.4Y − 100R + 265, 0.6Y = − 100R + 265

㉡ LM곡선 : Md = Ms이므로
50 + 0.5Y − 200R = 200
0.5Y = 200R + 150

㉢ 두 곡선의 교점 : 2 × 0.6Y + 0.5Y = −200R + 530 + 200R + 150
1.7Y = 680 ∴ Y = 400

31 ⑤ 장기적으로 총공급곡선은 완전고용산출량 수준에서 수직선이 되며, 완전고용국민소득수준에서 국민소득이 결정된다.

32 **총수요곡선이 물가(세로축) – 산출량(가로축) 평면에서 우하향하는 이유로 볼 수 없는 것은?**

① 물가수준 하락에 따른 투자감소
② 물가수준 하락에 따른 수출증가
③ 물가수준 하락에 따른 화폐가치의 증가와 이에 따른 소비증가
④ 물가수준 하락에 따른 화폐수요의 감소, 이자율 하락과 이에 따른 투자증가
⑤ 물가수준 하락에 따른 소비와 투자의 증가로 인한 총수요 증가

33 **항상소득가설은 미래소득에 대한 예측을 기반으로 현재의 소비형태를 결정한다는 이론이다. 다음 설명 중 옳지 않은 것은?**

① 항상소득가설이 타당성을 갖는다면 케인즈의 절대소득가설의 경우에 비해 정부의 조세정책이 지출정책의 효과가 작아진다.
② 항상소득을 결정하는 중요요인 중의 하나는 미래에 대한 예측이므로 주식가격의 변화, 수출 또는 소득의 변화가 사람들의 예측에 중요한 영향을 줄 경우 심각한 경기변동을 야기시킬 수도 있다.
③ 1980년대 후반 소비의 급작스런 증가는 노사분규로 인한 임금상승이 노조의 강화에 의해 뒷받침되는 항상소득의 증가로 인식되었기 때문이기도 하다.
④ 미래지향적인 소비이론에 따르면 지속적인 명목통화량의 증가는 자산의 항구적 증가로 인식되어 소비증가효과가 크게 나타난다.
⑤ 정부 지출 증대로 총수요를 증가시켜 경기부양을 한다는 총수요관리 정책의 목적을 달성할 수 없음을 의미한다.

ANSWER 32.① 33.④

32 총수요(AD)곡선이 우하향하는 이유는 물가가 하락할수록 총수요가 늘어나기 때문이다. 물가가 하락하면 화폐수요가 감소하므로 이자율이 하락하게 되고, 그 결과 소비와 투자가 증가하여 총수요가 증가하게 된다.

33 지속적인 소득변화는 소비를 크게 변화시키지만 일시적인 소득변화는 소비에 별 영향을 주지 않는다는 주장을 항상소득가설이라고 부른다. 이 가설은 국민소득의 변화와 국민저축의 변화에 대해 중요한 시사점을 준다. 그리고 항상소득가설에 따르면 임시소득이 증가하더라도 소비는 크게 변화하지 않는다. 따라서 임시소득의 평균소비성향은 항상소득에 대한 소비성향보다 낮다. 그리고 미래지향적인 소비함수이론인 항상소득가설이나 라이프사이클가설에 따르면 명목통화량이 증가하더라도 실질자산의 크기는 불변이므로 소비는 거의 증가하지 않는다.

34 **경제가 완전고용수준에 미달하고 모든 물가가 신축적으로 변동할 때 피구효과(pigou effect)로 인해 나타날 수 있는 현상은?**

① 물가하락은 자산보유자의 실질적인 부의 증가를 가져오기 때문에 소비가 증가한다.
② 생산원가의 하락은 투자수익의 증대를 가져와 투자지출이 증대된다.
③ 화폐의 유통속도는 물가가 하락하는 비율만큼 떨어진다.
④ 물가하락은 사람들이 앞으로 더욱 더 큰 물가하락을 예상케 하여 총소비지출을 감소시킨다.
⑤ 물가가 신축적이라 하더라도 극심한 불황하에서 유동성 함정이 존재한다면 완전고용은 이룰 수 없다.

35 **상품대금의 지급과 소득의 수령 사이의 시간차 때문에 화폐를 보유하게 된다고 볼 때 다음 중 개인의 의도된 현금잔고규모와 관계있는 요인을 모두 열거한 것은?**

㉠ 소득수령 빈번도	㉡ 개인소득규모
㉢ 금리	㉣ 거래와 관련된 제도적 요인

① ㉠㉢　　② ㉡㉣
③ ㉠㉡㉣　　④ ㉡㉢㉣
⑤ ㉠㉡㉢㉣

ANSWER　34.①　35.⑤

34 피구효과(pigou effect) … 금융자산의 실질가치증가가 실질 부의 증가로 연결되어 그 결과 소비지출이 증가하는 효과를 의미한다. 따라서 물가가 완전신축적인 경우에는 물가하락이 소비자들의 실질부를 증가시켜 완전고용국민소득을 달성할 수 있게 되는데, 이를 피구효과(실질잔고효과)라고 한다. 이 피구효과는 유동성 함정구간에서는 반드시 확대재정정책을 실시해야 한다는 케인즈의 주장에 대한 고전학파의 반론이다.

35 거래적 수요(transaction demand) … 재화와 용역의 거래를 위해서 화폐를 보유하는 것을 뜻하는데, 이는 화폐가 교환의 매개물이 된다는 것을 강조한 것이다. 케인즈는 거래적 동기에 의한 화폐수요는 예상지출액에 비례해서 정해진다고 보았다. 그리고 케인즈는 예상지출액을 명목국민소득과 같다고 보아 거래적 동기의 화폐수요는 이자율 변화에 영향을 받지 않는 것으로 보았다. 따라서 소득을 획득하는 시점과 지출시점의 시간적 차이 때문에 화폐를 보유하는 것은 거래적 동기의 화폐수요에 해당한다. 이 거래적 동기의 화폐수요는 소득이 증가하면 화폐수요가 증가하고 이자율이 상승하면 화폐수요는 감소한다. 그리고 거래비용이 증가하면 화폐수요가 증가하는데 거래비용의 크기는 거래와 관련된 제도적인 요인에 의하여 결정된다.

36 다음 중 대공황에 대한 설명으로 옳지 않은 것은?

① 케인즈학파는 총수요의 현저한 감소에서 대공황의 원인을 설명한다.
② 대공황은 금본위제도를 재구축하는 결정적 계기가 되었다.
③ 고전학파의 이론체계로는 대공황 당시에 발생했던 대량의 실업을 설명할 수가 없었다.
④ 통화주의자들은 대공황의 발생원인을 미국의 부적절한 통화공급에서 찾고 있다.
⑤ 케인즈는 정부의 직접적인 개입으로 문제를 해결할 수 있다고 주장하였다.

37 단기총공급곡선이 우상향하는 경제모형에서 중앙은행이 일정 시점에 가서 통화량을 확대하기로 공표하였으나, 실제로 그 약속한 날짜에 통화량을 증가시키지 않았다고 해보자. 합리적 예상모형을 가정할 때 이 경우 산출량과 물가수준에 일어날 수 있는 변화에 대한 설명 중 타당한 것은? (단, 총공급곡선은 예상부가 총공급곡선을 가정한다)

① 감소, 상승
② 감소, 하락
③ 증가, 상승
④ 불변, 불변
⑤ 증가, 하락

ANSWER 36.② 37.①

36 ② 중앙은행에서 통화량을 대폭적으로 긴축함에 따라서 1930년대 경제대공황이 발생했다고 주장한 것은 통화주의학파였다. 반면, 케인즈학파는 유효수요의 감소에 따라 물가가 하락하고 이는 다시 노동수요를 감소시켜 실업이 증가하고 대공황이 발생했다고 주장하였다. 대공황의 발생은 항상 완전고용을 주장하는 고전학파이론으로는 설명이 불가능한 현상이었다. 대공황을 계기로 자본주의 경제의 안전성에 대한 의문이 제기되었으며, 케인즈는 정부의 직접적인 개입을 통하여 문제를 해결해야 한다고 주장하게 되었다. 이와 같은 대공황은 금본위제도와는 무관하다. 오히려 대공황과 제2 차 세계대전으로 금본위제도는 붕괴하게 되었다.

37 ① 중앙은행이 일정 시점에서 통화공급을 증가시키겠다고 공표하면 합리적인 사람들에 의해 그 시점이 되면 총공급곡선이 상방으로 이동할 것이다. 실제로는 통화공급을 증가시키지 않았으므로 총수요곡선은 이동하지 않는다. 따라서 산출량은 감소하고 물가는 상승하게 된다.

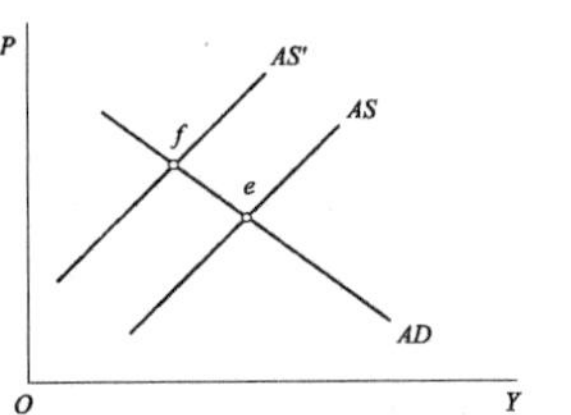

38 다음 중 신고전학파의 정책방향으로 가장 적합한 것은?

① 어떠한 경우에도 재량적 정책의 수행은 피해야 한다.
② 통화금융정책은 일정한 준칙에 따라 수행되어야 한다.
③ 재정정책은 공공지출과 민간지출의 혼합으로 결정하여야 한다.
④ 석유위기와 같은 상황에서도 경제안정화를 위한 정책조정은 필요하지 않다.
⑤ 금융정책이 재정정책보다 우월하다고 강조한다.

39 래퍼곡선(Laffer curve)에 대한 설명으로 옳지 않은 것은?

① 누진소득세를 반대한다.
② 정부의 비개입주의를 의미한다.
③ 공급중시경제학을 뒷받침하고 있다.
④ 동일한 세수를 거둘 수 있는 세율은 언제나 2개가 있다.
⑤ 래퍼곡선 관련 이론에 따라 1980년대 초 레이건 정부와 2001년 부시 정부가 대규모 감세정책을 추진하였지만 근로의욕 고취 효과는 거두지 못하였다.

ANSWER 38.② 39.④

38 신고전학파도 통화주의학파와 마찬가지로 준칙에 입각한 정책을 주장하였다. 한편 위기상황에서까지 재량적인 정책의 사용을 반대하지는 않는다.

39 래퍼곡선(Laffer curve) … 미국의 경제학자 아더 B. 래퍼 교수가 주장한 세수와 세율 사이의 역설적 관계를 나타낸 곡선으로 그의 이름을 따 명명되었다. 일반적으로는 세율이 높아질수록 세수가 늘어나는 게 보통인데, 래퍼 교수에 따르면 세율이 일정 수준(최적조세율)을 넘으면 반대로 세수가 줄어드는 현상이 나타난다고 한다. 세율이 지나치게 올라가면 근로의욕의 감소 등으로 세원 자체가 줄어들기 때문이다. 그러므로 이때는 세율을 낮춤으로써 세수를 증가시킬 수 있다는 것이다. 1980년대 미국 레이건 행정부의 조세인하정책의 이론적 근거가 되었으며, 이로 인해 미국 정부의 거대한 재정적자 증가를 초래하는 결과를 가져왔다. 위의 래퍼곡선에서 t_0의 세율을 제외하고는 동일한 세수를 거둘 수 있는 세율은 두 가지가 존재한다. 즉, R_1의 세수를 확보하는 방법은 t_1의 세율을 책정하거나 t_2의 세율을 설정하면 된다. 그러나 R_0의 조세수입을 가져오는 세율은 t_0 한 가지밖에 존재하지 않는다.

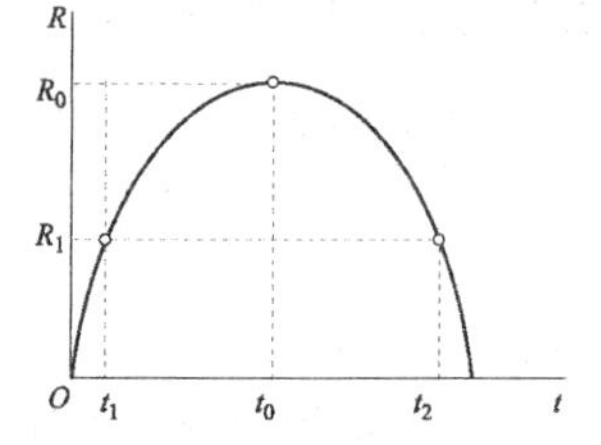

40 다음 중 내생적 성장모형에서 국가간 1인당 GNP 성장률 격차에 영향을 미치는 요인으로 보는 것은?

> ㉠ 교육수준의 차이 ㉡ 자본축적의 차이
> ㉢ 기술수준의 차이

① ㉠
② ㉠㉡
③ ㉡
④ ㉡㉢
⑤ ㉠㉡㉢

※ 다음에서 설명하는 경제학자로 적절한 사람을 고르시오. 【41 ~ 43】

41

> 'There's no such thing as a free lunch'란 말로 유명한 그는 1976년 노벨 경제학상을 수상한다. 그는 자유방임주의와 시장경제를 통한 자유로운 경제활동을 주장한 시카고학파 경제학자이다. 1912년에 출생한 그는 2006년에 94세를 일기로 타계했다.

① 존 내쉬(John Forbes Nash)
② 밀턴 프리드먼(Milton Friedman)
③ 로버트 루카스(Robert E. Lucas)
④ 폴 새무엘슨(Paul A. Samuelson)
⑤ 에드먼트 펠프스(Edmund S. Phelps)

ANSWER 40.② 41.②

40 솔로우모형은 경제성장의 요인을 규정하지 못하고 국가간 경제성장률 격차의 발생원인을 설명할 수 없으며, 경제성장에 있어서 정부의 역할을 설명하지 못한다는 문제점이 있다. 이러한 한계를 극복하기 위하여1980년대 중반 Romer, Lucas 등에 의하여 새로이 연구되기 시작한 것이 내생적 성장이론(endogenous growth theory)이다. 내생적 성장이론에서는 기술진보를 모형 내에 내생화시키려는 노력을 하고 있는데, 내생적 성장이론에 의하면 자본축적의 차이, 교육수준의 차이 및 정부의 조세정책 등이 국가 간의 경제성장률 격차를 발생시키는 원인으로 작용한다. 그리고 내생적 성장이론에 따르면 정부가 교육산업에 대하여 투자를 효율적으로 할 경우 인적자본축적이 가능하고 인적자본축적이 이루어지면 경제성장이 가속화될 수 있다.

41 밀턴 프리드먼은 자유주의 시장경제 옹호자로 1976년 노벨 경제학상을 수상하였으며, 밀턴 프리드먼은 케인즈가 주장한 정부의 적극적인 개입으로 인한 인플레이션을 통화정책을 통해서 잡으려고 하였다.

42

영국의 경제학자로 보이지 않는 손에 의한 경제의 자가조정기능을 부정하고 단기적인 관점에서만 경제를 바라보는 것에 대한 비판에 대해, "장기에는 우리 모두 죽는다(In the long-run, we are all dead)"라고 언급한 것으로도 유명하다. 그의 대표적인 저서로는 「고용 · 이자 및 화폐의 일반이론」이 있다.

① 아담 스미스
② 알프레드 마샬
③ 칼 마르크스
④ 밀턴 프리드먼
⑤ 존 메이너드 케인즈

43

독일에서 태어난 학자로 기존의 자유방임주의를 거부하고 자본가와 노동자의 계급 사이의 모순을 강조한 그는 철학과 역사학에도 큰 영향을 미친다. 그를 위해 힘들고 어려운 생활을 하는 그의 가족들을 보살펴준 친구인 엥겔스가 있었다. 엥겔스는 그에게는 구세주 같은 존재였다. 그의 대표적인 저서는 1867년 「자본론」이다.

① 막스 베버
② 칼 마르크스
③ 토마스 로버트 맬서스
④ 존 메이너드 케인즈
⑤ 데이비드 리카도

ANSWER 42.⑤ 43.②

42 존 메이너드 케인즈(John Maynard Keynes, 1883.6.5 ~ 1946.4.21)는 영국의 경제학자이다. 케인즈는 정부의 재량적인 정책에 의한 유효수요의 증가를 강조하였다.

43 마르크스는 최초로 사회적 약자인 노동자의 입장에서 사고한 최초의 사상가이다. 그의 대표적인 저서로는 자본론이 있다.

44 '절약의 역설(paradox of thrift)'에 의하면 저축이 증가할수록 소득이 감소한다. 그러나 우리나라에서는 저축을 미덕으로 생각할 뿐 아니라 정부는 성장을 높이기 위해 저축을 열심히 해야 한다고 국민적 저축캠페인을 전개하고 있다. 다음 설명 중 옳은 것은?

① 균형재정하에서 '절약의 역설'은 성립하지 않는다.
② '절약의 역설'은 케인즈가 설정한 가설하에서만 성립한다.
③ '절약의 역설'은 미국과 같이 경제 내에서 해외부분이 국민경제에서 차지하는 비중이 아주 작은 나라에서는 성립하지만, 우리 경제와 같이 해외부문이 국민경제에서 차지하는 비중이 클 경우에는 성립하지 않는다.
④ '절약의 역설'은 개인들이 저축을 많이 할수록 국가 전체의 저축도 증가한다는 것을 설명한다.
⑤ 일본의 잃어버린 10년의 경제상황에 적용할 수 있다.

45 어떤 사람이 자신의 거주자외화예금에서 1,000만 원을 원화로 인출하여 500만 원은 현금으로 보유하고 나머지 500만 원은 정기예금으로 은행에 예금한다고 하자. 이 경우에 협의통화(M1)와 광의통화(M2)의 변화는?

① 협의통화는 500만 원 증가하고 광의통화는 변화가 없다.
② 협의통화는 500만 원 증가하고 광의통화도 500만 원 증가한다.
③ 협의통화와 광의통화 모두 변화가 없다.
④ 협의통화는 변화가 없고 광의통화는 500만 원 증가한다.
⑤ 협의통화는 변화가 없고 광의통화는 1,000만 원 증가한다.

ANSWER 44.⑤ 45.①

44 절약의 역설(paradox of thrift) … 케인즈는 사람들이 저축을 더 많이 하면 할수록 국가 전체로서는 반드시 저축이 증가하지는 않는다고 지적하였다. 즉, 가계가 미래소득을 증가시키는 방법은 장래소비를 더욱 증대시키기 위하여 현재소비의 일부를 저축하는 것이다. 가계가 저축하는 가장 근본적인 동기는 생산자원을 더 많이 축적시켜 미래소득을 증대시키려는 것이다. 개별가계의 입장에서는 저축이 효용극대화의 목표를 달성시키는 데 효과적인 방법이다. 그렇지만 저축의 증가는 현재소비의 감소에서 나오기 때문에 가계의 지출을 같은 크기만큼 감소시킨다. 기업의 투자지출은 가계의 저축결정과 독립적으로 결정되므로 당기에 저축의 증가는 투자수준에 영향을 미치지 못한다. 따라서 경제에서 저축된 양은 기업들이 투자하려는 양보다 더 크며, 초과저축이 발생하게 된다. 따라서 총수요가 감소하고 이에 상응하는 총공급이 감소하여 고용과 가계의 소득이 낮아진다.

45 통화량 지표
㉠ 협의통화(M1) : 현금통화(민간보유현금) + 요구불예금 + 수시입출금식 저축성예금
㉡ 광의통화(M2) : M1 + 기간물 정기 예 · 적금 + 실적배당형 상품 + 기타(투신사 증권 저축, 종금사 발행어음)
㉢ 금융기관 유동성(Lf) : M2 + 만기 2년 이상 정기 예 · 적금 및 금융채+증권금융 예수금+생명보험회사 보험계약준비금 등

46 다음의 사례와 가장 관련 깊은 이론은?

> 직장인 김미남 씨는 최근 연말정산으로 6만 원을 환급받았다. 미남 씨는 생각도 못한 공돈이 생겼다는 생각에 그날 당장 평소 사고싶었던 핸드폰을 15만 원 주고 장만하였다. 그런데 며칠 후 잔돈을 바꾸려고 산 복권에 1,000만 원이 당첨되었다. 미남 씨는 꿈인지 생시인지 믿기지 않아 몇 번이고 자신의 볼을 꼬집어보았지만 사실이었다. 당첨금을 지급 받고 오는 길에 평소 거래하던 은행직원과 상담을 통해 높은 금리를 적용 받는 예금상품에 가입하고 당첨금을 모두 저축하였다. 다음날 회사에 출근한 미남 씨는 "열심히 살았더니 이런 행운도 있더라구! 앞으로 더욱 열심히 살아야겠어."라고 너스레를 떨었다.

① 마중물 효과
② 랜즈버거 효과
③ 공돈 효과
④ 희소성의 효과
⑤ 프로스펙스 이론

47 다음 글의 밑줄 친 ㉠, ㉡에 들어갈 말로 적절한 것은?

> 솔로우(Solow)의 성장모형에서 인구증가율이 상승하는 경우 새로운 정상상태(steady-state)에서 총산출량의 증가율은 __㉠__, 1인당 산출량의 증가율은 __㉡__.

	㉠	㉡
①	상승하며	상승한다.
②	상승하며	변하지 않는다.
③	하락하며	하락한다.
④	하락하며	변하지 않는다.
⑤	변하지 않으며	변하지 않는다.

ANSWER 46.② 47.②

46 랜즈버거 효과 … 이스라엘의 경제학자 랜즈버거는 이스라엘 사람들이 독일로부터 받은 전쟁배상금의 사용을 조사한 결과 소액 배상금을 받은 사람들은 배상금보다 소비금액이 높은 경향을 보임을 알 수 있었다. 즉, 소액의 추가소득은 오히려 소비를 촉진시키지만 고액의 추가소득은 저축성향을 높인다는 이론을 말한다.

47 ② 솔로우의 경제성장모형은 고전학파의 모형에 시간의 흐름에 따른 생산요소의 변화와 기술진보를 도입한 것으로 1인당 국민소득의 크기는 자본의 증가, 인구의 성장, 기술의 진보 등으로 확대된다고 보았다.

48 다음 (   ) 안에 해당하는 사람으로 옳은 것을 모두 고른 것은?

노동가능인구 ┌ 경제활동인구 ┌ (B)
　　　　　　 │　　　　　　 └ 실업자
　　　　　　 └ (A)

㉠ 실직 뒤에 구직 노력을 포기한 형
㉡ 교통사고를 당해 휴직을 하고 있는 누나
㉢ 가족이 경영하는 가게에서 무보수로 일하는 동생
㉣ 일거리가 적어 일주일에 하루만 일하는 이웃집 아저씨

	A	B
①	㉠	㉡㉢㉣
②	㉠㉢	㉡㉣
③	㉡㉢	㉠㉣
④	㉡㉣	㉠㉢
⑤	㉠㉡㉢	㉣

49 국민소득에 관한 설명으로 틀린 것은?

① 국민소득은 일정기간동안에 측정된 플로우(flow)개념이다.
② 최종생산물에서 자본소모분을 차감하고 나머지를 순최종생산물이라고 한다.
③ 국민소득에 포함되는 서비스에는 가정주부의 가사노동도 포함된다.
④ 국민소득은 생산활동의 결과이다.
⑤ 생산활동으로 산출된 재화와 서비스에는 중간생산물과 최종생산물이 있다.

ANSWER 48.① 49.③

48 실직 뒤에 구직 노력을 포기하면 비경제활동인구에 속한다. 가족이 경영하는 가게에서 무보수로 일하는 사람도 취업자에 속한다.

49 국민소득이란 한 나라의 가계, 기업, 정부 등 모든 경제주체가 일정기간에 새로이 생산한 재화와 서비스의 가치를 시장가격으로 평가하여 합산한 것으로서 가사노동은 시장에서 거래되지 않기 때문에 국민소득에 포함되지 아니한다.

50 다음의 애그플레이션의 원인에 해당하지 않는 것은?

> 애그플레이션(agflation)은 농업(agriculture)과 인플레이션(inflation)의 합성어로서, 농산물 가격 급등으로 일반 물가가 상승하는 현상을 뜻하는 신조어이다.

① 지구 온난화와 기상 악화로 인한 농산물의 작황 부진
② 육식 증가로 인한 가축사료 수요의 증가
③ 국제유가 급등으로 인한 곡물 생산 및 유통비용 증가
④ 농산물 경작지 증가
⑤ 세계적인 바이오 에너지 열풍

51 다음 중 '72의 법칙'을 생활경제 속에 가장 잘 활용한 사람은?

① 지금 가진 돈을 장기예금에 넣으면 복리가 될 테고, 그 돈이 두 배가 될 때 원금을 빼면 좋을 텐데……. 만약 그렇다면 복리로 계산할 때 언제 두 배 수익이 되는 걸까?
② 올해 내 나이가 벌써 43세이니 10년 전과 비교해서 주식투자의 비중은 얼마의 차이가 나는 걸까?
③ 갑자기 한 번에 저축을 너무 늘리려 하면 힘들 테니 수입의 5% 정도만 우선 저축하면서 지금부터라도 조금씩 저축을 시작해야겠어.
④ 주식이 폭락해서 −50%의 수익률을 얻었는데 이를 회복하려면 얼마의 수익률을 내야하는 걸까?
⑤ 연봉도 올랐는데 총 소득이 올랐을 테니 동년배와 비교해서 내가 부자가 될 가능성은 얼마나 될까?

ANSWER 50.④ 51.①

50 농산물 경작지의 증가는 농산물 공급을 증대시켜 농산물 가격을 낮춘다. 이는 애그플레이션과는 거리가 멀다. 한편, 세계적으로 고유가가 지속되면서 미국과 브라질은 바이오에탄올 생산량을 향후 10년간 두 배 늘리겠다고 발표했으며 그 결과 바이오에탄올의 원료가 되는 사탕수수와 옥수수의 가격이 상승하였다.

51 72 법칙(The Rule of 72) … 일반적으로 복리의 마술을 잘 설명해주는 법칙으로 복리수익률로 원금의 두 배를 벌 수 있는 기간을 쉽게 계산할 수 있다. 원금이 두 배가 되는 시간은 이자율을 72로 나누면 알 수 있는데 예를 들면 연 9%의 복리상품에 가입하였을 때 72 ÷ 9 = 8 즉, 원금의 두 배가 되는데 8년이 걸림을 쉽게 계산할 수 있다. 한편 72 법칙은 다양하게 응용할 수 있으며 투자기간이 정해져 있는 경우 원금이 두 배가 되기 위해 얻어야 하는 수익은 72를 투자기간으로 나누어서 쉽게 구할 수 있다.

52 다음 중 총공급곡선이 왼쪽으로 이동하면서 발생하는 현상의 원인으로 적절하지 않은 것은?

① 큰 폭의 임금 인상
② 정부의 확대재정정책
③ 원유가격 상승
④ 천연고무가격 상승
⑤ 대규모 지진

53 다음 경제 현상의 발생 원인과 결과를 옳게 짝지은 것을 모두 고른 것은?

- 물가가 지속적으로 하락하는 현상
- 수요 측면 및 공급 측면 모두에서 발생하기도 한다.
- 경제의 저혈압

원인	결과
㉠ 생산성 향상	실질 임금 상승
㉡ 소비 감소	기업과 금융 기관의 부실화
㉢ 석유 파동	투기 성행
㉣ 통화량 감소	기업의 이윤 및 투자 의욕 증대
㉤ 수출 감소	부채의 실질 가치 감소

① ㉠㉡
② ㉡㉢
③ ㉡㉣
④ ㉢㉤
⑤ ㉠㉡㉢

ANSWER 52.② 53.①

52 ② 총공급곡선이 왼쪽으로 이동하면 비용인상 인플레이션이 발생하게 된다. 하지만 정부의 확대재정정책은 총수요곡선을 오른쪽으로 이동시키면서 수요견인 인플레이션이 발생하게 된다.

53 ㉢ 석유파동은 디플레이션의 발생 원인이 아니다.
㉣ 통화량이 감소하게 되면 물가의 수준도 감소하게 되고 기업의 투자도 감소하게 된다.
㉤ 수출이 감소하게 되면 부채에 대한 실질 가치는 증가하게 된다.

54 T나라의 채권시장에서는 중앙정부의 국채와 지방정부의 지방채만 거래된다고 하자. 채권보유에 따른 수익에 대해 세금이 부과된다. 새로 들어선 정부는 국채 보유에 따른 수익에 이전과 같은 세금을 부과하는 반면, 지방채 보유에 따른 수익에는 세금을 면제할 계획이다. 이때 두 채권의 이자율은 어떻게 변화할 것인가?

① 지방채 이자율은 상승하나 국채 이자율은 변화가 없을 것이다.
② 지방채 이자율은 하락하나 국채 이자율은 변화가 없을 것이다.
③ 국채 이자율은 상승하고 지방채 이자율은 하락할 것이다.
④ 국채 이자율은 하락하고 지방채 이자율은 상승할 것이다.
⑤ 지방채 이자율과 국채 이자율은 모두 변화가 없을 것이다.

55 다음 밑줄 친 금융상품의 특성을 잘 파악하고 있는 학생들을 모두 고른 것은?

> 노 씨는 생활비를 충당하기 위해 살고 있는 주택을 담보로 맡기고 <u>역모기지론 상품</u>에 가입했다.

> 김 씨 : 주택을 담보로 맡기고 연금 형태로 생활비를 지급 받고, 사망하면 금융회사가 집을 처분해 그 동안의 대출금과 이자를 상환 받는 형태로 운영되지.
> 이 씨 : 대출받는 사람 입장에서는 집을 먼저 산 뒤 장기간에 걸쳐 원리금을 분할 상환할 수 있는 제도로 목돈 마련의 부담이 없어서 좋지.
> 최 씨 : 노후에 안정된 생활을 돕기 위해 도입된 것으로 고령화시대에 필요한 금융상품이다.
> 강 씨 : 집을 담보로 맡기고 돈을 한 번에 대출 받은 뒤 원금과 이자를 갚아 나가는 제도를 뜻하지.

① 김 씨, 최 씨
② 이 씨, 강 씨
③ 김 씨, 이 씨
④ 최 씨, 강 씨
⑤ 김 씨, 강 씨

ANSWER **54.③ 55.①**

54 ③ 국채에는 세금이 부과되고 지방채에는 세금이 면제되므로 지방채에 대한 수요는 증가하고 국채에 대한 수요는 감소하게 될 것이다. 그러므로 지방채의 가격은 상승하고 국채의 가격은 하락할 것이다. 이자율은 가격과 역의 관계에 있으므로 지방채 이자율은 하락하고 국채 이자율은 상승할 것이다.

55 역모기지론은 집을 담보로 하고 연금 형태로 생활비를 지급받고, 사망 후에는 금융회사가 집을 처분해 대출금과 이자를 상환 받는 형태로 노인들의 노후생활 안정을 돕기 위해 도입된 것이다.

56 정부는 담배 시장에 영향을 미치는 두 가지 프로그램을 운영할 계획이다. 하나는 언론매체를 통한 홍보와 담뱃갑에 표기한 경고문을 통한 흡연의 폐해를 국민들에게 알려주는 것이고, 다른 하나는 농림수산식품부가 담배 재배 농가에 대한 가격지지정책을 통해 담배가격을 균형수준보다 높게 설정하는 것이다. 이 두 가지 정책이 종합적으로 시행될 경우 담배가격에 미치는 영향에 대한 추론으로 옳은 것은?

① 담배가 인체에 미치는 폐해를 홍보하는 정책만이 담배가격의 상승을 가져온다.
② 담배 재배 농가에 대해 가격지지정책만을 실시하면 담배의 가격은 하락하게 된다.
③ 두 정책을 동시에 시행하게 되면 담배의 가격은 떨어지게 된다.
④ 두 정책을 동시에 시행하게 되면 담배의 가격은 상승하게 된다.
⑤ 두 가지 정책을 동시에 실시하게 되면 담배가격에 미치는 영향을 알 수 없다.

57 국내 기업 소유의 이탈리아 공장에서 생산된 구두가 국내로 수입되어 철수가 샀을 때 나타나는 변화는?

	한국소비지출	한국순수출	한국GDP	이탈리아GDP
①	불변	불변	불변	증가
②	증가	감소	증가	불변
③	증가	감소	증가	감소
④	증가	감소	불변	증가
⑤	불변	증가	증가	증가

ANSWER 56.⑤ 57.④

56 두 가지 정책 모두를 실시하게 되면 언론매체의 담배의 폐해의 경우 담배가격을 하락시키고, 담배 재배 농가에 대한 가격지지정책은 담배가격을 상승시키게 된다.

57 철수가 수입된 구두를 샀으므로 한국의 소비지출은 증가하지만 순수출이 감소하게 된다. 이탈리아에서 생산된 구두이므로 이탈리아 GDP가 증가하는 반면에 한국의 GDP는 변화가 없다.

58 시중은행의 요구불예금이 2조 원이고 법정지급준비율이 0.2일 때 초과준비금이 1,000억 원이다. 이때 지준율이 0.3으로 갑자기 올랐다면 시중은행은?

① 초과준비금은 0이다.
② 초과준비금은 500억 원이다.
③ 준비금이 1,000억 원 부족하다.
④ 초과준비금은 1,000억 원이다.
⑤ 준비금이 500억 원 부족하다.

59 농부가 밀을 생산하여 500원을 받고 제분업자에게 판매하였고 제분업자는 구입한 밀을 제분한 뒤 850원을 받고 제빵업자에게 밀가루를 판매하였으며, 제빵업자는 구입한 밀가루로 빵을 만들어 소비자에게 1,000원에 판매하였다. 이 과정에서의 요소소득을 계산해본 결과 전체요소소득이 650원이었다. 그러면 이 과정에서 증가된 부가가치의 합은 얼마이겠는가?

① 350원
② 400원
③ 500원
④ 650원
⑤ 700원

60 甲은 현재 은행에 고정금리로 예금을 하고 있고 변동금리로 주택담보대출을 받은 상태이다. 향후 금리하락이 예상된다면 甲의 재테크 전략은 어떻게 바뀌는 것이 바람직한가? (단, 예금과 대출 모두 변동금리와 고정금리로 자유롭게 전환할 수 있다고 가정한다)

① 어떤 방법으로 전환하여도 효과는 동일하다.
② 예금은 변동금리로 전환하고, 주택담보대출은 고정금리로 전환한다.
③ 예금은 고정금리를 유지하고, 주택담보대출은 고정금리로 전환한다.
④ 예금은 변동금리로 전환하고, 주택담보대출은 변동금리를 유지한다.
⑤ 예금은 고정금리를 유지하고, 주택담보대출은 변동금리를 유지한다.

ANSWER 58.③ 59.④ 60.⑤

58 시중은행의 요구불예금이 2조원이고 법정지급준비율이 0.2일 때 시중은행은 2조원 × 0.2 = 4,000억 원의 법정지급준비금이 필요하다. 그런데 현재 1,000억 원의 초과지급준비금이 있으므로 실제지급준비금은 5,000억 원이 된다. 만약 지급준비율이 0.3으로 오를 경우 2조원×0.3 = 6,000억 원의 지급준비금이 필요해진다. 그러나 현재의 지급준비금은 5,000억 원이므로 지급준비금이 1,000억 원 부족해진다.

59 부가가치(value added) … 어떤 생산자가 생산과정에서 새로 부가한 가치를 말하며, 생산액에서 원재료에 소요된 금액과 기계설비의 감가상각을 공제한 액수이다. 부가치의 계산식은 다음과 같다.
부가가치 = 총산출 − 중간소비 − 감가상각 = 임금 + 지대 + 이자 + 이윤 = 요소소득의 합

60 예금은 자신에게 들어오는 수익의 형태이므로 고정금리를 유지하는 것이 유리하고 주택담보대출은 비용의 형태이므로 변동금리를 유지하여 더 적은 비용을 부담할 수 있도록 한다.

61 법정지급준비율이 50%라고 가정하고 어떤 고객이 현금 8,000원을 한 은행에 예금하였다고 하자. 만약 예금창조의 과정에서 4번째 대출받은 고객까지는 현금유출이 전혀 없다가 5번째 대출받은 고객이 대출금을 모두 현금유출한다면, 이때 은행 전체에 의한 순예금창조액의 최대 규모는 얼마가 되는가?

① 7,500원
② 8,000원
③ 15,500원
④ 16,000원
⑤ 16,300원

62 다음은 공개시장조작의 순효과를 나타내고 있다. 이의 결과로 맞는 항목을 열거한 것은?

중앙은행의 대차대조표

자산	부채
국채 + 100	지급준비금 + 100

㉠ 명목이자율은 하락한다.
㉡ 채권가격은 하락한다.
㉢ 통화공급이 증가한다.
㉣ 중앙은행이 국채를 매입하였다.

① ㉠㉡
② ㉠㉡㉢
③ ㉠㉢㉣
④ ㉡㉢㉣
⑤ ㉠㉡㉢㉣

ANSWER 61.① 62.③

61 은행의 대출에 의한 예금창조액의 규모는
$C\cdot(1-r)+C\cdot(1-r)2+\cdots\cdots+C\cdot(1-r)n$이다($C$: 본원적예금, r : 법정지불준비율).
따라서 4번째까지 예금창조의 과정이 이루어지므로
$8,000\times(1-0.5)+8,000\times(1-0.5)2+8,000\times(1-0.5)3+8,000\times(1-0.5)4$
$=4,000+2,000+1,000+500=7,500$원이 예금창조액의 최대규모가 된다.

62 중앙은행의 대차대조표는 중앙은행이 국채를 매입하고 예금은행들의 지준예치금을 증가시켰을 때 나타나는 것이다.
중앙은행이 국채를 매입하면 통화량이 증가하여 이자율이 하락해 채권가격은 상승한다.

63 동일한 규모의 정부지출의 증가가 $IS-LM$모형과 총수요-총공급모형하에서 국민소득에 미치는 영향을 비교한 것으로 옳은 것은?

① $IS-LM$모형하의 국민소득증가가 총수요-총공급모형하에서의 국민소득증가보다 크다.
② $IS-LM$모형하의 국민소득증가가 총수요-총공급모형하에서의 국민소득증가보다 작다.
③ 두 경우 모두 국민소득에 영향을 미치지 않는다.
④ $IS-LM$모형하의 국민소득증가가 총수요-총공급모형하에서의 국민소득증가보다 크거나 같다.
⑤ $IS-LM$모형하의 국민소득증가가 총수요-총공급모형하에서의 국민소득증가보다 작거나 같다.

64 투자자 갑이 다음과 같은 사례들을 종합하여 내린 결론으로 가장 타당한 것은?

- 사례1 : 외환위기 이후 명예퇴직한 K씨는 명예퇴직금과 여유자금을 합친 3억 원을 은행정기예금에 가입했다. 가입초기에는 매월 2백만 원 가까이 이자를 받아 생활하기도 하였지만 지난해 말부터는 매월 80만 원정도 밖에 받지 못하여 생활에 어려움을 겪고 있다.
- 사례2 : 90년대 초 우량한 기업주식 30개 종목을 투자하여 지금까지 보유하고 있었다면 누적수익률이 무려 1,166%에 달한다는 연구결과가 발표되었다. 우량기업에 저축하는 식으로 장기투자하는 것이 매우 좋은 성과를 낼 수 있다는 결과를 보여주는 것이다.

① 은행저축을 늘린다.
② 부동산에 투자한다.
③ 저축보다는 현금보유가 유리하다.
④ 우량주에 대해 단기매매를 한다.
⑤ 우량주에 대해 장기투자를 한다.

ANSWER 63.④ 64.⑤

63 동일한 규모의 정부지출의 증가는 일반적으로 국민소득증가의 크기는 $IS-LM$모형에서의 경우가 $AD-AS$의 경우보다 크거나 같다. 이 관계를 그림으로 살펴보면 다음과 같다.

㉠ $IS-LM$모형

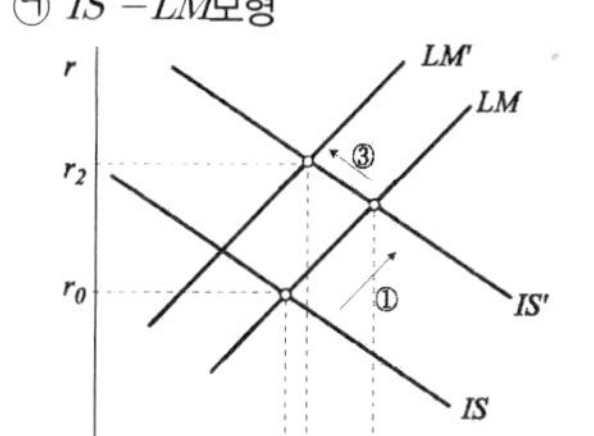

㉡ $AD-AS$모형

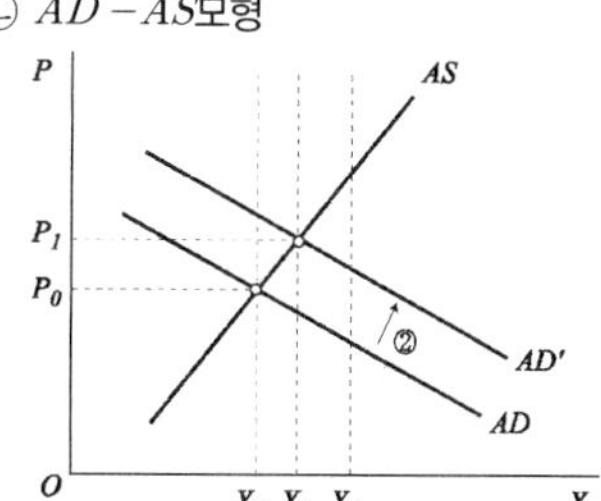

64 ⑤ 사례1을 통해 저금리 시대라는 것을 알 수 있고 사례2를 통해 우량주에 장기투자하는 것이 유리하다는 결론을 얻을 수 있다.

※ 다음은 어느 나라의 노동자 봉급과 소비자물가지수(CPI)자료이다. 【65 ~ 66】

연도	봉급	CPI
1969년	49.00	24.1
1979년	75.08	28.9
1989년	107.73	34.8
1999년	203.70	65.2
2009년	326.78	120.5

65 1999 ~ 2009년에는 이 나라 노동자의 실질임금이 어떻게 변화하였는가?

① 약 3% 감소
② 약 3% 증가
③ 약 13% 감소
④ 약 15% 증가
⑤ 약 17% 증가

66 다음 중 실질임금이 가장 빠르게 상승한 기간은?

① 1969 ~ 1979년
② 1979 ~ 1989년
③ 1989 ~ 1999년
④ 1999 ~ 2009년
⑤ 모두 같다.

ANSWER 65.③ 66.①

65 실질임금이 1999년에는 312, 2009년에는 271이므로 1999 ~ 2009년 동안 노동자의 실질임금은 약 13% 감소했음을 알 수 있다.

66 주어진 표에서 각 연도의 실질임금과 각 기간의 실질임금상승률은 각각 다음과 같다.

$$실질임금 = \frac{명목임금}{물가지수} \times 100$$

연도	실질임금	실질임금상승률(%)
1969년	203	–
1979년	259	27.6
1989년	309	19.3
1999년	312	1.0
2009년	271	−13.1

67 다음 중 채권수요곡선을 우측으로 이동시키는 요인을 모두 고르면?

> ㉠ 부(富)의 증가
> ㉡ 기대이자율 상승
> ㉢ 기대인플레이션 상승
> ㉣ 다른 금융자산에 대한 상대적인 위험증가
> ㉤ 다른 금융자산에 대한 상대적인 유동성증가

① ㉠㉡㉢
② ㉠㉡
③ ㉢㉣㉤
④ ㉠㉤
⑤ ㉡㉢㉤

68 다음 설명 중 옳지 않은 것은?

① 만기가 같은데도 금리가 다른 경우를 금리의 기간구조라고 한다.
② 금융자산 중 채권의 만기수익률과 만기와의 관계를 나타내는 것이 수익률곡선이다.
③ 수익률곡선은 일반적으로 우상향하는 모습을 보이나 우하향 또는 수평의 형태를 보이기도 한다.
④ 수익률곡선은 경제주체들이 미래의 단기이자율이 현재의 단기이자율 이상으로 상승할 것이라고 예상한다면 우상향하게 된다.
⑤ 수익률곡선이 우하향한다면 경기가 수축되거나 인플레이션율이 하락할 것으로 예상한다는 것을 의미한다.

ANSWER 67.④ 68.①

67 ④ 부(富)와 다른 금융자산에 대한 상대적인 유동성이 증가하면 수요곡선이 오른쪽으로 이동하는 반면, 기대이자율, 기대인플레이션율, 다른 금융자산에 대한 상대적인 위험이 증가하면 왼쪽으로 이동하게 된다.

68 ① 만기가 같은데도 금리가 다른 경우를 금리의 위험구조라 하며 같은 금융자산일지라도 만기에 따라 이자율이 상이한 것을 금리의 기간구조라 한다.

69 **금리에 관련된 설명으로 옳지 않은 것은?**

① 금리가 오를 경우에는 경제 전체적으로 자금을 효율적으로 배분하는 기능을 하게 된다.
② 금리가 오를 경우 소비가 줄어들게 된다.
③ 금리가 하락하면 투자가 증가하게 된다.
④ 경기가 과열되어 있을 때 금리를 높이면 경기를 진정시킬 수 있다.
⑤ 금리가 오르면 항상 물가가 상승한다.

70 **다음 균형재정과 관련된 내용으로 옳지 않은 것은?**

① 재정적자가 발생하면 결과적으로 인플레이션이 발생할 수 있다.
② 정부지출에 비하여 세금을 많이 징수하면 가계와 기업은 소비와 투자를 줄이게 된다.
③ 재정제도에는 자동안정화장치가 내재되어 있다.
④ 정부가 재량적으로 재정정책을 변경하지 않더라도 재정제도 자체적으로 경기변동을 조절하는 기능을 하는 것이 자동안정화장치이다.
⑤ 정부는 필요한 만큼의 돈을 국민들로부터 거두어 쓰기 때문에 세입이 세출보다 많은 것이 바람직하다.

71 **통화정책의 효과에 대한 설명으로 바르지 않은 것은?**

① 경기침체시 확장적인 통화정책으로 투자지출과 소비지출이 증가하여 총수요가 확대된다.
② 경기과열시 통화긴축정책은 경기를 진정시킨다.
③ 통화공급의 증가로 초기에 금리가 하락하여 소득이 증가하는 효과를 피셔효과라고 한다.
④ 이자율에 대한 투자탄력성이 클수록 통화정책의 효과는 커지게 된다.
⑤ 이자율에 대한 화폐수요탄력성이 작을수록 통화정책의 효과는 커진다.

ANSWER 69.⑤ 70.⑤ 71.③

69 ⑤ 금리는 원가에 포함되기 때문에 금리상승은 제품가격을 올리는 요인이 되며 또한 기업의 투자활동과 가계의 소비가 위축되는 등 경제전반적으로 수요가 감소하여 물가를 하락시킬 수도 있다. 따라서 금리가 물가에 미치는 영향은 서로 상반되는 요인 중 어느 쪽 영향이 더 큰가에 따라 달라질 수 있다.

70 ⑤ 원칙적으로 세입과 세출은 일치하는 것이 바람직하다.

71 ③ 통화공급의 증가로 초기에 금리가 하락하여 소득이 증가하는 효과를 유동성효과라고 하며 그 후 물가가 상승함으로써 금리가 다시 상승하여 소득이 감소하는 현상을 피셔효과라고 한다.

72 재정정책의 효과에 대한 설명으로 바르지 않은 것은?

① 케인지언은 정부지출이 증가할 때 민간투자의 감소효과가 정부지출의 증대효과를 완전히 상쇄하지 못하는 불완전한 구축효과가 발생함으로써 총수요관리정책은 효과가 있다고 본다.
② 고전학파는 재정정책의 고용과 생산증대효과가 미미한 것으로 파악하고 있다.
③ 자동적 재정정책은 재정정책의 자동안정화장치에 의존하여 경제를 안정화시키고자 하는 재정정책을 말한다.
④ 구축효과는 정부지출의 재원조달 방법에 따라 다양한 경로를 통해 나타난다.
⑤ 조세의 증가 또는 국공채발행 모두 시중금리의 하락을 초래함으로써 투자지출을 활성화시킬 수 있다.

73 개방경제하에서 안정화정책의 유효성에 대한 설명으로 옳지 않은 것은?

① 변동환율제, 자본의 완전이동성 및 경직적 불가 가정하에서 통화정책은 재정정책에 비하여 총수요에 강력하고 확실한 효과를 미치게 된다.
② 재정정책은 경상수지변동을 초래할 수 있다.
③ 재정정책은 국내균형, 통화정책은 대외균형달성을 위한 정책수단으로 이용되는 것이 바람직하다.
④ 초과공급(실업)시에는 확대통화정책이 바람직하다.
⑤ 초과수요(과잉고용)시에는 긴축통화정책이 바람직하다.

ANSWER 72.⑤ 73.③

72 ⑤ 조세증가 또는 국공채발행을 통한 정부지출의 증가는 민간 자금사정의 악화를 초래하여 시중금리를 상승시킴으로써 민간의 투자지출을 감소시킬 수 있다.

73 ③ 통화정책과 재정정책의 정책목표에 대한 할당문제는 통화정책은 국내균형, 재정정책은 대외균형 달성을 위한 정책수단으로 이용되는 것이 바람직하다.

74 통화 및 재정정책 모두 확장적으로 운용하는 것이 바람직한 경우는?

① 초과공급(실업) 및 경상수지 흑자기
② 초과공급(실업) 및 경상수지 적자기
③ 초과수요(과잉공급) 및 경상수지 흑자기
④ 초과수요(과잉공급) 및 경상수지 적자기
⑤ 대내외 균형시

75 다음은 자본시장과 단기금융시장의 경제적 기능에 관한 설명이다. 각 시장의 기능으로만 옳게 짝지어진 것은?

> ㉠ 위험성, 유동성, 자본손실이 적어 경제주체들의 금융자산 위험관리의 기회로 활용된다.
> ㉡ 중앙은행 통화정책 수행의 장이다.
> ㉢ 중앙은행의 통화정책이 실물경제에 영향을 미치도록 하는 매개적 기능을 한다.
> ㉣ 높은 수익률의 금융자산을 투자자에게 제공하여 자산운용상의 효율성을 높여준다.
> ㉤ 투자수익이 높은 기업 등에 가계 등의 여유자금을 장기투자재원으로 공급하여 국민경제의 자금잉여부문과 자금부족부문의 기조적인 자금의 수급불균형을 조절한다.
> ㉥ 경제주체의 유휴현금보유에 따른 기회비용 최소화를 통해 운용의 효율성 및 자금조달을 제고할 수 있도록 한다.
> ㉦ 주가, 회사채수익률 등 금융자산가격을 결정함으로써 기업의 내부경영과 투자경영에 영향을 준다.

	단기금융시장	자본시장
①	㉠㉡㉥	㉢㉣㉤㉦
②	㉠㉢㉣	㉡㉤㉥㉦
③	㉡㉤㉥㉦	㉠㉢㉣
④	㉢㉣㉥㉦	㉠㉡㉤
⑤	㉢㉣㉥	㉠㉢㉣㉦

ANSWER 74.① 75.①

74 ① 초과공급 및 경상수지 흑자(적정수준 이상)가 공존하는 경우 통화 · 재정정책을 모두 확장적으로 운용하는 것이 바람직하다.

75 금융시장
㉠ 단기금융시장(화폐시장) : 단기자금의 수요자와 공급자 사이의 수급불균형을 조절하기 위해 통상 만기 1년 미만의 금융자산이 거래되는 시장으로 콜시장, CD시장, CP시장, RP시장 등이 있다.
㉡ 장기금융시장(자본시장) : 기업의 시설자금 또는 장기운전자금 조달을 위해 발행되는 채권 및 주식이 거래되는 시장으로 채권시장, 주식시장 등이 있다.

76 **한국은행이 콜금리 목표를 인하하겠다고 결정하였을 때 다음 중 추론으로 가장 적절한 것을 고르면?**

> ㉠ 부동산에 대한 수요 증가
> ㉡ 원화환율의 상승으로 인한 경상수지의 개선효과
> ㉢ 케인즈 학파의 견해에 따를 경우 큰 폭으로 투자수요 증가
> ㉣ 주식보다 채권에 대한 투자매력 증가

① ㉠㉡
② ㉠㉢
③ ㉠㉡㉢
④ ㉠㉢㉣
⑤ ㉠㉡㉢㉣

77 **정부가 경기진작을 위해서 200억 원의 세금을 감면할지, 200억 원의 정부지출을 증대할지에 대하여 고민하고 있다. 이 두 정책의 실시가 총수요에 미치는 효과로 옳은 것은? (단, 폐쇄경제이고, 구축효과는 발생하지 않으며, 한계소비성향이 0.8이다)**

① 세금감면으로 총수요는 800억 원 증가한다.
② 두 정책의 총수요에 미치는 효과는 1,000억 원으로 동일하다.
③ 정부지출의 증가로 총수요는 160억 원 증가한다.
④ 두 정책의 총수요에 미치는 효과는 200억 원으로 동일하다.
⑤ 정부지출의 증가로 총수요는 200억 원 증가한다.

ANSWER 76.① 77.①

76 한국은행이 공개시장조작 정책 등을 실시하여 콜금리를 종전보다 낮게 조절하면 장단기 시장금리나 은행 여수신금리도 하락하게 된다. 따라서 이자율이 감소하므로 가계의 소비가 증가하고 기업 역시 투자가 증가한다.
㉠ 대출금리 및 차입금리의 하락으로 아파트 등의 부동산 투자가 증가한다.
㉡ 콜금리의 조정으로 국내금리가 하락하므로 우리나라 화폐 가치가 하락(원화환율 상승)하므로 수출은 늘고 수입은 감소하므로 경상수지 개선효과가 있다.
㉢ 케인즈 학파는 투자가 이자율에 비탄력적인 것으로 판단한다.
㉣ 금리가 인하되면 채권보다 주식에 대한 투자매력이 증가한다.

77 ②④ 여기서 정부지출의 승수효과는 5이고 조세감면의 승수효과는 4이다. 따라서 정부지출의 승수효과가 더 크기 때문에 총수요에 미치는 효과는 정부지출 쪽이 더 크다.
③⑤ 정부가 200억 원의 정부지출을 증가할 경우 총수요는 1,000억 원 증가한다.

78 **개방경제하에서 안정화정책의 유효성에 대한 설명으로 옳지 않은 것은?**

① 변동환율제, 자본의 완전이동성 및 경직적 불가 가정하에서 통화정책은 재정정책에 비하여 총수요에 강력하고 확실한 효과를 미치게 된다.
② 재정정책은 단순히 경상수지변동을 초래하는 것을 제외하고는 실물경제에 별로 영향을 미치지 못하고 있다.
③ 재정정책은 국내균형, 통화정책은 대외균형달성을 위한 정책수단으로 이용되는 것이 바람직하다.
④ 초과공급(실업)시에는 확대통화정책이 바람직하다.
⑤ 초과수요(과잉고용)시에는 긴축통화정책이 바람직하다.

79 **국민연금제도의 경제적 효과에 관한 설명으로 옳지 않은 것은?**

① 저축의 중요성을 깨닫게 하는 인식효과가 발생한다.
② 연금급여에 대한 기대로 조기에 퇴직하는 경우가 있다.
③ 조기퇴직효과는 저축을 증가시키는 효과가 있다.
④ 자산대체효과로 인하여 자발적 저축이 감소한다.
⑤ 부과방식으로 운용된다면 세대 간 부의 이전을 기대할 수 없다.

ANSWER 78.③ 79.⑤

78 ③ 통화정책과 재정정책의 정책목표에 대한 할당문제는 통화정책은 국내균형, 재정정책은 대외균형 달성을 위한 정책수단으로 이용되는 것이 바람직하다.

79 ⑤ 부과방식으로 운용된다면 세대 간 부의 이전을 기대할 수 있고, 적립방식으로 운용된다면 세대간 부의 이전 문제가 나타나지 않는다.

※ 국민연금 재정운용방식 유형
㉠ **적립방식** : 국민들이 낸 보험료 혹은 사회보장세를 적립해 기금을 만들고 이 기금에서 나오는 수익으로 연금을 지급하는 방식이다.
㉡ **부과방식** : 현재 일하고 있는 사람들에게서 거둔 돈으로 은퇴한 사람들에게 혜택을 지급하는 방식이다. 수지 차액이 없어서 적립금이 불필요하며, 연도별 수지균형의 원칙에 따르며 일정한 재분배 기능을 가진다.

80 지속되는 경기불황상황에서 정부가 경기회복을 위한 다양한 방법을 모색하고 있다. 정부가 모색 중인 경기회복 방안 중 그 성격이 다른 하나는?

① 국민 1인당 유가환급금 지급
② 공무원 채용인원 확대
③ 공무활동에 요구되는 비품의 구매
④ 도시 개발 사업
⑤ 도로 항만 공사

81 어느 나라의 명목GDP가 작년 1,000억 원에서 올해 2,600억 원으로 증가하였고, GDP디플레이터는 같은 기간 100에서 200으로 증가하였다. 그렇다면 해당기간 동안의 경제성장률은 얼마인가?

① 5%
② 10%
③ 15%
④ 20%
⑤ 30%

82 최근 국민연금은 증권시장은 물론 부동산, 인수·합병(M&A) 시장에서도 큰 영향력을 행사하고 있으며 국민들의 노후 자금이므로 그 운용에 대한 원칙을 법으로 정해놓고 있다. 다음 중 국민연금의 기금 운용에 대한 설명으로 옳지 않은 것은?

① 1988년 도입된 우리나라에서 가장 먼저 시행된 공적연금제도라 할 수 있다.
② 우리나라의 경우 국민연금은 의무가입제이다.
③ 노령연금 이외에도 장애, 유족연금 등 다양한 연금혜택을 실시하고 있다.
④ 공무원연금법, 군인연금법, 사립학교교직원연금법의 적용을 받는 공무원, 군인, 사립학교교직원은 적용에서 제외된다.
⑤ 국민연금은 일정기간동안 납부가 이루어지지 않을 경우 국세체납처분에 의하여 강제징수를 통한 연금보험료의 충당이 이루어진다.

ANSWER 80.① 81.⑤ 82.①

80 ① 정부지출
②③④⑤ 이전지출

81 ⑤ 실질GDP의 증가율로 경제성장률을 나타낼 수 있으므로, 작년 실질GDP는 1,000/100 × 100 = 1,000이고 올해 실질GDP는 2600/200 × 100 = 1,300이다. 따라서 1,300 - 1,000/1,000 × 100 = 30%이다.

82 ① 우리나라에서 가장 먼저 시행된 공적연금제도는 공무원연금제도(1960년 도입)이다.

83 다음 중 3층 보장체계에 대한 설명으로 적합하지 않은 것은?

① 3층 보장이란 자기보장, 기업보장, 국가보장을 의미한다.
② 자기보장은 여유 있는 생활의 보장을 위함이며 임의제도에 해당한다.
③ 기본적 생활의 보장을 위해 국가가 보장하는 제도이며 국민연금이 이에 해당한다.
④ 퇴직연금은 표준적인 생활의 보장을 의미하며 법정제도이다.
⑤ 효율적인 노후생활의 설계를 위해서는 개인 · 기업 · 국가의 공동 준비가 필요하다.

84 다음 중 GDP 통계에 포함되지 않는 것은?

① OO산을 국립공원으로 지정하여 입장하는 사람에게 입장료 부과
② 통신사가 새로운 휴대폰 부가서비스를 제작하여 자사고객에게 판매
③ 집에서 수공예로 만들어 길거리에서 판매한 팔찌
④ 대형 전자회사가 판매한 전년도 태블릿 PC
⑤ 음반사가 음반을 제작하여 판매한 가수의 앨

※ 다음은 A, B 두 기업의 차입조건에 대한 표이다. 다음 물음에 답하시오. 【85 ~ 87】

구분	A기업	B기업
고정금리시장	6%	10%
변동금리시장	LIBOR	LIBOR + 2%

85 변동시장에서 두 기업의 신용도 차이(Credit spread)는 얼마인가?

① LIBOR
② LIBOR + 2%
③ 1%포인트
④ 2%포인트
⑤ 3%포인트

ANSWER 83.④ 84.④ 85.④

83 3층 보장체계(Three Pillar System)
㉠ 자기보장 : 개인연금(여유 있는 생활의 보장) → 임의제도
㉡ 기업보장 : 퇴직연금(표준적인 생활의 보장) → 준 법정제도
㉢ 국가보장 : 국민연금(기본적인 생활의 보장) → 법정제도

84 ④ 전년도 재고는 전년도 GDP에 포함되었기 때문에 올해 GDP에서는 제외된다.

85 (LIBOR + 2%) − LIBOR = 2%

86 A, B 두 기업의 차입조건에 대한 설명으로 바르지 않은 것은?

① 고정금리시장에서 두 기업의 신용도 차이는 4%포인트이다.
② A기업은 변동금리시장에서 B기업보다 2%포인트 싸게 자금조달을 할 수 있다.
③ A기업은 고정금리시장에서 B기업보다 4%포인트 싸게 자금조달을 할 수 있다.
④ B기업은 변동금리시장에서 비교우위가 있다.
⑤ 각각의 기업은 비교우위를 지닌 시장에서 유리함을 갖는다.

87 위와 같이 금리스왑이 이루어질 경우 A, B 기업의 각각의 금리부담은?

	A	B
①	LIBOR −1%	9%
②	LIBOR	7%
③	7%	LIBOR
④	9%	LIBOR −1%
⑤	LIBOR	LIBOR

88 총공급곡선이 우상향 하는 일반적인 형태이고, IS곡선과 LM곡선도 일반적인 형태라고 한다면 양적완화 축소로 통화공급이 감소할 때, 이자율과 소비는 어떤 모습을 보이겠는가?

① 이자율 : 하락, 소비 : 불변
② 이자율 : 상승, 소비 : 불변
③ 이자율 : 불변, 소비 : 감소
④ 이자율 : 하락, 소비 : 증가
⑤ 이자율 : 상승, 소비 : 감소

ANSWER 86.① 87.① 88.⑤

86 B기업
㉠ 변동금리시장에서는 A기업보다 2%포인트만 더 지불하면 된다.
㉡ 고정금리시장에서 A기업보다 4%포인트나 금리를 더 지불해야 한다. 따라서 결론적으로 B기업은 변동시장에서 비교우위가 있다고 판단한다.

87 ㉠ A기업 : 금리정산일에 B에서 7%를 받아 이 중 6%를 자금대여자에게 지급하여 1%포인트 금리를 절감하면서 B에게 LIBOR를 지급하므로 결과적으로 LIBOR −1%의 금리비용이 발생한다.
㉡ B기업 : A에게서 LIBOR를 수취하고 LIBOR +2% 금리를 자금대여자에게 지급하는 동시에 A에게 7%를 지불하므로 총 9%의 금리를 부담하게 된다.

88 ⑤ 통화공급이 감소하면 LM곡선이 왼쪽으로 이동하므로 이자율은 상승하고 국민소득은 감소한다. 소득의 감소는 소비의 감소로 이어진다.

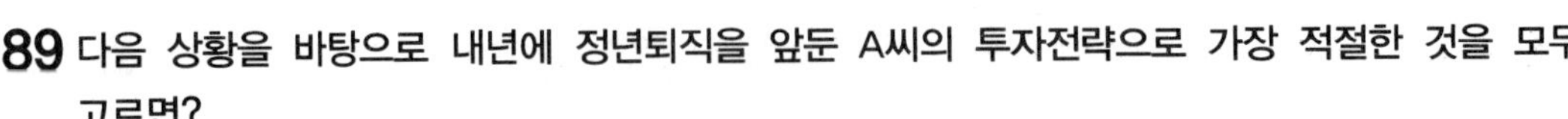

89 다음 상황을 바탕으로 내년에 정년퇴직을 앞둔 A씨의 투자전략으로 가장 적절한 것을 모두 고르면?

> 저금리 · 고령화라는 시대적 변화가 일어나고 있다. 과거 고금리 시대에는 은행 예금만으로 노후가 보장되었지만, 현재는 금리가 3% 정도에 불과한 데다 퇴직 후의 기간도 길어 재테크 없이는 노후를 보장받을 수 없다.

> ㉠ 자산의 유동성을 높인다.
> ㉡ 택지개발 소문이 있는 지역의 부동산을 매입한다.
> ㉢ 은행 예금의 비중을 높인다.
> ㉣ 위험이 적은 투자상품의 비율을 높인다.

① ㉠㉢
② ㉠㉣
③ ㉡㉢
④ ㉡㉣
⑤ ㉢㉣

90 다음은 재정정책 또는 금융정책이 실시될 때 미치는 효과에 대한 설명이다. 옳지 않은 것은?

① 저축성향증대→IS곡선 좌측이동→국민소득 감소, 이자율 하락
② 물가인하→LM곡선 좌측이동→국민소득 증가, 이자율 상승
③ 통화량감소→LM곡선 좌측이동→국민소득 감소
④ 민간소비증가→IS곡선 우측이동→국민소득 증가, 이자율 상승
⑤ 세율인상→IS곡선 좌측이동→국민소득 감소

ANSWER 89.② 90.②

89 ㉡ 부동산 투자의 경우 장기투자가 일반적이므로 A에게 적합하지 않다.
㉢ 저금리 상황에서 은행 예금의 비중을 높이는 것은 노후 설계에 적절하지 않다.

90 ② 물가인하→LM곡선 좌측이동→국민소득 증가, 이자율 하락

91 **대통령 후보로 출마한 어느 후보가 자신이 당선되면 내년부터 '투자세액공제 제도'를 실시하겠다고 했다. 기업체 대다수가 이 후보가 당선될 것으로 믿고 있다. 이와 관련한 설명 중 옳지 않은 것은?**

① 투자세액공제 제도란 기업이 납부해야 하는 총 세금에서 투자 금액의 일정 부분만큼을 감면해 주는 제도이다.
② 기업체들은 올해의 투자를 증가시키고 내년의 투자를 감소시킬 것이다.
③ 기업의 투자촉진을 통해 경기를 본격적으로 부양하려고 할 때 주로 활용한다.
④ 우리나라의 경우 1982년 처음 적용했으며 적용대상은 제조업, 광업, 건설업을 비롯한 29개 업종이다.
⑤ 기업의 투자결정은 일차적으로 투자로부터 얻어지는 기대수익과 투자비용을 비교하여 이루어진다.

92 **정부는 국민들에게 국채를 발행하거나 세금을 더 부과하는 방식으로 재정 확충을 하고 있다. 다음 중 세금을 걷는 방식에 비하여 국채를 발행했을 때 얻을 수 있는 경제적 효과로 옳지 않은 것은?**

① 국채는 민간부분의 저항을 덜 유발한다.
② 국채는 유사시 대규모 긴급 자금 동원능력이 크다.
③ 국채는 세금 징수보다 민간소비를 더 많이 위축시킨다.
④ 국채는 원리금 상환의무가 있으므로 재정 부담을 가중시킨다.
⑤ 국채는 재원 조달 부담을 미래세대로 전가시킬 가능성이 있다.

ANSWER 91.② 92.③

91 ② '투자세액공제'가 내년에 실시된다면, 기업은 올해 시행하려고 했던 동일한 투자 계획을 내년으로 연기하여 투자비용을 줄이게 되므로 내년의 투자비용이 올해의 투자비용보다 낮아진다.

92 ③ 세금을 징수할 경우 민간소비는 감소하지만 국채 발행의 경우 국채가 자산으로 인식될 수 있으므로 그만큼 소비가 줄어들지는 않는다.

93 다음은 어느 기간의 경제성장률과 실업률 변화분을 나타내는 것이며 두 변수 간의 근사적 관계를 보여주고 있다. 이에 대한 설명으로 적절한 것을 모두 고른 것은?

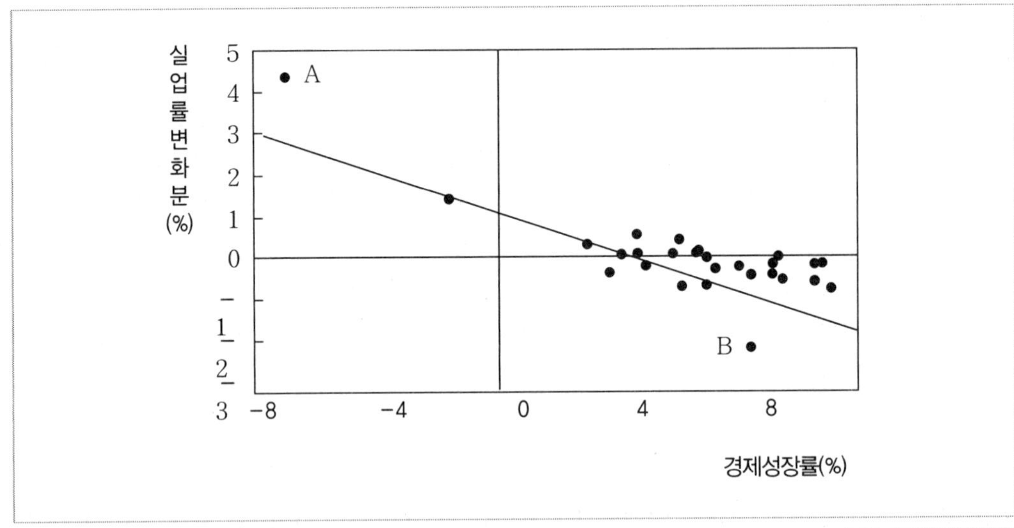

> ㉠ A에서는 전년에 비해 실업률이 증가하고 국내총생산 규모는 감소하였다.
> ㉡ B에서는 전년에 비해 경제활동인구 가운데 취업자의 비율이 낮아졌다.
> ㉢ 올해 실업률이 지난해와 동일하다면 국내총생산의 규모도 지난해와 동일할 것이다.
> ㉣ 실업률 변화분이 증가할 때 경제성장률은 하락하는 경향이 관찰되었다.

① ㉠㉡
② ㉠㉢
③ ㉠㉣
④ ㉡㉢
⑤ ㉢㉣

ANSWER 93.③

93 주어진 자료는 실업률과 경제성장률 간의 역의 상관관계를 나타내고 있다. A의 실업률 변화분은 (+)의 값을 가지므로 전년에 비해 증가하였으며 경제성장률은 (−)이므로 국내총생산 규모가 감소하였음을 알 수 있다.

94 광부는 다이아몬드 원석 1kg을 채취하여 이를 가공업자에게 2,000달러에 판매하였다. 가공업자는 원석을 가공하여 세공업자에게 6,000달러에 판매하였으며, 세공업자는 가공된 다이아몬드 원석으로 다이아몬드 반지를 만들어 12,000달러에 팔았다. 이 경우 각 단계의 부가가치의 합과 GDP는 얼마인가?

① 6,000달러, 6,000달러
② 6,000달러, 12,000달러
③ 12,000달러, 6,000달러
④ 12,000달러, 12,000달러
⑤ 12,000달러, 1,000달러

95 다음은 K국의 실업률 및 물가상승률의 변화를 기간별로 나타낸 것이다. 각 기간별 실업률과 물가상승률의 변화를 설명할 수 있는 요인으로 옳지 않은 것은?

기간	실업률	물가상승률
1964→1969	5.0→3.4	1.3→5.5
1973→1975	4.8→8.3	6.2→9.1
1978→1980	6.0→7.0	7.6→13.5
1995→1999	5.6→4.2	2.8→2.2
2001→2004	4.0→5.5	3.4→2.7

① 1964년에서 1969년 동안 정부 지출 및 통화량이 증가하였다.
② 1973년에서 1975년 동안 유가가 상승하고 농산물 생산이 감소하였다.
③ 1978년에서 1980년 동안 자본시장 개방으로 해외 자본이 대량 유입되었다.
④ 1995년에서 1999년 동안 새로운 기술의 도입으로 생산성이 향상되었다.
⑤ 2001년에서 2004년 동안 금융기관의 부실로 신용경색이 발생하였다.

ANSWER 94.④ 95.③

94 ㉠ 광부의 부가가치 = 2,000 − 0 = 2,000
㉡ 가공업자의 부가가치 = 6,000 − 2,000 = 4,000
㉢ 세공업자의 부가가치 = 12,000 − 6,000 = 6,000
부가가치의 총합은 12,000달러이며, GDP와 동일하다.

95 총수요가 감소하면 실업률은 상승하는 반면 물가상승률은 하락하게 된다. 한편 총공급이 감소하면 실업률과 물가상승률이 함께 상승한다. 해외자본유입은 통화량 증가를 초래하여 총수요를 증가시키게 되며 새로운 기술의 도입으로 생산성이 향상되면 총공급이 증가하게 된다. 신용경색이 발생하면 총수요가 감소할 것이다.

96 대기업에 다니는 직장인은 5년 전 보다 현재 2배 이상의 연봉을 더 받고 있다. 하지만 현재의 소비는 5년 전과 크게 달라진 것이 없다고 할 때, 이러한 사례를 설명할 수 있는 가설은 무엇인가?

① 예비적 저축가설
② 상대소득가설
③ 절대소득가설
④ 생애주기가설
⑤ 항상소득가설

97 다음 그림은 우리나라의 분야별 국가예산 지출 비중에 대한 전망이다. 이를 통해 추론한 사실로 옳은 것을 모두 고른 것은?

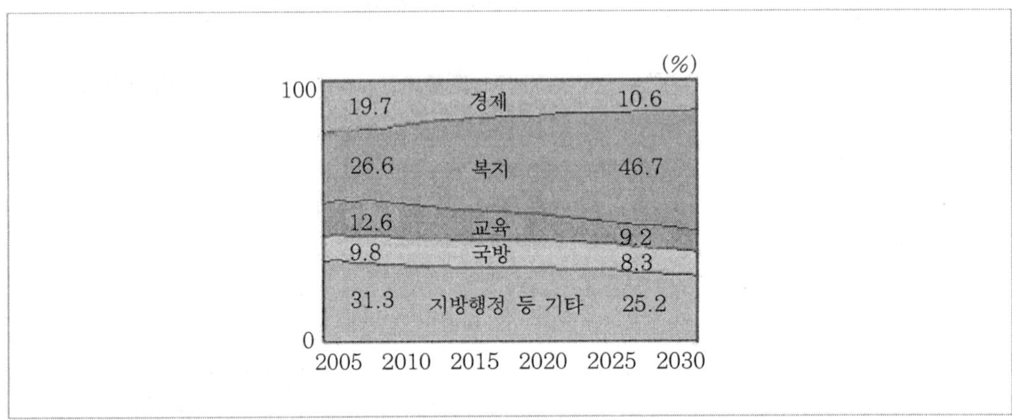

㉠ 교육과 지방행정 등 기타 예산의 비중이 줄어든다.
㉡ 전체 예산 규모는 변하지 않는다.
㉢ 복지분야가 정부지출에서 차지하는 비중이 높아진다.
㉣ 국방 관련 예산지출이 줄어든다.

① ㉠㉡
② ㉠㉢
③ ㉡㉢
④ ㉡㉣
⑤ ㉢㉣

ANSWER 96.④ 97.②

96 생애주기가설 … 소비자는 소비를 선택함에 있어서 현재소득 뿐만 아니라 자산과 미래소득도 함께 고려해야 하며, 변동이 큰 소득에 비해 소비는 별 변동 없이 완만하게 움직이려는 소비의 완만성을 지닌다.

97 ② 지출 비중에 관련된 그림으로는 국방 관련 예산이나 전체 예산의 절대적인 지출 규모가 어떻게 변화할지는 알 수 없다.

98 통화정책운용에 대한 설명으로 옳지 않은 것은?

① 통화정책의 운용수단은 금융시장이 발달되면서 공개시장조작이 주로 이용되고 있다.
② 통화정책은 정책수단이 직접적으로 최종목표에 영향을 미치지 못하고 통화량이나 금리 등을 통하여 간접적으로 최종목표에 영향을 미치게 된다.
③ 경제세계화의 진전으로 국가 간의 상호관계가 긴밀해지면서 통화정책면에서도 국가 간 협조의 필요성이 더욱 높아지고 있다.
④ 98년 한국은행법이 개정됨에 따라 우리나라는 물가안정목표제라는 통화정책 운용방식을 채택하였다.
⑤ 물가안정목표제는 명시적인 중간목표를 두고 중장기금리의 조절을 통해 통화정책을 수행하는 방식이다.

99 케인지언의 총공급곡선에 관한 설명으로 옳지 않은 것은?

① 물가가 상승하면 주어진 명목임금 하에서 실질임금이 감소하기 때문에 기업은 노동수요를 증가시킨다.
② 케인지언의 총공급곡선은 임금이 경직적인 단기를 가정하고 있어 단기총공급곡선이라고도 한다.
③ 케인지언의 총공급곡선이 우상향하는 이유로 물가수준에 대한 정보의 불완전성이 지적되고 있다.
④ 임금의 상승은 생산비를 상승시켜 AS곡선을 좌측으로 이동시킨다.
⑤ 물가가 상승할 것으로 예상하면 AS곡선을 우측으로 이동시킨다.

ANSWER 98.⑤ 99.⑤

98 물가안정목표제는 통화량목표제와는 달리 명시적인 중간목표를 두지 않고 금리나 통화량을 정보변수로 활용하여 운용목표인 초단기금리의 조절을 통하여 통화정책을 수행하는 방식이다.

99 ⑤ 물가가 상승할 것으로 예상되면 임금인상을 강하게 요구할 것이므로 AS곡선을 좌측으로 이동시킨다.

03 ·· 국제경제

1 다음 중 리카르도의 비교우위론에 관한 설명으로 옳지 않은 것은?

① 비교우위란 다른 생산자에 비해 같은 상품을 더 적은 생산요소로 생산할 수 있는 능력을 말한다.
② 비교우위론에서 비교우위는 곧 기회비용의 상대적 크기를 나타낸다.
③ 비교우위론은 노동만이 유일한 생산요소이고 노동은 균질적으로 가정하고 있다.
④ 비교우위론은 생산함수를 규모의 불변함수이고 1차 동차함수로 가정하고 있다.
⑤ 비교우위론에서 무역은 비교생산비의 차이에서 발생한다고 보고 있다.

2 다음 중 수입할당제에 관한 설명이 아닌 것은?

① 수입할당제는 수입상품에 직접적으로 수량을 제한하는 비관세 정책수단이다.
② 수입할당제는 관세와 동일한 경제적 효과를 갖는다.
③ 수입제한으로 발생하는 경제적 지대는 외국의 수출업자에게 귀속된다.
④ 관세와 수입할당제는 자원배분에 미치는 효과는 동일하나 소득분배의 효과에서 차이를 보인다.
⑤ 관세는 정부에 귀속되지만 수입할당제의 수입은 수입면허권자에게 귀속된다.

ANSWER 1.① 2.③

1 ①은 절대우위에 관한 내용이다.(아담 스미스의 절대우위론)
※ 비교우위 … 다른 생산자에 비해 같은 상품을 더 적은 기회비용으로 생산할 수 있는 능력

2 ③은 수출자율규제에 해당한다.

3 다음에서 설명하고 있는 개념으로 옳은 것은?

> 이 개념은 외국의 생산자 또는 수출자가 정상가격 이하로 부당하게 가격을 저렴하게 판매하는 덤핑으로부터 국내산업을 보호하기 위하여 부과하는 관세를 말한다.
> 외국의 물품이 정상가격 이하로(즉 덤핑) 수입되어 국내산업이 실질적인 피해를 받거나 받을 우려가 있는 경우 혹은 국내산업의 발전이 실질적으로 지연된 경우 등 실질적 피해로 조사를 통하여 확인되고 당해 국내 산업을 보호할 필요가 있다고 인정되는 때에는 그 물품과 공급자 또는 공급국을 지정하여 당해 물품에 대하여 정상가격과 덤핑가격과의 차액에 상당하는 금액 이하의 관세를 추가하여 부과할 수 있다.

① 상계관세
② 덤핑방지관세
③ 보복관세
④ 긴급관세
⑤ 할당관세

4 다음 중 GATT의 목적이 아닌 것은?

① 관세 인하
② 비관세장벽의 규제
③ 각국의 분쟁해결
④ 상호 경쟁의 배제와 제한
⑤ 회원들 간의 이해관계 침해방지

ANSWER 3.② 4.④

3 ① 수출국이 수출품에 장려금이나 보조금을 지급하는 경우 수입국이 이에 의한 경쟁력을 상쇄시키기 위하여 부과하는 누진관세.
③ 자국 상품에 대해 불리한 대우를 하는 나라의 상품에 대한 보복의 성격을 띤 관세.
④ 중요 국내산업의 긴급한 보호, 특정물품 수입의 긴급한 억제 등의 필요가 있을 때 특정물품의 관세율을 높여서 부과하는 관세
⑤ 수입물품의 일정 할당량을 기준으로 부과하는 관세

4 GATT의 목적
㉠ 관세 인하
㉡ 비관세장벽의 규제
㉢ 회원들 간의 이해관계 침해방지
㉣ 각국의 분쟁해결

5 다음에서 설명하고 있는 기구는 무엇인가?

> • GATT의 8차 협정인 UR의 결과 설립되었다.
> • 세계무역질서를 세우고 우루과이라운드협정의 순조로운 이행을 도와주는 국제기구이다.
> • 국가 간의 경제 분쟁이나 마찰을 조정한다.
> • 소재지는 스위스 제네바이다.

① 자유무역지역
② 관세동맹
③ 공동시장
④ 경제동맹
⑤ 세계무역기구

6 특정국가간에 배타적인 무역특혜를 서로 부여하는 협정으로서 가장 느슨한 형태의 지역 경제 통합 형태는 무엇인가?

① 자유무역협정
② 자유무역지역
③ 세계무역기구
④ 관세동맹
⑤ 경제동맹

ANSWER 5.⑤ 6.①

5 ① 가맹국 간의 관세 및 여타 규제를 폐지하지만 비가맹국에 대해서는 독립적인 관세 및 비관세장벽을 유지하는 경제 통합의 형태
② 가맹국 간의 재화 이동에 대한 차별을 없애고 비가맹국에 대해 각국이 공동 관세를 부과하는 경제통합
③ 가맹국 간의 재화 이동에 대한 구제를 없는 것 뿐 아니라 요소이동에 대한 제한도 철폐하는 경제통합 형태
④ 관세의 철폐와 생산요소의 자유로운 이동은 물론 가맹국간의 재정·금융정책에 있어서도 상호협조가 이루어지는 경제통합의 형태

6 FTA(Free Trade Agreement, 자유무역협정) … FTA는 협정을 체결한 국가 간에 이루어지는 상품 및 서비스의 교역에 대한 관세 및 무역장벽을 철폐함으로써 마치 하나의 국가처럼 자유롭게 상품과 서비스를 교역하게 하는 협정을 말한다. FTA는 협정 체결 국가 간에 무관세나 낮은 관세를 적용하고, 그 이외의 국가에게는 WTO에서 유지하는 관세를 그대로 적용한다. 또한 FTA는 협정 체결 국가 간에는 상품과 서비스의 수출입을 자유롭게 허용하는 반면 다른 국가의 상품에 대해서는 WTO에서 허용하는 수출입의 제한조치를 그대로 유지한다. 관세 및 무역장벽 철폐가 FTA 협상의 주요 대상이지만, 최근에는 서비스, 투자, 지적재산권, 정부조달, 경쟁정책, 환경, 노동 등으로 협상 대상이 확대되고 있는 추세다.

7 **다음 중 외환시장의 특징이 아닌 것은?**

① 장외거래의 형태를 가진다.
② 12시간 시장이다.
③ 신용시장과는 성격을 달리한다.
④ 국제금융거래의 효율화를 촉진하고 있다.
⑤ 외환시장에는 은행, 기업, 개인, 중앙은행 등이 참가한다.

8 **다음 중 환율제도에 관련된 내용으로 옳지 않은 것은?**

① 환율이란 양국통화 간의 교환비율을 말하는 것이다.
② 환율 상승 즉 원화 약세는 수출에 유리한 영향을 미친다.
③ 환율은 화폐가치를 하락시키지 않기 위해 은행에서 결정한다.
④ 고정환율제도는 정부가 특정 통화에 대한 환율을 일정 수준으로 고정시키고 이를 유지하기 위해 중앙은행이 외환시장에 개입하는 제도이다.
⑤ 변동환율제도는 환율을 외환시장의 수요와 공급에 의해 자유롭게 결정되도록 하는 환율제도이다.

ANSWER 7.② 8.③

7 ② 24시간 시장이다.

8 ③ 환율은 외환 시장에서 수요와 공급에 의해 결정된다.

9 **다음 중 구매력평가설에 관한 설명으로 옳지 않은 것은?**

① 구매력평가설(Purchasing Power Parity theory)은 환율이 양국 통화의 구매력에 의하여 결정된다는 이론이다.
② 구매력평가설은 균형환율수준 혹은 변화율은 각국의 물가수준을 반영하여야 한다는 이론이다.
③ 절대적 구매력평가설은 일물일가의 법칙(law of one price)을 국제시장에 적용한 이론이다.
④ 무역거래에 있어서 관세부과나 운송비로 인해 구매력평가설의 기본가정인 일물일가의 법칙이 현실적으로 성립하기 쉽다.
⑤ 구매력평가설은 무역이 자유롭고 운송비용이 저렴하다는 점을 가정한다.

10 **다음 중 고정환율제도의 특징이 아닌 것은?**

① 국제수지의 불균형이 조정되지 않는다.
② 환율이 안정적이므로 투자가 활발하다.
③ 해외의 교란요인이 국내로 쉽게 전파된다.
④ 금융정책 효과가 없다.
⑤ 환투기로 인한 단기 자본 이동이 많다.

ANSWER 9.④ 10.⑤

9 구매력평가설
㉠ 구매력평가설(Purchasing Power Parity theory)은 환율이 양국 통화의 구매력에 의하여 결정된다는 이론이다.
㉡ 균형환율수준 혹은 변화율은 각국의 물가수준을 반영하여야 한다는 이론이다.
㉢ 절대적 구매력평가설은 일물일가의 법칙(law of one price)을 국제시장에 적용한 이론이다.
㉣ 무역거래에 있어서 관세부과나 운송비로 인해 구매력평가설의 기본가정인 일물일가의 법칙이 현실적으로 성립하기 힘들다. 또한 비교역재가 존재하므로 교역재 간의 교환비율인 환율을 비교역재까지 포함하는 구매력평가로써 설명하는 데는 한계가 있다.
㉤ 구매력평가설은 무역이 자유롭고 운송비용이 저렴하다는 점을 가정한다.

10 ⑤ 환율이 고정되어 있으므로 투기적인 단기 자본 이동이 적다.

11 다음에 나타난 개념은 무엇인가?

> 국제금융시장을 이동하는 단기자금 뿐만 아니라 국내시장에서 단기적인 차익을 따라 이동하는 단기적인 투기자금을 말한다. 이 개념은 각국의 단기금리의 차이, 환율의 차이에 의한 투기적인 이익을 목적으로 하는 것과 국내통화의 불안을 피하기 위한 자본도피 등 두 가지 종류가 있다.

① 핫머니
② 환투기
③ 환위험
④ 변동환율
⑤ 고정환율

12 경기침체기에 경기를 부양하기 위하여 취하였던 각종 완화정책을 경제에 부작용을 남기지 않게 하면서 서서히 거두어들이는 전략은?

① 매수전략
② 출구전략
③ 세분화전략
④ 수확전략
⑤ 철수전략

ANSWER 11.① 12.②

11 핫머니의 특징

㉠ 자금이동이 단기간에 대량으로 이루어지고 유동적 형태를 취한다는 점이다. 따라서 외환수급관계를 크게 동요시켜 국제금융시장의 안정을 저해한다. 자금 유출국에 있어서 국제수지의 악화, 환율의 하락, 통화불안의 증대 등 경제적인 균형을 파괴시킨다.

㉡ 자금 유입국에도 과잉 유동성에 의한 인플레이션 압력 등의 영향을 끼친다. 핫머니는 주로 한 발 앞선 정보력과 자금동원력을 바탕으로 공격대상 국가의 주식 및 외환시장에 거품을 일으킨 뒤 거액을 챙기고 일시에 빠져 나간다.

12 출구전략

㉠ 경기침체기에 경기를 부양하기 위하여 취하였던 각종 완화정책을 경제에 부작용을 남기지 않게 하면서 서서히 거두어들이는 전략을 말한다.

㉡ 경기가 침체하면 기준 금리를 인하하거나 재정지출을 확대하여 유동성 공급을 늘리는 등의 조치를 취하게 되는데, 경기가 회복되는 과정에서 시중에 유동성이 과도하게 공급되면 물가가 상승하고 인플레이션을 초래할 우려가 있다. 이에 대비하여 경제에 미칠 후유증을 최소화하면서 각종 비상조치를 정상화하여 재정 건전성을 강화해나가는 것을 출구전략이라고 한다.

㉢ 이와 더불어 테이퍼링(Tapering)이란 양적완화 정책(중앙은행이 경기부양을 위해 국채를 매입하거나 통화를 시장에 푸는 정책)을 점진적으로 축소하는 것을 말하는 것으로 출구 전략의 일종이다.

13 다음 중 서비스수지에 해당하지 않는 것은?

① 금융서비스
② 통신서비스
③ 직접투자
④ 정보서비스
⑤ 특허권의 사용료

14 다음 중 핵셔-올린 정리에 관한 설명으로 옳지 않은 것은?

① 헥셔 - 올린 정리는 국가 간의 요소부존량의 차이 또는 생산요소가격의 차이에 의해서 국가 간 무역이 발생한다는 정리이다.
② 헥셔 - 올린 정리는 비교우위의 발생원인을 요소부존의 차이로 설명한다.
③ 헥셔 - 올린 정리에서 생산요소의 이동은 없다고 가정한다.
④ 헥셔 - 올린 정리에서 생산물시장과 생산요소시장은 불완전경쟁시장으로 가정한다.
⑤ 헥셔 - 올린 정리에서 국가 간 사회적 효용함수는 동일한 것으로 가정한다.

15 다음에서 설명하고 있는 개념은 무엇인가?

> 가맹국 간의 재화 이동에 대한 구제를 없는 것 뿐 아니라 요소이동에 대한 제한도 철폐하는 경제통합 형태이다. 대표적인 예로 유럽연합(EU) 이전의 형태인 EEC(European Economic Community ; 유럽경제공동체), CACM(Central America Common Market 중미공동시장), ANCOM(안데스공동체) 등이 있다.

① 자유무역지역
② 자유무역협정
③ 관세동맹
④ 경제동맹
⑤ 공동시장

ANSWER 13.③ 14.④ 15.⑤

13 ③ 직접투자는 소득수지에 해당한다.

14 ④ 헥셔-올린 정리에서 생산물시장과 생산요소시장은 완전경쟁시장으로 가정한다.

15 ① 가맹국 간의 관세 및 여타 규제를 폐지하지만 비가맹국에 대해서는 독립적인 관세 및 비관세장벽을 유지하는 경제통합의 형태
② 특정국가간에 배타적인 무역특혜를 서로 부여하는 협정으로서 가장 느슨한 형태의 지역 경제통합 형태
③ 가맹국 간의 재화 이동에 대한 차별을 없애고 비가맹국에 대해 각국이 공동관세를 부과하는 경제통합
④ 관세의 철폐와 생산요소의 자유로운 이동은 물론 가맹국간의 재정 · 금융정책에 있어서도 상호협조가 이루어지는 경제통합의 형태

16 다음 중 아담 스미스의 절대우위론에 관한 설명으로 옳은 것은?

① 절대우위론은 한 나라가 모두 절대우위 혹은 절대열위에 있는 경우에 무역이 발생하는 현상은 설명하지 못하는 단점이 있다.
② 절대우위란 다른 생산자에 비해 같은 상품을 더 적은 기회비용으로 생산할 수 있는 능력을 말한다.
③ 절대우위는 곧 기회비용의 상대적 크기를 나타낸다.
④ 절대우위론은 노동만이 유일한 생산요소이고 노동은 균질적인 것으로 가정한다.
⑤ 절대우위론에서 무역은 절대생산비의 차이에서 발생한다고 본다.

17 다음 중 자유무역협정(FTA)에 관한 설명으로 옳지 않은 것은?

① 자유무역협정은 특정국가간에 배타적인 무역특혜를 서로 부여하는 협정으로서 가장 느슨한 형태의 지역 경제통합 형태이다.
② FTA는 협정 체결 국가 간에 높은 관세를 적용하고, 그 이외의 국가에게는 WTO에서 유지하는 관세를 그대로 적용한다.
③ FTA는 협정 체결 국가 간에는 상품과 서비스의 수출입을 자유롭게 허용한다.
④ FTA가 포함하고 있는 분야는 체약국들이 누구인가에 따라 상당히 다른 양상을 보인다.
⑤ 관세 및 무역장벽 철폐가 FTA 협상의 주요 대상이지만, 최근에는 서비스, 투자, 지적재산권, 정부조달, 경쟁정책, 환경, 노동 등으로 협상 대상이 확대되고 있는 추세다.

ANSWER 16.① 17.②

16 ② 비교우위란 다른 생산자에 비해 같은 상품을 더 적은 기회비용으로 생산할 수 있는 능력을 말한다.
③ 비교우위는 곧 기회비용의 상대적 크기를 나타낸다.
④ 비교우위론은 노동만이 유일한 생산요소이고 노동은 균질적인 것으로 가정한다.
⑤ 비교우위론에서 무역은 비교생산비의 차이에서 발생한다고 본다.

17 ② FTA는 협정 체결 국가 간에 무관세나 낮은 관세를 적용하고, 그 이외의 국가에게는 WTO에서 유지하는 관세를 그대로 적용한다.

18 다음 중 국제수지와 그 예로 잘못 묶인 것은?

① 서비스수지 : 금융서비스
② 소득수지 : 직접투자에 따른 배당
③ 경상이전수지 : 정보서비스
④ 투자수지 : 증권투자에 따른 자본이동
⑤ 자본수지 : 특허권 거래에 따른 자본이동

19 다음 중 환율이 인상되었을 때 나타날 수 있는 현상이 아닌 것은?

① 통화량이 증가한다.
② 국제 수지가 개선된다.
③ 물가가 상승한다.
④ 수출이 감소한다.
⑤ 수입이 감소한다.

ANSWER 18.③ 19.④

18 ③ 정보서비스는 서비스수지에 해당한다.

19 ④ 수출품의 외화 표시 가격 하락 → 수출 증가

20 다음 중 FTA가 확산되고 있는 이유로 적절하지 않은 것은?

① FTA가 개방을 통해 경쟁을 심화시킴으로써 생산성 향상에 기여한다는 측면에서 무역부문의 중요한 개혁 조치로 부상되고 있다.
② FTA체결이 외국인 직접 투자 유치에 큰 도움이 된 사례(NAFTA 이후 멕시코 등)가 교훈으로 작용했다.
③ WTO 다자협상의 경우 장기간이 소요되고, 회원국수의 급증으로 컨센서스 도출이 어렵다는데 대한 반작용이 있다.
④ 특정국가간의 배타적 호혜조치가 실익 제고, 부담 완화 및 관심사항 반영에 보다 유리할 수 있다는 측면이 고려되었다.
⑤ 지역주의 확산에 따라 역외 국가로서 받는 반사적 피해에 대한 대응이 필요 없다.

21 다음에서 설명하고 있는 개념은 무엇인가?

> 가격이 계절에 따라 현저하게 차이가 있는 물품으로서 동종물품·유사물품 또는 대체물품의 수입으로 국내시장이 교란되거나 생산기반이 붕괴될 우려가 있는 때에는 계절구분에 따라 당해 물품의 국내외가 격차에 상당하는 율의 범위 안에서 기본세율보다 높게 관세를 부과하거나 100분의 40의 범위 안의 율을 기본세율에서 감하여 관세를 부과할 수 있다.

① 계절관세
② 편익관세
③ 상계관세
④ 할당관세
⑤ 국제협력관세

ANSWER 20.⑤ 21.①

20 자유무역협정이 확산되고 있는 이유
㉠ FTA가 개방을 통해 경쟁을 심화시킴으로써 생산성 향상에 기여한다는 측면에서 무역부문의 중요한 개혁 조치로 부상되고 있다.
㉡ 무역 및 외국인 직접투자의 유입이 경제성장의 원동력이라는데 대한 인식 확산과 FTA체결이 외국인 직접 투자 유치에 큰 도움이 된 사례(NAFTA 이후 멕시코 등)가 교훈으로 작용했다.
㉢ WTO 다자협상의 경우 장기간이 소요되고, 회원국수의 급증으로 컨센서스 도출이 어렵다는데 대한 반작용이 있다.
㉣ 특정국가간의 배타적 호혜조치가 실익 제고, 부담 완화 및 관심사항 반영에 보다 유리할 수 있다는 측면이 고려되었다.
㉤ 연내 국가간의 보다 높은 자유화 추진이 다자체제의 자유화를 선도할 수 있다는 명분론(주로 선진국)이 있다.
㉥ 지역주의 확산에 따라 역외 국가로서 받는 반사적 피해에 대한 대응이 필요하다.

21 계절관세는 농산물 등과 같이 가격이 계절에 따라 현저하게 차이가 있는 물품으로서 동종물품, 유사물품 또는 대체물품의 수입으로 국내시장이 교란되거나 생산기반이 붕괴될 우려가 있을 때는 계절 구분에 따라 해당 물품의 국내외 가격차에 상당하는 비율의 범위에서 할증 또는 할인 부과하는 관세이다.

22 헥셔-올린의 정리에 관한 내용이 아닌 것은?

① 요소가격균등화 정리
② 보호무역주의
③ 스톨퍼-사무엘슨 정리
④ 립진스키 정리
⑤ 비교우위 있는 재화생산에 특화

23 다음 중 관세의 종류와 설명이 잘못 연결된 것은?

① 반덤핑관세 : 특정국가의 상품이 정상가 이하인 경우 부과되는 관세
② 특혜관세 : 수출국에서 수출품에 대하여 장려금이나 보조금 지급시 이를 상쇄하기 위해 부과하는 관세
③ 재정관세 : 국가 관세수입을 증가하기 위해 부가하는 관세
④ 할당관세 : 수입량을 결정하고, 일정수준까지 낮은 관세를 부과하고 초과하는 경우 고율 관세를 적용하는 것
⑤ 물가평형관세 : 수입품의 국내 판매가격과 정부 고시 기준가격이 평형을 이루도록 부과하는 할증(할인) 관세

ANSWER 22.② 23.②

22 자유무역주의란 국가간 무역활동을 시장의 경제원리에 따라 자유롭게 이뤄지도록 방임하자는 이론이다. 자유무역주의 이론은 아담 스미스의 절대우위론에서 리카도의 비교우위론을 거쳐 현대적 무역이론으로 발전한다. 그 중 헥셔-올린 정리는 각국이 비교우위가 있는 재화생산에 특화시켜 무역해야 한다는 이론으로 요소가격균등화 정리, 스톨퍼-사무엘슨 정리, 립진스키 정리를 포함한다.
보호무역주의란 국가산업을 보호, 육성하고 경제성장을 위하여 국가가 적극적으로 수입을 규제해야 한다는 이론으로 헥셔-올린 정리와 무관하다.

23 ② 할당관세에 대한 내용이다.
※ **특혜관세** … 특정국가로부터 수입되는 상품에 대해 낮은 관세를 부과하는 것

24 **다음의 현상을 설명하는 용어로 맞는 것은?**

> 선진국인 A나라는 커피 수입에 개당 200원의 관세를 부과하였다. A국에서의 커피 수요는 매우 탄력적이며, A국의 수입이 전 세계 수입에서 차지하는 비중이 매우 높아 커피 가격이 오히려 120원 하락하게 되었다. 결론적으로 관세 부과 후 커피는 개당 20원 하락하는 결과가 나타나게 되었다.

① 메츨러의 역설
② 최적관세
③ 실효보호 관세율
④ 반덤핑관세
⑤ 수량할당

25 **다음은 발라사(Balassa)의 경제통합 유형별 설명이다. 옳지 않은 것은?**

① 관세동맹은 관세 및 비관세장벽을 철폐하는 것을 말한다.
② 자유무역지구는 비가맹국에 대하여 공동관세를 부과한다.
③ 공동시장은 역내에서의 생산요소 이동이 자유롭다.
④ 경제동맹은 경제정책에 있어서 협조하는 관계를 말한다.
⑤ 완전경제통합은 경제적으로 한 국가처럼 행동하는 것을 의미한다.

ANSWER **24.① 25.②**

24 ① **메츨러의 역설** : 관세를 부과하게 되면 국내가격이 상승하지만, 교역조건이 크게 개선된다면 오히려 관세 부과 후 재화 가격이 하락하게 되는 것을 말한다.
② **최적관세** : 관세 부과로 인한 교역조건 개선효과로 사회후생이 증대되는 관세율을 의미한다.
③ **실효보호 관세율** : 관세를 통해 보호받고 있는 사업의 보호 정도가 실질적으로 어느 정도인지를 나타내는 관세율이다.
⑤ **수량할당** : 특정상품 수입을 일정량 만큼 금지시키는 제도이다.

25 ② 자유무역지구는 비가맹국과의 관계에 있어 각국이 독립적으로 관세 및 비관세장벽을 유지한다. 그 외 관세동맹, 공동시장, 경제동맹, 완전경제통합은 비가맹국에 대하여 공동관세를 부과한다.

26 리카르도 모형에서 두 국가가 서로 이익이 되는 무역이 발생하기 위한 조건은?

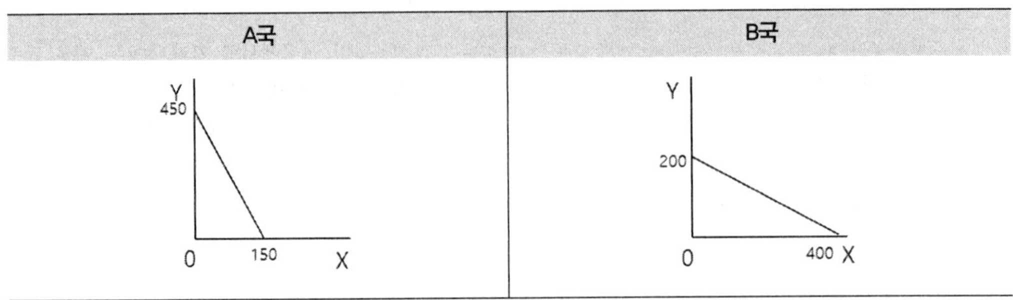

① 교역조건 $< \frac{1}{2}$

② 교역조건 $= \frac{1}{2}$

③ $\frac{1}{2} <$ 교역조건 < 3

④ 교역조건 $= 3$

⑤ 교역조건 > 3

27 국제무역이론 중 비교우위이론에 따라 각 국이 가장 효율적으로 생산할 수 있는 제품 조합은 무엇인가?

		한국	중국
생산비(P)	X재	2	8
	Y재	4	5

① 한국, 중국 : X재

② 한국 : Y재 중국 : X재

③ 한국, 중국 : Y재

④ 한국 : X재 중국 : Y재

⑤ 한국, 중국 : 없음

ANSWER 26.③ 27.④

26 양국의 교역조건은 양국의 국내 가격비 사이에서 결정된다. A국은 Y재화에 대한 X재화 가격이 3이며, B국은 $\frac{1}{2}$이므로 그 사이값에서 교역조건이 결정되어야 무역이 발생한다.

27 비교우위론이란 Ricardo에 의해 주장된 이론으로 각 국가간 상대적으로 생산비가 낮은 재화생산에 특화하여 무역할 경우 양국 모두 이익을 얻을 수 있다는 것이다.
상단의 표를 통해 각 국의 비교우위를 재화를 계산해보면
X재 생산비용 : 한국은 0.5(X재 생산비용/Y재 생산비용), 중국은 1.6로 한국이 우위 선점
Y재 생산비용 : 한국은 2(Y재 생산비용/X재 생산비용), 중국은 0.625로 중국이 우위 선점

28 우리나라 원화의 미국 3달러화에 대한 환율이 $1 = ₩700에서 $1 = ₩702 으로 변화하였다면?

① 원화가 평가절하 되었으므로 단기적으로 수출이 증가한다.
② 원화가 평가절하 되었으므로 단기적으로 수출이 감소한다.
③ 원화가 평가절상 되었으므로 단기적으로 수출이 감소한다.
④ 원화가 평가절상 되었으므로 단기적으로 수출이 증가한다.
⑤ 원화가 평가절상 되었으나 수출 · 수입에는 아무런 영향을 미치지 않는다.

29 차별적 재화를 생산함으로써 시장규모의 확대를 통해 규모의 경제를 누리게 되는 현상을 설명하는 무역 이론은?

① 스톨퍼 사무엘슨 정리
② 리카르도 비교우위론
③ 헥셔 – 올린 모형
④ 산업 내 무역이론
⑤ 특정요소모형

ANSWER 28.① 29.④

28 환율상승에 의해 원화의 가치가 하락하였으므로(평가절하) 단기적으로 수출이 증가할 것이다.

29 ④ 산업내 무역이론은 독점적 경쟁시장에서 자유무역이 이루어질 경우 규모의 경제로 인해 시장 가격이 낮아진다는 것을 설명한 이론이다.

30 다음 중 일반적인 환율의 하락요인에 해당하는 것은?

① 물가 상승
② 통화량 증가
③ 금리 하락
④ 경제성장률 상승
⑤ 중앙은행의 시장개입(외화매입)

31 다음 중 원화절상의 효과에 대한 설명으로 틀린 것은?

① 수출채산성 감소 및 수출 감소
② 수입상품가격 하락
③ 국내물가 안정
④ 원화환산 외채원리금 상환부담 증가
⑤ 수입 증가

32 다음 중 환율에 대한 정의를 나타내는 것은?

① 수출재 1단위와 교환되는 수입재의 양
② 수입재 1단위와 교환되는 수입재의 가격
③ 두 나라 통화의 교환비율
④ 두 나라 일반 물가수준의 비율
⑤ 우리나라 화폐의 구매력

ANSWER 30.④ 31.④ 32.③

30 ④ 경제성장률이 다른 나라에 비하여 높을 경우 생산물량이 확대되어 우리경제의 신뢰도가 높아질 것이므로 우리 돈의 가치는 높아지므로 환율의 하락이 예상된다.

31 ④ 원화절상은 환율하락으로 인하여 외화부채를 부담하는 기업에게는 원화로 지급하는 원리금 상환부담이 줄어들게 된다.

32 ③ 환율은 두 나라 통화 간의 교환비율을 의미한다.

33 1950년대 이후 선진국간의 무역이 크게 증가하였다. 이러한 선진국간의 무역 증가를 가장 잘 설명한 것은?

① 리카르도의 비교우위이론
② 헥셔 – 올린이론
③ 레온티에프 역설
④ 규모의 경제
⑤ 비교우위론

34 레온티에프의 역설은 무엇인가?

① 미국은 자본이 풍부한 국가인데, 노동집약적 제품을 수출한다.
② 무역개시 후 완전특화가 이루어지는 것이 아니라 부분특화가 이루어진다.
③ 유치산업을 보호하는 정책을 쓰면 단기적으로는 오히려 사회후생이 감소한다.
④ 관세를 제거하면 실업과 효율성이 동시에 증가하므로 그 효과를 사전적으로 알 수 없다.
⑤ 세율이 일정 수준(최적조세율)을 넘으면 반대로 세수가 줄어드는 현상이 나타난다.

ANSWER 33.④ 34.①

33 선진국 간에는 동일 산업 내 수출·수입 무역이 이루어지며 이러한 산업 내 무역은 규모의 경제, 제품의 차별화(독점적 경쟁) 등의 원인으로 발생하게 된다.
①② 산업간 무역의 설명이론
③ 헥셔 – 올린이론과 반대되는 실증분석
※ 산업 내 무역의 특징
㉠ 경제발전정도가 비슷한 국가 간 발생한다.
㉡ 대개 제조업 분야에서 발생하며 국가 간 분쟁의 소지가 작다.
㉢ 시장의 확대로 규모가 증가하는 경우 재화가격의 하락을 통해 무역의 이익이 발생한다.

34 헥셔 – 올린정리에 따르면 각국은 상대적으로 풍부한 요소를 집약적으로 사용하여 생산하는 재화를 수출하게 된다. 그러나 레온티에프가 미국의 수출입관련 자료를 이용하여 실증분석해본 결과 자본풍부국으로 여겨지는 미국이 오히려 자본집약재를 수입하고 노동집약재를 수출하는 현상을 발견하였는데, 이를 레온티에프 역설(Leontief paradox)이라고 한다.

35 국제분업과 국제무역에 있어서 기회비용이 불변인 경우와 기회비용이 증가하는 경우의 차이점은?

① 기회비용과 국제분업 및 국제무역은 아무런 상관관계가 없다.
② 기회비용의 증감이나 불변에 관계없이 안정된 국제분업과 국제무역이 가능하다.
③ 기회비용이 불변인 경우에는 부분적인 국제분업과 부분적인 국제무역만이 가능하다.
④ 기회비용이 체증하는 경우
⑤ 기회비용이 불변인 경우에는 완전한 국제분업과 완전한 국제무역이 가능하지만 기회비용이 증가하는 경우에는 부분적인 국제분업과 부분적인 국제무역이 가능하다.

36 한국에서는 쌀 1톤을 생산하기 위해서는 노동 5단위가 필요하고 자동차 1대를 생산하기 위해서는 노동 10단위가 필요하다. 일본에서는 쌀 1톤을 생산하기 위해서는 노동 10단위가 필요하고, 자동차 1대를 생산하기 위해서는 노동 15단위가 필요하다. 다음 중 옳은 것은?

① 한국은 쌀 생산 및 자동차 생산에 비교우위를 갖는다.
② 일본은 쌀 생산 및 자동차 생산에 비교우위를 갖는다.
③ 일본은 한국에 쌀 생산에 비교우위를 갖는다.
④ 한국은 일본에 자동차 생산에 비교우위를 갖는다.
⑤ 일본에서 자동차 1대를 생산하는데 발생하는 기회비용은 노동 15단위이다.

ANSWER 35.⑤ 36.⑤

35 국제분업과 국제무역에 있어서 기회비용이 일정(불변)한 경우와 체증하는 경우
㉠ 기회비용이 일정한 경우 : 생산가능곡선이 우하향의 직선, 한계변화율 일정(기회비용 일정), 완전특화
㉡ 기회비용이 체증하는 경우 : 생산가능곡선이 원점에 대하여 오목, 한계변환율 체증(기회비용 체증), 불완전특화

36 주어진 조건을 정리해 표로 만들어보면 다음과 같다.

구분	쌀	자동차
한국	5	10
일본	10	15

한국은 쌀과 자동차 모두 절대적으로 적은 노동투입으로 생산할 수 있으므로 한국은 두 재화생산에 있어서 모두 절대우위를 가지고 있다. 반면 일본은 두 재화생산에서 모두 절대열위를 갖는다. 두 재화를 생산할 때 한국에서의 비교생산비를 구해보면 다음과 같다.

㉠ 쌀생산 $= \dfrac{\text{한국에서 생산할때 필요노동량}}{\text{일본에서 생산할 때 필요노동량}} = \dfrac{5}{10} = 50\%$

㉡ 자동차생산 $= \dfrac{\text{한국에서 생산할때 필요노동량}}{\text{일본에서 생산할 때 필요노동량}} = \dfrac{10}{15} = 66.7\%$

따라서 한국은 두 재화를 모두 일본보다 절대적으로 싼 비용으로 생산할 수 있으나, 그 중에서도 쌀을 더 싼 비용으로 생산할 수 있으므로 쌀 생산에 비교우위를 갖는 반면, 일본은 자동차생산에 비교우위를 갖는다.

37 **다음 중 비관세정책에 관한 설명으로 옳지 않은 것은?**

① 수량할당 – 일정량 이상의 특정상품에 대한 수입을 금지시키는 제도이다.
② 수출자유규제 – 수입국이 수출국에게 압력을 가해 수출국이 자율적으로 수출물량을 일정수준으로 줄이도록 하는 정책으로 비관세장벽 중에서 가장 많이 이용되는 제도이다.
③ 수입과징금 – 수입억제를 위하여 수입상품의 일부 내지는 전부를 대상으로 조세를 부과하는 것
④ 수출보조금 – 수출재 생산에 대하여 보조금을 지급하는 것
⑤ 수입허가제 – 수입품목에 대하여 정부의 허가를 받도록 하는 제도

38 **아래 재화는 국내가격이 국제가격보다 상대적으로 높아 국제가격으로 거래가 이루어질 경우 자국의 생산량의 감소로 인한 경제적 손실을 막기 위하여 관세를 부과하고 있다. 그렇지만 현재 관세부과로 인하여 총 잉여의 일부가 감소하였다. 관세를 철폐하고 자유무역을 할 경우 관세부과 후 가격수준에서 발생했던 총 잉여 감소분이 다시 증가하게 되는데 그 크기는? (단, 유통비용 및 추가적인 부대비용은 없다고 가정)**

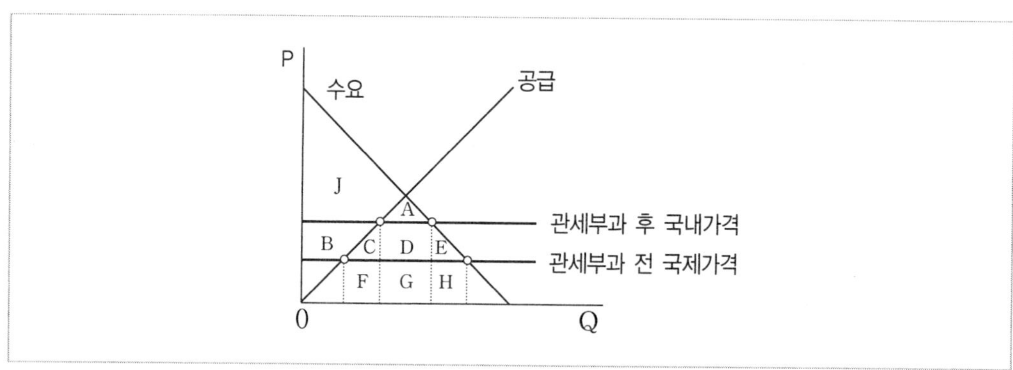

① B + C + D + E
② C + D + E
③ B + E
④ C + E
⑤ F + H

ANSWER 37.② 38.④

37 ② 비관세장벽 중에서 가장 많이 이용되는 제도는 수량할당이다.

38 관세철폐 후 경제적 후생변화
㉠ 소비자잉여 : (B + C + D + E)만큼 증가
㉡ 생산자잉여 : B만큼 감소
㉢ 정부관세수입 : D만큼 감소
㉣ 총 잉여 : (C + E)만큼 증가

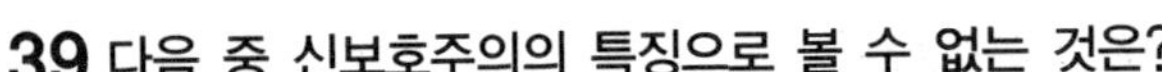

39 **다음 중 신보호주의의 특징으로 볼 수 없는 것은?**

① 자국의 유치산업을 보호하기 위한 조치이다.
② 비관세장벽을 통해 선진국의 제조업에 대한 보호주의가 이루어지고 있다.
③ 신흥공업국의 수출품에 대한 수입규제가 강화되었다.
④ 국가와 상품에 따라 선별적으로 취해지는 경향이 있다.
⑤ 1980년대 중반 이후 냉전체제가 붕괴되면서 더욱 강화되었다.

40 **원 – 달러 환율이 1,000원에서 1,500원으로 올랐다. 어떤 상황이 예상되는가?**

① 소비자 물가 하락
② 외채부담 감소
③ 수입물가 상승
④ 국제수지 악화
⑤ 수출감소

ANSWER 39.① 40.③

39 신보호주의

㉠ **개념**: 석유파동 이후 세계경기침체에 따른 선진국의 실업률 증가, 신흥공업국들의 급속한 공업화로 인한 선진국들의 일부산업에서의 경쟁력 상실, 선진국 간의 무역수지불균형으로 인한 무역마찰의 심화 등으로 시행한 무역제한 조치를 말한다.

㉡ **특징**
- 국가와 상품에 따라 선별적으로 취해지는 경향
- 주로 신흥공업국들의 수출품에 대한 수입규제
- 비관세장벽을 통한 선진국들의 제조업보호
- 수입규제대상품목의 확대
- 국제관계에서 실리를 중시함에 따라 1980년대 이후에도 신보호주의 강화

40 환율이란 양국 통화간의 교환비율을 말하는 것으로 특정 국가와 비교한 자국 화폐의 가치를 나타낸다고 볼 수 있다. 원 – 달러 환율의 예측방향을 알면 주가 방향을 파악하는데 매우 유용하며 기본적으로 환율은 외국 화폐의 수요와 공급에 의하여 결정된다.

※ **평가절상과 평가절하**

㉠ **평가절상(환율하락)**
- 수입증가(수출감소)
- 국내경기 침체가능성
- 외채부담 감소
- 국제수지 악화

㉡ **평가절하(환율상승)**
- 수출증가(수입감소)
- 인플레이션 발생가능성
- 외채부담 증가
- 국제수지 개선

41 다음 중 국제경제기구에 대한 설명으로 옳지 않은 것은?

① IMF – 국제통화기금으로 국제통화제도의 건전한 발전을 위한 국제기구이다.
② OECD – 경제협력개발기구로서 경제성장, 개발도상국 원조, 무역의 확대라는 목적을 갖고 있다.
③ OPEC – 석유수출기구의 약자로 석유 산유국의 석유정책을 조정 · 통일하여 집단적으로 이익을 방위하기 위해 결성됐다.
④ GATT – 세계무역기구의 약자로서 관세 및 비관세장벽의 인하로 인한 무역창출효과와 향후 안정된 무역질서를 확립하는데 의미가 있다.
⑤ ILO – 국제노동기구로 노동자의 노동조건 개선 및 지위를 향상시키기 위해 설치한 국제기구이다.

42 다음은 우리나라 외환 시장에서 달러에 대한 수요곡선과 공급곡선을 나타낸 그림이다. 균형점이 E에서 A 또는 B로 이동하는 경우 그 사례로 옳지 않은 것은?

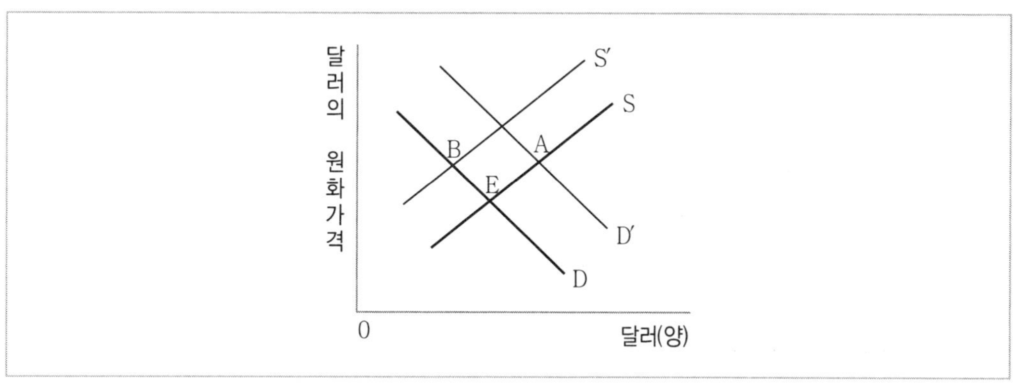

① E→A : 수입원자재 및 원유의 가격 상승
② E→A : 달러가치 상승을 예상한 국내수출기업들의 환전유보
③ E→A : 해외 금융기관들의 우리나라에 대한 투자자금의 회수
④ E→B : 국제금융위기로 인한 우리나라 금융기관들의 해외 차입 감소
⑤ E→B : 우리나라 상품에 대한 선진국의 수요감소

ANSWER 41.④ 42.②

41 ④ WTO에 관한 설명으로 WTO(World Trade Organization)는 세계무역기구의 약칭이다. GATT(General Agreement on Tariffs and Trade)는 수출입 제한과 관세장벽을 제거하고, 국제무역과 물자교류를 증진시키기 위하여 제네바에서 1947년에 23개국이 조인한 국제적인 무역협정이다.

42 ② 외환시장에서 외환의 공급감소를 의미하므로 균형점은 E→B로 이동할 것이다.

43 A씨는 한 달 뒤 미국 여행을 위해 여행준비를 하는 중이다. 환전을 위해 은행에 들린 A씨에게 은행원은 지금보다 나중에 환전하는 것이 더 이익이라고 충고해 주었다. 다음 중 이와 같은 상황을 초래할 수 있는 경제적 사실로 옳은 것은?

① 정부가 외환시장에서 달러를 계속 매각하고 있다.
② 최근 세계 외환시장에서 달러화의 강세가 계속되고 있다.
③ 우리 기업들의 미국산 원자재 수입 대금결제 규모가 늘어나고 있다.
④ 우리나라를 찾는 미국 관광객들의 지출이 큰 폭으로 감소하고 있다.
⑤ 우리나라의 부채상환비율이 계속 증가하고 있다.

44 2009년 10월에 우리나라에서 팔리는 빅맥 가격은 3,000원에서 2,500원으로 떨어졌다. 단, 미국에서의 빅맥 가격은 2.54달러, 원화의 환율은 1달러=1,100원으로 불변이다. 빅맥지수와 관련된 다음의 기술 중 옳지 않은 것은?

빅맥지수 = 빅맥의 자국통화단위 가격 / 빅맥의 미국 내 가격

① 빅맥 이외의 다른 상품이라도 국제적으로 널리 소비되면 구매력을 평가하는 기준이 될 수 있다.
② 2009년 11월에 우리나라에 온 미국인들은 햄버거의 값이 싸다고 느낄 것이다.
③ 빅맥의 가격이 하락함에 따라 한국의 빅맥지수도 하락하였다.
④ 빅맥의 가격하락 이전에는 환율이 원화의 구매력을 과대평가하고 있었다.
⑤ 환율이 빅맥지수보다 클 경우, 그 나라의 환율은 화폐의 구매력을 과대평가하고 있다.

ANSWER 43.① 44.⑤

43 환율 변화의 원인과 결과를 파악하는 문제이다. 환전을 나중으로 미룰 것을 충고하는 상황은 달러의 가치가 떨어지고 있는 것을 의미하며 이 경우 나중에 환전하는 것이 유리하다.
① 정부가 외환 시장에서 달러를 계속 매각할 경우 달러의 공급이 증가하기 때문에 환율은 떨어지게 된다.
② 서문의 경제현상은 달러화의 가치 하락, 즉 달러화의 약세를 의미한다.
③ 대금결제 규모가 감소할 경우 달러의 수요가 증가하기 때문에 환율은 상승하게 된다.
④ 미국 관광객들의 지출 감소는 달러의 공급 감소를 의미한다.
⑤ 정부의 부채상환 비율이 높아질수록 외화보유 비율이 감소하므로 환율이 상승하게 된다.

44 환율은 3,000원/2.54달러이므로 1,181이다. 하지만 환율이 1,100원인 상황에서 한국사람이 빅맥을 구입하는 3,000원은 미국의 달러로 환산하면 2.73달러가 되어 한국의 원화는 적정 구매력 즉 동질적인 빅맥을 1개 구입하는 데 필요한 2.54달러보다도 많은 화폐가치를 가진다.

45 A씨는 2009년 3,000만 원의 연봉을 받았다. A씨의 아버지가 1980년에 연봉으로 1,800만 원을 받았다고 할 때 다음의 표를 활용하여 A씨와 A씨의 아버지의 연봉을 비교하는 옳은 방법은?

연도	1980	……	2005	……	2009
소비자물가지수	43.2	……	100	……	110

① 1,800만 원을 3,000만 원 × 0.432와 비교한다.

② 1,800만 원 × 110을 3,000만 원과 비교한다.

③ 1,800만 원을 3,000만 원 × $\frac{43.2}{110}$와 비교한다.

④ 1,800만 원 × 43.2를 3,000만 원과 비교한다.

⑤ 1,800만 원을 3,000만 원 × $\frac{110}{43.2}$과 비교한다.

46 자국 K국의 연금리가 6%, 타국 U국의 연금리가 3%, U국 통화 1단위에 대한 현재환율이 980원, 그리고 90일부 선물환이 985원에 거래되며, 거래비용이 전혀 발생하지 않는다면, 이자율평가설에 따라, 90일간 가용자본이 있을 경우 자본의 활용에 대한 설명이 가장 적절한 것은? (단, 환전비용, 자본이전 및 추가적 금융비용은 전혀 발생하지 않고, 1년은 360일로 가정한다)

① 어느 국가에 투자하거나 수익 변화가 없다.

② K국 투자가 U국 투자보다 2.73% 추가적 이익

③ K국 투자가 U국 투자보다 2.73% 추가적 손실

④ K국 투자가 U국 투자보다 0.24% 추가적 이익

⑤ K국 투자가 U국 투자보다 0.24% 추가적 손실

ANSWER 45.③ 46.④

45 ③ A씨 아버지의 1980년 연봉을 2009년 A씨의 연봉과 비교하려면 A씨의 연봉을 1980년 수준으로 변화시키던지, A씨 아버지의 연봉을 2009년 수준으로 변화시켜야 한다.

46 ④ K국에 예금하면 금리가 연금리가 6%일 때 90일 동안 1.5%의 수익을 얻을 수 있다. 현물환율이 980원이고, 선물환율이 985원이므로 1원을 미국에 투자할 때의 원리금은 1.0126원이다. 그러므로 1원을 미국에 3개월간 투자할 때의 수익률은 1.26%이다. K국에 투자할 때의 수익률이 1.5%이고, U국에 투자할 때의 수익률이 1.26%이므로 K국에 투자할 경우 U국에 투자할 때보다 0.24%의 추가적인 수익을 얻을 수 있다.

47 다음 그림은 변동환율제도하에서의 재화시장균형, 화폐시장균형, 국제수지균형을 나타내는 *IS*, *LM*, *BP*곡선을 보여 주고 있다. 정부가 확대재정정책을 사용한다고 했을 때, 각 곡선의 이동방향에 관한 설명 중 옳은 것은?

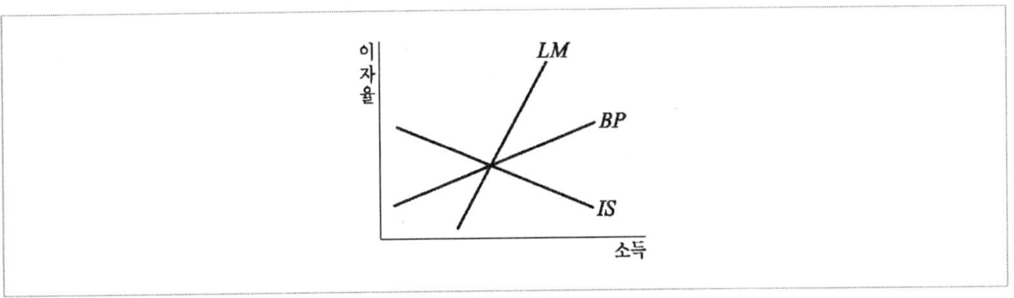

① *IS*곡선 우측이동, *LM*곡선 우측이동
② *IS*곡선 좌측이동, *LM*곡선 우측이동
③ *IS*곡선 우측이동, *LM*곡선 좌측이동
④ *IS*곡선 우측이동, *BP*곡선 좌측이동
⑤ *IS*곡선 좌측이동, *BP*곡선 좌측이동

ANSWER 47.④

47 *IS*곡선 · *LM*곡선 · *BP*곡선의 이동방향

㉠ **IS곡선의 이동방향** : 정부가 확대재정정책을 사용하면 *IS*곡선이 우측으로 이동하여(*IS'*) 원래의 균형점(*E*)에서 *BP*곡선보다 위쪽으로 균형점(*F*)이 이동하게 되므로 국제수지 흑자가 된다. 변동환율제도하에서 국제수지가 흑자이면 평가절상(환율인하)이 이루어지게 되고, 평가절상이 이루어지면 순수출이 감소하므로 *IS*곡선은 다시 좌측으로 일부 이동하여(*IS''*) 새로운 균형점(*G*)을 형성하게 된다. 결국 *IS*곡선은 우측이동(*IS*→*IS''*)이 일어난다.

㉡ **LM곡선의 이동방향** : 변동환율제도하에서는 국제수지 흑자로 자본유입이 이루어지더라도 중앙은행이 외환을 매입해야 할 필요가 없으므로 *LM*곡선은 이동하지 않는다.

㉢ **BP곡선의 이동방향** : *BP*곡선은 *IS*곡선의 이동으로 새로운 균형점(*G*)을 형성하기 위해서 좌측이동(*BP*→*BP'*)이 일어난다.

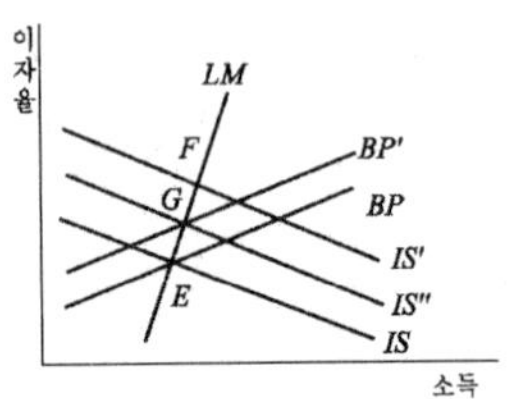

※ **IS곡선 · LM곡선 · BP곡선의 이동**

㉠ 자본이동이 완전한 경우
- 고정환율제도 하에서의 확대재정정책과 확대금융정책
  - 확대재정정책 : *IS*곡선 우측이동, *LM*곡선 우측이동
  - 확대금융정책 : *LM*곡선 우측→좌측이동, 결국 이동 없음
- 변동환율제도하에서의 확대재정정책과 확대금융정책
  - 확대재정정책 : *IS*곡선의 우측→좌측이동, 결국 이동 없음
  - 확대금융정책 : *LM*곡선의 우측이동, *IS*곡선의 우측이동

㉡ 자본이동이 불완전한 경우
- 고정환율제도하에서의 확대재정정책과 확대금융정책
  - 확대재정정책 : *IS*곡선의 우측이동, *LM*곡선의 우측이동
  - 확대금융정책 : *LM*곡선의 우측→좌측이동, 결국 이동 없음
- 변동환율제도하에서의 확대재정정책과 확대금융정책
  - 확대재정정책 : *IS*곡선의 우측이동, *BP*곡선의 좌측이동
  - 확대금융정책 : *LM*곡선의 우측이동, *BP*곡선의 우측이동, *IS*곡선의 우측이동

48 남편은 식사를 준비하는데 3시간이 걸리고 설거지를 하는데 1시간이 걸린다. 부인은 식사를 준비하는데 1시간이 걸리고 설거지를 하는데 30분이 걸린다. 다음 중 옳은 것을 고르면?

> ㉠ 남편은 설거지를 하는데 비교우위가 있다.
> ㉡ 남편은 설거지를 하는데 절대우위가 있다.
> ㉢ 부인은 설거지를 하는데 비교우위가 있다.
> ㉣ 부인은 설거지를 하는데 절대우위가 있다.
> ㉤ 남편은 식사를 준비하고 부인은 설거지를 하는 것이 효율적이다.

① ㉠㉡
② ㉠㉢
③ ㉠㉣
④ ㉢㉣
⑤ ㉢㉤

49 경제규모가 큰 국가가 기존의 관세를 인상하기로 결정하였다. 이때 나타날 수 있는 영향으로 옳지 않은 것은?

① 해당 국가의 수입량은 감소한다.
② 국제시장에 초과수요가 발생한다.
③ 국제가격이 상승한다.
④ 관세부과 이후 해당 국가의 국내가격은 새로운 국제가격에서 단위당 관세액을 차감한 것만큼 하락한다.
⑤ 해당 국가에 대한 무역 의존도가 높은 국가의 기업들은 피해를 볼 수 있다.

ANSWER 48.③ 49.④

48 식사를 준비하고 설거지를 하는데 부인이 남편보다 시간이 적게 걸리므로 부인은 절대우위에 있다. 하지만 식사를 준비하는 것을 기준으로 한 설거지 소요시간의 두 사람 간 상대적 시간소요 비율을 보면 남편은 부인보다 설거지를 하는데 비교우위가 있다.

49 ④ 관세부과 이후 해당 국가의 국내가격은 새로운 국제가격에 단위당 관세액을 합한 것만큼 상승한다.

50 다음 중 국제수지를 개선시키는데 영향을 줄 수 있는 정책이나 시장상황으로 옳지 않은 것은?

① 금융통화위원회가 이자율을 0.5% 인하하였다.
② 정부가 총지출을 억제하는 정책을 실행하였다.
③ 정부가 달러매입 정책을 실행하였다.
④ 외국인의 국내채권에 대한 수요가 늘고, 내국인의 외국채권에 대한 수요가 줄었다.
⑤ 저축이 투자보다 많고 재정수지가 흑자를 기록하였다.

51 다음에서 설명하는 것으로 옳은 것은?

> 사회 공헌에 노력하는 기업들을 거래소에서 심사－선정함으로써, 투자자들에게는 장기적으로 지속 가능한 기업을 쉽게 선별할 수 있도록 하고, 자산 운용사들에게는 펀드의 포트폴리오 구성을 위한 추가적인 기준을 제시함으로써 이미 세계 많은 나라에서는 (   )지수가 사용되고 있다. 국내에서도 한국거래소(KRX)가 사회책임투자 우수기업을 대상으로 하는 이 지수를 2009년 9월 14일부터 산출 · 발표하기 시작했다.

① DJIA지수
② WTI지수
③ SRI지수
④ ISM지수
⑤ BDI지수

ANSWER 50.① 51.③

50 ① 국내 이자율이 올라가면 외국인의 국내채권에 대한 수요가 늘고, 내국인의 외국채권에 대한 수요가 줄어서 자본유입이 증가하고 이에 따라 국제수지가 개선된다.

51 SRI지수 … 사회책임투자(Socially Responsible Investment) 또는 지속가능책임투자(Sustainable & Responsible Investment)의 준말로, 사회적이거나 환경적인 책임을 다하고 있는 기업들을 묶어서 만든 주가지수를 말한다.

52 수출입단가지수와 수출입디플레이터와의 차이점에 대한 설명으로 틀린 것은?

① 수출입디플레이터는 가격조사시 품질변화로 인해 발생하는 가격변동분은 제외시켜 순수한 가격변동만을 지수에 반영하고 있으나 수출입단가지수는 수출입된 상품의 단위당 가격변동을 파악하고자 하는 것이다.

② 수출입단가지수는 임가공을 제외한 일반 수출입거래만을 대상으로 하는 반면 수출입디플레이터는 임가공을 포함한 총수출입액을 대상으로 편제하고 있다.

③ 수출입디플레이터는 가격을 기준시점에 고정시킨 고정파쉐식을 이용하여 산출하고 있으나, 수출입단가지수는 연환연쇄파쉐식을 이용하여 산출한다.

④ 수출입디플레이터는 수출입물가지수와 마찬가지로 가격상승분만을 반영하는 것을 원칙으로 하는 반면 수출입단가지수는 상품가격변동 외에 품질변동 및 상품구성내용 변동에 따른 가격변동분도 단가지수 변동요인으로 작용하고 있다.

⑤ 수출입단가지수는 통관통계를 이용하는 반면 수출입디플레이터는 통관통계를 국제수지기준으로 조정한 수출입통계를 이용하고 있다.

53 국제수지가 국민경제에 미치는 영향에 대한 설명으로 가장 바르지 않은 것은?

① 경상수지가 흑자를 내면 국민소득이 늘어나고 고용이 확대된다.

② 자본유입은 실질환율하락 및 소비증가를 통하여 경상수지 악화를 초래한다.

③ 재정수지는 적자규모가 클수록 물가하락을 통하여 더욱 큰 폭의 실질환율상승을 초래하게 된다.

④ 자본유입에 따른 소비증가는 자본자유화와 더불어 진행되는 국내금융자유화에 의해 촉진되는 국내신용증가와 자산 가격 상승에 따른 부의 효과에 의하여 유발된다.

⑤ 경상수지 중에서 상품 및 서비스수지가 우리경제에 미치는 영향이 가장 크다.

ANSWER 52.① 53.③

52 ① 수출입물가지수와 수출입단가지수의 차이점에 대한 설명이다.

53 ③ 재정수지는 적자가 커질수록 물가상승을 통하여 더욱 큰 폭의 실질환율의 하락을 초래하게 된다.

54 자본유입의 증가(자본수지흑자)가 국민경제 미치는 영향이 아닌 것은?

① 실질환율이 하락하여 경상수지적자로 재환류될 수 있다.
② 자본유입으로 국내신용이 과다하게 공급되면 금융위기가 초래될 수 있다.
③ 자본유입의 불태화정도에 관계없이 금리가 하락한다.
④ 국내신용증가와 부의 효과에 의하여 소비가 증가한다.
⑤ 자본유입으로 투자가 증대된다고 하더라도 투자증대가 경상수지를 개선시킬지 여부는 불확실하다.

55 다음 중 환율제도에 관한 설명으로 옳지 않은 것은?

① 고정환율제도는 소수의 국가와의 교역비중이 큰 국가에게 유리하다.
② 고정환율제도는 자국의 화폐로 인해 경제교란이 발생하는 소규모 개방경제에 유리하다.
③ 고정환율제도는 환율을 일정하게 유지하기 위해 중앙은행이나 정부의 개입이 필요하지 않다.
④ 변동환율제도는 해외 실물부문으로 인해 경제교란이 발생하는 국가에 유리하다.
⑤ 변동환율제도는 외환시장에서 외환의 수요와 공급에 의해 환율이 결정되도록 하는 제도이다.

54.③ 55.③

54 ③ 정부의 외환시장개입여부에 따라 생산이 증가하거나 감소할 수 있으며 특히 자본유입의 불태화정도가 클 경우에는 금리상승으로 오히려 투자가 감소할 가능성도 있다.

55 ③ 고정환율제도는 환율을 일정하게 유지하기 위해 중앙은행이나 정부의 개입이 필요하다.

56 갑과 을은 청소회사인 ㈜깨끗해에서 일하고 있다. 두 사람의 시간당 작업성과는 다음과 같다. 총생산량을 최대화하기 위한 회사의 전략은?

	총유리창	사무실
갑	10	2
을	12	3

① 갑은 유리창 청소를 전담하고 을은 사무실 청소를 전담하도록 한다.
② 갑은 유리창 청소와 사무실 청소를 하고 을은 유리창 청소만 하게 한다.
③ 을과 갑이 유리창 청소와 사무실 청소를 반반씩 분담하도록 한다.
④ 을에게 유리창 청소와 사무실 청소를 모두 맡기고, 갑은 해고한다.
⑤ 을은 유리창 청소를 전담하고 갑은 사무실 청소를 전담하도록 한다.

57 자유무역협정을 옹호하는 논리로 볼 수 없는 것은?

① 무역으로 인하여 시장이 커진다.
② 무역으로 인하여 다양한 상품의 선택이 가능해진다.
③ 무역으로 인하여 특화가 가능해지고 비용이 하락한다.
④ 무역으로 인하여 숙련 노동자의 임금이 상승하게 된다.
⑤ 무역이 행하여진다는 것은 교역 쌍방이 모두 이득을 보고 있기 때문이다.

ANSWER 56.① 57.④

56 갑의 입장에서는 유리창 청소가 비교우위가 있으므로 유리창 청소만 하는 것이 좋고 을의 입장에서는 유리창 청소보다 사무실 청소가 비교우위가 있으므로 사무실 청소만 하는 것이 좋다.

57 자유무역협정(FTA) … 국가간 상품의 자유로운 이동을 위해 모든 무역 장벽을 제거시키는 협정을 말하며, 특정 국가 간의 상호 무역증진을 위해 물자나 서비스 이동을 자유화시키는 협정으로, 나라와 나라 사이의 제반 무역장벽을 완화하거나 철폐하여 무역자유화를 실현하기 위한 양국간 또는 지역 사이에 체결하는 특혜무역협정이다. 그러나 자유무역협정은 그동안 대개 유럽연합(EU)이나 북미자유무역협정(NAFTA) 등과 같이 인접국가나 일정한 지역을 중심으로 이루어졌기 때문에 흔히 지역무역협정(RTA ; regional trade agreement)이라고도 부른다.

58 두 기업의 자금조달 상황이 다음과 같을 때 상대적으로 유리한 시장의 나열이 바르게 된 것은?

구분	A기업	B기업
고정금리시장	5%로 자금 조달	7%로 자금 조달
변동금리시장	LIBOR로 자금 조달	LIBOR + 20bp로 자금 조달

	고정금리시장	변동금리시장
①	A기업	B기업
②	B기업	A기업
③	A, B 모두	A, B 모두 아님
④	A, B 모두 아님	A, B 모두 아님
⑤	A, B 모두 아님	A, B 모두

59 농협중앙회가 중국으로부터 마늘수입이 증가, 국내 마늘산업에 심각한 피해를 주고 있으므로 동 품목을 시장접근물량 이내로 수입물량제한 또는 4년간의 관세인상 요청을 무역위원회에 제출하였다고 할 때 예상되는 조치로 적절한 것은?

① 반덤핑
② 우회수출
③ 세이프가드
④ 카르텔
⑤ 매칭그랜트

ANSWER 58.① 59.③

58 A기업은 고정금리시장의 비교우위를 갖고 있고 B기업은 변동금리시장에서 비교우위를 갖고 있으므로 각각의 기업은 비교우위를 지닌 시장에서 유리함을 갖게 된다.

59 세이프가드 … 특정 품목의 수입이 급증하여 국내 업체에 심각한 피해가 우려될 경우 수입국이 관세인상이나 수입량 제한 등을 통하여 수입품에 대한 규제를 할 수 있는 무역장벽의 하나

60 국제유가의 상승에 따라 우리나라가 받게 될 영향으로 적절하지 않은 것은?

① 유류를 원료 및 주된 생산요소로 하고 있는 제품 및 서비스의 가격 상승으로 인한 물가의 상승
② 석유류 제품 및 플라스틱류 제품과 전력, 교통비 등 서비스 가격의 상승으로 인한 서민경제의 압박
③ 공장 가동 등에 소요되는 유가의 상승으로 인한 기업들의 부담 증가
④ 주력 산업 경쟁력의 약화
⑤ 수입차 가격하락 등 대외교역조건의 악화로 무역적자

61 환율의 상승이라는 기사를 접한 후 시민들의 반응으로 가장 적절한 것은?

① 경제분석 전문가 마봉길 씨 – 최근 환율의 고공행진으로 금융시장 불안이 장기화되고 있는데 이는 물가 상승과 내수 위축 등 앞으로의 우리 경제를 더욱 어렵게 할 것으로 우려됩니다.
② 주부경력 19년 김똘순 씨 – 환율이 인상되면 금리는 인하될테니 은행에서 대출을 받아 이번 기회에 내집을 마련하는 것도 고려해보겠어요.
③ 기러기아빠 한상춘 씨 – 아이쿠! 저번달에는 100만원을 보냈지만 이번 달은 환율이 상승했으니 미국에 사는 우리 딸에게는 94만원만 보내도 괜찮겠구나.
④ 특종신문 경제부기자 조장길 씨 – 환율이 상승한다면 경기는 점점 디플레이션 현상을 보일테니 외국의 디플레이션 극복사례를 미리 조사해놓도록 해야겠군.
⑤ 수입명품 도매상 안성숙 씨 – 환율상승이다 뭐다 시끄럽지만 결국 수입업자에겐 아무 상관없는 일이라고 생각해요. 환율이 올라가거나 내려간다고 수입하는 물품의 가격이 올라가거나 떨어지거나 하진 않자나요. 그러니 전 걱정할 필요도 못 느끼겠네요.

ANSWER 60.⑤ 61.①

60 유가상승이 한국 경제에 미치는 영향
㉠ 유류를 원료 및 주된 생산요소로 하고 있는 제품 및 서비스의 가격 상승 압력에 의해 물가 상승 및 서민생활 악화
㉡ 공장 가동 등에 소요되는 유가의 상승으로 기업 부담 증가 및 채산성 악화 초래
㉢ 물류비 증가 등 원가 상승 가속화
㉣ 자동차, 철강, 조선 등 국내 주력 산업군의 에너지 과다소비 구조로 인한 가격경쟁력 약화
㉤ 수입차 가격상승으로 대외교역조건 악화에 따라 무역 적자 확대
㉥ 유가상승으로 인한 전력요금 상승 등 정부의 고유가 대책 실효성 상실
㉦ 원유 및 천연가스를 중심으로 한 광물에너지의 가격 상승 및 수급불안 등에 따른 새로운 대체 에너지의 개발

61 환율상승의 효과를 묻는 문제이다. 경제학에서는 일반적으로 환율이 상승할 때 발생할 수 있는 효과로는 수입제품의 감소, 인플레이션 발생 가능성, 외채부담의 증가, 국제수지개선 등이 있다.

62 다음의 그림은 한국과 미국의 농산물 공급 및 수요를 나타내고 있다. A점과 B점은 무역이 없는 현재 두 나라 농산물 시장의 균형을 나타낸다. 가격은 달러로 표시된 것이며 농산물의 품질에는 차이가 없다고 한다. 이제 두 나라가 농산물의 자유무역을 실시한다고 하자. 다음 중 이러한 자유무역에 찬성하거나 반대할 경제주체들을 올바르게 짝지은 것은?

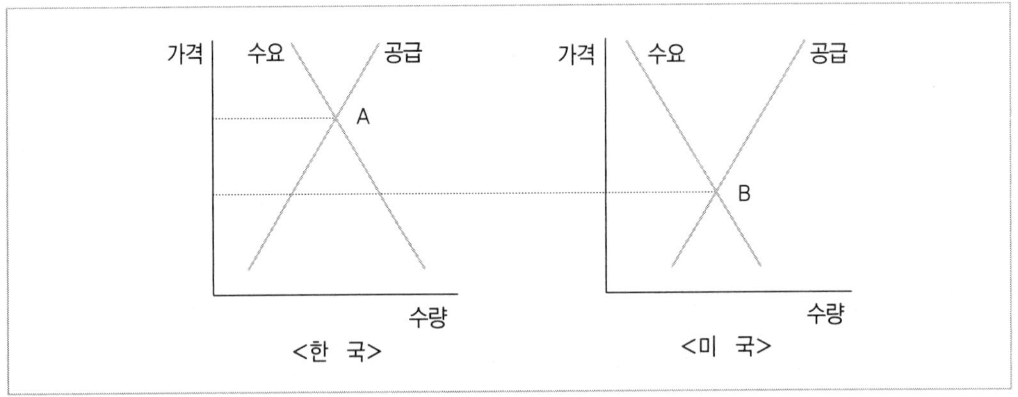

	찬성	반대
①	한국 소비자	한국 생산자
	미국 생산자	미국 소비자
②	한국 생산자	한국 소비자
	미국 소비자	미국 생산자
③	한국 생산자	한국 소비자
	미국 생산자	미국 소비자
④	한국 생산자	미국 생산자
	한국 소비자	미국 소비자
⑤	미국 생산자	한국 생산자
	미국 소비자	한국 소비자

ANSWER 62.①

62 ① 자유무역을 실시할 경우 미국의 농산물 가격은 상승하므로 미국의 생산자는 찬성하며 미국의 소비자는 반대한다. 반면 한국의 농산물 가격은 하락하게 되므로 한국의 소비자는 찬성하며 한국의 생산자는 반대할 것이다.

63 우리나라가 일본과 미국 등 선진국에는 품질과 기술경쟁에서 밀리고 중국이나 동남아 등 개발 도상국에는 가격경쟁에서 밀리고 있다고 한다. 다음 중 이를 설명할 수 있는 용어로 적절한 것은?

① 넛크래커
② 넉아웃크래커
③ 병목현상
④ 틈새이론
⑤ 레온티에프의 역설

64 다음 중 세계무역의 흐름에 대한 내용이 옳지 않은 것은?

① 다자주의 체제의 강화
② 서비스교역의 확대
③ 농산물시장 개방
④ 지역주의의 쇠퇴
⑤ 반덤핑협정 등 개도국의 배려

65 두 나라 사이의 무역을 상품별, 금액 또는 수량적으로 균형화시킬 수 있는 제도, 즉 자기나라의 수출액을 한도로 상대국으로부터의 수입을 허가하는 것으로, 남북한 간에도 이루어진 무역 형태는?

① 구상무역제(barter system)
② 수입허가제
③ 할당제(quota system)
④ 링크제(link system)
⑤ FTA(Free Trade Agreement)

ANSWER 63.① 64.④ 65.①

63 ① 호두를 양쪽으로 눌러 까는 도구를 말하는 용어로서 외환위기 이후에 우리나라 수출산업이 처한 상황을 설명하는데 주로 사용된 용어이다.

64 ④ 세계무역질서가 다자주의를 지향함에도 여러 지역의 자유무역지대(RTA ; Regional free Trade Area)가 창설되는 등 지역주의도 강화되고 있다.

65 구상무역제(barter system) … 무역상대국 간에 협정을 맺어 일정 기간 동안 두 나라 간의 수출입액을 완전히 균형시켜 대차차액을 내지 않음으로써 차액결제를 위한 자금을 필요없게 하여 무역의 활성화를 꾀하는 무역방식을 말한다.

66 제네바대학교 교수를 겸임하고 있는 슈밥이 설립한 비영리재단인으로 유럽과 미국을 중심으로 1,200개 이상의 기업체와 단체가 가입하고 있다. 스위스 제네바에 있으며 세계경제 발전 방안 등을 논의하는 매년 스위스에서 개최되는 세계경제포럼은 무엇인가?

① 글로벌포럼
② 국제금융회의
③ 세계화상회의
④ 다보스포럼
⑤ 태평양경제협력회의

67 우리나라 환율제도의 변천과정의 순서로 올바른 것은?

㉠ 복수통화바스켓제도	㉡ 고정환율제도
㉢ 단일변동환율제도	㉣ 자유변동환율제도
㉤ 시장평균환율제도	

① ㉡㉢㉣㉤㉠
② ㉡㉢㉠㉣㉤
③ ㉢㉣㉤㉠㉡
④ ㉢㉠㉡㉣㉤
⑤ ㉡㉢㉠㉤㉣

ANSWER 66.④ 67.⑤

66 ④ 다보스포럼(Davos Forum)은 1971년 클라우드 슈밥이 창립했으며 세계의 저명한 기업인 · 경제학자 · 저널리스트 · 정치인 등이 모여 세계경제에 대해 토론하고 연구하는 국제민간회의이다.

67 우리나라 환율제도의 변천
㉠ 고정환율제도(1945.10 ~ 1964.5)
㉡ 단일변동환율제도(1964.5 ~ 1980.2)
㉢ 복수통화바스켓제도(1980.2 ~ 1990.3)
㉣ 시장평균환율제도(1990.3 ~ 1997.12)
㉤ 자유변동환율제도(1997.12 ~ 현재)

68 옵션 트레이딩은 통화옵션 거래의 한 방식으로 환율이 아래 위로 일정한 범위 내에 있을 경우 시장가보다 높은 지정환율(행사가)로 외화를 팔 수 있는 옵션이다. 이 상품은 환율이 지정한 범위 하단을 내려갈 경우에는 계약이 무효(넉아웃 배리어)가 되어 기업은 손실을 입지 않게 된다. 하지만 환율이 급등해 지정환율 상단(넉인 배리어)을 넘어가면 계약금액의 2 ~ 3배를 시장가보다 낮은 지정환율로 팔아야 됨에 따라 기업은 엄청난 손실을 입게 된다. 이와 관련된 용어는 무엇인가?

① KIKO
② CMS
③ CMA
④ MTM
⑤ ALM

69 가스 OPEC 창설과 관련하여 올바른 해석을 하고 있는 사람은?

① 종인 : 가스 OPEC이 출범하게 되면 석유 중심의 기존 OPEC과 경쟁체제에 들어갈 것이 예상되고 에너지 소비국들은 좀 더 싸게 가스를 확보할 거야.
② 경수 : 유럽, 미국 등 서방국가들은 환영하는 분위기니 당장 유럽과 러시아 사이에 가스 파이프가 건설될 수도 있다고 볼 수 있어.
③ 찬열 : 새로운 국제적 에너지 블록이 하나 형성된 셈인데 장기계약 위주인 석유와는 다르게 가스는 일반적으로 단기매매가 많이 이루어져 정부와 관련 업체가 물량확보에 더욱 신경 써야 할 거야.
④ 준면 : 가스매장량으로 보면 카타르가 전 세계에서 단연 1위이고, 러시아는 3위인데도 러시아가 주도한 것을 보면 러시아가 카타르에 뭔가 이면의 대가를 약속했을 거야.
⑤ 백현 : 가스 가격도 문제지만 에너지가 무기화 될 가능성이 높아질까 걱정이고, 무엇보다 러시아의 에너지 패권주의가 강화될 우려가 있어.

ANSWER 68.① 69.⑤

68 KIKO(Knock-in Knock-Out)는 통화옵션 거래의 한 방식으로 환율이 일정금액 아래로 떨어지는 녹아웃(Knock-Out)이 되면 거래가 소멸하지만 환율이 급등해 범위를 넘는 녹인(Knock-in)이 되면 약정금액의 두 배를 계약환율로 팔아야 한다.

69 ① 천연가스의 가격은 상승하게 된다.
② 서방국가들은 파이프라인을 통해 러시아산 천연가스를 사용할 수밖에 없다.
③ 석유는 단기매매, 가스는 장기매매를 한다.
④ 가스매장량 1위는 러시아이다.

70 **부메랑 효과에 대한 사례로 바른 것은?**

① 한정판 휴대폰을 사기 위해 치열한 경쟁이 벌어졌다.
② 인터넷 쇼핑몰의 연관 상품 보기가 매출 상승에 도움을 주었다.
③ 월요일의 주가 상승률은 다른 날에 비해 유난히 낮다.
④ 멕시코의 금융위기가 이웃 남미국가 전반으로 확산되었다.
⑤ 우리나라의 반도체 기술을 도입한 중국이 한국 반도체 산업을 위협할 만큼 크게 성장했다.

71 **다음 기사를 통해 알 수 있는 경제학 이론은 무엇인가?**

> 모든 품목을 다른 나라보다 적은 노동시간을 투입해 생산할 수 있다고 해도, 단위시간당 노동생산성이 상대적으로 높은 품목만 집중 생산해 서로 교역하면 모두 득이 된다는 것이다. 예컨대 중국은 마늘을 생산하고, 우리나라는 휴대폰 단말기를 집중적으로 생산해 서로 교역하면 양국 모두에 이득이 된다는 설명이다. 우리나라가 휴대폰 단말기에만 노동력을 집중 투입하려면, 마늘 농사를 짓던 사람들을 휴대폰 공장에 모두 취직시켜야 한다. 물론 현실적으로는 결코 그럴 수 없다. 평균연령이 환갑을 넘긴 농민들은 마늘 농사를 포기하는 것으로 끝날 뿐이다. 그래도 휴대폰 수출을 위해 마늘을 수입하는 것이 국가경제에는 더 나을 수 있다. 즉, 휴대폰 수출로 얻는 이득이 마늘 농사를 포기하며 생기는 손실보다 크다면 그렇다.

① 비교우위론
② 레온티에프의 역설
③ 헥셔－올린 정리
④ 국제수지론
⑤ 구매력평가설

ANSWER 70.⑤ 71.①

70 부메랑 효과(Boomerang effect) … 선진국이 개발도상국에 제공한 경제원조나 자본투자 결과 그 생산 제품이 선진국에 역수출됨으로써 선진국의 당해 산업과 경합하는 것을 말한다.
① 스놉 효과
② 디드로 효과
③ 주말 효과
④ 테킬라 효과

71 ① 지문은 마늘과 휴대폰의 교역에서의 비교우위를 설명하고 있다.

72 다음과 같은 현상을 뜻하는 용어는?

> 최근 일본 휴대전화 제조업계는 세계시장에서 존재감이 거의 없다. '일본에서 통하면 세계에서 통한다'던 자부심은 사라진 지 오래다. 삼성경제연구소는 "일본 휴대전화 업계의 경우 국내 시장에 안주한 나머지 국제 표준 경쟁에서 뒤처지고 소비자 트렌드도 놓친 상황"이라고 분석했다. 1997년만 해도 22%에 달하던 일본 휴대전화의 세계 시장 점유율은 이제 6% 밑으로 쪼그라들었다.

① 마다가스카르 현상
② 에콰도르 현상
③ 피타고라스 현상
④ 갈라파고스 현상
⑤ 깨진유리창 현상

73 중국 · 러시아 · 우즈베키스탄 · 카자흐스탄 · 키르기스스탄 · 타지키스탄 등 6개국이 설립한 정부 간 기구로 상호신뢰회복과 합동군사훈련, 테러와 분리주의 · 극단주의 척결, 포괄적 동반자 관계 구축 등의 활동을 하는 것은?

① 상하이 협력 기구(SCO)
② 태평양 경제 협력체(APEC)
③ 경제 협력 개발 기구(OECD)
④ 북대서양 조약 기구(NATO)
⑤ 북미 자유무역협정(NAFTA)

74 버락 오바마 미국 행정부가 소비자 금융피해를 막겠다며 내건 슬로건으로 가장 단순한 기본형 구조의 상품을 뜻하는 이 용어는?

① 플레인 바닐라
② It's the economy
③ 오바마노믹스
④ 섀도 보팅
⑤ 챔피언 벨트

ANSWER 72.④ 73.① 74.①

72 갈라파고스 현상 … 외부세계와 단절된 채 독자발전을 꾀하다 국제표준에 동떨어져 시장에 뒤처지는 현상을 말한다.

73 상하이 협력 기구(SCO) … 1996년 중국 · 러시아 · 카자흐스탄 · 키르기스스탄 · 타지키스탄이 참가한 가운데 상하이에서 열린 5개국 회담에서 처음으로 거론되었다. 이어 2000년에 우즈베키스탄이 합류한 뒤 2001년 6월 15일 상하이에서 정식으로 출범하였다. 지역간 기구이자 정부간 기구로, 최고의결기구는 해마다 한 번씩 열리는 정상회담이다. 이 회담은 매년 러시아 알파벳 순서에 따라 돌아가며 개최한다. 의장국은 정상회담 개최국 정상이 맡는다. 산하기구로는 사무국, 역내 테러척결센터와 외무장관협의회 등 4개의 협의회가 있다. 사무국은 베이징(北京), 역내 테러척결센터는 키르기스스탄의 수도 비슈케크에 있다.

74 플레인 바닐라(Plain Vanilla) … 간소함 내지는 평범함을 뜻하는 플레인 바닐라는 금융시장에서 파생상품과 같이 복잡하지 않은 단순한 구조의 금융상품을 통용하는 용어이다.

75 다음 중 아래의 지문과 동일한 특성을 가진 산업은 무엇인가?

- 수입 의존도가 상당히 높다.
- 대규모 설비 투자가 필요하다.
- 2008년도 수출증가율이 가장 높았던 품목이다.

① 선박
② 반도체
③ 자동차
④ 석유제품
⑤ LCD TV

76 수출 및 수입의 가격변동과 수량변화 간에 시차가 발생하는 이유로 적당하지 않은 것은?

① 소비측면에서 소비자의 반응이 변화하는데 시간이 걸린다.
② 생산측면에서 생산자의 반응에도 상당한 기간이 소요된다.
③ 수출기업이 외국시장을 확보하는 데 시간과 비용이 소요된다.
④ 국내가격으로 표시된 수출가격이 상승할 수 있다.
⑤ 수출입지역 간 상품이 인도되는데 기간이 소요된다.

77 미국이 대중무역 적자의 원인으로 위안화의 저평가를 내세우며, 그에 따라 중국에게 요구하고 있는 것은?

① 평가절상
② 평가절하
③ 시가평가
④ 듀레이션
⑤ 디노미네이션

ANSWER 75.④ 76.⑤ 77.①

75 우리나라의 경우 원유를 전량 수입에 의존하지만 휘발유, 경유 등 정제하는 석유제품은 오히려 수출하고 있다. 특히 2008년 국제유가가 배럴당 150달러에 육박할 정도로 급등하면서 석유제품 가격도 동시에 급등을 했으며, 이에 따라 수출증가율도 산업 중 가장 높은 비율을 차지하였다.

76 ①②③④의 조정과정을 거쳐서 장기적으로 수출상품에 대한 외국수요가 증가하고 수입상품에 대한 국내수요가 감소하게 되면 초기에 악화되던 국제수지는 점차 회복되어 개선효과가 발생한다.

77 ① 평가절상(revaluation)이란 고정환율제도 아래에서 환율을 하락시키는 것을 뜻한다.

78 다음 기사에서 언급하고 있는 이것은 무엇인가?

> 기획재정부와 한국은행 등은 47억 달러 규모의 원화·말레이시아 링깃화 이것을 체결했다고 밝혔다. 정부와 한은이 이처럼 아시아 각국과 이것을 늘리는 것은 미국 양적완화 축소에 대한 대비라고 할 수 있다. 우리는 말레이시아 통화(150억 링깃)를 받고 말레이시아는 같은 금액에 해당하는 원화 5조 원을 가져간다. 이렇게 받은 자금들은 양국 간 무역결제에 활용한다. 달러 유동성 축소로 외화가 각국에서 급격히 빠져나갈 경우 우리나라가 말레이시아에서 수입하는 원유 등에 대한 무역결제를 링깃화를 우선적으로 해서 달러화를 아껴 두겠다는 계획이다. 말레이시아 역시 위기 시 달러화가 부족해지는 것을 대비해 원화를 우선 활용해 무역결제 하는데 자금을 활용한다는 구상이다. 즉, 미국 양적완화 축소에 대비해 아시아 각국끼리 외환 공조를 하자는 취지다.

① 캐리트레이드
② 현물환거래
③ 외환스왑
④ FTA
⑤ 통화스왑

79 북경, 서울, 도쿄를 연결하는 동북아 중심 도시 연결축을 이르는 용어는?

① NAFTA
② BESETO
③ EU
④ INTIDE
⑤ Baht

80 2001년 11월 카타르에서 열린 제4차 세계무역기구 각료회의에서 새로이 출범시킨 다자간 무역 협상의 명칭은?

① 우루과이라운드
② 그린라운드
③ 케네디라운드
④ 도하개발어젠다
⑤ 블루라운드

ANSWER 78.⑤ 79.② 80.④

78 **통화스왑** … 두 거래 당사자가 계약일에 약정된 환율에 따라 해당통화를 일정시점에서 상호 교환하는 외환거래로서 중장기적 환리스크의 헤지 뿐만 아니라 차입비용의 절감과 자금관리의 효율성을 높여주고 새로운 시장에 대한 접근수단으로 이용되는 등 다양한 기능을 제공한다.

79 ② 베세토라인(BESETO line) 한, 중, 일 3국의 수도를 하나의 경제단위로 묶는 초국경 경제권역을 뜻한다.

80 ④ 도하개발어젠다(DDA)란 2001년 11월, 카타르의 도하에서 열린 세계무역기구의 제4차 각료회의에서 합의되어 시작된 다자간 무역협상을 말한다.

경영

01. 경영일반/인사조직
02. 전략 · 마케팅
03. 회계/재무관리의 기초

01 경영일반/인사조직

1 다음 중 경영자에 대한 설명으로 옳지 않은 것은?

① 조직을 형성하고 운영하는 것이며 의사결정의 과정이다.
② 기업의 의사를 결정하며 기업전반을 지휘, 통제하는 사람을 말한다.
③ 고전적 의미의 경영자는 설립한 자가 기업의 주체가 되고 경영을 맡는 사람을 말한다.
④ 경영상의 지휘와 감독 업무를 담당하고 기업 경영상의 위험과 책임을 부담한다.
⑤ 최근 경영자의 정의는 기업의 규모가 커지고 주식회사가 발전함에 따라 소유와 경영의 분리가 촉진되면서 경영을 전문으로 하는 경영자 개념을 말한다.

2 경영자의 유형 중 전문경영자에 관한 설명으로 옳지 않은 것은?

① 전문적 지식을 갖추고 윤리적 행동을 실천하는 경영자이다.
② 우리나라는 전문경영자의 비중이 점차 축소되고 있다.
③ 주주로부터 경영권을 위탁받아 기업을 경영하는 자를 말한다.
④ 전문경영자는 소유와 경영이 분리된 주식회사에서 찾아볼 수 있다.
⑤ 권한의 내용으로는 기업혁신과 위험부담 등 경영활동 전반에 걸친 포괄적인 것이다.

ANSWER 1.① 2.②

1 ①은 경영에 관한 설명이다.

2 ② 우리나라는 소유경영자와 고용경영자의 비중이 높다. 그러나 전문경영자의 비중도 점차 확대되고 있다.

3 **다음에서 빈칸에 공통으로 들어갈 회사의 종류는?**

> • ______은/는 2인 이상의 무한책임사원만으로 구성되는 일원적 조직의 회사로서 전사원이 회사 채무에 대하여 직접 · 연대 · 무한의 책임을 지고, 원칙적으로 각 사원이 업무집행권과 대표권을 가지는 회사이다.
> • ______은/는 2인 이상의 사원이 공동으로 정관을 작성하고, 설립등기를 함으로써 성립한다. 각 사원은 출자의무를 지지만 그 출자는 재산뿐만 아니라 노무와 신용까지도 할 수 있으며, 그 업무집행권과 대표권은 정관에 다른 규정이 없는 한 각 사원이 모두 가지게 된다.

① 유한회사
② 주식회사
③ 합명회사
④ 합자회사
⑤ 상장회사

4 **다음 중 주식에 대한 설명으로 옳지 않은 것은?**

① 보통주는 주주총회에서 의결권이 있는 주식이다.
② 보통주는 주식을 발행할 때 기준이 되는 주식이다.
③ 우선주는 주주총회에서 의결권이 없는 주식이다.
④ 우선주는 보통주보다 배당금을 덜 받는 측면이 있다.
⑤ 후배주는 보통주 배당 후 잔여미처분이익이 있는 경우 배당을 받는 것으로 보통주보다 불리한 조건의 주식이다.

ANSWER 3.③ 4.④

3 ① 사원은 원칙적으로 출자가액을 한도로 하는 출자의무를 부담할 뿐 직접 아무런 책임을 부담하지 않는 회사
② 주식의 발행으로 설립된 회사
④ 무한책임사원과 유한책임사원으로 구성되는 복합적 조직의 회사
⑤ 기업을 공개하여 주식을 상장한 회사

4 ④ 우선주는 보통주보다 배당금을 더 받는 측면이 있다.

5 다음 중 주주총회의 소집권자가 아닌 것은?

① 이사회
② 소수주주
③ 감사
④ 법원
⑤ 수하인

6 다음 중 기업형태에 따른 비교로 옳지 않은 것은?

구분		합명회사 · 합자회사	주식회사 · 유한회사
①	최초자본금	제한 있음	제한 없음
②	사원의 출자시기	정관의 정함에 따라 회사의 청구가 있는 때	회사 설립 전 출자를 완료
③	사원의 책임범위	• 무한책임사원 : 직접 · 무한책임 • 유한책임사원 : 직접 · 유한책임	간접 · 유한책임
④	회사의 기관성	사원이 대표를 맡는 자기기관 중심	사원 이외의 자가 맡는 타인기관 중심
⑤	회사의 청산	법정청산과 임의청산	법정청산

ANSWER 5.⑤ 6.①

5 주주총회의 소집권자
㉠ 이사회
㉡ 소수주주
㉢ 법원
㉣ 청산인회
㉤ 감사

6

구분	합명회사 · 합자회사	주식회사 · 유한회사
최초자본금	제한 없음	제한 있음
사원의 출자시기	정관의 정함에 따라 회사의 청구가 있는 때	회사 설립 전 출자를 완료
사원의 책임범위	• 무한책임사원 : 직접 · 무한책임 • 유한책임사원 : 직접 · 유한책임	간접 · 유한책임
회사의 기관성	사원이 대표를 맡는 자기기관 중심	사원 이외의 자가 맡는 타인기관 중심
회사의 청산	법정청산과 임의청산	법정청산

7 다음에서 설명하고 있는 결합의 종류는?

> 생산상의 관계가 없는 다른 업종 간의 결합을 통해 위험을 분산시키고 기업 지배력을 강화하고자 하는 목적으로 한다.

① 수평적 결합
② 다각적 결합
③ 수직적 결합
④ 반발적 결합
⑤ 자기적 결합

8 다음 빈칸에 들어갈 개념으로 적절한 것은?

> 경제적으로 일종의 기업연합이나 법률적으로는 계약적 결합이며 법인격이 인정되지 않는다. 합리화 카르텔과 같이 시장지배나 경제제한을 목적으로 하지 않는 것도 있지만, 본래 어느 정도의 계약이나 협정의 범위 내에서의 경쟁 제한을 목적으로 발생하였다.

① 트러스트
② 콘체른
③ 카르텔
④ 콤비나트
⑤ 지주회사

ANSWER 7.② 8.③

7 ① 동종 또는 유사 기업이 경쟁제한, 시장지배를 위해 생산량, 판매량, 판매가격 등에 관해 협정, 합병하는 횡단적 결합
③ 생산공정상 관계가 있는 이종기업이 비용의 절약과 경영합리화를 위해 결합하는 종단적 결합

8 ① 일종의 기업협동으로 다른 기업의 주식보유를 통한 지배와 시장의 독점을 시도한다. 가맹기업의 독립성은 없고, 동일 산업부문 또는 기술적으로 관련된 수직적인 산업부문만의 자본 지배를 말한다.
② 일종의 기업집단으로 산업과 금융의 융합, 주식소유에 의한 지배(지주회사) 또는 융자, 중역파견에 의한 인적 결합 지배로 독립성이 유지되며 산업과 금융의 융합을 말하는 것으로 우리나라의 재벌이 이에 속한다.
④ 콘체른과 같은 수직적 기업집단과는 달리 일정수의 유사한 규모의 기업들이 원재료와 신기술의 이용을 목적으로 사실상의 제휴를 하기 위하여 근접한 지역에서 대등한 관계로 결성하는 수평적 기업 집단(특정 공업단지 내의 기업집단)을 말한다.
⑤ 타 회사의 주식 보유를 통해 그 회사를 경영상으로 지배하려는 형태를 지주회사라 한다.

9 다음 중 경영권 보호제도가 아닌 것은?

① 황금주 제도
② 의무공개매수 제도
③ 포이즌 필 제도
④ 기업분리 제도
⑤ 차등의결권 제도

10 다음 중 합자회사에 관한 설명으로 옳은 것은?

① 합자회사의 설립절차는 합명회사와 다르다.
② 유한책임사원은 감시권이 없고 대표권만 가진다.
③ 지분의 양도는 무한책임사원의 동의 없이도 가능하다.
④ 무한책임사원의 경우, 회사채권자에게 정관에 정한 출자액의 한도 내에서만 책임을 부담한다.
⑤ 무한책임사원과 직접 · 연대 · 유한책임사원(금전 기타 재산만 출자가능)으로 구성된다.

ANSWER 9.④ 10.⑤

9 ① 특정 사안에 한해서 다른 주주들이 찬성해도 황금주를 보유하고 있는 주주가 반대하면 부결되는 권리가 있는 제도
② 적대적 M&A 발생시 공격자 측이 일정 비율 이상의 지분을 취득하기 위해서는 반드시 공개매수를 통해 사전에 정해 놓은 특정 지분 이상을 매입하도록 의무화한 제도
③ 임금인상 등을 통해 기업인수에 필요한 잠재적 비용을 늘려 M&A 시 손해를 볼 수 있다는 신호를 발송하는 것으로 매수 포기를 유도하는 행위
⑤ 일부 보통주에 특별히 많은 수의 의결권을 부여하는 제도

10 합자회사의 특징
㉠ 합자회사의 설립절차는 합명회사와 같다.
㉡ 유한책임사원은 대표권이 없고 감시권만을 가진다.
㉢ 지분의 양도는 무한책임사원의 동의가 있어야 한다.
㉣ 유한책임사원의 경우, 회사채권자에게 정관에 정한 출자액의 한도 내에서만 책임을 부담한다.
㉤ 무한책임사원과 직접 · 연대 · 유한책임사원(금전 기타 재산만 출자가능)으로 구성된다.
㉥ 유한책임사원 전원이 퇴사한 때에는 무한책임사원의 결의로 조직변경에 의해 합명회사로 회사를 계속할 수 있다.

11 다음 중 차등의결권 제도에 관한 설명으로 옳지 않은 것은?

① 경영권을 가지고 있는 대주주의 주식에 대해 보통주보다 적은 의결권을 주는 제도이다.
② 최대 주주가 보유한 지분율보다 더 많은 의결권을 가지는 제도로, 경영권 방어 수단 중 하나이다.
③ 무능한 경영자를 교체하기 어렵고 소수의 지분으로 전 회사를 장악해 경영진의 이익만 쫓을 수 있다.
④ 소수 대주주의 의사가 다수 의사인 것처럼 왜곡될 가능성이 있다.
⑤ 경영권 승계에서 대주주의 지배권 강화 수단으로 악용될 수 있다.

12 다음에서 설명하고 있는 개념은 무엇인가?

> 일종의 기업집단으로 산업과 금융의 융합, 주식소유에 의한 지배(지주회사) 또는 융자, 중역파견에 의한 인적 결합 지배로 독립성이 유지되며 산업과 금융의 융합을 말하는 것으로 우리나라의 재벌이 이에 속한다.

① 트러스트
② 콘체른
③ 카르텔
④ 콤비나트
⑤ 지주회사

ANSWER 11.① 12.②

11 ① 경영권을 가지고 있는 대주주의 주식에 대해 보통주보다 많은 의결권을 주는 제도이다.

12 ① 일종의 기업협동으로 다른 기업의 주식보유를 통한 지배와 시장의 독점을 시도한다. 가맹기업의 독립성은 없고, 동일 산업부문 또는 기술적으로 관련된 수직적인 산업부문만의 자본 지배를 말한다.
③ 경제적으로 일종의 기업연합이나 법률적으로는 계약적 결합이며 법인격이 인정되지 않는다. 합리화 카르텔과 같이 시장지배나 경제제한을 목적으로 하지 않는 것도 있지만, 본래 어느 정도의 계약이나 협정의 범위 내에서의 경쟁제한을 목적으로 발생하였다.
④ 콘체른과 같은 수직적 기업집단과는 달리 일정수의 유사한 규모의 기업들이 원재료와 신기술의 이용을 목적으로 사실상의 제휴를 하기 위하여 근접한 지역에서 대등한 관계로 결성하는 수평적 기업 집단(특정 공업단지 내의 기업집단)을 말한다.
⑤ 타 회사의 주식 보유를 통해 그 회사를 경영상으로 지배하려는 형태를 지주회사라 한다.

13 **다음 중 주식회사의 특징이 아닌 것은?**

① 주주의 출자로 구성되고 자본은 주식으로 분배된다.
② 주주는 주주총회에서 회사의 기본 사항을 결정한다.
③ 이사는 회사의 설립 전에 출자의 전액을 납입, 목록재산 전부의 납입을 시켜야 한다.
④ 간접 · 유한책임사원(금전 기타 재산만 출자가능)으로 구성된다.
⑤ 주주총회의 결의에 의해 해산하고 주주총회의 특별결의에 의해 회사를 계속할 수 있다.

14 **다음 중 합명회사의 특징으로 옳지 않은 것은?**

① 회사채권자에게 회사채무에 대해 무한책임을 부담하는 사원만으로 구성된 회사이다.
② 각 사원은 원칙적으로 대표권을 가지며 지분의 양도는 제한된다.
③ 법률상으로는 사단이지만 실질적으로는 조합의 형태이다.
④ 사원의 경우, 회사채권자에게 정관에 정한 출자액의 한도 내에서만 책임을 부담한다.
⑤ 존립기간의 만료 기타 정관에 따라 사유의 발생시 총사원의 동의로 해산된 경우 사원의 전부 또는 일부 동의로 회사를 계속할 수 있다.

ANSWER 13.③ 14.④

13 주식회사의 특징
㉠ 주주의 출자로 구성되고 자본은 주식으로 분배된다.
㉡ 주주는 주주총회에서 회사의 기본 사항을 결정한다.
㉢ 주식의 양도는 자유롭다.
㉣ 간접 · 유한책임사원(금전 기타 재산만 출자가능)으로 구성된다.
㉤ 주주총회의 결의에 의해 해산하고 주주총회의 특별결의에 의해 회사를 계속할 수 있다.

14 ④는 합자회사의 특징이다.
※ 합명회사의 특징
㉠ 회사채권자에게 회사채무에 대해 무한책임을 부담하는 사원만으로 구성된 회사이다.
㉡ 각 사원은 원칙적으로 대표권을 가지며 지분의 양도는 제한된다.
㉢ 법률상으로는 사단이지만 실질적으로는 조합의 형태이다.
㉣ 무한 · 직접책임사원(금전 기타 재산과 노무 · 신용출자)만으로 구성된다.
㉤ 존립기간의 만료 기타 정관에 따라 사유의 발생시 총사원의 동의로 해산된 경우 사원의 전부 또는 일부 동의로 회사를 계속할 수 있다.

15 **다음 중 전문경영인의 특징으로 적절하지 않은 것은?**

① 전문경영인은 전문화된 지식을 갖춰야 한다.
② 전문경영인과 주주의 관계에는 주인-대리인 문제가 발생한다.
③ 전문경영인의 보수는 단기적인 성과로 결정되는 것이 일반적이다.
④ 채권자는 상대적으로 위험도가 적은 투자안에 적극적이다.
⑤ 주주는 위험도가 작고 수익이 많은 투자안에 소극적이다.

16 **프레드릭 테일러(Frederick W. Taylor)가 주장한 과학적 관리법에 대한 설명으로 옳지 않은 것은?**

① 20세기 초 과학기술이 발전하면서 효율적인 생산성을 향상시켰지만 조직의 시스템은 발전하지 못하여 조직의 생산방식을 바꾸려도 시도하였다.
② 경제적 보상을 통해 동기부여 하면 생산성을 증가시킬 수 있다.
③ 노동자를 직무별로 선발 · 훈련시키며, 교육하여 계발시킨다.
④ 자기성취를 추구하는 자주적인 인간을 기본으로 전제한다.
⑤ 가장 효율적으로 과업을 수행하는 시간을 계산하고, 표준화시켜 지침서를 만들어 생산할 수 있도록 한다.

ANSWER 15.⑤ 16.④

15 ⑤ 주주는 위험도가 크고 수익이 많은 투자안에 적극적이다.

16 ④ 과학적 관리법은 조직구성원들에 대한 동기부여가 테일러가 생각한 것보다 훨씬 복잡하게 이루어진다는 비판과 함께 '인간 없는 조직'이라고 불리기도 한다.
※ 과학적 관리법은 20세기 초 가장 효율적으로 인간이 일할 수 있도록 프레드릭 테일러가 고안해낸 작업 설계방식이다. 생산방법이 개선된다면 작업 능률과 생산성이 자동적으로 상승한다는 전제하에 인간은 물리적, 경제적 여건에 따라 생산성이 달라진다고 보았다.

17 **다음은 조직 내 개인의 성격적 특성을 설명한 것이다. 성격적 특성에 대한 설명으로 옳지 않은 것은?**

① 통제위치(Locus og control)는 개인이 자신의 운명에 영향을 미칠 수 있다고 믿는 정도를 나타내며 통제위치에 따라 내재론자의 경우 일상적인 직무, 지시적 리더십을 강조한다.
② 자기성찰(Self-monitoring)은 환경으로부터 신호(cue)를 읽고 상대방의 행동이나 말을 바꾸려는 능력으로 자기성찰 정도가 높은 사람은 '사회적 카멜레온'이라고 불린다.
③ 위험감수 성향(Risk taking propensity)이 높은 사람은 새로운 시장을 개척하거나 해외시장, 불확실 하지만 보상이 큰 업무를 선호한다.
④ A형 성격의 사람은 경쟁적이며 동시에 여러 일을 빠르게 처리한다.
⑤ B형 성격은 과업성취를 위해 꾸준히 일하며 작업속도가 일정한 편이다.

18 **다음 사례는 어떠한 개인 특성에 영향을 받은 것인가?**

월마트(Wall mart)는 해외 진출시 각 국의 문화적 특성을 반영한다. 북유럽 스웨덴의 경우 호객하는 행위에 익숙하지 않기 때문에 조용한 매장 분위기를 유지하는 반면 중국에서서는 고객들에게 할인 등을 외치며 판매를 한다.

① 가치관
② 태도
③ 성격
④ 행동적 요소
⑤ 감정적 요소

ANSWER 17.① 18.①

17 ① 통제위치에 따라 내재론자와 외재론자로 나뉘는데 내재론자의 특성은 참여적 리더십, 창조적인 직무이며 자신의 운명을 스스로 결정하고 관리·통제한다. 이에 반해 외재론자는 일상적인 직무, 지시적 리더십, 자신의 운명을 행운이나 타인과 같은 외부 요인에 결정된다고 믿는다.

18 ① 가치관이란 어떤 구체적인 행동양식이나 존재 목적으로 개인적으로 혹은 사회적으로 더 바람직하다는 개인 기초적 신념을 의미한다. 가치관의 경우 사회문화적 환경으로부터 많은 영향을 받는 것으로 상기 사례는 해외사업 진출시 각 국의 개인 가치관에 따라 영업활동을 수행하여 성공한 내용을 담고 있다.
②④⑤ 태도는 어떠한 대상에 대한 믿음, 느낌, 행위의도가 결합된 정신적 준비상태를 말한다. 구성요소로는 인지적 요소, 감정적 요소, 행동적 요소가 있다

19 **다음은 지각적 오류에 대한 설명이다. 지각적 오류를 가져올 수 있는 원인과 설명이 맞지 않는 것은?**

① 선택적 지각(selective perception)이란 지각과정에서 자신의 배경, 경험 등 자신 준거체계에 유리하고 일관성 있는 자극만 선택적으로 받아들이는 것이다.
② 투사(projection)에 의해 면접시 능력 없는 사람들을 면접 후에 봤다면 상대적으로 능력 있는 사람으로 평가받을 수 있다.
③ 후광효과(halo effect)는 동료의 선한 행동 한 가지를 보고 성실한 사람으로 평가하는 것을 말한다.
④ 스테레오타입(stereotype)은 개인의 특성이 아니라 그 개인이 속한 사회적 집단의 특성에 대한 자신의 고정관념에 비춰 개인을 판단하는 것을 말한다.
⑤ 대조효과(contrast effects)란 사람들이 지각 판단을 할 때 최근에 주어졌던 정보와 비교하여 판단하는 경향을 말한다.

20 **매슬로우의 욕구단계론(Hierachy of needs Theory) 5단계 중 다음 설명에 해당하는 욕구는 무엇인가?**

- 외부로부터 자신을 보호, 보장받고 싶은 욕구
- 신체적, 심리적 위험, 사회적 지위에 대한 위험에서 벗어나고 싶은 욕구
- 동기부여를 위해 고용을 보장한다.

① 자아실현 욕구(self-actualization)
② 자기존중 욕구(esteem)
③ 사회적 욕구(social)
④ 안전욕구(safety)
⑤ 생리적 욕구(physiological)

ANSWER 19.② 20.④

19 ② 투사란 자신의 특성이나 태도를 타인에게 전가하거나 자신 특성 기준으로 다른 사람을 판단하는 것을 말한다. 상기의 예시는 대조효과에 해당한다.

20 매슬로우 욕구론에 따라 생리적 욕구, 안전욕구, 사회적 욕구, 자기존중 욕구, 자아실현 욕구 순으로 사람을 동기부여시킨다.
① 자아실현 욕구는 잠재적 역량을 최고로 발휘하여 자신의 일에서 최고가 되고 싶은 욕구이다.
② 자기존중 욕구는 명성, 명예 등 타인으로부터 인정받고 싶은 욕구이다.
③ 사회적 욕구는 어딘가에 소속되고 싶은 또는 다른 이들에게 집단의 일원으로 인정받고 싶은 욕구이다.
⑤ 생리적 욕구는 생존에 필수적인 것들을 충분히 취하고 싶은 욕구이다.

21 다음 중 ( ) 안에 들어갈 적절한 것은?

> 우리나라에서는 모든 사업 또는 사업장에 근무하는 근로자는 근로자의 형태 및 임금형태와 관계없이 모두 퇴직금을 받을 수 있다. 또한 퇴직금 제도를 설정하고자 하는 사용자는 계속근로기간 1년에 대하여 ( ) 이상의 평균임금을 퇴직금으로 퇴직하는 근로자에게 지급할 수 있는 제도를 설정하여야 하며 그 지급은 지급사유가 발생한 날부터 ( )에 지급하여야 한다. 단, 특별한 사정이 있는 경우에 당사자 간 합의에 따라 ( )에 한해 지급기일을 연장할 수 있다.

① 30일분 – 14일 이내 – 1개월
② 3개월분 – 14일 이내 – 30일
③ 30일분 – 14일 이내 – 3개월
④ 3개월분 – 15일 이내 – 30일
⑤ 30일분 – 15일 이내 – 3개월

22 인터넷 상에서 악성루머가 빠르게 확산되는 것과 관련 있는 것은?

① 바나나현상
② 인포데믹스
③ 벤치마킹
④ 트라이벌리즘
⑤ 차브

ANSWER 21.③ 22.②

21 ③ 우리나라 퇴직금제도는 법정퇴직금제도로서 5인 이상의 사업장에 근무하는 근로자는 근로자의 형태 및 임금형태와 관계없이 모두 퇴직금을 받을 수 있다. 퇴직금제도를 설정하고자 하는 사용자는 계속근로기간 1년에 대하여 30일분 이상의 평균임금을 퇴직금으로 퇴직하는 근로자에게 지급할 수 있는 제도를 설정하여야 한다. 사용자는 근로자가 퇴직한 경우에는 그 지급사유가 발생한 날부터 14일 이내에 퇴직금을 지급하여야 한다. 다만, 특별한 사정이 있는 경우에는 당사자간의 합의에 의하여 3개월에 한해 지급기일을 연장할 수 있다.

22 ② 정보(information)와 전염병(epidemics)의 합성어로 정보 확산으로 인한 각종 부작용을 일컫는다.

23 다음 중 중장기적으로 볼 때, 사회의 효율성 증대에 기여할 것으로 예상되지 않는 것은?

① 마을에 있는 공동 초지에서 구성원들 각자의 채취량을 규제하여 적정한 채집량을 유지시킨다.
② 사고가 발생하여 누군가에게 그 책임소재를 물어야 한다면 그 사고를 미리 예견하고 막을 수 있는 권한이 있었던 이에게 그 책임을 묻는다.
③ 개인 상호간 피해를 입히고 입은 경우 발생 시 반드시 가해자에게 책임을 지도록 한다.
④ 개인 상호간의 계약이라도 예기치 못한 상황 발생 시 해약할 수 있도록 허용해야 한다.
⑤ 특수한 경우가 아닐 경우 모든 물건에 사유재산권을 확립해준다.

24 김 대리는 부업으로 커피전문점을 구상하고 있다. 하지만 최근 주요 번화가 일대에 커피전문점이 번성하고 있고 등장 초기에는 수익성이 매우 높았으나 최근 들어 그 수익성이 주춤해지고 있고 중소 커피전문점의 경우는 폐업을 하는 경우도 속출하고 있다는 사실을 알게되었다. 김 대리는 이러한 상황을 통해 커피전문점들의 수익성 저하의 원인을 발견하고 이를 감안하여 부업을 시작하려 한다. 김 대리가 판단한 수익성 저하의 요인으로 가장 적절한 것은?

① 임대료 상승 등 비용증가
② 시민들의 높은 커피가격의 실질적인 인식
③ 진입장벽의 부재
④ 대체제의 등장에 따른 커피수요 감소
⑤ 정부의 커피가격 규제

ANSWER 23.④ 24.③

23 ④ 개인 상호간의 계약에서 예기치 못한 상황까지 포함하여 면책을 둘 경우 계약시행에 대한 불확실성으로 인해 교환을 기피하게 되고, 이로 인해 사회의 효율성은 떨어지게 된다.

24 커피전문점은 다수의 판매기업이 존재하고 진출입이 자유로운 독점적 경쟁시장 내에 있다. 따라서 새로운 기업들의 진입으로 공급량이 늘고 이는 가격의 하락을 야기 초과이윤을 발생시키지 못한 채 정상이윤만을 획득하게 되므로 장기적인 수익성 둔화의 가장 큰 원인은 진입장벽의 부재이다.

25 다음에서 설명하는 개념으로 가장 옳은 것은?

시장거래에 참가하는 사람들이 실제로는 완벽히 미래를 예측하고 모든 대안을 모두 고려할 수는 없는 것이다. 따라서 거래비용의 상승을 가져온다.

① 역선택
② 시장실패
③ 제한된 합리성
④ 매몰비용
⑤ 경영 딜레마

26 다음에서 설명하는 개념에 해당하는 것은?

경쟁기업과 비교하여 제품의 생산 또는 서비스의 공급에 더 높은 효과성 내지는 효율성을 야기시키는 능력을 말한다. 즉, 보다 우수한 수준으로 고객에게 특별한 효용을 제공할 수 있게 하는 지식 또는 기술의 묶음을 이르는 말이다.

① 핵심역량(Core Competency)
② 절대우위(Absolute Advantage)
③ 가치활동(Value Activity)
④ 비교우위(Comparative Advantage)
⑤ 지식경영(Knowledge Management)

ANSWER 25.③ 26.①

25 제한된 합리성(Bounded Rationality) … 정보수집의 제약, 정보평가의 주관성, 미래의 불확실성 등이 모여 합리성의 한계를 초래하게 되는 것을 말하는 것으로 하버트 사이먼 교수에 의해 소개되었다. 제한된 합리성으로 인해 시장거래에서 전반적인 비용상승을 가져오게 된다.

26 핵심역량(경쟁적 차별적 우위요소) … 단순히 그 기업이 잘하는 활동을 의미하는 것이 아니라 경쟁기업과 비교하여 훨씬 우월한 능력, 즉 경쟁우위를 가져오게 하는 능력을 말한다.

27 다음 중 ( ) 안에 들어갈 용어로 바른 것은?

> ( )는 공정거래위원회에서 담합행위에 대해 조사에 협조한 업체가 담합협의를 인정하면 과징금 등 페널티를 감면해 주는 제도이다.

① 그린프라이스제도
② 특별사면제도
③ 리니언시제도
④ 간이과세제도
⑤ 감액청구권제도

28 영양과 의료기술이 향상되면서 평균수명은 증가하였으나 정년은 점점 짧아 지고 있다. 이는 경제위기가 심화되면서 더 앞당겨질 수 있어 서민과 중산층의 가장 큰 불안거리로 자리매김하고 있다. 다음 중 이러한 사회적 상황을 배경으로 하여 모색되고 있는 정책으로 가장 적절한 것은?

① 고용의 유연성 확대
② 임금피크제의 확대
③ 비정규직의 정규직화
④ 정규직의 비정규직 전환 유도
⑤ 외국인 산업연수생 도입의 확대

ANSWER 27.③ 28.②

27 ③ 담합자진신고자감면제(Leniency)란 기업간의 지능적인 담합 협의를 스스로 인정하거나 고발하면 처벌을 감면해 주는 제도를 말한다.

28 임금피크제 … 일정 연령이 되면 임금을 삭감하는 대신 정년은 보장하는 제도로 워크 셰어링(work sharing)의 한 형태이다. 미국 · 유럽 · 일본 등 일부 국가에서 공무원과 일반 기업체 직원들을 대상으로 선택적으로 적용하고 있으며, 우리나라에서는 2001년부터 금융기관을 중심으로 이와 유사한 제도를 도입해 운용하고 있다. 그러나 공식적으로는 신용보증기금이 2003년 7월 1일 임금피크제를 적용한 것이 처음이다. 노동자들의 임금을 삭감하지 않고 고용도 유지하는 대신 근무시간을 줄여 일자리를 창출하는 제도로 2~3년의 기간을 설정하여 노동자들의 시간당 임금에도 변함이 없으며 고용도 그대로 유지되는 단기형, 기존의 고용환경과 제도를 개선할 목적으로 비교적 장기간에 걸쳐 행해지는 중장기형으로 나뉜다.

29 기업체의 생산과정에서 종업원이 최선의 노력과 주의를 다하여 결점을 없애고자 하는 것으로 QC기법을 제조부문에 한정하지 않고 일반관리사무에까지 확대 적용하여 전사적으로 결점이 없는 일을 하자는 이 기법은?

① 6시그마(6 Sigma)
② ZD(Zero Defects)운동
③ SCM(Supply Chain Management)
④ TQM(Total Quality Management)
⑤ ERP(Enterprise Resource Planning)

30 전문경영인과 기업의 주주사이에 서로의 이해관계가 일치하지 않아 문제가 야기되고 있다. 다음 중 이와 관련되는 개념은?

① 제한된 합리성(Bounded Rationality)
② 도덕적 해이(Moral Hazard)
③ 대리인 문제(Agency Problem)
④ 기업지배구조(Corporate Governance)
⑤ 역선택(Adverse Selection)

31 다음은 기업이 보유한 자원이 경쟁우위를 창출하는 핵심자원이 되기 위해 지녀야 하는 속성이다. 그 성격이 다른 하나는?

① 희소성
② 경쟁자 수
③ 가치
④ 모방 불가능성
⑤ 대체제의 부재

ANSWER 29.② 30.③ 31.②

29 ② 전사적으로 경영참가의식을 갖게 하여 사기를 높임으로써 전원이 결점을 없애는데 협력해 나가도록 하는 운동이다. 이전에 사람은 실수를 저지를 수 있다 하여 이를 방지하기 위한 올바른 작업방법을 지시하는 것이 옳다고 생각하였다. 하지만 ZD에서는 사람은 완전을 향해 노력하며 그 노력은 실수를 하지 않는 것도 가능하게 한다고 생각하여 올바른 작업동기를 부여하는 것이 중요하다고 판단한다. 따라서 종래의 하향식 목표대신 작업의 목표를 자주적으로 결정하도록 하여 목표를 달성한 그룹을 표창함으로써 동기를 부여한다.

30 대리인 문제…개인 또는 집단의 의사결정과정을 타인에게 위임하는 경우 대리인 관계가 성립된다. 또한 정보의 불균형 및 감시의 불완전성으로 인해 도덕적 해이, 역선택 등의 대리인 문제가 발생할 수 있다. 이러한 문제를 해결하기 위해서 지출되는 비용을 대리인 비용이라 하며 대리인 문제의 발생은 모든 계약관계에서 나타날 수 있다.

31 ①③④⑤ 경쟁자에 비해 경쟁우위를 지니기 위해 필요한 개념이다.

32 다음의 설명에서 공통으로 연상되는 학자는?

- 인공의 과학(The Sciences of the Artificial)
- 노벨 경제학상
- 인간 인지능력의 한계
- 경제학은 제한된 합리성을 가진 인간을 연구해야 한다.

① 허버트 사이먼(Herbert Alexander Simon)
② 제임스 토빈(James Tobin)
③ 앨빈 토플러(Alvin Toffler)
④ 폴 크루그먼(Krugman)
⑤ 피터 드러커(Peter Ferdinand Drucker)

33 원재료 또는 노동 등을 투입하여 제품과 서비스 등의 최종생산물을 산출하는 일련의 과정을 설계 · 운영 · 통제하는 것은?

① 재고관리
② ERP
③ 운영관리
④ 경영관리
⑤ 생산관리

ANSWER 32.① 33.③

32 허버트 사이먼 … 경제적 인간 가설에 대해 강한 이견을 주창하며 대체 사고방식을 제창하였다. 주류 경제학이 가정하고 있는 합리성에 대해 인간 인지 능력의 한계라는 관점에서 비판을 가하며 완전히 합리적일 수 없는 인간을 설명하기 위해 '제한된 합리성(bounded rationality)' 개념을 창출해냈다.

33 ① 능률적이고 계속적인 생산활동을 위하여 재료 또는 제품을 적절한 보유량을 계획 · 통제하는 일
② 기업내 통합정보시스템을 구축하여 인사 · 재무 · 생산 등 기업의 전 부문에 걸쳐 독립적으로 운영되던 시스템을 하나로 통합하여 기업내의 인적 · 물적 자원의 활용도를 극대화하고자 하는 경영혁신기법이다.
④ 조직의 구성원들이 공동목표를 합리적으로 달성할 수 있도록 계획 · 통제하는 과정으로 계획, 조직, 지휘, 조정, 통제 등 다섯 가지 요소로 이루어진다.
⑤ 생산활동을 계획 · 조직 · 통제하는 경영상의 기능을 말한다.

34 다음에서 설명하는 것은 무엇인가?

> 경영진이 중심이 되어 기업의 전부 또는 일부 사업부를 인수하는 방식의 기업구조조정으로 고용안정과 기업의 효율성을 동시에 추구할 수 있는 장점을 지닌다.

① 기업인수 · 합병
② 경영자매수
③ 스핀오프
④ 기업제휴
⑤ 콤비나트

35 다음 중 동일한 산업분야의 다수 중소기업이 기술적 측면에서 결합하여 구매, 자금, 생산, 판매 등의 활동을 조직화하는 것은?

① 계열화
② 협업화
③ 다각화
④ 전략화
⑤ 통일화

36 수 개의 기업들이 카르텔처럼 독립성을 유지하면서 주식의 보유나 금융적 방법에 의해 결합한 기업형태를 무엇이라 하는가?

① 콤비나트(combinat)
② 트러스트(trust)
③ 콘체른(concern)
④ 벤처 캐피탈(venture capital)
⑤ 카르텔(cartel)

ANSWER 34.② 35.② 36.③

34 경영자매수(MBO ; Management Buy Out) … 기업이 적자사업 또는 한계 기업을 팔 때 해당 기업의 경영진이 기업의 전부 또는 일부를 인수하여 신설법인으로 독립하는 사업구조조정의 한 방법이다.

35 동일 산업분야에 몇몇 중소기업이 기술적 측면에서 결합하는 활동을 협업화라고 한다.

36 콘체른 … 일종의 기업집단으로 산업과 금융의 융합, 주식소유에 의한 지배(지주회사) 또는 융자 및 중역파견에 의한 인적 결합 지배로 독립성이 유지되는 산업과 금융의 융합을 말하는 것으로 우리나라의 재벌이 이에 속한다.

37 다음 보기에서 근대조직론의 창시자인 바나드(C.I. Barnard)가 주장하는 조직의 3요소는?

㉠ 공통의 목적	㉡ 모티베이션
㉢ 커뮤니케이션 네트워크	㉣ 리더십
㉤ 공헌의욕	

① ㉠㉡㉢
② ㉠㉢㉣
③ ㉠㉢㉤
④ ㉡㉢㉣
⑤ ㉡㉣㉤

38 경영의 합리화를 기하는 목적은?

① 종업원의 임금향상 및 복리후생 증진
② 재정의 균형과 안전을 도모하여 독점 배제
③ 생산비의 절감과 기술 및 능률 향상
④ 고용량 증대 및 생산량 증대
⑤ 적재적소에의 인력배치를 통한 사회통합

39 실제로 업무수행 능력이 우수하지는 않으나, 좋은 첫인상과 성실한 업무태도로 인해 개인의 능력이 높게 평가되어지는 오류를 무엇이라고 하는가?

① halo effect
② projection
③ stereotype
④ contrast effect
⑤ leverage effect

ANSWER 37.③ 38.③ 39.①

37 조직의 3요소 … 공통의 목적, 커뮤니케이션 네트워크, 공헌의욕

38 기업경영의 모든 면에서 효율성을 높이고자 하는 것을 경영합리화라고 한다.

39 halo effect … 후광을 뜻하는데, 인물이나 상품을 평정할 때 대체로 평정자가 빠지기 쉬운 오류의 하나로 피평정자의 전체적인 인상이나 첫인상이 개개의 평정요소에 대한 평가에 그대로 이어져 영향을 미치는 등 객관성을 잃어버리는 현상을 말한다.

40 **전혀 관련이 없는 이종기업 간의 합병 또는 매수를 통한 기업결합의 형태는?**

① 컨글러머레이트
② 신디케이트
③ 벤처캐피탈
④ 조인트벤처
⑤ 트러스트

41 **의사결정에 필요한 모든 정보자료의 흐름을 과학적이고 합리적으로 체계화한 것은?**

① MIS
② 포드시스템
③ 테일러시스템
④ 파일링시스템
⑤ BPR

42 **시장에서의 경쟁을 약화시킴으로써 높은 이윤을 확보하는 것이 주 목적인 기업형태와 거리가 먼 것은?**

① 트러스트
② 콤비나트
③ 신디케이트
④ 카르텔
⑤ 조인트벤처

ANSWER 40.① 41.① 42.②

40 컨글러머레이트(conglomerate)의 특징

㉠ 2차 대전 후 자재원, 제품개발, 생산기술 혹은 마케팅경로와 관계가 없는 제품이나 용역을 생산하는 기업들의 합병이 발생하게 되었는데, 이것을 컨글러머레이트라 한다.

㉡ 미국에서는 1950년의 독점금지법의 개정으로 인하여 기업의 수평적 합병 및 수직적 합병의 어려움으로 인하여 컨글러머레이트가 등장하게 되었다.

41 MIS(Management Information System) … 경영정보시스템을 의미한다. 기업경영의 의사결정에 사용할 수 있도록 기업 내외의 정보를 전자계산기로 처리하고 필요에 따라 이용할 수 있도록 인간과 전자계산기를 연결시킨 경영방식이다.

42 ① **트러스트**(trust) : 몇몇의 기업이 시장독점을 위해 공동지배하에 결합하여 통일체를 형성하는 기업의 형태로, 이들 기업은 법률상 · 경제상의 독립성이 없는 점에서 카르텔과 다르다.

② **콤비나트**(combinat) : 생산공정이 연속되는 다수의 공장을 유기적으로 결합시킴으로써 원자재의 확보, 원가의 절감, 부산물이나 폐기물의 효율적 이용 등의 합리화를 꾀하는 기업결합체이다.

③ **신디케이트**(syndicate) : 가장 강력한 카르텔 형태로서, 시장통제를 목적으로 가맹기업들이 협정에 의하여 공동판매기관을 설치하고 기업의 생산물을 일괄 공동판매하여 그 수익을 공동분배하는 카르텔을 말한다.

④ **카르텔**(cartel) : 동종사업에 종사하는 기업 간에 서로의 독립을 인정하면서 제조 · 판매 · 가격 등을 협정하여 무모한 경쟁을 없애고, 비가맹자의 침투를 막아 시장을 독점함으로써 이윤을 증대시키는 기업의 결합형태이다.

⑤ **조인트벤처**(joint venture) : 2인 이상의 업자 간에 단일특정의 일을 행하게 하는 출자계약 또는 공동계약을 말한다.

43 포드주의에 대한 설명 중 옳은 것은?

① 유연생산체계를 극복하기 위해 고안된 생산방식이다.
② 과학적 관리법으로 노동자들의 숙련지식을 박탈하고 노동을 단순화시킨다.
③ 노동자들의 업무를 최대한 세분화하고 각 업무를 표준화시킴으로써 노동에 대한 구상기능과 실행기능을 분리시켜 작업에 대한 관리와 성과측정을 용이하게 한다.
④ 컨베이어 벨트라는 자동화설비를 도입하여 작업의 흐름을 기계의 흐름에 종속시켜 높은 생산성을 유지하게 하는 생산방식으로, 대량생산 · 소비체제를 구축한다.
⑤ 소량생산을 통해 고객에게 맞춤 상품을 제공해낼 수 있는 능력을 말한다.

44 산업분석기법에 관한 설명으로 옳지 않은 것은?

① 일반적으로 산업구조분석, 라이프사이클 이론에 의한 산업분석, 산업의 공급과 수요분석이 있다.
② 산업구조분석 시에는 잠재적 진출기업의 위협, 대체상품의 위협, 구매자들의 교섭력, 수급자들의 교섭력, 기존 기업들 간의 경쟁에 대한 분석이 중요하다.
③ 라이프사이클 이론을 이용하면 산업 수명을 개척기, 투자성숙기, 안정기 등 3단계로 나눌 수 있다.
④ 해당 산업 내 기업들의 이윤, 사업위험, 경쟁강도, 중요경영관리기능은 개척기, 투자성숙기, 안정기에 따라 달라진다.
⑤ 개척기는 자본집약도가 낮다고 할 수 있다.

ANSWER 43.④ 44.②

43 포드주의(fordism) … 미국 포드자동차 회사에서 처음 개발된 것으로 포디즘적 생산방식에 있어 부품들의 흐름은 기계(컨베이어 벨트, 운반기, 이동조립대)에 의해 이루어진다.

44 ② 산업구조분석 시에는 잠재적 진출기업의 위협, 대체상품의 위협, 구매자들의 교섭력, 공급자들의 교섭력, 기존 기업들 간의 경쟁에 대한 분석이 중요하다.

45 다음 중 전략적 의사결정에 요구되는 정보의 특성에 대한 설명으로 거리가 먼 것은?

① 컴퓨터 정보시스템에 대한 의존도가 매우 높다.
② 외부정보의 의존도가 매우 높다.
③ 전술적 의사결정에 이용되는 정보보다 정보의 사용빈도가 상대적으로 낮다.
④ 운영적 의사결정에 이용되는 정보보다 정보의 정확성이 상대적으로 낮다.
⑤ 원시적이고 거시적인 의사결정의 범위를 지닌다.

46 다음 중 클라우드 컴퓨팅(cloud computing)에 대한 설명이 옳지 않은 것은?

① 인터넷 기반의 컴퓨팅 기술을 의미하는 것으로 미국의 컴퓨터 학자인 존 맥카시(John McCarthy)가 "컴퓨팅 환경은 공공시설을 쓰는 것과도 같을 것"이라는 개념을 제시한데서 출발한다.
② 모든 것을 웹에서 해결하는 수 있게 함으로써 공급자 중심의 서비스라 할 수 있다.
③ 공급자의 경우 온라인에서 새로운 비즈니스의 창출기회를 지니며 고객은 IT활용의 극대화가 가능하다.
④ 클라우드 컴퓨팅 환경에서는 웹브라우저 하나로 워드작업, 이메일 송수신, 동영상 작업, 온라인 게임 등의 활동을 별다른 기술적 정보의 습득이나 프로그램의 설치 없이 간편하게 이용할 수 있다.
⑤ 사용자의 데이터를 신뢰성 높은 서버에 보관함으로써 안전하게 보관할 수 있지만 기업 등의 경우 솔루션을 여러 기업이 사용함으로 보안이나 안정성 등의 문제가 지적되기도 한다.

ANSWER 45.① 46.②

45 ① 전술적 의사결정의 과정에서는 대내적 자료, 과거의 경험과 실적에 대해 많은 양의 정보와 구체적인 자료가 요구되므로 그 의존도가 높다고 할 수 있으며 전략적 의사결정은 경영관리자의 주관적 가치관의 비중이 월등하게 크고 결정 내용의 중요성이 강조된다.

※ 전략적 · 전술적 의사결정

전략적 의사결정	전술적 의사결정
• 경영관리자의 주관적 가치관의 많은 비중 • 원시적이고 거시적인 의사결정의 범위 • 방향제시적 결정 • 조직의 기본목적이나 존속 발전과 같은 문제 • 방향 : 무엇을 할 것인가	• 대내 자료 및 구체적인 정보의 요구 • 근시적이고 미시적인 의사결정의 범위 • 방법제시적 결정 • 전략적 결정을 실천에 옮기기 위한 것과 관련된 결정 • 수단 및 방법 : 어떻게 할 것인가

46 ② 사용자가 지원하는 기술 또는 인프라 등에 대한 지식이 없어도 인터넷으로부터 서비스를 이용할 수 있다는 데서 사용자 중심의 서비스라 할 수 있다.

47 다음 중 TQM에 대한 설명으로 가장 옳지 않은 것은?

① 생산부문의 품질관리만으로는 기업의 성공을 보장할 수 없으며 전사적인 품질관리의 실천을 전제로 한다.
② TQC에서 발전한 개념으로 통계학적 방법은 물론 조직적이며 관리론적인 방법론에도 많은 비중을 두고 있다.
③ 경영자 주도로 전사적인 QC활동을 벌이는 특징을 갖는다.
④ 노동의 질적 측면까지 고려해야 한다는 일본식 품질관리 원리의 영향을 받았다.
⑤ 단순히 제품기능의 결함을 발견하고 이를 제거하는 것 이상의 뜻을 포함하여 기업 전체의 경쟁력을 향상시키는 철학으로 보아야 한다.

48 포드시스템(ford system)에 관한 설명 중 적절하지 않은 것은?

① 기업관리에 있어서 인간관계의 분석과 노사 간의 협조에 중점을 두었다.
② 포드(H. Ford)는 기업의 경영을 사회에 대한 봉사의 수단으로 생각하였다.
③ 포드시스템은 백색사회주의라는 비난을 받기도 하였다.
④ 포드시스템은 과학적 관리운동이 봉착한 딜레마를 타개하기 위하여 주창된 것이었다.
⑤ 분업생산공정의 철저한 기계화로 각종 작업의 전체적 동시진행을 실현하고 관리활동을 자동화한 제도이다.

ANSWER 47.③ 48.①

47 ③ TQC의 특징에 해당한다.

※ TQC와 TQM의 비교

전사적 품질관리 (TQC; total quality control)	전사적 품질경영 (TQM; Total Quality Management)
• 경영자 주도의 전사적 QC활동 • 품질 우선의 경영 • QC 기법의 개발활용 • 제품생산에서의 불량률 최소화를 위한 전사적 품질개발, 품질유지, 품질개선 노력들을 종합하기 위한 효과적 시스템	• 고객에 의해 품질 정의 • 인간위주 경영시스템 지향 • 품질을 통한 경쟁우위의 확보를 위하여 고객만족, 인간성 존중, 사회에의 공헌을 중시 • 최고경영자와 전임직원이 끊임없이 혁신에 참여하여 기업문화의 창달 및 기술개발을 통한 기업 경쟁력 제고로 장기적 성장을 추구

48 ① 인간관계론은 호손실험의 결과를 토대로 메이요(E. Mayo)가 주창하였다.

49 다음 중 기업의 소사장제(intrapreneuring)에 대한 설명으로 옳지 않은 것은?

① 중소기업들이 불황의 타개를 위해 도입한 신경영기법이다.
② 기업 내에 분야별로 독자적인 책임을 지는 리더를 다수 두는 경영방식을 말한다.
③ 분리된 조직의 소사장에게 주인의식과 책임감을 높일 수 있다는 장점이 있다.
④ 소그룹을 단위로 하여 철저하게 인력관리를 할 수 있다.
⑤ 다수의 리더로 인해 운영의 효율성은 높아지지만 책임감은 낮아지는 단점이 있다.

50 다음 중 리더십 유형에 대한 설명으로 옳은 것은?

① 거래적 리더십(transactional leadership)은 부하들에게 비전을 제시하여 그 비전 달성을 위해 함께 협력할 것을 호소한다.
② 비전적 리더십(visionary leadership)은 하위자들이 자기 자신을 스스로 관리하고 통제할 수 있는 힘과 기술을 갖도록 개입하고 지도하는 것이다.
③ 서번트 리더십(servent leadership)은 섬기는 자세를 가진 봉사자로서의 역할을 먼저 생각하는 리더십이다.
④ 카리스마 리더십(charismatic leadership)에서 리더가 원하는 것과 하위자들이 원하는 보상이 교환되고, 하위자들의 과업수행시 예외적인 사항에 대해서만 리더가 개입함으로써 영향력을 발휘하는 것이다.
⑤ 변혁적 리더십(transformational leadership)은 목표와 일의 방향을 명확히 하고 각 멤버가 맡아줄 업무를 적절히 분담하게 함으로써 멤버들의 동기를 유발하고 일을 추진해 나가는 유형이다.

ANSWER 49.⑤ 50.③

49 ⑤ 소집단의 분리로 인해 개별적으로 자율성과 동기부여를 높일 수 있어 효율적인 생산이 가능하며 리더가 그 소집단의 운영을 맡아 책임감이 높다.

50 리더십의 일반적 유형
㉠ 거래적 리더십 : 타산적, 교환적 관계를 중시하는 전통적인 리더십으로 구성원의 결핍욕구(deficiency needs)를 자극하고 이를 충족시켜주는 것을 반대급부로 조직에 필요한 임무를 수행하도록 동기화 시키는 지도자의 특성을 의미한다.
㉡ 변혁적 리더십 : 카리스마(charisma), 지적 동기 유발(intellectual stimulation), 개인적 배려(individual consideration), 비전(vision)의 4가지 차원에서 중요한 변화를 주도하고 관리하는 리더십 행위로서, 구성원의 성장욕구(growth needs)를 자극하고 동기화 시킴으로써 구성원의 태도와 신념을 변화시켜 더 많은 노력과 헌신을 이끌어 내는 지도자의 특성을 의미한다.
㉢ 카리스마적 리더십 : 리더의 이념에 대한 부하의 강한 신뢰를 바탕으로 동화, 복종, 일체감으로 높은 목표를 추구하고자 하는 리더십이다.
㉣ 서번트 리더십 : 섬기는 자세를 가진 봉사자로서의 역할을 먼저 생각하는 리더십이다.
㉤ 비전적 리더십 : 카리스마의 개념 중에서 특히 비전에 강조점을 두고 있는 리더십이다.

51 **다음 중 기술이전과 관련된 설명으로 옳지 않은 것은?**

① 라이센싱 – 기술공여자가 기술도입자에게 무상으로 특정 기술을 지급하는 형태를 취한다.
② 해외직접투자 – 여러 생산요소의 포괄적 이전이며, 현지에서의 공장설립 등의 형태를 취한다.
③ 기술이전 활동 – 비교적 표준화된 기술을 대상으로 한다.
④ 경영관리계약 – 서비스 업종에서 주로 이루어지는 형태로 기업경영 일반에 관한 경영관리능력을 제공한다.
⑤ OEM – 주문자가 요구하는 상표명으로 완제품 또는 부품을 생산하는 방식을 말한다.

52 **다음 중 경영자의 정보역할에 대한 설명으로 가장 적합하지 않은 것은?**

① 경영자는 외부환경과 관련된 정보를 지속적으로 수집하고 이를 관찰하며 정보가 많을수록 경영자는 의사결정을 신속·정확하게 할 수 있고 이를 통해 기업의 성과를 높일 수 있다.
② 경영자는 수집된 정보를 조직의 구성원들에게 충실하게 전달하는 전달자의 역할을 수행해야 한다.
③ 경영자는 효과적인 자원분배와 조직내 갈등을 극복하는 문제해결사로서의 능력을 갖추고 외부와의 협상에서 회사에 유리한 결과를 이끌어내는 중요한 역할을 수행한다.
④ 경영자는 기업 외부인들로부터 투자를 유치하고 기업을 홍보하기 위해 기업내부의 객관적인 사실을 대변하는 대변인 역할을 수행한다.
⑤ 부하직원이 소홀히 하는 분야까지 정보를 수집하여 조직내에서 정보에 가장 밝은 사람이 될 수 있어야 한다.

ANSWER 51.① 52.③

51 라이센싱 … 기술공여자가 기술도입자에게 로열티를 받고 특정 기술 즉, 특허, 기업노하우, 등록상표, 지식 등을 계약기간 동안 사용할 수 있도록 권리를 부여하는 것이다.

52 경영자의 정보역할은 정보네트워크를 개발하여 유지하면서 필요한 정보를 수집하거나 활용하는 역할을 의미한다.

※ 경영자 정보역할
- ㉠ **모니터역할** : 경영자는 부하직원이 소홀히 하는 분야까지 정보를 수집해야 한다. 모니터 기능을 충실히 수행함으로써 조직내에서 정보에 가장 밝은 사람이 될 수 있다.
- ㉡ **전파자역할** : 조직내에서 수집한 정보를 메모, 보고, 전화, 인터넷을 통해 부하직원에게 알려주는 전파자 역할을 수행한다.
- ㉢ **대변자역할** : 조직정책이나 계획에 대한 정보를 외부에 강연, 구두설명, 보고, 홍보, 인터넷을 통해 공식적으로 알리는 대변인 역할을 수행한다.

53 **다음 중 지식에 대한 설명으로 적합하지 않은 것은?**

① 지식경영의 대상이 되는 지식에는 데이터 형태 또는 문서화된 명시적 지식과 구성원들이 암묵적으로 알고 있는 비체계적 지식으로 지식경영에서는 모든 지식을 대상으로 지식경영을 추구한다.
② 유형의 자산과 달리 상용한다고 소멸되는 것이 아니라 오히려 사용할수록 더 큰 지식으로 확대될 수 있다.
③ 지식경영에서 추구하는 지식은 조직에 가치가 있는 지식이어야 하고, 조직의 구성원 개개인이 가지고 있는 지식을 조직의 지식으로 확대하고, 고객서비스의 증대, 업무방식, 조직구조, 경영관리의 체질을 전환시키는 데 지식경영이 연계되어야 한다.
④ 지식을 창출하는 초기비용이 높을 수가 있으나 사용에는 추가비용이 거의 발생하지 않고, 한명이 지식을 이용하나 100명이 지식을 이용하나 원가는 같다.
⑤ 지식경영이란 지식을 끊임없이 획득, 축적, 공유하여 시장에 보다 뛰어난 가치를 선보임으로써 기업의 가치를 향상시키는 것을 말한다.

54 **다음 중 경영정보시스템(MIS ; management information system)에 대한 설명으로 적절하지 않은 것은?**

① 경영정보를 신속, 정확하게 처리한다.
② 기계가 인적요소를 완전히 대체하는 시스템이다.
③ 구성요소로는 하드웨어, 소프트웨어, 데이터베이스 등이 있다.
④ 기업경영에 필요한 정보를 적시에 제공할 수 있도록 미리 정보를 수집, 보관하였다가 필요할 때에는 즉시 검색, 분석, 처리하여 제공하는 전사적 시스템이다.
⑤ 기업경영의 의사결정에 사용할 수 있도록 기업 내외의 정보를 전자계산기로 처리하고 필요에 따라 이용할 수 있도록 인간과 전자계산기를 연결시킨 경영방식을 말한다.

ANSWER 53.① 54.②

53 지식경영에서는 모든 지식을 대상으로 지식경영을 추구하는 것이 아니며 지식경영에서 추구하는 지식은 조직에 가치가 있는 지식으로 한정된다.

54 MIS란 기업 경영에 다양한 의사결정 관련정보를 제공하기 위해 기업 내외의 관련 데이터를 신속하게 수집하고 전달하며 처리 · 저장하는 과정을 통해 이해관계자가 이용할 수 있도록 만들어진 시스템을 말한다. 즉, MIS는 인간과 기계가 결합된 시스템을 말한다.

55 다음 중 경영다각화의 목적이라 할 수 없는 것은?

① 전문적 고정설비의 상호활용과 운영경비절약
② 새로운 사업을 통하여 기업이 지향하는 수준의 목적 달성
③ 경영규모를 확대시킴으로써 규모경제의 실현
④ 단일 업종의 운용에 따르는 위험도의 분산
⑤ 경영활동을 여러 가지 종류의 분야로 넓힘으로써 시장지배력의 확보

56 다음 중 맥그리거의 XY이론에 대한 설명으로 옳은 것은?

① Y이론은 긍정적 인간형으로 동기부여는 생리적 욕구나 안전욕구의 계층에서만 가능하다는 것이다.
② X이론은 부정적 인간형으로 일이란 작업조건만 잘 정비되면 놀이와 같이 자연스러운 것이다.
③ Y형 인간은 감독이나 통제적인 방법으로 관리해야 한다.
④ X형 인간은 야망이 없고 책임지는 일을 싫어하고 지휘 받기를 좋아한다.
⑤ X형 인간은 작업에 다양성을 부여한다.

ANSWER 55.① 56.④

55 경영다각화의 목적
㉠ 성장추구
㉡ 위험의 분산
㉢ 시너지 효과 및 규모의 경제 실현
㉣ 시장지배력확보

56 맥그리거(D. Mcgreger)의 XY이론 … 관리자가 인적자원을 평가, 통제함에 있어 근거로 하는 이론적 과정이 무엇이냐에 따라 기업의 전체적인 성격이 결정된다는 전제하에 이러한 가정을 XY이론으로 설명한다.
㉠ X이론 : 부하직원들을 믿을 수 없다는 관리자의 태도는 곧바로 부하직원들의 무책임한 행동을 불러일으킨다. 부하직원들의 무책임한 행동은 관리자의 신념을 다시 강화시켜 악순환의 고리를 형성한다.
㉡ Y이론 : 관리자의 태도는 그 자신의 행동에 영향을 줄 뿐만 아니라 부하직원들의 태도와 행동에도 영향을 주게 되며 결과적으로 관리자 자신이 지니고 있던 기존의 태도와 행동을 강화시키는 작용을 한다.

57 다음 중 경영계획화의 유형에 대한 설명으로 가장 적절하지 않은 것은?

① 계획기간에 따라 단기계획, 중기계획, 장기계획으로 구분할 수 있다.
② 단기, 중기, 장기의 개념은 업종과 규모 등에 따라 달라질 수 있다.
③ 단기계획에서는 경쟁업체 및 외부환경에 따라 사업을 확장할 것인지 포기할 것인지를 검토한다.
④ 중기계획에서는 장기계획과 관련하여 생산설비의 확장 또는 축소를 검토할 수 있다.
⑤ 경영계획활동은 기업의 성장단계에 따라 경영정책→전략적 계획→전략적 경영의 단계로 진화하고 발전되어 왔다.

58 다음 중 기업의 사회적 책임 이행에 관련한 설명으로 가장 적절하지 않은 것은?

① 사회활동을 통해 사회적 책임을 다하는 기업에 대해서는 고객 평판이 좋아지는 장점이 있다.
② 환경오염 배출을 억제하는 것은 기업의 사회적 목적 실현에 도움이 안 된다.
③ 때로는 단기적인 경제적 목적 실현과 사회적 목적 실현이 상충되는 때도 있다.
④ 기업은 이익을 주주, 소비자, 사원, 공공단체 등과 적절히 나누어 가질 책임이 있다.
⑤ 사회적 책임 활동을 통해 경제 및 사회, 환경의 측면에서 지속적인 성과를 창출하여 기업의 가치를 증진하려 한다.

59 다음 중 대규모 기업의 특성으로 가장 적절하지 않은 것은?

① 신용도가 높아서 자본조달이 용이하다.
② 대량생산을 할 수 있어 규모의 경제효과를 얻을 수 있다.
③ 분업을 통한 전문화가 이루어져 생산성이 높아진다.
④ 일반관리계층이 줄어들어 관리비용이 감소한다.
⑤ 규모가 크고 경직되는 경우가 많아 변화에 민감한 대응이 쉽지 않다.

ANSWER 57.③ 58.② 59.④

57 ③ 사업의 확장 및 포기는 최고경영층이 판단하는 사항이므로 단기계획이 아닌 장기계획에 해당한다.

58 기업의 사회적 책임(CSR) … 기업의 활동과정에서 뇌물수수 금지와 회계투명성 등 윤리경영, 환경 및 인권 보호, 사회공헌 등의 가치를 제고시켜, 이해관계자뿐만 아니라 지역사회, 더 나아가 인류사회 전체에 이익이 되도록 하는 조직체의 책무를 포괄하는 개념이다.

59 ④ 대기업의 경우 일반관리계층이 늘어나 관리비용이 증가한다.

60 다음 중 경영정보시스템이 경영활동에 이용될 때 얻을 수 있는 이점으로 가장 거리가 먼 것은?

① 수작업 대신 컴퓨터 대체를 통해 생산성을 향상시켜서 원가절감이 가능하다.
② 경영활동에 필요한 제정보를 신속히 제공한다.
③ 변화와 혁신의 도구로 이해됨에 따라 구성원들의 업무적 부담감이 상승한다.
④ 기업내부와 외부 구성원들 간의 정보 교류가 가능하여 의사소통을 향상시킬 수 있다.
⑤ 경영행위가 보다 복잡화되고 다양화되는 환경적인 제약 조건에서 유용한 활용이 가능하다.

61 다음 중 인적자원관리의 인식 변화에 대한 설명으로 가장 바람직하지 않은 것은?

① 인적자원은 물적 자원으로서 생산성향상의 수단으로 인식한다.
② 조직의 목표와 종업원의 욕구를 통합시키는 과정으로 관리체계가 필요하다.
③ 인적 요인을 소모적인 비용으로 인식하기보다는 투자를 위한 자원으로 인식한다.
④ 종업원들의 의식수준을 반영한 다양한 능률 향상의 교육프로그램이 필요하다.
⑤ 조직내 인력의 인간존중과 발전이 조직의 목표달성과 함께 달성되고 이루어 질 수 있도록 하는 관점에서 인사관리를 인적자원관리라 칭하기도 하는 것이다.

ANSWER 60.③ 61.①

60 경영정보시스템 … 기업의 목적을 달성하기 위하여 업무 관리, 전략적 의사결정을 합리적으로 수행하는 데 필요한 기업 내·외 정보를 효율적으로 제공하기 위한 조직적 체계이다.
㉠ 경영자와 사용자에게 적절한 정보를 제공한다.
㉡ 통합되고 일관된 체계로서 정보를 제공한다.
㉢ 변화요구와 상황에 관한 충분한 탄력성, 변화성, 적응성, 안정성을 유지시켜 준다.

61 ① 전통적인 인적관리의 인식에 대한 설명이다.
※ 인적자원관리 패러다임의 변화
㉠ 내부노동시장 중심에서 외부노동시장 중심으로 이행
㉡ 집단주의에서 개인주의로의 이행
㉢ 사람중심에서 직무중심으로의 이행
㉣ 인사의 스태프기능 중심에서 현장관리자 중심으로의 이행
㉤ 연공중심에서 성과중심으로의 이행
㉥ 표준형 인재중심에서 특성화된 전문가형 인재 중심으로의 이행

62 다음 중 기업 집중의 형태에 대한 설명으로 가장 잘못된 것은?

① 카르텔(cartel) – 다수의 동종 산업 또는 유사 산업에 속하는 기업들이 독점적 지배를 목적으로 협정을 맺는 기업결합 형태이다.
② 트러스트(trust) – 각 가맹기업이 법률적으로나 경제적으로 독립성을 유지한 채 자본적으로 결합하는 기업형태이다.
③ 콘체른(concern) – 수 개의 기업이 독립성을 유지하면서 주식의 소유나 자금의 대부와 같은 금융적 방법에 의해 이루어지는 기업결합 형태이다.
④ 콤비나트(combinat) – 상호보완적인 여러 생산부문이 생산기술적인 관점에서 결합하여 하나의 생산 집합체를 구성하는 결합 형태이다.
⑤ 컨글로머릿(conglomerate) – 다종시장기업이라고도 하며 서로 다른 업종을 가진 이종기업 간의 결합에 의한 기업의 형태이다.

63 다음에서 설명하는 것으로 적절한 것은?

- 어원은 17세기 프랑스어 'entrepredre'에서 유래한다.
- 로버트 실러 교수는 불확실성의 시대엔 야성적 충동과 자신감으로 이것을 살려야 경제에 활력을 불어넣을 수 있다고 하였다.
- 새로운 것에 도전하는 통찰력 있고 혁신적인 경영자들에게서 찾을 수 있다.
- 피터 드러커는 이것을 새로운 사업을 창출하는 것이라 하였다.

① 기업가 정신　　② 카리스마 리더십
③ 관리적 리더십　　④ 벤처정신
⑤ 경영혁신

ANSWER　62.②　63.①

62 트러스트(Trust) … 동일산업 부문에서 자본을 중심으로 한 기업들의 독점적 결합 형태를 말한다. 즉 동일 부문의 기업들이 각 사의 이익을 위해 서로 특정 계약을 맺는 것이다. 기업합동, 기업합병이라고도 하는데 카르텔보다 강력한 기업집중의 형태로 시장독점을 위하여 각 기업체가 개개의 독립성을 상실하고 합동하는 것이다.

63 기업가 정신(Entrepreneurship) … 기업가 고유의 가치관 또는 기업가적 태도를 의미한다. 위험과 불확실성 아래에서 이익 또는 성장을 위해 혁신적인 경제적 조직을 형성하는 것으로 이를 위해서는 조직과 시간 관리 능력, 인내력, 창의성, 도덕성, 도전정신 등이 요구된다.

64 **A기업은 현재의 경영프로세스를 변화시킬 계획이다. 다음 내용과 관련 있는 경영프로세스 변화기법은 무엇인가?**

> • 기존 업무수행방식을 근본적으로 재설계하여 혁신적인 효과를 달성
> • 무의 개념에서 출발하여 기업 전략에 맞추어 사업의 모든 업무과정을 프로세스 중심으로 재설계
> • 기업목표와 관련된 전체 프로세스를 대상으로 혁신을 꾀함

① 리스트럭처링
② 리엔지니어링
③ 다운사이징
④ 전사적 품질경영
⑤ 벤치마킹

65 **다음은 시나리오 플래닝 의사결정기법에 대한 설명이다. 시나리오 플래닝 의사결정기법에 대한 설명으로 옳지 않은 것은?**

> • 시나리오 플래닝은 불확실한 미래를 예측하기 위해 미래의 움직임에 영향력이 큰 결정변수를 추출하고 이들의 변화방향을 예상함으로써 전략적 대응을 가능하게 하는 의사결정기법을 말한다.
> • 피터슈워츠는 '구소련은 붕괴 과정을 거쳐 작은 나라들로 분화되고 말 것이다.'라고 구소련의 붕괴 시나리오를 예고해 화제를 모았으며 이 시나리오는 불과 수년 후 정확히 실현된다.

① 시나리오 플래닝은 불확실한 미래의 상황을 조직 구성원에게 보여줄 수 있다는 장점이 있다.
② 시나리오 플래닝은 7단계로 구성되며 가장 우선적인 작업은 '무엇을 의사결정 할 것인가?' 즉, 핵심이슈를 선정하는 것이다.
③ 여기서 밀하는 시나리오란 미래에 발생할 수 있는 모든 가능성과 상황 그 자체를 의미한다.
④ 시나리오 플래닝은 '미리 헤아려 짐작하다'라는 뜻을 지닌 예측(forecasting)이라는 말로 대체할 수 있다.
⑤ 시나리오 플래닝의 가장 마지막 단계에서는 어떤 시나리오가 현실화 될지 모니터링 하며 현실화 가능성이 높은 시나리오에 중점을 두고 전략을 계속 수정해 나간다.

ANSWER 64.② 65.④

64 ② 리엔지니어링에 관한 내용이다.

65 ④ 대부분의 예측기법들은 미래의 환경구조를 과거의 환경구조와 동일하게 파악하는 오류를 지니고 있으며 이에 따라 미래를 예측하는 새로운 방식으로 시나리오가 도입된 것이다. 시나리오는 미래의 모든 발생 가능성과 상황 그 자체를 의미하므로 미래에 발생가능한 상황을 과거의 회귀분석적 관점이 아닌 발생할 수 있는 다른 스토리를 찾는다는 차이점이 있다.

66 기업의 노사가 협력하는 제도는 크게 단체교섭제도(단체교섭)와 경영참가제도(노사협의회)로 나눌 수 있다. 다음 중 관련된 내용이 옳지 않은 것은?

		단체교섭	노사협의회
①	목적	노동조합의 존립을 전제로 하는 쟁의	노사공동의 이익증진
②	배경	노동조합의 대표자와 사용자	조동조합의 성립여부와 관계없이 평화적 처리
③	당사자	노동조합의 대표자와 사용자	근로자의 대표 및 사용자
④	대상사항	임금, 근로시간 등 이해가 대립	생산성 향상 등과 같이 이해가 공통된 사항
⑤	결과	법적 구속력 있는 계약체결 없음	법적 구속력 잇는 단체협약 체결

67 다음 중 조직시민행동(organizational citizenship behavior)의 유형으로 판단하기에 가장 적절하지 않은 것은?

① 신입사원이 조직에 빨리 적응할 수 있도록 도와주기
② 점심시간에 일찍 들어와서 부서의 전화 받기
③ 업무에 필요한 필기도구를 개인 돈으로 구매하기
④ 퇴근길에 옆 동네 사는 동료를 내 차로 데려다 주기
⑤ 사무실을 정돈하기 위해 동료보다 일찍 출근하기

ANSWER 66.⑤ 67.③

66 ⑤ 단체교섭은 법적 구속력 있는 단체협약을 체결하고, 노사협의회는 법적 구속력 있는 계약체결이 없다.

67 ①④ 이타행동
②⑤ 성실행동
※ 조직시민행동 … 공식적인 담당업무도 아니며 적절한 보상이 주어지지 않지만 자신이 소속된 조직의 발전을 위하여 자발적으로 수행하는 다양한 지원활동을 말한다. 조직시민행동의 5가지 요소는 다음과 같다.
㉠ 이타성(altruism) : 아무 대가 없이 자발적으로 도움이 필요한 상황에 처한 다른 구성원을 도와주는 것을 말한다.
㉡ 양심성(conscientiousness) : 구성원들이 자신의 양심에 따라 암묵적, 명시적 규칙을 충실히 준행하는 것을 말한다.
㉢ 스포츠맨십(sportsmanship) : 조직이나 구성원사이에서 정정당당히 행동하는 것을 말한다.
㉣ 예의성(courtesy) : 자신의 업무 또는 개인적 사정과 관련하여 다른 구성원들에게 갑작스럽게 당황스러운 일이 발생하지 않도록 미리 조치를 취하는 것을 말한다.
㉤ 시민정신(civic virtue) : 조직 내의 다양한 공식적, 비공식적 활동에 적극적인 관심을 갖고 참여하는 행동을 말한다.

68 다음 제시문과 관련하여 가장 거리가 먼 설명은?

> • 인도의 아웃소싱업계에서는 사내연애를 적극 반기며 일부 기업들은 아예 직원들이 개인적으로 추천한 사람을 채용하는 '추천 프로그램'을 가동하고 있다. 이들 기업은 추천을 통해 채용된 직원과 추천자가 연인 사이로 발전하는 것을 문제삼지 않고 있으며 이러한 사내 분위기에 만족하고 있다.
> • ㅇㅇ기업은 사원들이 정해진 위치에서 업무를 보지 않고 필요에 따라 책상을 자유롭게 옮겨 앉으며 타 부서와도 자연스럽게 어울리도록 하고 있다.

① 평소 개인적인 친분을 지닌 동기와의 작업이 친분이 없는 동기와의 작업보다 능률적일 수 있다.
② 점심식사를 반드시 같은 부서의 사람들끼리 하는 것보다 마음이 맞는 사람들끼리 하는 경우도 더러 있다.
③ 조직원들에게 귀속감, 만족감 등 정서적 만족을 제공하여 조직수명이 지속적이다.
④ 호손실험을 통해서도 종업원의 감정적 태도나 사회적 환경이 중요함을 알 수 있다.
⑤ 구성원 개인의 좌절, 불만 등을 허심탄회하게 토론함으로써 조직유지의 안정장치 역할을 하기도 한다.

ANSWER 68.③

68 ③ 제시된 지문은 비공식 조직에 대한 설명이며 조직수명이 지속적인 것은 공식조직의 특성에 해당한다.
※ 공식조직과 비공식조직

공식조직	비공식조직
• 인위적 · 제도적 · 외면적 · 가시적 · 합리적 조직(성문화) • 공적 성격의 목적 추구 • 이론적 합리성에 따라 구성 • 능률의 원리가 지배 • 전체적 질서를 위해 활동 • 합법적 절차에 따른 규범의 작성	• 자생적 · 비제도적 · 내면적 · 불가시적 · 감정적 조직(비성문화) • 사적 성격의 목적 추구 • 대면적 접촉에 따라 구성 • 감정의 원리가 지배 • 부분적 질서를 위해 활동 • 구성원의 상호행위에 의한 규범의 작성

69 다음 중 지주회사에 대한 설명으로 옳은 것을 모두 고르면?

> ㉠ 사업의 분리와 매각이 수월하여 기업의 다각화 또는 재편성에 도움이 되는 제도이다.
> ㉡ 콘체른의 대표적인 예라고 할 수 있다.
> ㉢ 비교적 소액의 자본으로 대규모의 사업망을 지배할 수 있다는 경제적 의의를 지닌다.
> ㉣ 우리나라에서는 독점규제 및 공정거래에 관한 법률에 의해 금지되어 있다.

① ㉠㉡
② ㉠㉡㉢
③ ㉡㉢
④ ㉡㉢㉣
⑤ ㉠㉡㉢㉣

70 다음 중 기업의 계열화에 대한 설명으로 가장 올바른 것은?

① 동일생산단계에 종사하고 있는 기업간에 집단화를 형성하는 형태를 수직적 계열화라고 하는데, 예를 들면 기계메이커가 가정용 재봉틀회사의 공업용 재봉틀회사를 계열화하는 경우이다.
② 동일 공정이나 동일 원료로 생산활동을 하는 과정에서 이종제품공정이 나누어지는 기술적 조직과 관련을 갖고 있는 기업간의 집단화 형태를 수평적 계열화라고 하고, 석유화학 콤비나트가 이에 해당한다.
③ 특정 생산기업의 생산활동 과정에서 나타나는 부산물을 가공하거나 원료로 이용하고 있는 기업을 집단화하는 형태를 사행적(diagonal) 계열화라고 한다.
④ 원양수산업을 위주로 경영활동을 전개하는 기업이 냉동회사, 통조림회사, 비료회사 등을 집단화하는 경우 복합적 계열화라고 한다.
⑤ 다른 종류의 생산단계에 종사하는 각 기업을 집단화 하는 것을 수평적 계열화라고 하며 생산기업이 원료를 계열화 하는 것을 후방계열화, 생산기업이 판매기업을 통합하는 것을 전방계열화라고 한다.

ANSWER 69.② 70.③

69 지주회사(Holding company) … 타회사의 주식을 많이 보유함으로써 그 기업의 지배를 목적으로 하는 회사로, 이를 모회사(母會社), 지배를 받는 회사를 자회사(子會社)라고 한다. 우리나라에서는 독점규제 및 공정거래에 관한 법률에서 지주회사를 설립하고자 하거나 지주회사로 전환하고자 하는 자는 대통령령이 정하는 바에 의하여 공정거래위원회에 신고하여야 한다고 규정하여 이를 인정하고 있다.

70 ① 수평적 계열화에 관한 설명이다.
② 분기적 계열화에 관한 설명이다.
④ 사행적 계열화에 관한 설명이다.
⑤ 수직적 계열화에 관한 설명이다.

71 다음 중 조직구조 설계 시 고려해야 할 상황요인에 대한 설명으로 옳지 않은 것은?

① 조직의 규모가 커질수록 보다 전문화되며, 보다 많은 규칙을 갖게 되고, 더 많은 계층, 보다 많은 의사결정의 분권화를 하게 된다.
② 환경의 불확실성이 높은 연구개발부서는 낮은 공식화와 분권화에 의해 조직이 설계된다.
③ 제품생산기술이 고정적으로 한 가지 제품만을 생산하도록 되어 있어 생산제품의 변화가 거의 일어나지 않는 경우 조직은 전문화된 부서의 수, 관리계층의 수가 많아지고 공식화 정도가 높아진다.
④ 환경의 불확실성이 낮을수록 유기적이고 수평적인 구조를 선택하는 것이 성과가 높다.
⑤ 계층수가 많아지면 통솔범위가 좁아지고 계층수가 적어지면 통솔범위가 넓어지게 된다.

72 다음 중 자원기반이론(RBV)에 근거하여 기업의 지속적 경쟁우위의 유지를 위한 내용과 가장 관련이 깊은 것은?

① 다른 기업의 모방가능성 존재여부
② 대체재의 존재여부
③ 기업이 우호적 산업환경에 놓여있는지의 여부
④ 공급자 협상력의 강약여부
⑤ 잠재적 경쟁자의 존재여부

73 다음 중 소득공제대상 신용카드로 볼 수 없는 것은?

① 신용카드
② 체크카드
③ 기명식 선불카드
④ 백화점 카드
⑤ 무기명식 선불카드

ANSWER 71.④ 72.① 73.⑤

71 ④ 환경의 불확실성이 낮을수록 정적이고 수직적인 구조를 선택하는 것이 성과가 높고, 환경의 불확실성이 높을수록 유기적이고 수평적인 구조를 선택하는 것이 성과가 높다.

72 자원기반이론(resource－based theory) … 조직이 확보하고 있는 능력 및 자원의 중요성을 지적하였으며 기업의 지속적인 경쟁우위는 그들이 환경에서 접하는 기회뿐만 아니라 다른 이들이 모방할 수 없는 독특한 기업 특수적(firm－specific) 자원 또는 능력에 기반한다고 판단한다.

73 ⑤ 무기명식 선불카드는 이를 기명화하여 사용할 때 소득공제가 된다.

74 미국의 리처드 탈러 교수가 '부드러운 자극으로 타인의 선택을 유도하는 방법'이란 의미로 사용한 개념은?

① 폰지(Ponge)
② 엣지(Edge)
③ 넛지(Nudge)
④ 카리스마
⑤ 서번트리더

75 다음 중 인적자원관리 차원에서 조직개발이 성공적으로 이루어지기 위한 요건이 아닌 것은?

① 최고경영층의 이해와 지원
② 개발과정에서의 정보 비공개
③ 유능한 조직개발전문가의 확보
④ 인적자원 부서의 참여 및 상호작용
⑤ 충분한 사전조사와 변화 필요성의 공감대 형성

ANSWER 74.③ 75.②

74 넛지(Nudge) … '팔꿈치로 슬쩍 밀다' 정도의 뜻으로 특정의 선택을 넌지시 종용함을 의미하기도 한다. 똑똑한 선택을 유도하는 부드러운 힘 정도로 해석할 수 있다.

75 조직개발 성공요건
㉠ 최고경영층의 이해와 적극적 지원
㉡ 충분한 사전조사와 변화 필요성의 공감대 형성
㉢ 유능한 조직개발전문가의 확보
㉣ 자율적인 참여 및 개발과정에서의 정보공개
㉤ 구성원에 대한 조직개발의 의의, 필요성, 과정 등 교육
㉥ 인적자원관리 부서의 참여 및 상호작용
㉦ 조직개발 프로그램의 효율적 관리 및 지속적 실행

76 전반적인 직무가치나 난이도 등과 같은 분류기준에 따라 여러 등급을 설정하고, 여기서 각 직무를 적절히 평가하여 배정하는 직무평가의 방법은 무엇인가?

① 서열법
② 분류법
③ 점수법
④ 요소비교법
⑤ 등급법

77 다음에서 설명하는 것으로 적절한 것은?

> 정보가 장거리 혹은 열악한 환경에서 인식되어질 필요가 있을 경우 가장 유용하다. 표시는 제품이나 진열선반에 부착되어 있고 시스템의 안테나를 통해 자료를 교환할 수 있는 자료교환기를 포함하고 있다. 매장 내에서 무선자료 전송기술을 활용하여 POP 등에 활용할 수 있다.

① Magnetic Stripe
② Smart Card
③ Radio Frequency Tagging
④ POS
⑤ Union Card

ANSWER 76.② 77.③

76 직무평가의 방법

㉠ **서열법**(ranking method) : 직무의 난이도, 책임의 대소, 직무의 중요도, 장점 등 직무의 상대적 가치를 모두 고려하여 전체적으로 직무의 서열을 평가하는 방법으로 등급법이라고도 한다.
㉡ **분류법**(classification method) : 전반적인 직무가치나 난이도 등의 분류기준에 따라 미리 여러 등급을 정하고 여기에 각 직무를 적절히 평가하여 배정하는 방법으로 서열법과 유사한 장 · 단점이 있으며, 직무등급법이라고도 한다.
㉢ **점수법**(point method) : 각 직무에 공통평가요소를 선정하고 여기에 가중치를 부여한 후, 각 직무요소별로 얻은 점수와 가중치를 곱하고 이를 합계하여 그 점수가 가장 높은 직무를 가장 가치 있는 직무로 평가하는 방법이다.
㉣ **요소비교법**(factor comparison method) : 조직 내의 가장 중심이 되는 직무를 선정하고 요소별로 직무를 평가한 후 나머지 평가하고자 하는 모든 직무를 기준직무의 요소에 결부시켜 서로 비교하여 조직 내에서 이들이 차지하는 상대적 가치를 분석적으로 평가하는 방법이다.

77 Radio Frequency Tagging

㉠ 태그와 송 · 수신기 사이에서 중개역할을 담당하는 안테나는 전파로서 신호를 보내 태그를 활성화시켜 데이터를 읽고 쓰는 역할을 하며, 송수신기는 Host Computer의 명령에 따라 안테나를 통해 RF태그에 데이터를 송 · 수신한다.
㉡ 비가시성/비방향성 통신방법을 사용한다.
㉢ 고유의 시리얼 넘버를 가지고 해당 단말기에서 오는 신호에만 유일하게 반응하기 때문에, 품목까지만 식별하는 바코드와 달리 여러 개의 제품을 각각 인식할 수 있는 것이 특징이다.
㉣ 따라서 할인점에서 제품을 일일이 꺼내놓지 않아도 자동으로 물건 값이 계산된다.

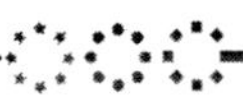

78 다음의 신문기사에서 (　　) 안에 들어갈 적절한 용어는?

> 지속되는 경기 침체 속에서 생활가전 제품들의 특징이 확연하게 이원화되고 있다. 개인가전의 경우 불필요한 기능을 빼고 핵심 기능에만 특화하여 가격을 낮추는 (　　)제품이 인기를 끌고 있지만 가족 모두가 함께 쓰는 제품의 경우 여러 기능을 한 제품에 묶은 (　　)제품이 많이 나오고 있다.

① 컴비네이션 – 제너레이션
② 플러스리 – 마이너리
③ 시너지 – 빌트인
④ 디지털 –아나로그
⑤ 컨버전스 – 디버전스

79 다음은 최근 문제가 되고 있는 기업들에 대한 신문기사의 내용이다. 이와 관련한 내용을 옳지 않은 것은?

> • ○○그룹 △△△회장의 개인 자금을 관리하던 전 자금관리팀장에 대한 경찰 수사 과정에서 회장의 개인자금 200억원이 그룹임직원 45명의 차명계좌로 운용된 사실이 확인됨에 따라 이 회장의 차명재산에 대한 의혹이 증폭되고 있다.
> • 납품 업체로부터 거액을 받은 혐의로 구속영장이 청구된 △△△그룹 ㅁㅁㅁ사장의 영장실질심사가 오늘 오후에 열립니다.

① ○○그룹의 경우 차명재산에 대한 내역을 투명하게 밝혀야 한다는 경제단체의 목소리가 커질 것이다.
② 검찰의 ○○그룹 차명계좌 수사소식의 영향으로 유명세를 탄 ○○그룹의 주가는 폭등할 것이다.
③ △△△그룹의 경우 비상경영체제에 돌입할 것이며 이러한 상황은 기업에 악재로 작용할 것이다.
④ △△△그룹은 비상경영체제가 장기화될 경우 경영의 공백이 생기게 되므로 후임자 선출을 발 빠르게 추진할 것이다.
⑤ △△△그룹의 제품은 시장에서의 위치가 불안정한 상태에 놓이게 되었다.

ANSWER 78.⑤ 79.②

78 ⑤ 컨버전스는 다양한 기능이 하나로 합쳐진 것을 말하며 디버전스는 다기능에서 오는 거품은 빼고 핵심기능에 집중하는 것을 말한다. 즉, 핸드폰이라면 MP3, 500만화소 카메라, 전자사전, DMB TV, 게임 등 다양한 기능이 하나의 핸드폰에 융합되어 있다면 컨버전스 제품이지만 다른 부가기능은 제외하고 통화와 문자 즉 본연의 핸드폰 기능만을 강조하는 대신 가격을 저렴하게 책정하는 등의 전략을 시행한다면 디버전스 제품이라 할 수 있다.

79 ② 그룹 이미지의 하락과 기업에 대한 신뢰가 무너져 결국 이러한 사건은 기업에 악재로 작용한다. 따라서 ○○그룹의 주가는 하락할 것으로 예상된다.

80 다음 글을 읽고 이 글에서 표현하고 있는 사회적 자본에 대한 설명으로 볼 수 없는 것은?

> 오늘날 선진국의 기준은 당연히 국민소득으로 결정되는 것이 아니다. 서로가 서로를 신뢰할 수 있고 정부와 사회제도에 대한 신뢰가 강해 누구라도 공정하고 품격 있는 삶을 영위할 수 있는 사회가 되어야만 한다. 이런 문화 속에 사회적 자본이 풍부해야만 경제성장도 빨라지고, 사회적 통합 또한 가능하며, 우리사회의 선진화도 앞당길 수 있다.

① 사회적 자본은 경제주체 간 상호협력을 사회의 생산성을 높여준다.
② 사회적 자본이 확충되려면 입법, 사법, 정치활동의 투명성 등이 보장되어야 한다.
③ 준법정신이 강할수록 그 나라의 사회적 자본은 풍부하다.
④ IT시대가 도래하면서 지연 · 학연 · 동창관계 등 인적 네트워크가 중요하게 작용한다.
⑤ 사회적 자본이 풍부할수록 거래비용의 절감을 가져와 경제의 효용성을 증대시킨다.

81 다음 중 단순측정효과(mere－measurement effect)를 가장 잘 설명하는 사례는?

① 직장인 김 미미 씨는 "앞으로 운동을 할 계획이 있는가?"하는 설문에 "그렇다"고 대답하였고 실제로 운동을 하기 시작하였다.
② 대학생 김 만호 씨는 "앞으로 운동을 할 계획이 있는가?"하는 설문에 "아니다"고 대답하였지만 실제로는 운동을 시작하였다.
③ 환자들은 의사가 "이 수술을 받은 사람 100명 가운데 90명이 5년 후에도 살아 있다."라고 말했을 때 "이 수술을 받은 사람 100명 가운데 10명이 5년 이내에 죽었다."라고 말했을 때 보다 수술을 선택하겠다는 반응이 높다.
④ 사업가 맹호석씨는 1,000만 원이 있지만 500만 원의 빚을 갚지 않는다.
⑤ 고등학생 박 도영 씨는 '이 학급의 성적분포를 십 분 위로 나눈다면 당신은 어느 범주에 들 것으로 기대하는가?'라는 질문에 상위 40%라고 대답했지만 실제 박 도영 씨는 중간 이하의 범주에 속한다.

ANSWER 80.④ 81.①

80 ④ 지연 · 학연 등이 중요하게 작용하는 것은 사회적 자본과는 거리가 멀다.

81 단순측정효과(mere－measurement effect) … 사람들이 의도에 대한 질문을 받았을 때 자신의 답변에 행동을 일치시키는 가능성이 높아지는 현상을 말하는 것으로 예를 들면 "향후 6개월 안에 새 차를 구매할 의사가 있습니까?"라는 질문에 그렇다고 대답한 사람들은 자신의 답변에 행동을 일치시키려는 경향으로 구매율이 35%나 향상되는 것이다.

82 대학 교육기관을 이윤을 극대화하려는 일반적인 사기업과 동일시 할 경우 다음 중 수도권 인구집중방지책의 일환으로 실시되고 있는 수도권 대학정원의 증가억제정책의 경제적 측면과 가장 관계가 없는 것은?

① 수도권 내 기존 대학 사이의 담합이 훨씬 용이해진다.
② 수도권 내 기존 대학들이 양(+)의 경제적 지대를 누릴 가능성이 크다.
③ 수도권 내 대학교육 서비스의 공급에 진입장벽을 설치한 것이다.
④ 수도권 내 대학들은 우수 학생유치를 위해 치열하게 경쟁하게 되어 교육서비스 수요자의 후생이 증가할 것이다.
⑤ 수도권 내 대학들의 등록금이 상승할 가능성이 크다.

83 다음에서 설명하는 제도는 무엇인가?

> 임금에 비해 생산성이 떨어지는 고령 장기근속자들이 계속적인 근무를 원할 경우, 근로자의 임금은 삭감하는 대신 정년은 보장하는 제도를 말한다. 유럽과 미국, 일본 등 일부 국가에서 공무원과 일반 기업체 직원들을 대상으로 선택적으로 적용하여 실시하고 있으며 우리나라에서는 2001년부터 금융회사를 중심으로 하여 이와 유사한 제도를 도입하여 운용하고 있다.

① 인센티브제
② 임금피크제
③ 탄력근무제
④ 종신고용제
⑤ 정년연장제

ANSWER 82.④ 83.②

82 수도권 인구집중방지책의 일환으로 실시되고 있는 수도권 대학정원의 증가억제정책은 수도권 내 대학교육 서비스의 공급에 진입장벽을 설치한 것과 같은 효과를 나타낸다. 이 효과로 인해 공급의 억제가 나타나 등록금이 상승할 가능성이 크게 되고, 수도권 내 기존대학들은 일정한 공급 하에서 양의 경제적 지대를 얻게 될 것이다. 따라서 수도권 내 대학들은 우수학생유치를 위해 경쟁할 유인이 없어지게 된다. 결국 교육서비스에 있어 수요자의 후생은 감소하게 될 것이다.

83 임금피크제의 장점과 단점

㉠ 장점
- 고용안정
- 기업의 인건비 부담 완화
- 고령인력 활용
- 인사적체 해소
- 노동력부족 문제 해결
- 사회보장 비용부담 완화

㉡ 단점
- 조직의 활력 저하
- 임금축소에 따른 동기부여의 어려움
- 고령자의 생산성 저하

84 다음은 나심 니컬러스 탈레브의 「블랙스완」과 관련된 내용이다. 이를 통해 블랙스완의 속성과 경영에 적용원리를 추론한 것으로 가장 옳지 않은 것은?

> 블랙스완(Black Swan)은 서구인들이 18세기에 오스트레일리아 대륙에 진출했을 때 검은색 백조를 처음 발견한 사건에서 가져온 은유다. 이전까지 인류에게 발견된 백조가 모두 흰색이었기 때문에 사람들은 백조는 무조건 흰색이라고 생각했다. 즉, 블랙스완은 '실제로는 존재하지 않는 어떤 것'의 표현이었다. 하지만 검은색 고니가 발견되면서 이러한 생각은 완전히 무너지게 된다. 이 생물사적 발견이 바로 인류에게 새로운 교훈을 제시한 것이다. 이제 블랙스완은 '불가능하다고 인식된 상황이 실제 발생하는 것'이라는 표현이 된 것이다.

① 이러한 전형적인 블랙스완의 사례로는 경제대공황, 9·11 테러, 세계금융위기 등을 들 수 있으며 사회현상의 복잡성이 증대될수록 블랙스완 현상은 가속도가 붙게 된다.

② 일반적으로 기대 영역의 바깥에 존재하는 극단값, 관측값을 블랙스완이라 한다.

③ 비록 경험한 사실이 아니더라도 알려져 있는 정보를 적절히 활용하면 존재 가능성을 어느 정도 예측하여 위험을 줄일 수 있다.

④ 블랙스완은 충격과 파급이 폭발적이므로 어떤 이슈가 되었던 통제불능의 상황으로 확산되기 전에 근원을 제거하는 것이 좋다.

⑤ 정밀함을 추구하다 오류를 맞이하는 것보다 폭넓은 측면에서 대체로 옳은 쪽을 추구하는 것이 옳다.

ANSWER 84.③

84 ③ 블랙스완은 알려진 정보를 활용하더라도 예측할 수 없는 상황, 즉 불가능한 예측성을 의미한다.

※ 블랙스완의 특징

㉠ 과거의 경험으로 그 발생가능성을 예측할 수 없다. 즉, 예측 불가능하다.

㉡ 충격과 파급이 폭발적이다.

㉢ 일단 발생한 후 그것의 불가피함 또는 예측가능성의 설명이 줄을 잇는다.

85 **2008년 9월 금융위기를 계기로 시작된 세계 주요 20개국(G20) 정상회의는 국제 경제협력을 위한 최고협의체(Premier Forum)로 자리잡았다. 이에 대한 다음의 설명 중 가장 옳지 않은 것은?**

① 서방선진 8개국 G8 회의가 확대된 것으로서 그동안 옵서버 자격으로 참가하던 개도국들이 선진국의 대접을 받으며 정식회원국으로 참가하는 것이다.
② 세계통화기금(IMF) 역할이 강화되면서 IMF의 대주주격인 미국은 국제 경제정책 공조에 관한 주도권을 유지하게 됐다.
③ G8 중 유일한 아시아 회원국이었던 일본은 중국과 한국의 G20 참여로 영향력이 강화됐다.
④ 우리나라의 경우 금융안정위원회(FSB) 가입과 함께 2010년 제5차 G20 정상회의를 개최하는 등 국제적 위상이 높아지게 되었다.
⑤ 미국과 더불어 G2라 불리는 중국은 IMF 지분 확대 등 국제무대에서 발언권을 키우는 계기가 마련되었다.

86 **다음 중 용어와 설명이 바르게 연결되지 않은 것은?**

① 팩토리 숍 : 즉석으로 만든 제품을 직판하는 매장
② 편집 숍 : 특정 아이템에 관한 모든 브랜드를 갖춰 놓은 매장
③ 숍 인 숍 : 매장 안에 또 다른 매장을 만들어 상품을 판매하는 형태
④ 안테나 숍 : 신제품의 개발이나 소비자 수요 조사를 위해 개설한 매장
⑤ 플래그십 스토어 : 다양한 국가의 브랜드를 모아놓은 멀티 매장

ANSWER 85.③ 86.⑤

85 G20 체제에서 가장 역할이 위축된 국가는 일본과 유럽이다. 이전의 G8체제에서 유일한 아시아 회원국이었던 일본은 아시아에서 리더십의 약화로 세계경제의 균형회복(rebalancing)이라는 역할을 지게 되었다.

86 ⑤ 플래그십 스토어(flagship store)란 시장에서 성공을 거둔 특정 브랜드를 중심으로 하여 브랜드의 성격과 이미지를 극대화한 매장을 말한다.

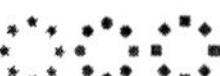

87 최근 모든 기능을 갖는 기업은 점차 감소되어 가고 있다. 다음 중 전략적 제휴에 의해 나타나는 기업을 지칭하는 것은?

① 아웃소싱 ② 니치기업
③ 가상기업 ④ 한계기업
⑤ 모듈기업

88 다음 중 청년실업난을 해소하기 위해 2000년 벨기에 정부가 도입한 정책은?

① 롤링플랜 ② 로제타플랜
③ 마스터플랜 ④ 청소년 보증
⑤ 청소년 건축 프로그램

89 군사력과 경제력을 내세운 '하드파워'와 문화나 아이디어를 통해 자발적 매력을 느끼게 하는 '소프트파워'를 접목한 것은?

① 바잉파워 ② 스마트파워
③ 마이크로파워 ④ 템테이션파워
⑤ 페이버파워

ANSWER 87.③ 88.② 89.②

87 ③ 아웃소싱에 의해 나타나는 기업이 모듈기업이라 한다면 가상기업은 전략적 제휴 즉, 경쟁관계에 있거나 독립적인 기업들이 제휴나 합작관계를 맺어 형성하는 기업 네트워크로 특성목적을 달성하면 해체되는 한시적인 형태를 지닌다.

88 ② 벨기에 실업 청년을 소재로 한 영화 '로제타'에서 따온 로제타플랜(Rosetta)은 직원 50명 이상의 기업은 고용 인원의 3%를 청년 노동자로 채우도록 의무화하는 제도이다.

89 ② 스마트파워(smart power)란 하드 파워와 소프트 파워의 균형을 이뤄 지속 가능한 발전을 이루고자하는 능력을 말한다.

90 비록 낮은 소득일지라도 여유 있는 직장생활을 즐기면서 삶의 만족을 찾으려는 사람들을 지칭하는 용어는?

① 토피족
② 캥거루족
③ 다운시프트족
④ 플리퍼족
⑤ 시피족

91 공간의 제약 없이 네트워크에 접속할 수 있는 시스템화된 첨단도시를 뜻하는 용어는?

① U-시티
② 위성도시
③ 컨벤션시티
④ 베드타운
⑤ 디지털시티

92 다음은 누구에 대한 설명인가?

> 1987년부터 FRB 의장을 수차례 연임했으며, 1970년대 초 이후 미국의 28년만의 최저실업률, 29년만의 재정흑자 및 고성장 등을 이끈 인물로 평가받는다.

① 헨리 폴슨
② 벤 버냉키
③ 바니 프랭크
④ 앨런 그린스펀
⑤ 워렌 버핏

ANSWER 90.③ 91.① 92.④

90 ③ 다운시프트족(downshifts)이란 빨리 달리는 자동차를 저속 기어로 바꾸듯, 소득과 승진에 쫓기느라 바쁜 일상에서 벗어나 생활의 여유를 가지고 삶을 즐기려는 이들을 말한다.

91 ① U-시티(Ubiquitous City)란 IT 기반시설과 유비쿼터스 정보서비스 등을 도시공간에 융합하여 시민의 다양한 정보 욕구를 충족시키며 안전하고 편리한 생활에 기여하는 미래형 도시를 말한다.

92 ④ 미국 연방준비제도이사회(FRB)의 의장이었던 앨런 그린스펀에 대한 설명이다.

93 조직 전체의 이익보다는 자기 부서의 이익만을 추구하는 것을 뜻하는 용어는?

① 대체효과
② 사일로효과
③ 부메랑효과
④ 샤워효과
⑤ 케인스효과

94 다음 기사에서 설명하고 있는 고용 관련 제도는 무엇인가?

> 노조 전임자에 대한 사용자의 임금지급을 원칙적으로 금지하는 근로시간 면제제한 제도가 시행되면서 우리나라 노사관계의 패러다임이 변화될 수 있는 기반이 조성됐다. 해당 제도의 도입으로 노조 전임자가 급여를 받으면서 노동조합 활동을 할 수 있는 시간이 제한되고, 동시에 노조 전임자에 대한 무조건적인 급여지급도 전면 금지됐다. 제도 시행 초기에는 민주노총 금속노조를 중심으로 해당 제도를 무력화하기 위한 투쟁이 이어지면서 이를 둘러싼 갈등이 심할 것으로 예상됐으나 비교적 안정적인 기조를 유지하고 있다. 현재 단체협약이 만료된 100인 이상 사업장 1600여 곳 중 1300여 곳(83%)이 한도를 적용하기로 했다.

① 타임오프제
② 임금피크제
③ 정년연장
④ 워크셰어링
⑤ 잡셰어링

95 기업이 문화예술 활동에 자금이나 시설을 지원하는 것을 일컫는 용어는?

① 메이저
② 메세나
③ 레고문화
④ 너바나
⑤ 메디치

ANSWER 93.② 94.① 95.②

93 ② 사일로효과(Organizational Silos Effect)란 곡식을 저장해 두는 굴뚝 모양의 창고인 사일로(silo)에서 유래했다. 한 조직에 속한 부서들이 서로 다른 부서와 담을 쌓고 내부 이익만을 추구하는 현상을 빗댄 용어이다.

94 타임오프제 … 노조 전임자에 대한 사용자의 임금지급을 원칙적으로 금지하면서 노사교섭, 산업안전, 고충처리 등 노무관리적 성격이 있는 업무에 한해서는 근무시간으로 인정하여 이에 대한 임금을 지급하는 제도이다. 2010년 7월부터 시행되었다.

95 ② 메세나(Mecenat)는 1967년 미국의 기업예술후원회가 발족하면서 처음 사용된 용어로 예술 · 스포츠 · 공익사업 등에 대한 기업의 지원활동을 총칭하는 용어이다.

96 패스트푸드에 반대하며 시작되었으며 느리게 사는 삶을 내세우고 있는 운동은?

① 제로디펙트운동
② 인클로저운동
③ 딜리트운동
④ 슬로우시티운동
⑤ 스마트시티운동

97 다음의 특징을 모두 포괄하는 것은?

- 인터넷을 기반으로 하는 사용자와 시스템 간 독특한 상호작용을 위한 사용자 인터페이스
- 내장된 형태로 독립 실행되는 작은 애플리케이션
- 콘텐츠와 기능을 외부로 유통시키기 위한 미디어

① 트위터
② 위젯
③ 블로그
④ SNS
⑤ 블루투스

98 최근 기업 면접에서는 엔터테인먼트에 능하고 대인관계가 폭 넓은 지원자들을 선호하고 있다. 이때 적용될 수 있는 기준은?

① 이큐(EQ)
② 아이큐(IQ)
③ 엔큐(EnQ)
④ 지큐(GQ)
⑤ 에스큐(SQ)

ANSWER 96.④ 97.② 98.③

96 ④ 자연 속에서 그 지역에 나는 음식을 먹고, 그 지역의 문화를 공유하며 느림의 삶을 추구하자는 국제운동이다.

97 위젯(Widget) … 웹에서 실행되는 작은 애플리케이션으로 가젯(Gadget)과 유사한 기능을 제공하지만 윈도우에서 바로 제공되는 가젯과는 달리 인터넷 웹을 통해 제공하는 것을 말한다. 즉, 자신의 블로그, 까페 등에서 제공하는 경우 Web Gadget이라 하며 이를 줄여 '위젯'이라 한다.

98 ③ 엔큐(EnQ)란 'Entertainment Quotient'의 준말로써 단순히 웃기는 유머의 범주를 넘어서서 의사소통을 원활히 하고 더불어 사람들을 즐겁게 만드는 능력을 말한다.

99 포털사이트 네이버의 '지식인' 서비스와 같이 개방과 공유를 바탕으로 한 자발적인 대규모 협업시스템은?

① 미디어믹스 ② 에고노믹스
③ 인포데믹스 ④ 위키노믹스
⑤ 이코노믹스

100 다음 신문기사와 가장 관련이 깊은 용어는?

> 직장인 안미녀씨의 핸드백 속 필수품은 초소형 노트북이다.
>
> 안미녀(여, 27세 직장인) : 아무래도 일반 노트북은 가지고 다니려면 많이 무겁잖아요. 휴대성 측면에서 소형 노트북을 선택했습니다.
>
> 최근 안 씨처럼 적극적으로 첨단 제품을 찾아서 구입하는 여성들이 눈에 띄게 늘고 있다. 한 유통업체의 조사에 따르면 디지털 기기의 여성 구매자 비율은 4년 전 20%에서 지난해 30%로 증가했다. 여성의 구매력이 커진 원인도 있지만, 전자제품의 조작이 쉬워지고 크기가 작아지는 추세도 한 몫 했다고 볼 수 있다. 또한 MP3플레이어나 소형 게임기 제품은 여성 소비자들이 전체 구매자의 40%에 달하는 경우도 있다고 한다.

① 루비족 ② 포미족
③ 팜므파탈 ④ 철벽녀
⑤ 테크파탈

ANSWER 99.④ 100.⑤

99 ④ 위키노믹스(Wikinomics)란 위키피디아(Wikipidia)와 이코노믹스(Economics)를 결합한 용어이다.

100 테크파탈(Tech Fatale) … 기술을 의미하는 '테크(Tech)'와 치명적인 매력을 가진 여인 '팜므 파탈(Femme Fatale)'을 합친 신조어로 IT, 디지털 제품에 관심이 많고 적극적으로 소비하는 여성을 뜻하는 신조어이다. 新소비 계층인 '테크파탈'의 등장으로 기존의 젊은 남성 위주로 제품의 생산과 마케팅 전략을 짜왔던 IT 업계, 전자·가전 업체 등은 여성들의 마음을 잡기 위해 많은 노력을 기울이고 있다.

02 •• 전략 · 마케팅

1 다음 중 현대 마케팅의 특징으로 보기 어려운 것은?

① 생산자 지향성
② 소비자 지향성
③ 기업 목적 지향성
④ 사회적 책임 지향성
⑤ 통합적 마케팅 지향성

2 다음 중 포터의 5요인 분석에 속하지 않는 것은?

① 진입위협
② 동맹위협
③ 공급자위협
④ 구매자위협
⑤ 대체자위협

ANSWER 1.① 2.②

1 현대 마케팅의 특징
㉠ 소비자 지향성
㉡ 기업 목적 지향성
㉢ 사회적 책임 지향성
㉣ 통합적 마케팅 지향성

2 포터의 5요인 분석
㉠ 진입위협
㉡ 경쟁위협
㉢ 공급자위협
㉣ 구매자위협
㉤ 대체자위협

3 **다음 중 시장세분화를 하는 이유가 아닌 것은?**

① 시장기회 탐색
② 소비자의 욕구 충족
③ 진입장벽을 높이기 위해
④ 변화하는 시장수요에 능동적으로 대처
⑤ 자사와 경쟁사의 강점과 약점을 효과적으로 평가하기 위해

4 **다음 중 시장틈새기업의 경쟁시장 전략으로 옳지 않은 것은?**

① 경쟁우위구축전략
② 비용우위전략
③ 집중화전략
④ 시장 선도 기업을 모방하는 전략
⑤ 저가(Low price) 전략

ANSWER **3.③ 4.④**

3 시장 세분화를 하는 목적
㉠ 시장기회 탐색
㉡ 소비자의 욕구 충족
㉢ 변화하는 시장수요에 능동적으로 대처
㉣ 자사와 경쟁사의 강점과 약점을 효과적으로 평가하기 위함

4 ④는 시장추종기업의 경쟁시장 전략에 해당한다.
※ 시장추종기업의 경쟁시장 전략
㉠ 시장 선도 기업을 모방하는 전략
㉡ 모방에서 점진적 개선 작업수행
㉢ 가격 수용자(Price taker)

5 다음에서 설명하고 있는 개념은 무엇인가?

> • 하나의 제품이 시장에 도입되어 폐기되기까지의 과정을 말한다.
> • 일반적으로 도입기 · 성장기 · 성숙기 · 쇠퇴기의 과정으로 나눌 수 있다.

① 제품판매주기
② 제품만족주기
③ 제품구매주기
④ 제품교체주기
⑤ 제품수명주기

6 다음은 제품수명주기 중 어디에 해당하는가?

> • 급속히 성장하는 단계
> • 경쟁자가 점차적으로 증가하는 단계

① 도입기
② 성장기
③ 성숙기
④ 쇠퇴기
⑤ 변환기

ANSWER 5.⑤ 6.②

5 제품수명주기 … 하나의 제품이 시장에 도입되어 폐기되기까지의 과정을 말한다. 이 수명의 장단(長短)은 제품의 성격에 따라 다르지만 대체로 도입기 · 성장기 · 성숙기 · 쇠퇴기의 과정으로 나눌 수 있다. 이 가운데 특히 기업이 노력을 전개해야 할 부분은 도입기와 성장기이며 기업은 성장을 위해서 언제나 성장기에 있을 만한 제품을 라인에 끼워 두고 신제품 개발이나 경영의 다각화를 시도하여야 한다.

6 제품수명주기

구분	특성
도입기	• 매출은 낮은 단계 • 경쟁자가 적은 단계
성장기	• 급속히 성장하는 단계 • 경쟁자가 점차적으로 증가하는 단계
성숙기	• 최대매출을 달성하는 단계 • 경쟁자는 점차 감소하는 단계
쇠퇴기	• 매출이 쇠퇴하는 단계

7 다음 설명은 4P 전략 중 어디에 해당하는가?

> • 제품은 마케팅 믹스의 첫 번째로 가장 중요한 요소이다.
> • 제품전략은 제품믹스, 브랜드, 포장 등에 대한 종합적 의사결정을 말한다.
> • 제품이란 고객의 욕구를 충족시키기 위해 시장에 제공되는 것으로 유형 · 무형의 것을 말한다.

① 제품관리
② 가격관리
③ 경로관리
④ 촉진관리
⑤ 판매관리

8 전략의 프레임워크 중 핵심요소 5가지에 해당되지 않는 것은?

① Arenas
② Vehicles
③ Opportunities
④ Logic
⑤ Differentiators

ANSWER 7.① 8.③

7 4P 전략

㉠ **제품관리**(Product management)
- 제품은 마케팅 믹스의 첫 번째로 가장 중요한 요소이다.
- 제품전략은 제품믹스, 브랜드, 포장 등에 대한 종합적 의사결정을 말한다.
- 제품이란 고객의 욕구를 충족시키기 위해 시장에 제공되는 것으로 유형 · 무형의 것을 말한다.

㉡ **가격관리**(Price management)
- 가격은 마케팅의 네가지 활동인 4P 중 다른 마케팅 요소인 제품, 유통, 촉진에 비해 그 효과가 단기간 내에 확연하게 나타나는 특징을 가지고 있다.
- 비가격요소의 역할이 점차 강조되고 있지만 가격은 여전히 마케팅믹스의 주요요소이다.
- 지역적으로 가격을 차별화할 수도 있고 다양한 할인 및 공제정책을 활용할 수도 있으며, 서로 다른 세분시장에 대해 서로 다른 가격을 설정할 수도 있다. 또한 제품계열이나 사양선택 등에 따라 가격을 책정할 수 있다.

㉢ **경로관리**(Channel management, Place)
- 생산된 제품이 생산자로부터 소비자에게 전달되는 과정으로 모든 생산자가 직접 소비자와 만날 수 없으므로 이와 같은 관리가 필요하다.
- 효율적으로 제품이나 서비스가 고객에게 전달될 수 있도록 하는 것이 중요하다.

㉣ **촉진관리**(Promotion management)
- 촉진관리란 마케터가 제품의 혜택을 소비자에게 확신시키기 위해서 펼치는 모든 활동을 말한다.
- 촉진관리에는 광고, 판촉, 홍보, 인적 판매 등이 있다.

8 ① **활동무대**(Arenas) : 기업의 신규사업 창출 영역
② **도달수단**(Vehicles) : 활동무대에 도달할 수 있는 방법
④ **논리**(Logic) : 활동무대, 도달수단, 차별화 방법, 시기와 순서를 통합하여 묶어주는 것
⑤ **차별화 방법**(Differentiators) : 타 기업과의 차이점을 두는 것

9 기업의 핵심역량 조건이 아닌 것은?

① 가치창출(Valuable)
② 지속성(Durability)
③ 역사적인 사건(Path Dependence)
④ 희소성(Scare)
⑤ 차별성(Difference)

10 다음은 사업부 전략 성공의 한 사례이다. 어떠한 전략에 대한 설명인가?

> 뉴코어 철강회사는 미니밀 기술을 개발하여 전기로 철을 만들기 시작하였다. 작은 방에서 고철 찌꺼기를 재생산해서 철을 만들 수 있는 기술을 개발하여 원가절감에 성공한 사례라 할 수 있다.

① 집중차별화 전략(Focused Differ-entiation)
② 원가우위 전략(Cost Leadership)
③ 차별화 전략(Differentiation)
④ 원가집중 전략(Cost Focus)
⑤ 통합전략

11 다음은 원가절감에 대한 '범위의 경제'에 대한 설명이다. 이 중 옳지 않은 설명은?

① 원가절감 시너지 효과가 발생한다.
② 더 많이 생산할수록 고정비용을 여러 제품에 분산투자 할 수 있다.
③ 유 · 무형 자산을 공유함으로써 비용을 절감한다.
④ 내부 노동시장 개념을 도입하여 새로운 인력 필요시 내부에서 수급한다.
⑤ 한 기업이 2가지 이상 제품을 동시에 생산할 때 발생한다.

ANSWER 9.⑤ 10.② 11.②

9 기업의 핵심역량 조건은 우리가 갖고 있는 자원이 경쟁우위 달성 조건을 가지며 이를 계속 유지하고 이것으로 인한 이익이 기업으로 유입되는 것이다.
세부적으로 경쟁우위 달성 조건 두 가지는 특별한 가치 창출(Valuable), 희소성(Scare)이다.
경쟁유지 조건은 지속성(Durability), 모방하기 어려움(Inimitability), 역사적인 사건(Path Dependence)이다.

10 ② 해당 사례는 경쟁범위가 넓고 경쟁우위에 있어 저원가 전략을 피는 원가우위 전략 성공 사례이다.
⑤ 통합전략은 두 가지 전략을 동시에 사용하는 것을 의미한다.

11 ② 규모의 경제에 해당하는 설명이다.
※ 규모의 경제는 많이 생산할수록 고정비용을 여러 제품에 분산하고, 학습효과로 전문화 될수록 원가가 절감되는 것을 말한다. 반면 범위의 경제는 여러 비슷한 제품과 사업들끼리 공유함으로써 원가가 떨어지는 것이다.

12 시너지 이론의 장애물이 아닌 것은?

① Not Invented Here Syndrome
② Parenting bias
③ Hoarding
④ Search
⑤ Transfer

13 최근 인터넷 등의 정보통신기술의 발달로 외국 도서관에서의 자료검색, 외국 상품의 구입이 가능해졌고 외국과의 전자우편, 화상회의 등을 통한 실시간 의사전달이 자유롭게 이루어지고 있다. 다음 중 이와 같은 국제 현상이 경제에 미치는 영향을 추론한 것으로 적절한 것은?

① 지역적으로 인접한 국가 간에 상호협력관계의 필요성이 줄어든다.
② 경쟁력 향상을 위한 기업 간의 제휴는 늘어나게 된다.
③ 국제거래의 대상이 노동력으로 국한되는 결과를 수반한다.
④ 국가 · 기업 간의 경쟁이 감소한다.
⑤ 국가와 국가 간 상호의존성이 약화된다.

ANSWER 12.② 13.②

12 ② Parenting bias는 시너지 창출을 강요하는 오류로 시너지의 함정에 해당한다.
※ 시너지의 장애물
㉠ Not Invented Here Syndrome : 자신의 사업부가 가장 우수하다는 판단
㉡ Hoarding : 다른 사업부에 가르쳐주지 않는다는 판단
㉢ Search : 협력에 필요한 혁신 발굴
㉣ Transfer : 사업부끼리 정보 이전의 정체

13 세계화가 진행될수록 경쟁에서 살아남기 위해 국가와 기업은 서로 연합하려고 하며 이로 인해 기업 간의 제휴는 늘어나게 될 것이다.

14 '선택과 집중' 전략의 예로 설명할 수 있으며 작은 고객군들과의 거래를 제한하고 우량고객에게 차별화된 서비스를 제공함으로 비용절감 및 수익의 극대화를 꾀하는 것으로 공급보다 수요가 많아 수요를 감소시키기 위한 전략으로도 사용되는 마케팅 방법은?

① 카운터마케팅(Counter Marketing)
② 디마케팅(Demarketing)
③ 자극적 마케팅(Stimulation Marketing)
④ 전환마케팅(Conversional Marketing)
⑤ 다이렉트마케팅(Direct Marketing)

15 A, B 두 제품을 생산하는 독점기업이 있다. 시장에는 a와 b 두 명의 소비자가 존재하며 제품은 A가 4,000원 B는 이보다 1,000원 저렴한 가격으로 판매되고 있다. 구매시 a고객은 A제품만을 , b고객은 B제품만을 구매하는 특성이 있다. 현재 이 기업에서 제품을 따로 판매하지 않고 함께 묶어 6,000원에 판매하는 전략을 검토 중일 때 전략의 효과에 대한 설명이 옳지 않은 것은? (단, 판매이익은 두 제품모두 2,000원을 동일하며 제조원가의 변동 또는 추가판매비용은 발생하지 않는다고 가정한다)

① 전형적인 끼워 팔기 또는 묶기 전략에 해당한다.
② 소비자의 선택권을 제한하는 단점을 지니며 이로 인해 정부가 기업에 제재를 가할 수도 있다.
③ 고객이 두 제품을 따로 구입할 때보다 1,000원 할인된 가격으로 구입하는 셈이 된다.
④ 기업은 12,000원의 매출과 6,000원의 이익을 얻게 된다.
⑤ 재화를 따로 파는 것보다 매출은 5,000원 증가하고 4,000원의 이익을 추가로 얻을 수 있다.

ANSWER 14.② 15.⑤

14 ① 특정한 제품이나 서비스에 대한 수요 또는 관심을 없애려는 마케팅 방법을 말한다.
③ 제품에 대하여 관심이 없거나 모르는 경우 그 제품에 대한 욕구를 자극하려고 하는 마케팅 방법을 말한다.
④ 제품이나 서비스 또는 조직을 싫어하는 사람들을 호의적인 태도로 바꾸려 노력하는 마케팅 방법을 말한다.
⑤ 우편발송이나 카탈로그 판매 등을 말하는 것으로 이전의 판촉·광고활동 이상의 보다 직접적인 형태로 소비자

15 제품을 따로 판매할 경우 기업이 얻을 수 있는 이익은 4,000원이었다. 하지만 제품을 묶어서 판매할 경우 6,000원의 매출이익을 얻게 되므로 기업이 추가로 얻을 수 이익은 2,000원이다.

16 다음 중 자료를 측정척도의 유형과 그 사용 예에 따라 나누어 구분한 것이 바르지 않은 것은?

척도유형	사용 예
① 서열척도	상품품질순위도, 사회계층, 시장지위
② 비율척도	매출액, 구매확률, 무게, 시장점유율
③ 등간척도	성별분류, 시장세분구역분류
④ 서열척도	거주지 조사, 시장
⑤ 명목척도	직업 조사, 상품유형별 분류, 취미

17 다음에서 GE 매트릭스 '산업매력도'를 구성하는 변수를 모두 고르면?

㉠ 시장규모　　㉡ 시장점유율
㉢ 성장율　　㉣ 제품의 질
㉤ 경쟁정도　　㉥ 경험곡선

① ㉠㉡㉢
② ㉠㉡㉣㉤
③ ㉠㉢㉤㉥
④ ㉡㉣㉥
⑤ ㉡㉣㉤㉥

ANSWER　16.③　17.③

16 척도유형

구분	비교방법	사용 예
명목척도	확인, 분류	성별, 취미, 직업 조사, 상품유형별 분류
서열척도	순위비교	상품품질순위, 상품선호순위, 시장지위
등간척도	간격비교	태도, 의견, 온도, 광고인지도, 주가지수
비율척도	절대적 크기비교	구매확률, 매출액, 무게, 소득, 나이

17 GE 매트릭스는 산업매력도(시장규모, 성장률, 이익률, 경쟁정도, 경험곡선 등)를 Y축으로 기업경쟁력(생산능력, 생산성, 유통망, 단위당 비용, 상대적 시장점유율, 가격경쟁력, 제품의 질, 고객에 대한 지식 등)을 X축으로 놓은 분석도구이다. 이 두 축을 중심으로 하여 시장도 매력적이며 기업경쟁력도 있는 사업, 시장은 매력적이나 기업경쟁력은 없는 사업, 기업경쟁력은 있으나 시장잠재력이 매우 작은 사업, 경쟁력도 없고 시장잠재력도 없는 사업 즉, 총 네 가지로 비즈니스를 분류하며 이에 따라 서로 다른 전략적 가치를 도출해낸다.

18 다음 중 마케팅믹스(Marketing Mix)의 4P요소로 가장 적절하지 않은 것은?

① 상품(Product)
② 촉진(Promotion)
③ 가격(Price)
④ 유통경로(Place)
⑤ 사람(People)

19 기업의 원가우위전략(Cost Leadership)과 관련한 설명으로 가장 옳지 않은 것은?

① 구매자의 가격인하요청에 대응이 가능하다.
② 설비투자비용 등의 지출비용이 감소한다.
③ 숙련된 공정기술이 필요하다.
④ 규모의 경제를 달성한 기업에서 사용할 수 있다.
⑤ 가격에 민감한 시장일 것이다.

20 시장세분화의 기준으로 자주 사용되기도 하는 '사용률', '구매동기' 또는 '최종용도'와 같은 변수는 다음 중 어디에 속하는가?

① 지리적 변수
② 구매자 행동변수
③ 심리묘사적 변수
④ 사회경제적 변수
⑤ 인구통계학적 변수

ANSWER 18.⑤ 19.② 20.②

18 ⑤ Product(제품), Place(유통), Price(가격), Promotion(판매촉진)을 4P라고 하고 여기에 People(서비스를 직접 수행하는 직원과 해당 고객으로 구성된 사람 요인)을 추가해서 5P라고 한다.

19 ② 원가우위전략을 실행하기 위해서는 생산에 있어 규모의 경제를 이루어야 한다. 따라서 설비투자비용과 같은 지출비용이 많이 사용되며 한번 확보된 원가우위를 유지하기 위해 지속적인 비용투자도 발생하게 된다.

20 시장세분화 기준
㉠ 지리적 세분화 : 국가, 지역, 도시, 인구밀도, 기후 등
㉡ 인구통계학적 세분화 : 연령, 성별, 가족 수, 직업, 종교, 교육수준 등
㉢ 심리묘사적 세분화 : 라이프 스타일, 개성, 특성 등
㉣ 구매행동적 세분화 : 구매동기, 상표충성도, 편익 등

21 **새로운 마케팅기회를 개발하기 위해 동일한 경로단계에 있는 두 개 이상의 무관한 개별기업들이 재원이나 프로그램을 결합하고자 하는 시스템을 가장 잘 설명하는 것은?**

① 기업형 수직적 마케팅시스템
② 프랜차이즈 마케팅시스템
③ 계약형 수직적 마케팅시스템
④ 수평적 마케팅시스템
⑤ 네트워크 마케팅시스템

22 **유사한 성능, 또는 용도를 가지거나 유사한 고객층이나 가격대를 가진 상품군을 무엇이라 하는가?**

① 상품깊이
② 상품넓이
③ 상품계열
④ 상품길이
⑤ 상품무게

23 **소비자 반응단계모델인 AIDA 모델에 따르면 소비자들은 제품을 구매하기 전에 네 가지 단계를 거치게 된다. 다음 중 이 네 가지 단계가 바르게 나열된 것은?**

① 노출→인지→욕구→행동
② 노출→욕구→행동→주의
③ 주의→관심→인지→욕구
④ 주의→관심→욕구→행동
⑤ 관심→인지→욕구→행동

ANSWER 21.④ 22.③ 23.④

21 ① 유통경로상 한 구성원이 다음 단계의 경로 구성원을 소유에 의해 지배하는 형태이다.
② 프랜차이즈의 경우 계약형 VMS에 속한다.
③ 유통경로상 상이한 단계에 있는 독립적인 유통기관들이 상호 경제적인 이익을 달성하기 위하여 계약을 기초로 통합하는 형태이다.
⑤ 기존의 중간유통단계를 배제하여 유통마진을 줄여 소비자에게 보다 저렴한 비용으로 제품을 공급하고 일부수익을 소비자에게 환원하는 시스템이다.

22 상품계열 … 동종, 동류에 속하는 상품그룹을 말하는 것으로 양품잡화점이면 와이셔츠 계열, 스포츠 웨어 계열, 넥타이 계열, 내의 계열 등으로 구성되는 것과 같다.

23 주의(Attention), 관심(Interest), 욕구(Desire), 행동(Action)의 단계를 거치며 각 글자의 맨 앞글자를 따서 AIDA 모델이라 한다.

24 다음은 재고관리와 관련비용을 나타낸다. 각 항목들과 관련 있는 것을 바르게 연결한 것은?

> ㉠ 청구비, 수송비, 검사비 등
> ㉡ 보관비, 보험료, 세금 등
> ㉢ 판매기회의 상실, 고객의 구매기회 상실, 조업중단 등

	㉠	㉡	㉢
①	주문비용	재고유지비용	재고부족비용
②	재고유지비용	재고부족비용	주문비용
③	재고부족비용	주문비용	재고유지비용
④	주문비용	재고부족비용	재고유지비용
⑤	재고유지비용	주문비용	재고부족비용

25 소비자의 힘을 결집시켜 왜곡된 현상(과대광고, 부당 가격 인상, 유해식품 등)을 시정하고 소비자의 권리를 지키려는 운동은?

① 컨슈머리즘
② 로하스운동
③ 그린 업그레이드 운동
④ 에코매지네이션
⑤ 컨슈머리포트

ANSWER 24.① 25.①

24 재고관리 비용

㉠ **주문비용**: 재고품을 보충하는 데 소요되는 비용(청구비, 수송비, 검사비)으로서 주문횟수당 일정액이 소요되는 고정비용의 성격을 띠고 있고 수량의 크기와는 무관하다.
㉡ **재고유지비용**: 재고를 보유함에 의해 발생하게 되는 비용이다(보관비, 보험료, 세금 등).
㉡ **재고부족비용**: 재고량을 충분히 보유하지 못함으로써 발생하는 비용이다(생산기회나 판매기회의 상실, 고객의 구매기회 및 호의 상실, 조업중단으로 발생하는 비용 등).

25 ② Lifestyle of Health and Sustainability의 약자로, 건강과 지속가능성을 위한 삶의 방식을 말한다.
③ 자기가 배출한 이산화탄소 배출량에 상응하는 환경보호 기금을 기부토록 하고 이를 조림사업 등에 사용하자는 것이다.
④ 생태학을 의미하는 Ecology의 Eco와 GE 슬로건인 Imagination at work(상상을 현실로 만드는 힘)의 Imagination을 조합하여 만든 신조어 친환경적 상상력을 의미한다.
⑤ 소비자의 상품구입 시 합리적인 선택을 지원하는 방안의 일환으로 미국 소비자 협회가 발간하는 월간지이다.

26 다음 중 애드호크라시 조직에 해당되는 개념으로 다중 명령체계라고도 부르며 조직의 수평적 · 수직적 권한이 결합된 형태를 취하는 조직은?

① Tack Force
② Matrix 조직
③ Man – trip 조직
④ Project 조직
⑤ 팀 조직

27 주변에서 뛰어나다고 생각되는 상품이나 기술을 선정하여 자사의 생산방식에 합법적으로 근접시키는 방법의 경영전략은?

① 벤치마킹(bench marking)
② 리컨스트럭션(reconstruction)
③ 리엔지니어링(reengineering)
④ 리포지셔닝(repositioning)
⑤ 리스트럭처링(restructuring)

ANSWER 26.② 27.①

26 매트릭스(matrix)조직(복합조직, 행렬조직)
㉠ 개념 : 전통적 조직과 프로젝트팀을 통합시킨 조직을 말한다.
㉡ 특징
• 명령계통의 다원화
• 구성원은 사업구조와 기능구조에 중복 소속
㉢ 기능 : 프로젝트팀의 장점에 신축성, 역동성, 자율성을 결합한 기능 수행

27 벤치마킹(bench marking) … 초우량기업이 되기 위해 최고의 기업과 자사의 차이를 구체화하고 이를 메우는 것을 혁신의 목표로 활용하는 경영전략이다.

28 다음 중 공급자로부터 소비자에게 이르는 일련의 공급사슬을 정보의 흐름, 제품의 흐름, 재무의 흐름을 중심으로 통합화한 경영체계를 가리키는 용어는?

① 전사적 자원관리
② 공급사슬관리
③ CRM
④ 지식경영
⑤ 리스크관리

29 다음 중 그린마케팅(Green Marketing)의 개념과 가장 관계가 밀접한 것은?

① 환경보호주의
② 메가 마케팅(Mega Marketing)
③ 소비자보호주의
④ 혁신적 마케팅
⑤ 리세션니스타

30 기업의 인적자원관리 중, 모집관리는 크게 내부인력과 외부인력으로 나눌 수 있다. 다음 중 외부인력을 모집할 때 장점으로 옳지 않은 것은?

① 인력수요에 대한 양적 충족이 가능하다.
② 새로운 지식과 경험의 축적이 가능하다.
③ 업무습득을 위한 교육훈련비를 감소할 수 있다.
④ 기존의 인건비 및 급여수준을 유지할 수 있다.
⑤ 조직분위기의 쇄신이 가능하다.

ANSWER 28.② 29.① 30.④

28 ① **전사적 자원관리** : 구매와 생산관리, 물류, 제조, 판매, 서비스, 회계 등의 비즈니스 각 기능분야 전반에 걸친 업무를 통합하여 경영자원을 최적화 하려는 통합정보시스템
③ **CRM** : 고객에 대한 이해를 통하여 고객의 욕구를 충족시키는 가치를 제공함으로써 수익을 창출하는 경영 전반에 걸친 관리체계
④ **지식경영** : 지적자본을 기본으로 하여 정보통신기술, 인적자원 등을 활용한 기업의 성장발전을 직접 추구하는 새로운 경영체계
⑤ **리스크관리** : 기업이 소유하고 있는 금융자산, 금융부채가 시장여건의 변화 등을 통해 가치가 변동할 위험을 효율적으로 관리하여 기업의 리스크 부담을 최소화하는 것

29 **그린마케팅** … 기업의 제품이 개발되고 유통, 소비되는 과정에서 자사의 환경에 대한 사회적 책임과 환경보전 노력을 소비자들에게 호소하는 마케팅 전략이다.
② P. 코틀러가 사용하기 시작한 단어로 현대와 같이 급속하게 변화하는 기업 환경하에서 효과적인 마케팅을 수행하기 위해서는 종전의 마케팅 컨셉트나 마케팅 믹스에 국한되어서는 안되며 기존의 마케팅 전략요소인 4P(Product, Place, Price, Promotion)에 Power와 PR(public relation)을 포함시켜야 한다고 설명하고 있다.

30 ④ 기존의 인건비 및 급여수준 유지는 내부인력을 모집할 때의 장점이다.

31 다음 ( ) 안에 들어갈 말을 순서대로 고르면?

> 다단계 생산공정의 생산시스템은 푸시(push)와 풀(pull)의 두 가지 형태가 있다. 이때 푸시(push)는 ( )(을)를 뜻하고 풀(pull)은 ( )(을)를 뜻한다.

① 전통적 서구의 생산시스템, 일본의 JIT시스템
② 일본의 JIT시스템, 전통적 서구의 생산시스템
③ 유연생산시스템(FMS), 셀제조시스템(CMS)
④ 셀제조시스템(CMS), 유연생산시스템(FMS)
⑤ 6시그마시스템, 일본의 JIT시스템

32 직장 내부에서 실제로 종사하고 있으면서 직무와 관련된 지식 · 기능을 연마하는 것은?

① OR
② OJT
③ EDP
④ 5M
⑤ MBO

33 다음 중 경영전략의 특성으로 옳지 않은 것은?

① 주로 종업원의 입장에서 수립된다.
② 전사적 관점에서 전략 의사결정이 이루어진다.
③ 전사적 파급효과가 크며 선례가 없는 경우가 많다.
④ 경영전략 수립 후 그것을 실행하기 위한 하위결정들이 이루어진다.
⑤ 자원 재분배에 상당한 영향을 미친다.

ANSWER 31.① 32.② 33.①

31 ㉠ **푸시(push)시스템** : 전통적 서구의 생산시스템을 의미하는 것으로 작업이 생산의 첫 단계에서 방출되고 차례로 재고품을 다음 단계로 밀어내어 마지막 단계에서 완제품이 나오게 된다.
㉡ **풀(pull)시스템** : 일본의 JIT시스템을 의미하는 것으로 재공품재고 및 이의 변동을 최소화할 목적으로 설계되며, 재고관리를 단순화함으로써 수요변동에 의한 영향을 감소시키고 분권화에 의하여 작업관리의 수준을 높인다.

32 OJT(On the Job Training) … 직무를 수행하면서 직무를 통해 실시하는 교육훈련으로, 상사나 선배가 후배에 대해 일대일로 하는 훈련과 전체가 논의를 하면서 직무수행방법을 강구하는 집단적 학습 등 여러 가지 방법이 있다.

33 ① 주로 최고경영자의 입장에서 수립된다.

34 다음은 매슬로우의 욕구 5단계의 내용이다. 욕구의 단계가 낮은 것부터 차례로 연결된 것은?

① 자아실현의 욕구→존경의 욕구→사회적 욕구→안전의 욕구→생리적 욕구
② 안전의 욕구→생리적 욕구→사회적 욕구→자아실현의 욕구→존경의 욕구
③ 생리적 욕구→안전의 욕구→사회적 욕구→존경의 욕구→자아실현의 욕구
④ 안전의 욕구→생리적 욕구→존경의 욕구→사회적 욕구→자아실현의 욕구
⑤ 생리적 욕구→안전의 욕구→존경의 욕구→자아실현의 욕구→사회적 욕구

35 트위터 마케팅에 대한 설명으로 가장 거리가 먼 것은?

① 기업들은 트위터를 통하여 홍보 또는 상담과 같은 서비스를 제공하거나 직접적인 마케팅을 실시하기도 한다.
② 트위터의 주 이용자는 기존에 왕성하게 자신의 블로그를 이용하는 파워 블로거가 아니라 심지어 자신의 블로그를 자주 이용하는 사용자도 아닌 블로그를 거의 사용하지 않던 새로운 이용자들이다.
③ 무엇보다 입소문의 영향력을 강력하게 전달할 수 있는 신속성을 지니므로 기업 마케팅의 새로운 창출기회가 될 수 있다.
④ '마이크로 블로그' 또는 '한 줄 블로그'로도 불리는데 이는 트위터가 짤막한 글을 통해 다른 사람과 공유하는 특성을 지니기 때문이다.
⑤ 기업과 소비자를 연결하며 서로의 의사소통 창구로 활용되는 블로그 서비스를 말한다.

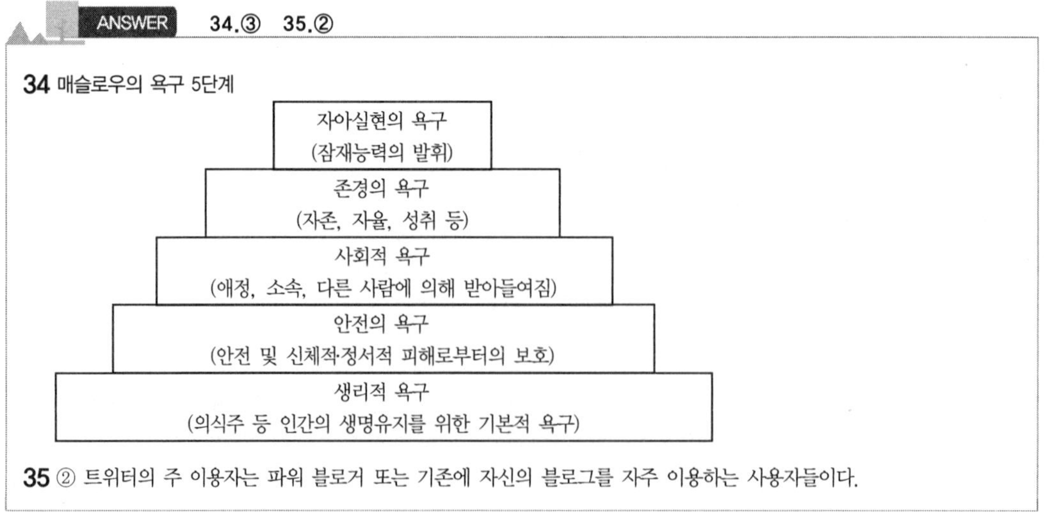

ANSWER 34.③ 35.②

34 매슬로우의 욕구 5단계

매슬로우의 욕구 5단계
자아실현의 욕구 (잠재능력의 발휘)
존경의 욕구 (자존, 자율, 성취 등)
사회적 욕구 (애정, 소속, 다른 사람에 의해 받아들여짐)
안전의 욕구 (안전 및 신체적·정서적 피해로부터의 보호)
생리적 욕구 (의식주 등 인간의 생명유지를 위한 기본적 욕구)

35 ② 트위터의 주 이용자는 파워 블로거 또는 기존에 자신의 블로그를 자주 이용하는 사용자들이다.

36 마케팅 관리는 수요상황에 따라 각각 다르게 적용된다. 다음 중, 수요상황과 그에 맞는 마케팅 관리가 연결이 바르지 않은 것은?

① 부정적 수요 – 전환마케팅
② 잠재적 수요 – 개발마케팅
③ 감퇴적 수요 – 재마케팅
④ 완전수요 – 유지마케팅
⑤ 불건전한 수요 – 디마케팅

37 다음 중 가장 높은 커버리지를 획득할 수 있는 유통전략은 무엇인가?

① 집중적 유통전략
② 전속적 유통전략
③ 선택적 유통전략
④ 푸시전략
⑤ 풀전략

38 다음 중 수직적 마케팅이 도입되는 이유로 적절하지 않은 것은?

① 대량생산에 의한 대량판매의 요청
② 가격인상의 필요성
③ 유통비용의 절감
④ 목표이익의 확보
⑤ 기업의 상품이미지 제고

ANSWER 36.⑤ 37.① 38.②

36 ⑤ 불건전한 수요상황에서는 대항마케팅이 적절한 마케팅 관리이다. 디마케팅은 초과수요상황에 적절하다.

37 ② **전속적 유통전략**: 자사 제품만을 취급할 수 있는 제한된 수의 소매점
③ **선택적 유통전략**: 집중적 유통전략과 전속적 유통전략의 중간적 형태
④ **푸시전략**: 판매원에 의한 인적판매를 통해 소비자에게 밀어붙이면서 판매하는 유통전략
⑤ **풀전략**: 제조업자의 광고를 통해 소비자가 스스로 그 제품을 지명구매 하도록 하는 전략

38 수직적 마케팅 시스템의 도입이유
㉠ 대량생산에 의한 대량판매의 요청
㉡ 유통비용의 절감
㉢ 경쟁자에 대한 효과적인 대응
㉣ 기업의 상품이미지 제고
㉤ 가격안정(또는 유지)의 필요성
㉥ 목표이익의 확보
㉦ 유통경로 내에서의 지배력 획득

39 다음은 기업의 경영혁신기법에 대한 설명이다. 가장 적절한 용어는?

> 기업의 규모가 커지고 복잡화된 경영으로 인해 과거와 같은 기능식 위계조직으로는 고객을 만족시킬 수 없다는 사고에서 등장한 기법으로 기존의 경영활동을 무시하고 기업의 부가가치 산출활동을 새롭게 구성하는 경영혁신기법이다. 기업 체질 및 구조의 근본적인 변혁을 가리키며 종래의 인원 삭감이나 부문 또는 부서폐쇄 등에 의존하기보다 사업의 모든 업무과정을 기업의 전략에 맞추어 프로세스 중심으로 바꾸는 것을 주안점으로 하고 있다.

① 리모델링(Remodeling)
② 리엔지니어링(Reengineering)
③ 인수 · 합병(M & A)
④ 벤치마킹(Benchmarking)
⑤ 기업재구성(Restructuring)

40 다음 중 ABC 분석기법과 관련한 설명이 옳지 않은 것은?

① 도매상들은 표적소매상 고객들이 원하는 제품구색과 서비스수준을 파악하고 수익성과 재고비용을 고려하여 효과적인 관리를 위해 ABC 분석기법을 활용한다.
② 공헌이익, 매출액, 판매량, 총이익, GMROI 혹은 매장면적당 매출이나 총이익을 기준으로 상품을 분류하고 재고량을 조절하고자 할 때 ABC 분석을 활용한다.
③ 다양한 고객에 대한 평가기준 특히 공헌이익, 수익성기여도 등에 따라 고객을 A, B, C 등급으로 분류한 후 등급특성에 따른 마케팅 전략 및 믹스를 활용할 수 있도록 도와주는 기법이다.
④ 유통상이 취급하는 상품을 수익에 대한 기여도에 따라 A, B, C로 분류한 후 각각의 상품그룹의 특성을 활용한 상품확장, 신제품개발, 및 신시장 개척을 위한 도구로 사용되는 기법이다.
⑤ 효율적인 재고의 관리를 위해 파레토의 법칙을 재고관리기법에 도입한 것으로 해석할 수 있다.

ANSWER 39.② 40.④

39 리엔지니어링 … 마이클 해머가 제창한 기업 체질 및 구조의 근본적 변혁을 말한다. 사업 활동을 근본적으로 새롭게 생각하여 업무의 방법 및 조직구조를 혁신시키는 재설계방법이다. 기업재구성이 인원삭감 또는 부분폐쇄 등에 의존한 것과 달리 기업전략에 맞추어 업무진행을 재설계하는 것을 주안점으로 하는 특징이 있다.

40 ④ ABC 분석기법은 재고의 중요도 또는 가치에 따라 재고의 품목을 A등급, B등급, C등급으로 구분하여 관리하는 기법을 말하며 재고자산의 품목이 많은 경우 재고를 효율적으로 관리하기 위하여 파레토의 법칙을 재고관리기법에 도입한 것이다.

41 **다음 중 마이클 포터의 5-Forces에 대한 설명이 적절한 것은?**

① 공급자의 교섭력 - 집중도
② 신규 진입의 위협 - 규모의 경제
③ 대체재의 위협 - 산업의 경기변동
④ 구매자의 교섭력 - 유통망에 대한 접근
⑤ 기존 경재자간의 경쟁 - 정부의 법적 규제

42 **경영전략을 수립할 때 사용되는 많은 전략들 중, BCG매트릭스에 관한 설명으로 옳지 않은 것은?**

① 원의 크기는 사업단위의 매출액을 나타내며 매출액에 비례한다.
② 고성장, 고점유율의 사업단위로 유지전략 또는 확대전략을 선택하는 것을 Star라고 한다.
③ 저성장, 저점유율의 사업단위로 회수나 철수전략을 선택하는 것을 Question Mark라고 한다.
④ 시장점유율이 둔화될 경우 Cash Cow로 이동한다.
⑤ 상대적 시장점유율과 시장성장률을 기초로 분석한다.

ANSWER 41.② 42.③

41 Porter의 산업구조 분석모형

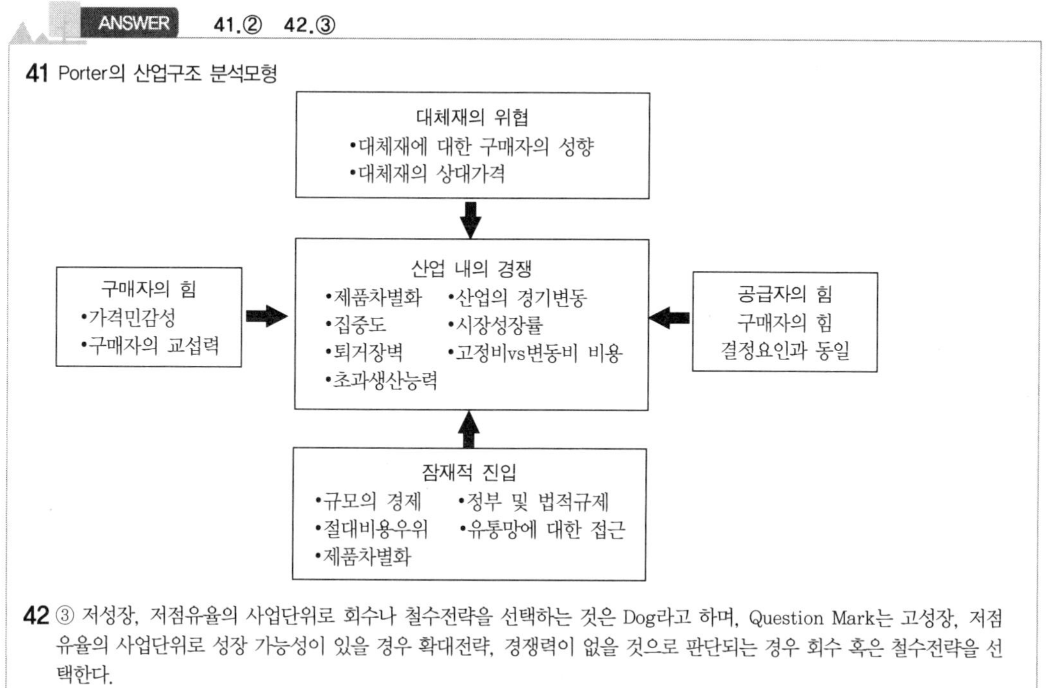

42 ③ 저성장, 저점유율의 사업단위로 회수나 철수전략을 선택하는 것은 Dog라고 하며, Question Mark는 고성장, 저점유율의 사업단위로 성장 가능성이 있을 경우 확대전략, 경쟁력이 없을 것으로 판단되는 경우 회수 혹은 철수전략을 선택한다.

43 다음에서 특별가격전략의 종류와 그 설명이 바르게 연결되지 않은 것은?

① 변동가격전략 : 소비자의 구매수량에 따라 가격을 달리 책정하는 것으로 대량구입하는 고객은 협상력에 따라 최종가격이 결정된다.
② 단일가격전략 : 대형 할인점에서 주로 이용하는 소매가격전략으로 최근 가장 유행하고 있는 전략이다.
③ 단수가격전략 : 소매점에서 주로 이용하는 심리적 가격전략으로 가격단위를 990원, 9,900원으로 매겨 가격수준을 낮게 느끼도록 하는 것이다.
④ 유인가격전략 : 고객을 유인하기 위해 몇몇 품목의 가격을 일시적으로 낮추는 전략이다.
⑤ High－low가격전략 : 일부 제품에는 상대적으로 낮은 가격을, 다른 제품에는 높은 가격을 제시하는 전략을 말한다.

44 다음 중 시장침투가격전략에 대한 설명으로 옳은 것은?

① 단기간 내의 수익극대화를 목표로 처음에는 고가로 시작하고 시간이 지나면서 가격을 낮추는 전략이다.
② 경험곡선을 이용해 시장에 침투하여 장기적인 이익을 올리는 것을 목표로 한다.
③ 수요의 가격탄력성이 작은 경우에 사용하는 가격전략이다.
④ 소량생산으로도 대량생산에 비해 생산단가가 높지 않은 경우에 유용하다.
⑤ 품질선도로 단기간의 수익극대화를 목적으로 한다.

ANSWER 43.② 44.②

43 ② 단일가격전략은 판매자가 동일한 수량을 구매하는 소비자에 대해서 같은 가격을 매기는 전략으로, 판매자에 대한 신뢰를 구축할 수 있다.

44 ①③④⑤ 스키밍 가격전략(초기 고가전략 ; 상층 흡수가격전략)에 대한 설명이다.

※ **침투가격전략**(초기 저가전략 ; Penetration Pricing Strategy) … 낮은 가격으로 제품을 시장에 진출시켜 짧은 시간 내에 시장점유율을 확보하려는 전략으로, 경험곡선을 이용해 시장에 침투하여 장기적인 이익을 올리는 것을 목표로 한다. 이 전략은 다음의 경우에 효과적이다.

㉠ 수요의 가격탄력성이 큰 경우(수요가 아주 탄력적인 경우)
㉡ 상품에 대한 대량수요가 존재하고 있는 경우
㉢ 상품에 대한 기업간 경쟁이 치열하거나 치열한 경쟁이 예상되는 경우
㉣ 규모의 경제에 의해 상당한 비용절감 효과를 얻을 수 있는 경우(대량판매를 통해 높은 이익이 예상되는 경우)

45 **다음 중 SCM(Supply Chain Management)에 대한 설명으로 옳지 않은 것은?**

① 디지털 기술을 활용하여 공급자, 유통채널, 소매업자, 고객 등의 물자 및 정보흐름을 신속하고 효율적으로 관리하는 것을 말한다.
② SCM은 정확한 수요예측을 통하여 수요량과 발주량 간의 격차를 없애는 데 목적이 있다.
③ 첨단정보기술 활용형 SCM은 중앙물류센터를 설치하여 구매와 배송절차를 단순화한 방식이다.
④ 공급자 주도의 재고관리형 SCM에는 QR(Quick Response)과 JIT(Just In Time) 등이 있다.
⑤ SCM의 본래 목적은 수요량과 발주량간의 격차해소였으며 이러한 격차가 공급망 상류로 갈수록 더욱 크게 나타나는 현상을 채찍효과라고 한다.

46 **다음은 마케팅에서 고관여 제품(High-involvement Product)에 대한 설명이다. 내용이 가장 적절하지 않은 것은?**

① 만약 소비자가 제품을 잘못 구매했을 때 지각된 위험이 높아 주위의 조언 등의 오랜 시간과 노력을 투자하여 구매과정에 깊이 관여하는 것을 말한다.
② 저관여 제품보다 소비자의 구매시 의사결정 과정, 정보처리과정이 매우 복잡하다.
③ 일반적으로 가격이 높으며 복잡한 특성을 갖고 있는 경우가 많아 브랜드 충성도와 선호도는 상대적으로 약하게 형성되어 있다.
④ 소비자의 관여도에 따라 마케팅 전략은 다르게 수립되며 고관여 소비자들의 구매의사결정 과정은 예측이 쉬운 편이므로 마케팅 전략에서는 저관여 소비자들에게 더 관심을 가지는 경우가 많다.
⑤ 보통 고관여 제품은 TV 광고보다 인쇄, 홈쇼핑과 같이 자세한 설명의 광고가 더욱 효과적이다.

ANSWER 45.③ 46.③

45 SCM의 유형
㉠ **첨단정보기술 활용형**: 상품주문서, 지불확인서 등을 e-mail을 통해 주고받는 유형이다. 이는 업무처리시간과 불필요한 업무가 감소된다.
㉡ **중앙 집중관리형**: 중앙물류센터를 설치하여 구매와 배송절차를 단순화함으로써 구매단가, 운송단가를 최소화하고 각 점포의 상품배송주기를 단축하는 방식이다.
㉢ **공급자 주도의 재고관리형**: 소매업자와 공급업자가 상품판매정보의 공유를 통해 소비자의 구매패턴에 맞는 상품공급주기로 개선하는 방식이다. QR, JIT 등이 그 예이다.

46 ③ 고관여 제품은 의료 서비스, 자동차, 주택, 보석 등의 제품에 해당하며 강한 브랜드 충성도와 선호도를 형성하게 되는 경우가 많다.

47 **다음은 '전략적 포지션'에 대한 설명이다. 가장 옳지 않은 것은?**

① 기업이 일련의 독특한 활동의 수행으로 특정 제품 또는 서비스를 가장 잘 생산하는 경우 경제적 의미를 지닌다.
② 다른 포지션과의 상쇄관계(trade-off)가 없을 경우 지속될 수 없다.
③ 가치 있는 포지션은 다른 경쟁자에 의한 모방이 어려워야 한다.
④ 핵심은 다른 경쟁자보다 먼저 고객욕구에 기반한 포지셔닝에 접근하는 것이다.
⑤ 특정한 고객층의 욕구충족이 가능할 때 발생한다.

48 **다음 중 기업의 수평적 통합(Horizontal Integration)에 대한 설명으로 가장 적절하지 않은 것은?**

① 기업이 단독으로 마케팅 활동의 수행에 필요한 자원, 자본, 노하우 등을 지니고 있지 않을 경우 수평적 통합을 통해 시너지 효과(synergy effect)를 얻을 수 있다.
② 업무 범위의 확장을 의미하는 것으로 경쟁이 과열된 시장에서 자주 발생한다.
③ 정보의 전달 또는 의사결정이 늦어질 수 있다.
④ 기업은 수평적 통합을 통해 기업가치의 증대 및 시장지배력을 높일 수 있다.
⑤ 조직의 비대화를 가져와 조직관리비용이 증가한다는 단점도 있다.

ANSWER 47.④ 48.②

47 다른 경쟁자와 다른 차별화된 활동을 선택하는 것이 그 핵심이다.

48 기업결합

㉠ **수평적 결합**: 동종 · 유사업종 간의 기업결합, 시장의 독점적 지배를 목적으로 한다.
㉡ **수직적 결합**: 동일 제품의 생산단계를 달리하는 기업 간의 결합으로 생산 · 유통과정의 합리화를 목적으로 한다.
㉢ **다각적 결합**: 생산상의 관계가 없는 다른 업종 간의 결합을 통해 위험을 분산시키고 기업 지배력을 강화하고자 하는 목적으로 한다.

49 Ansoff는 제품의 유형(기존제품 대 신제품) 및 시장의 유형(기존시장 대 신시장)을 기준으로 하여 기업의 다양한 성장전략의 방향을 제시하고 있다. 다음 중 시장침투전략의 방법과 가장 거리가 먼 내용은?

① 기존고객의 구매량을 증가시키는 방법
② 경쟁 기업의 고객을 유인하는 방법
③ 판촉활동을 통하여 비사용자를 설득하는 방법
④ 인터넷과 같은 새로운 유통망을 구축하는 방법
⑤ 신규고객의 확보를 위해 판촉활동을 벌이는 방법

50 다음 중 전략적 제휴에 대한 설명으로 적합하지 않는 것은?

① 합작기업의 경우 제휴하려는 파트너들이 자본투자를 통해 모기업과 법적으로 상호 연결된 기업을 설립하여 독립성이 없으며, 다만 양자가 합의한 일정분야에 대해서만 협력관계를 지속화한다.
② 지분참여의 경우 제휴파트너의 일방이 상대파트너의 일정지분에 대해 참여함과 동시에 일정분야에서의 협력관계를 유지하는 제휴형태를 말한다.
③ 업무제휴의 경우 어느 업무분야에 있어 제휴기업 간의 자본참여 없이 단순히 협력관계를 맺는 제휴의 형태를 말한다.
④ 동일업종 또는 유관업종에 속한 기업들 간에 상호 시너지효과를 극대화하고 공동의 이익을 추구하기 위하여 여러 가지 형태로 협력체계를 구축하는 경영전략을 통칭한다.
⑤ 제휴와는 경영자원을 서로 보완한다는 점에서 구별된다.

ANSWER 49.④ 50.①

49 시장침투전략의 방법

㉠ 기존고객에게 더 많은 제품을 구입하여 사용하도록 촉진하는 방법
㉡ 경쟁 기업의 고객을 자사의 고객으로 유인하는 방법
㉢ 다양한 판촉활동을 통하여 자사제품에 대한 신규고객 및 미사용자를 설득하는 방법

50 합작기업은 외국투자자 또는 외국기업이 공동으로 투자하여 설립한 기업으로 양측의 계약에 따라 투자항목이 결정되면 계약에 따라 손익부담을 분배하는 형식이다.

51 다음 중 라인 조직에 대한 설명으로 옳지 않은 것은?

① 직계조직이라고도 한다.
② 책임과 권한이 없고 계획업무만을 담당한다.
③ 인적 · 물적 자원을 조직화한다.
④ 지휘명령계통을 가진다.
⑤ 경영활동을 직접적으로 집행하는 조직이다.

52 다음은 소비재를 유형별로 나눈 후 이들의 개별 특징들에 관하여 설명한 내용이다. 옳지 않은 것은?

① 구매계획의 정도가 상대적으로 약한 유형은 편의품이다.
② 특정브랜드에 대한 선호의 정도가 가장 높은 것은 전문품에 속한다.
③ 쇼핑노력의 정도가 가장 높은 것은 전문품이다.
④ 충동구매가 가장 잘 이루어지는 편의품의 경우 구매시점에서의 판촉활동이나 광고 등이 필요하지 않다.
⑤ 선매품의 경우 구매에 많은 시간과 노력이 소요되고 계획적인 구매를 하는 특성이 있다.

ANSWER 51.② 52.④

51 ② 라인(Line)조직은 상하 간의 명령복종관계를 지닌 수직적 계층구조를 형성하여 조직의 목표달성에 직접적으로 기여하는 조직이다. 이에 반해 스텝(Staff)조직은 라인조직을 보조 · 지원함으로써 목표의 달성에 간접적으로 공헌하는 조직이다.

52 ④ 편의품의 경우 대개 소량으로 자주 구매한다. 또한 구입시에는 상표나 상점의 비교를 하지 않는다. 따라서 대량광고 및 판매촉진을 하는 소비재의 유형에 해당한다.

※ 상품의 분류

편의품	선매품	전문품
• 높은 구매빈도 • 낮은 단가 및 마진 • 습관적 구매 • 재품에 대한 소비자의 높은 지식 • 위치, 이미지, 브랜드인지 중요 • 상표에 대한 강한 애호도 • 빈번한 판매촉진과 광고지출	• 낮은 구매빈도 • 높은 단가와 매진 • 계획적 구매 • 제품에 대한 소비자의 지식 부족 • 구매에 많은 시간과 노력 소요 • 동질적, 이질적 선매품 • 소매점의 중요성 • 취급상점이 인접하여 상가를 형성	• 낮은 구매빈도 • 높은 단가와 마진 • 낮은 상품회전율 • 상표에 대한 높은 관심 • 품질이 주요 속성 • 판매원의 영향을 많이 받음 • 구입시 많은 시간과 노력 소요 • 광범위한 광고의 사용

53 **다음 중 사업포트폴리오 설계 툴(Tool)에 대한 설명이 가장 옳지 않은 것은?**

① BCG매트릭스의 단순성과 약점을 보완하기 위해 개발된 것이 GE매트릭스이다.
② BCG매트릭스가 제품수명주기이론을 개념적 토대로 한다면 GE매트릭스는 경쟁우위론을 개념적 토대로 한다.
③ GE매트릭스는 산업매력도와 사업 강점의 2부문으로 구성된다.
④ GE매트릭스에서 왼쪽 상단의 사업부문은 매력적인 산업에서 강한 포지션을 가지므로 매력도가 높은 특징을 지니며 BCG 매트릭스의 DOG 단계와 구사하는 전략이 유사하다고 볼 수 있다.
⑤ GE매트릭스에서 원의 크기는 해당 제품시장의 크기를 나타낸다고 볼 수 있다.

54 **A라는 기업이 있다. 이 기업은 국내에서 상품을 전량 생산하여 전체 매출 중, 국내 시장에서 30%, 미국 시장에서 70%의 매출을 올리고 있다. 이러한 기업은 국제경영 4단계 중 어떤 기업에 해당하는가?**

① 국내기업
② 수출기업
③ 다국적기업
④ 세계기업
⑤ 대기업

ANSWER 53.④ 54.②

53 ④ BCG매트릭스에서 DOG 단계는 시장점유율도 낮고 해당시장의 성장률도 낮은 쇠퇴기에 접어든 단계로 사업의 축소 또는 철수 전략이 시행된다.

54 ② 해당 기업은 미국 시장에 매출의 70%를 수출하는 수출기업이라고 할 수 있다.
※ 국제경영 4단계
㉠ 국내지향 기업(국내기업)
㉡ 해외지향 기업(수출기업)
㉢ 현지지향 기업(다국적기업)
㉣ 세계지향 기업(세계기업)

55 **마케팅 목적을 달성하기 위한 중요한 정책적 도구의 하나로서 사용되는 커뮤니케이션정책의 목적 중 광고내용의 '인지(awarness)'정도를 측정하는데 가장 적합한 질문은?**

① 어느 점포가 제품구색 측면에서 가장 뛰어납니까?
② 어떤 점포에서 유아용 가구를 판매합니까?
③ 다음 점포 중 당신이 방문해 본 곳은 어디입니까?
④ 유아용 가구를 구입한다면 어떤 점포를 가장 먼저 들리시겠습니까?
⑤ 유아용 가구의 제품 중 가장 중요한 속성은 무엇입니까?

56 **기업이 자사제품을 판매하기 전에는 여러 가지 과정을 거치게 되는데 목표시장을 선정할 때, 시장을 세분화하는 변수와 내용이 바르게 연결되지 않은 것은?**

① 지리적 변수 : 지역, 기후 등
② 구매행동적 변수 : 구매동기, 소비자가 추구하는 편익 등
③ 구매행동적 변수 : 사용기회, 상표애호도, 사용률 등
④ 심리분석적 변수 : 라이프스타일, 개성 등
⑤ 인구통계학적 변수 : 성별, 인구밀도, 종교, 직업 등

57 **특정 가구회사의 조직은 최고경영자 밑에 가정용 가구, 주방용 가구, 사무용 가구, 신혼가구, 선실가구 등으로 나누어져 있다. 이러한 조직구조의 특성과 가장 어울리는 것은?**

① 기능에 의한 수평적 분화
② 제품에 의한 수평적 분화
③ 지역에 의한 수평적 분화
④ 업무과정에 의한 수평적 분화
⑤ 가격에 의한 수평적 분화

ANSWER 55.② 56.⑤ 57.②

55 인지의 정도를 측정하기 위해서는 제품이나 서비스 또는 메시지의 인지도가 향상되었는지를 평가해야 한다.

56 ⑤ 인구밀도는 지리적 변수에 해당한다.

57 **수평적 분화** … 흔히 부문화로 불리며, 조직이 상이한 부서나 전문화된 하위단위로 나누어지는 것을 의미한다. '직무전문화'와 밀접한 관계를 가진다.

58 SWOT 분석법은 조직 내부의 강점과 약점을 조직외부의 기회와 위협 요인과 대응시켜 전략을 개발하는 기법이다. SWOT 분석에서 외부에 기회가 있다고 판단할 수 있는 근거의 예시 중 가장 거리가 먼 것은?

① 회사에 대한 고객의 높은 충성도
② 경제호황
③ 약해진 경쟁자
④ 새로운 기술의 출현
⑤ 제품의 다각화 전략

59 다음 중 조직구조에 대한 설명으로 가장 적절하지 않은 것은?

① 팀 조직은 종업원들이 더 참여적이고 권한을 부여받고 있다.
② 프로젝트 조직은 서로 다른 기능별 영역에서 전문가들을 할당하는 조직구조이다.
③ 네트워크 조직구조는 사업 기능을 외부에서 조달하며, 소수의 핵심조직으로만 이루어진다.
④ 기능적 조직구조는 전체 조직을 위한 최선의 방법을 볼 수 있는 관리자를 양성하는데 유리하다.
⑤ 혼합형 조직은 기능부서의 효율성을 유지하며 각 사업부가 환경에 적응하고 효율을 높일 수 있도록 설계된 조직이라는 장점을 지닌다.

ANSWER 58.① 59.④

58 SWOT
㉠ Strength(강점) : 회사 전체나 부문, 팀의 목표 달성에 적합한 역량
㉡ Weakness(약점) : 목표 달성을 방해하는 모든 장애요소
㉢ Opportunities(기회) : 활용해야 할 시장의 동향, 세력, 사건, 아이디어
㉣ Threats(위협) : 대비해야 할 외부의 통제 불가능한 사건, 세력

59 ④ 기능적 조직구조(Functional Organizational Structure)는 공동 기능별로 부서화한 것으로 이러한 조직에서 최고경영자는 각 부분의 활동을 긴밀하게 파악할 필요가 있다.

60 다음 중 글로벌 기업에 관련된 내용으로 가장 거리가 먼 것은?

① 많은 기업이 인위적인 지리적 장벽을 내포하는 기업 구조를 제거함으로써 글로벌화를 진전시키고 있다.
② 수출 또는 수입을 통한 기업의 글로벌화는 최소의 투자와 위험만을 감수하는 방식이다.
③ 해외 자회사는 모국과 연계된 생산시설이나 사무실을 세우기 위해 외국에 간접 투자를 실시하는 형태이다.
④ 글로벌화의 형태는 라이센싱, 프랜차이징, 전략적 제휴, 합작투자, 해외 자회사와 같은 방식으로 수행되기도 한다.
⑤ 일반적으로 기업의 글로벌화는 국제화를 통해 축적한 개별해외시장의 경험 및 지식을 기반으로 하여 전개한다.

61 중소기업의 창업전략 중 가맹점(franchise)에 가입하는 경우 가장 유리한 점은?

① 초기 가맹비 부담이 없다.
② 소량 구매로 인해 원가를 절감할 수 있다.
③ 본사로부터 창업비용을 지원받고 로열티만 지불하면 된다.
④ 시장이나 제품 면에서 실패할 위험이 적다.
⑤ 중도에 탈퇴 및 진입이 자유롭다.

ANSWER 60.③ 61.④

60 ③ 해외 자회사 설립은 직접 투자에 해당하며, 해외 간접투자란 투자자의 경영참가 없이 배당 · 이자 · 시세차익 등을 목적으로 하는 투자로 외국주식이나 채권 매입, 금전 대출 등이 있다.

61 가맹점(franchise) 창업의 장 · 단점
㉠ 장점
- 독립점포에 비해 실패의 위험성이 낮다.
- 창업 시 다양한 지원과 홍보가 용이하다.
- 대량구매로 인해 원가를 절감할 수 있다.

㉡ 단점
- 초기 가맹비와 로열티 지불의 부담이 있다.
- 계약 중도에 탈퇴가 곤란하다.
- 본사의 경영지도가 고압적이고 일방적일 수 있다.

62 **다음 중 마케팅 관련 설명으로 가장 적절하지 않은 것은?**

① 마케팅개념(marketing concept)은 소비자들의 욕구를 파악하여 그들의 욕구를 충족시켜줌으로써 기업의 장기적 이윤을 얻겠다는 개념이다.
② 마케팅관리(marketing management)는 고객의 욕구 충족과 기업의 목적을 달성하기 위해 관련 자료를 수집, 분석하여 마케팅전략을 수립하고 실행하며 그 성과를 평가하고 통제하는 관리활동이다.
③ 마케팅믹스(marketing mix)란 기업이 표적시장에서 원하는 반응을 얻기 위해 사용되는 절대적 통제 불가능한 마케팅변수의 집합으로 구성되며 이는 제품, 가격, 유통, 촉진의 4가지 변수로 4P's라 한다.
④ 그린마케팅(green marketing)은 환경에 대한 관심을 가지고 마케팅활동을 수행하는 것을 의미한다.
⑤ 필립 코틀러는 "교환과정을 통하여 인간의 욕구와 필요를 충족시키는 활동"이라는 설명으로 마케팅을 정의하기도 하였다.

63 **마이클 포터의 경영전략과 관련된 설명으로 옳지 않은 것은?**

① 기업이 주어진 여건에서 최고의 기술과 최고의 효율성, 최고의 경영기술을 활용하여 창출할 수 있는 가치의 최댓값을 'productivity frontier'라 한다.
② 차별화전략과 동시에 원가우위전략을 추구할 수 없다.
③ 신기술 출현에 의해서 생산성 프론티어를 바깥쪽으로 좀 더 밀고 갈 수 있는 경우가 발생한다.
④ 전략의 실행 시에는 'stuck in the middle' 경우를 경계해야 한다.
⑤ 경영전략이란 경쟁기업에 비하여 높은 수익성을 내기 위한 행동계획을 말한다.

ANSWER 62.③ 63.②

62 **마케팅믹스**(marketing mix) … 마케팅 믹스란 목표 시장에서의 기업의 목적을 달성하기 위한 통제 가능한 마케팅 변수를 적절하게 배합하는 것을 말하며 마케팅 변수는 다음과 같다.
㉠ **제품**(Product) : 품질, 성능, 포장, 상표, 크기, 서비스, 보증, 반품 등
㉡ **가격**(Price) : 정가, 할인, 대금 결제 조건, 공제, 할부기간 등
㉢ **장소**(Place) : 경로, 입지, 재고, 상권, 운송 등
㉣ **촉진**(Promotion) : 광고, 인적 판매, 홍보, 판매 촉진 등

63 ② 둘은 서로 배타적이지 않고 보완적인 것이다. 불량률을 낮추는 것과 생산원가를 낮추는 것이 상충관계에 있지 않다는 것이 일본 기업들에 의하여 증명되었기 때문이다.

64 다음의 제품수명주기 내용에서 ㉠과 ㉡에 들어갈 적절한 개념이 바르게 연결된 것은?

> 사람에도 수명이 있듯이 제품도 인간과 비슷하게 일정한 수명주기를 지닌다. 제품 수명은 새로운 제품이 등장할 때마다 반복적인 형태로 나타나며 일반적으로 하나의 제품이 시장에 출시되면 도입기→성장기→(㉠)→쇠퇴기의 4단계를 겪게 된다.
> 제품의 출시와 함께 시작되는 도입기는 조기수용자(Early Adopter) 또는 혁신자가 구입하는 단계이고, 이를지나 성장기에는 조기다수자(Early Majority)가 구입하게 된다. 한편 도입기와 성장단계의 사이에 (㉡)(가)이 존재하는 경우도 있으며, 이를 넘어서지 못하고 많은 기술과 상품들이 도태되기도 한다. 하지만 이 지점을 넘어서면 수요층이 다수로 확장될 수 있다.

	㉠	㉡
①	성숙기	기술포화
②	포화기	확산거점
③	성숙기	확산거점
④	포화기	캐즘(Chasm)
⑤	성숙기	캐즘(Chasm)

ANSWER 64.⑤

64 ⑤ 캐즘(Chasm)이란 혁신적 제품이 개발 · 출시되어 초기의 적극적 소비자가 구매한 이후 일반 대중적 시장 영역으로 도약에 나서는 경우 수렁과 정체를 말한다.

※ **제품수명주기**(PLC ; Product Life Cycle) … 일반적으로 도입기, 성장기, 성숙기, 쇠퇴기의 네 단계로 구분된다. 주기의 구분이 명확하지 않고 분석의 초점이 제품에 맞춰짐으로 전반적 시장의 상황을 간과한다는 비판도 받고 있지만 현재까지는 제품전략의 수립에 유용한 분석의 틀로 사용되고 있으며 이를 통해 적절한 마케팅 전략을 수립하고 실행할 수 있다.

㉠ **도입기**: 제품에 대하여 소비자의 인식이 부족하고 유통채널에 상품을 진열하는 데도 상당한 시간이 소요된다. 제품을 알리기 위한 촉진비용이 가장 많이 드는 시기이기 때문에 이익은 아주 적거나 오히려 적자인 경우가 대부분이다.

㉡ **성장기**: 도입기를 지나 성장기가 되면 매출이 크게 증가하고 새로운 특성을 지닌 제품의 경쟁자가 등장한다. 일반대중들도 제품을 구매하기 시작하며 경쟁의 심화로 촉진비용도 함께 증가하지만 시장이 확대되어 수익도 빠르게 증가하게 된다.

㉢ **성숙기**: 제품의 판매성장률이 둔화 즉, 판매가 정점에 달하는 전후의 시기를 말한다. 통상 도입기나 성장기보다 오래 지속되는 특징을 지니며 경쟁자들은 가격경쟁을 시도하거나 공격적인 촉진전략을 구사하기도 한다. 이익은 감소하고 경쟁에서 밀리는 기업은 도태되므로 성장기에는 소수의 시장지배자들과 다수의 소규모기업으로 시장이 양분된다.

㉣ **쇠퇴기**: 시장에서 제품이 서서히 사라지는 단계로 기술의 변화 또는 소비자 기호의 변화, 경쟁심화 등으로 인해 진행되므로 제품에 따라 이 시기가 급격하게 진행될 수도 있고 서서히 진행될 수도 있다.

65 **다음은 가격차별에 대한 대화이다. 보기 중에서 옳은 진술을 한 사람만으로 짝지어 진 것은?**

- 교수 : 가격차별의 예로 어떠한 것을 들 수 있습니까?
- 학생A : 비행기에서는 비즈니스석과 이코노미석의 가격을 차등적으로 받기 때문에 이는 가격차별의 예로 적절하다고 봅니다.
- 학생B : 놀이공원의 입장료와 놀이기구의 이용료를 따로 받는 것도 가격차별의 좋은 예가 될 수 있습니다.
- 교수 : 그렇다면 이러한 가격차별은 구체적으로 어느 경우에 일어납니까?
- 학생C : 반응함수가 나타나는 과점적 시장구조에서 쉽게 발생합니다.
- 학생D : 규모의 경제가 발생하는 경우에 흔하게 발생하지요.

① 학생A, 학생 B
② 학생B, 학생 C
③ 학생B, 학생 D
④ 학생B, 학생 C
⑤ 학생C, 학생 D

66 **A기업은 새로운 제조기술을 개발하였지만 자금이 부족하여 B기업과 1년 동안 해당 기술을 사용 할 수 있는 계약을 맺고 그에 대한 로열티를 지급받으려고 한다. 이러한 계약을 가리키는 용어는 무엇인가?**

① 조인트벤처
② 출자전환
③ 생산계약
④ 라이선싱
⑤ 프랜차이즈

ANSWER 65.③ 66.④

65 동일한 재화에 대해 서로 상이한 가격을 부과하는 것을 가격차별이라 한다. 따라서 재화의 동일성을 전제로 가격차별의 예를 판단해야 하며 이러한 관점에서 판단할 때 비행기의 비즈니스석과 이코노미석은 서로 다른 서비스를 제공하므로 다른 재화로 판단하는 것이 타당하며 따라서 가격차별이 될 수 없다. 반대로 놀이공원의 입장료와 놀이기구 이용료를 따로 받는 것은 동일재화에 해당하므로 2부 가격차별이라 할 수 있다. 이러한 가격차별은 독점의 형태에서 주로 발생하며 규모의 경제는 독점의 강력한 원인이 된다. 가격반응곡선은 과점형태에서 나타나므로 옳지 않다.

66 ④ 라이선싱 : 기술이나 브랜드만을 일정기간 공여하고 로열티를 지급받는 계약이다.

67 **매슬로(Maslow)는 인간 욕구가 5가지 단계로 구성되어 있다고 주장하였다. 다음의 직장 내 개인의 욕구와 관련된 내용을 매슬로가 정의한 욕구 단계에 맞춰 하위에서 상위 순서로 바르게 연결한 것은?**

> ㉠ 적성에 맞는 업무, 창의성의 개발, 잠재 능력 발휘
> ㉡ 책임과 권한의 증대, 부서원들의 인정, 과업 성취로 인한 승진
> ㉢ 추위를 피할 수 있는 거처, 생계유지를 위한 일자리
> ㉣ 팀원 간 인간적인 배려와 일체감, 협력적인 팀 분위기
> ㉤ 정년 보장, 오·폐수 처리시설 완비

① ㉢㉣㉤㉠㉡　② ㉢㉤㉣㉡㉠
③ ㉤㉢㉠㉣㉡　④ ㉤㉢㉣㉠㉡
⑤ ㉢㉡㉣㉤㉠

68 **다음은 패스트푸드 업체인 맥도널드사의 프랑스지사 광고 캠페인이다. 여기에서 볼 수 있는 마케팅 전략은?**

> "어린이는 주 1회만 오세요."

① 버즈마케팅　② 걸리시마케팅
③ 신데렐라마케팅　④ 디마케팅
⑤ 접속자마케팅

ANSWER 67.② 68.④

67 매슬로의 욕구 5단계설
㉢ **제1단계 생리적 욕구** : 인간의 가장 기본적 욕구로 배고픔, 갈증, 추위 등이 해당하며 임금 등의 지불을 통해 생리적 욕구가 충족될 수 있다.
㉤ **제2단계 안전 욕구** : 신체적인 위협 또는 불확실성에서 벗어나고자 하는 욕구로 의료보험, 노후대책 등으로 직업을 선택하는 행동에 반영된다. 안전한 작업조건, 직업의 보장 등을 통해 욕구가 충족될 수 있다.
㉣ **제3단계 소속 욕구** : 다른 사람들과 관계를 맺고 소속감 또는 애정을 나누고 싶어 하는 단계이다.
㉡ **제4단계 존경 욕구** : 다른 사람으로부터 자신의 능력에 대한 인정을 받고 싶어 하는 욕구이다.
㉠ **제5단계 자아실현 욕구** : 자신의 잠재적인 능력을 최대한 발휘하고 창조적으로 자신의 가능성을 실현하고자 하는 욕구를 말한다.

68 ④ 디마케팅(demarketing)은 상품의 소비를 억제시키기거나 수익에 도움이 안되는 고객들을 의도적으로 제외시키는 마케팅 전략을 말한다.

69 다음 사례들과 관련된 경영학적 개념을 설명한 것으로 중 가장 잘못된 표현은?

- 대서양을 최초로 단독 횡단한 비행사의 이름은 '찰리 리드버그'이며 두 번째로 단독 횡단한 비행사는 '버트 힝클러'이다. 버트는 찰리보다 더 빨리 비행하고 연료도 더 적게 들었지만 버트를 기억하는 사람은 드물다.
- 많은 사람들이 MP3를 애플이 만든 것으로 인식하고 있지만 이것은 사실 우리 한국이 최초로 만든 것이다.
- 폴라로이드(Polaroid)는 카메라 이름이 아니라 원래 미국 기업 이름이다.
- 베트남에서는 오토바이를 '혼다'라고 부른다.

① 고객 심리 속에 명성과 이미지라는 진입장벽을 형성한다.
② 경험 효과를 더 누릴 수 있다.
③ 경쟁자보다 많은 초기 연구개발(R&D) 비용이 적게 든다.
④ 시장 선점의 이익을 누릴 수 있다.
⑤ 유통망 등과 같이 희소 자원을 선점할 수가 있다.

70 ○○화장품은 십만 원 이상 화장품을 구매한 고객에게 화장품파우치를 무료로 제공하고 있다면 다음 중 ○○화장품이 진행 중인 판매촉진 기법으로 적절한 것은?

① 프리미엄(premium)
② 샘플링(sampling)
③ 쿠폰(coupon)
④ 리베이트(rebate)
⑤ 가격 팩

ANSWER 69.③ 70.①

69 제시된 사례들은 선도자의 법칙(The law of leadership)과 관련된 것으로 더 좋은 것보다는 맨 처음이 낫다고 하는 것이 낫다는 마케팅법칙을 말한다. 시장을 선점함으로써 기업은 특정 이미지를 가장먼저 각인시킬 수 있고 이는 후발주자에 대해 진입장벽을 형성하여 시장진입을 어렵게 만든다. 또한 경쟁자보다 먼저 경험을 쌓을 수 있으며 유통망을 이용한 시장장악의 기회도 포착할 수 있는 장점을 지닌다. 하지만 초기에 제품의 연구개발비용이 많이 들기 때문에 실패할 경우 막대한 손실을 입기도 한다.

70 프리미엄(premium) … 고객에게 경품 · 쿠폰을 제공하거나 여행 · 영화관람 등에 초대하여 판매촉진을 꾀하는 것을 말한다.

71 다음은 서원그룹 마케팅부의 제품판매 전략의 개요이다. 이를 통해 최대의 이익창출이 기대되는 전략과 상품의 조합이 바르게 연결된 것은?

판매전략	판매상품
㉠ 20% 가격인하 세일 ㉡ 5%의 가격인상 + 부가서비스의 강화	• PC용 LCD모니터 → 다수의 경쟁업체 존재 • 명품 브랜드 양복(신상품) → 고객충성도 높음 • 소금, 설탕 등의 기초생필품

① ㉠ 전략 – 명품 브랜드 양복(신상품)
② ㉡ 전략 – 설탕 소금 등 기초 생필품
③ ㉠ 전략 – 설탕 소금 등 기초 생필품
④ ㉡ 전략 – PC용 LCD모니터
⑤ ㉡ 전략 – 명품 브랜드 양복(신상품)

72 SCM 도입의 등장배경으로 거리가 먼 것은?

① 주문단위가 대형화 및 다양화 되었다.
② 고객중심의 생산방식으로 전환할 필요성이 증가하였다.
③ 적정재고유지의 필요성이 증가하였다.
④ 인터넷 및 물류기술이 발전하였다.
⑤ 정보가 복잡해지고 대용량화 되었다.

ANSWER 71.⑤ 72.①

71 판매전략 ㉠의 경우 가격에 대한 민감도가 클수록 20% 가격인하 세일 전략에 민감하게 반응하고 가격 탄력성이 높은 상품의 경우 가격 하락으로 인한 판매수입 감소분보다 가격하락으로 인한 판매량 증가에서 생기는 판매수입 증가분이 더 크기 때문에 일반적으로 수요의 가격탄력성이 높은 재화를 대상으로 할 경우에 유리하다. 때문에 경쟁업체가 다수 존재하여 수요의 가격탄력성이 높은 PC용 LCD모니터에 적용하는 것이 적절하다. 명품 브랜드의 양복(신상품)의 경우, 가격을 인상한다면 수요는 감소하겠지만 이를 통한 판매손실보다 가격인상으로 얻는 판매수입이 더 크기 때문에 판매전략 ㉡을 시행하는 것이 타당하다.

72 ① 주문단위가 다양화 및 소량화로 등장하게 되었다.
※ SCM(Supply Chain Management) … 공급장에서 고객까지 상품이 전달되는 모든 과정 즉, 공급망(Supply Chain)상의 정보, 물자, 현금, 서비스, 가치의 흐름을 통합하고 관리함으로써 총체적 관점에서 시스템을 이해하고 분석하여 효율성을 극대화하기 위한 기업들의 공동제휴전략이다.

73 **다음은 한국학원들의 미국시장 진출과 관련된 기사내용이다. 이와 관련하여 기업들의 해외시장진출에 대해서 설명한 것 중 옳은 것은?**

> 한국식 입시학원 미국서도 통하네!
> 워싱턴 포스트는 최근 워싱턴DC 인근 버지니아주와 메릴랜드주에 있는 한국식 학원들이 성황을 이루고 있다고 보도했다. 한국식 입시준비학원들은 타 현지 학원들과 다른 한국식의 독특한 관리방법으로 학생들이 짧은 기간 안에 각종 시험을 준비하는 데 탁월한 성과를 올리도록 도와준다고 소개했다.

① 기업들의 과점적 경쟁결과 동일산업의 기업들이 특정국에 집중적으로 몰리게 된다.
② 현재 A국에서 시장이 포화상태인 제품이더라도 B국에서는 아직 도입이 되지 않은 제품이다.
③ 기업이 해외시장으로 진출을 고려하고 있다면 외국인 비용을 상쇄할 만한 경쟁우위를 지니고 있는지 우선 살펴보아야 한다.
④ 이 지역은 정치적으로 안정된 지역이며 이곳에 진출하는 기업에게는 세제감면의 혜택도 주어진다.
⑤ Agent는 신뢰할 수 있는 곳을 찾아야하며, 만약 그렇지 못하면 추가 비용이 발생할 수 있다.

ANSWER 73.③

73 제시된 기사내용은 미국에 진출한 한국학원들이 자신들이 지닌 경쟁우위를 바탕으로 성공적인 운영을 지속하고 있다는 내용이다. 따라서 기업들의 해외시장진출에서 소요되는 외국인비용을 상쇄할 만한 독점적 우위를 지니고 있기 때문에 해외직접투자를 한다는 Hymer의 독점적 우위이론이 가장 적절하다.

74 **기업이 인건비를 절약하기 위하여 구조조정을 단행할 경우 두 가지 방법을 생각해 볼 수 있다. 전체 인원수를 감축하는 것을 제1전략, 고용은 유지하되 임금을 평균적으로 삭감하는 것을 제2전략이라고 할 때 이들 전략에 대한 다음의 두 주장을 읽고 그 주장 및 전제에 대한 설명이 틀린 것은?**

> 제1전략 : 고용을 줄이는 것이 적절하다고 생각한다. 임금을 삭감시킬 경우 생산성이 높은 인재의 유출이 발생할 가능성이 높고 경영위기를 기업의 생산성을 높이는 계기로 삼는다면 반드시 인력조정이 필요하다고 할 것이다. 평균적인 임금을 낮추는 것은 자멸행위로 볼 수 있고 광범위한 생산성 저하를 초래하게 될 것이다.
>
> 제2전략 : 임금을 평균적으로 삭감하는 것이 적합하다고 생각한다. 경영위기 일수록 종업원에 대한 배려가 필요하고 이는 회사에 대한 충성도를 높이는 부수적인 효과를 거둘 수도 있기 때문이다. 인원을 삭감하는 것은 단기적으로 비용을 줄일 수는 있으나 장기적으로 볼 때 조직이완현상을 초래할 수 있기 때문이다.

① 제1전략을 주장하는 사람은 일자리 나누기에 포괄적으로 반대하게 된다.
② 제1전략을 주장하는 사람은 임금은 생산성과 일치해야 한다고 생각하는 것이다.
③ 제2전략을 주장하는 사람은 임금이 곧 생활급이어야 한다고 생각하는 것이다.
④ 제2전략을 주장하는 사람은 기업의 책임 중 사회적 배려 또한 중요한 것이라고 생각하는 것이다.
⑤ 제1전략은 전통적인 제조업, 제2전략은 고부가 인적 서비스회사에 적용될 가능성이 높다.

ANSWER 74.⑤

74 제1전략은 고부가 인적 서비스 회사, 제2전략은 전통적인 제조업에 적용될 가능성이 높다. 우리나라에서 실제적으로 찾아보면 제1전략은 컨설팅 · 법률회사 · 광고회사 등에 적용되고, 제2전략은 단순 생산직종에서 채택하고 있음을 알 수 있다.

75 다음 중 기업의 재고관리모형의 상호관련을 짝지은 것으로 옳지 않은 것은?

① ABC 방식 – 재고자산의 가치나 중요도에 따라 중점적으로 관리하는 기법
② EOQ 모형 – 주문비용과 재고유지비용을 합한 연간 총비용이 최소가 되도록 하는 주문량
③ ROP 모형 – 주문기간을 일정하게 하고 주문량을 변동시키는 모형
④ 자재소요계획 – 시기별로 제품생산에 소요되는 자재소요량을 분석하고 재고투자를 최대로 하여 단위단가를 최소화 하기 위한 재고관리모형
⑤ JIT 모형 – 무재고원칙, 즉 재고유지비용의 최소화를 지향한다.

76 김 대리는 최근 생활용품전문점을 창업하려 하고 있다. 이때 생활용품전문점의 입지와 상권을 분석한 것으로 가장 적절하지 못한 것은?

① 대형마트 등과 취급품목이 겹치는 업체라면 인근에 대형유통마트가 없는 지역이 경쟁분석측면에서 유리하다.
② 구매력관점에서 판단해 본다면 생활용품할인점의 경우 서민층 주거지보다 상류층 주거지역 부근이 더욱 유리하다.
③ 생활용품전문점 중 주방기구나 인테리어소품 및 수입용품을 전문으로 판매할 경우 대단위 아파트 밀집지역, 주택가 밀집지역 등 주거지 인근에 출점하는 것이 바람직하다.
④ 아이디어나 기능성 상품판매점, 수입용품 판매점은 서민층 주거지보다 중산층 주거지가 적합하다.
⑤ 대학가의 주 고객층인 대학생들은 주거생활에 익숙치않아 편리함을 추구하므로 고려해 보는 것도 괜찮다.

ANSWER 75.④ 76.②

75 ④ 재고투자를 최소화하기 위한 재고관리모형이다.

※ 재고관리모형

㉠ **EOQ(Economic Order Quantity) 모형** : 경제적주문량이란 주문비용과 재고유지비용을 합한 연간 총비용이 최소가 되도록 하는 주문량을 말한다. 즉, 재고품의 단위원가가 최소가 되는 1회 주문량을 말한다.
㉡ **ROP 모형** : 주문기간을 일정하게 하고 주문량을 변동시키는 모형이다.
㉢ **ABC 관리방식** : 재고자산의 가치나 중요도에 따라 중점 관리하는 기법이다.
㉣ **자재소요계획** : 시기별로 제품생산에 필요한 자재소요량을 분석하여 재고투자를 최소화하기 위한 재고관리모형의 일종이다. 생산일정 및 재고통제기법이라 할 수 있다.
㉤ **JIT 재고모형** : 생산과정에서 필요한 양의 부품이 즉시에 도착하기 때문에 재고의 유지가 필요없거나 극소량의 재고만을 유지함으로써 재고관리비용을 최소화시키는 방법이다.

76 ② 생활수준이 높은 중산층 이상의 소비자들은 물건이 비싸도 고가의 브랜드나 명품을 선호하는 경향이 있으며 생활용품의 가격에 크게 신경을 쓰지 않는다. 따라서 생활용품 할인점의 경우 서민층 밀집주거지역 부근이 유리하다.

77 다음 중 각 사례의 사람들이 경험/인식한 서비스품질의 속성을 바르게 연결한 것은?

- 박 대리는 종업원들이 특히 친절하여 ○○와인바를 자주 이용한다.
- 황 부장은 아내의 생일을 맞아 ○○스테이크 전문점을 찾아 식사를 하였다.
- 최근 ○○병원에서 건강검진을 한 정 사장은 일주일 후 결과를 받아보기로 했다.

① 신용속성 – 탐색속성 – 경험속성
② 탐색속성 – 경험속성 – 신용속성
③ 경험속성 – 신용속성 – 탐색속성
④ 신용속성 – 경험속성 – 탐색속성
⑤ 탐색속성 – 신용속성 – 경험속성

78 다음은 제조업체와 소매유통업체 사이에서 발생하는 두 가지 극단적인 전략관계 즉, 풀 전략(pull strategy)과 푸시 전략(push marketing strategy)에 관한 설명이다. 옳지 않은 것은?

① 푸시채널전략에서는 제조업체의 현장 마케팅지원에 대한 요구수준이 상대적으로 높다.
② 잘 알려지지 않은 브랜드의 제품을 손님이 많이 드나드는 매장에 전시함으로써 고객들을 끌어당기는 것을 풀 마케팅전략(pill marketing strategy)이라고 한다.
③ 제조업체가 자사 신규제품에 대한 시장창출을 소매유통업체에게 의존하는 경향이 강한 것은 푸시 전략이다.
④ 유통업체의 경제성 측면 즉, 마진율은 푸시채널전략의 경우 풀채널전략의 경우보다 상대적으로 높다.
⑤ 인적판매의 경우 푸시 전략으로 보는 것이 옳다.

ANSWER 77.② 78.②

77 서비스품질의 속성
㉠ **탐색속성**: 서비스를 구매하기 이전에 질문을 하거나 정보를 검색함으로써 이미 알고 있는 가시적인 특성으로 물리적인 설비, 색상, 상표, 종업원의 외모 등이 그 예이다.
㉡ **경험속성**: 실질적으로 서비스를 경험한 후에 평가할 수 있는 특성으로 음식의 맛, 은행거래시 업무처리의 정확성 등이 그 예이다.
㉢ **신용속성**: 서비스를 받은 후 일정시간 내에는 알지 못하며, 시간이 지남에 따라 경험하게 되는 속성으로 건강진단, 증권투자 등이 그 예이다.

78 ② 풀 마케팅전략의 판매수단은 광고를 활용하여 대중의 관심과 욕구를 자극하여 소비자의 직접적인 구매를 유도하는 촉진전략이다. 따라서 잘 알려지지 않은 브랜드의 제품을 손님이 많이 드나드는 매장에 전시하는 것은 기업 측이 적극적으로 유통업체에게 판매촉진활동을 요청하는 푸시 전략에 해당한다.

79 몇 년 전 ○○화장품은 파격적인 저가의 화장품을 출시하여 큰 인기를 모은 적이 있다. 최근까지도 이러한 가격파괴 제품이 종종 등장하여 큰 인기를 끌고 있다. 다음 중 이와 같은 가격파괴 현상을 일으킨 요소로 판단하기에 가장 부적절한 것은?

① 기술개발　　② 유통마진 축소
③ 판매관리비 감축　　④ 물류투자 확대
⑤ 자체 기획상표의 도입

80 다음 중 고객관계관리(CRM)에 관한 설명으로 옳지 않은 것은?

① CRM은 고객의 생애가치개념을 중요시한다. 따라서 고객과의 거래관계를 구축하고 고객과의 접촉을 통해 형성되는 모든 고객과의 상호작용을 개선함으로써 기업의 경영성과를 지속적으로 향상하고자 하는 경영방식의 하나이다.
② CRM이란 기존고객이 이탈고객으로 변할 경우 이들에 대한 재획득비용이 신규고객창출비용보다 더욱 적게 소요되므로 신규고객확보보다 이탈고객 및 불량고객 재확보에 더욱 집중하는 것이다.
③ CRM에서 고객생애단계는 고객유치단계, 고객유지단계 그리고 평생고객화단계를 들 수 있으며, 점차적으로 수익성 또한 상승하며 고객유지단계에서 수익성향상을 위해 교차판매와 업셀링을 실행할 수 있다.
④ CRM은 어플리케이션, 시스템, 정보기술만이 아닌 "전략"의 관점에서 도입하여야 한다.
⑤ 고객 개개인을 목표 고객으로 하며 매출증대의 관점이 고객 점유율에 있다.

ANSWER　79.①　80.②

79 ① 가격파괴는 유통업체들이 고객확보를 목적으로 경쟁적으로 인하하여 기존의 가격체계가 무너지는 현상을 말한다. 과거에는 기술개발이나 자동화 등으로 제조비용을 낮추어 가격경쟁을 하였다면 최근에는 여러 과정에서의 비용절감으로 가격하락을 유도하고 있다.

※ 가격파괴의 원인
㉠ 물류투자의 확대
㉡ 판매관리비 감축
㉢ 유통마진의 축소
㉣ 값싼 외국제품의 수입
㉤ 자체 기획상표의 도입 등

80 ② CRM의 일반적인 목적은 기존 고객의 유지에 있지만 불량고객의 재확보에 집중하지는 않는다. 또한 CRM을 통해 기업은 고객 데이터의 세분화를 통해 우수고객의 유지, 고객가치의 증진, 신규고객 및 잠재고객의 획득 등을 달성할 수 있다.

81 일반적으로 전통적인 시장에서는 잘 팔리는 상위 20%의 제품이 전체 매출의 80%를 차지한다는 법칙이 있다. 때문에 한정된 공간을 할애하여 잘 팔리는 물건을 집중적으로 전시하는 경향이 있는데 서점에서는 베스트셀러를 잘 보이는 곳에 쌓아놓고 판매하는 것이 그 예이다. 따라서 잘 팔리지 않는 서적의 경우 재고 창고에서 자리만 차지하거나 아예 판로가 막히게 된다. 이런 현상은 바로 오프라인 유통 방식의 한계로 인해 유발된다. 하지만 온라인 비즈니스에서는 재고나 물류에 드는 비용이 종래 소매점보다 훨씬 저렴해졌고 따라서 그간 간과됐던 80%의 상품도 진열할 수 있게 되었다. 이에 따라 실제 인터넷 서점 아마존에서는 잘 팔리지 않던 80%의 상품이 20%의 베스트셀러 서적의 매출을 앞질렀다고 한다. 이와 같이 기존의 법칙에 역행하는 현상을 보이는 디지털 경제의 새로운 패러다임이라 할 수 있는 것은?

① 파레토의 법칙
② 롱테일 법칙
③ 그레샴의 법칙
④ 그랜빌의 법칙
⑤ 엥겔의 법칙

82 제품의 개발과정에 소비자가 직접 혹은 간접적으로 참여하는 것으로 소비자의 니즈(Needs)를 파악함과 동시에 이를 제품에 적극적으로 반영할 수 있어 최근 기업에서 마케팅의 한 방법으로 활용하고 있는 것과 관련한 용어는?

① 블랙 컨슈머(Black Consumer)
② 프로슈머(Prosumer)
③ 체리피커(Cherry Picker)
④ 트레저 헌터(Treasure Hunter)
⑤ 미스터리 쇼퍼(Mystery Shopper)

ANSWER 81.② 82.②

81 **롱테일 법칙** … IT 및 통신서비스의 발달로 시장의 중심이 소수 20%에서 다수 80%로 이동되는 것을 의미한다. 예를 들면 인터넷 서점 아마존(Amazon), DVD 대여점 넷플릭스(Netflix), 음악서비스 아이튠즈(itunes) 등에서는 다양한 상품의 구성을 그 특징으로 하는 데 이는 온라인 매장에서는 오프라인 매장보다 물류진열비용 및 재고비용이 낮아 그 동안 잘 팔리지 않는 80%의 다품종 소량상품들의 매출이 상위의 20% 상품 매출을 앞지르게 된다. 즉, 롱테일 현상은 80 : 20의 법칙으로 대변되는 파레토 법칙을 벗어나고 있으며 이는 바로 IT와 통신서비스의 발달에서 기인하는 것이라 할 수 있다.

82 ① 악성을 뜻하는 블랙(Black)과 소비자를 뜻하는 컨슈머(Consumer)의 합성어로서 고의적으로 악성 민원을 제기하는 소비자이므로 '요주의 해야 할 소비자'라는 뜻으로 사용된다.
③ 신포도 대신 체리(버찌)만 골라먹는 사람이라는 뜻으로, 기업의 상품이나 서비스를 구매하지 않으면서 자신의 실속만 차리는 소비자를 일컫는 말이다.
④ 보물 사냥꾼이라는 말 그대로 가격과 비교하여 최고의 가치를 제공하는 상품을 찾기 위해 끊임없이 정보를 탐색하는 소비자를 뜻한다.
⑤ 내부모니터요원이라고도 하며 고객을 가장하여 매장 직원의 서비스 등을 평가하는 사람이다.

83 프랑스 인시아드(INSEAD) 경영대의 김위찬 교수와 르네 마보안 교수가 제안한 경영전략으로 경쟁자들이 없는 무경쟁시장을 의미하는 혁신전략은?

① 선도전략
② 집중화
③ 레드오션
④ 블루오션
⑤ 차별화

84 독일의 경영학자인 헤르만 지몬의 저서에서 소개하면서 유행한 용어로 연매출이 40억 달러(30억 유로)를 넘지 못하지만 평균적으로 시장점유율 1~3위, 세전순익률 14% 안팎의 경영성과를 올리는 기업들로 독일에서 10년간 48만개의 일자리를 창출한 주역으로 주목받고 있다. 이것은 무엇인가?

① 히든 챔피언(Hidden Champion)
② 인스피리언스(Insperience)
③ 드림슈머(Dreamsumer)
④ 그린빌더(Green Builder)
⑤ 이노베이터(Innovator)

85 세계적인 축구 선수가 축구화 제작에 조언하는 것처럼 각 분야의 전문가가 상품 제작에 참여하는 것은?

① 프로슈머
② 프로마스터
③ 블루슈머
④ 마에스트로
⑤ 마스터

ANSWER 83.④ 84.① 85.②

83 블루오션(Blue Ocean) … 수많은 경쟁자가 존재하며 이미 잘 알려져 있는 시장 즉, 기존의 모든 산업을 레드오션이라 하며 이와 상반된 개념으로 블루오션이 제시된다. 즉, 경쟁자가 존재하지 않는 무경쟁시장을 의미하며 이 새로운 시장은 저비용과 차별화를 동시에 추구함으로써 고객과 기업 모두에게 가치의 비약적인 증진을 제공하게 된다. 기존의 레드오션에서 치열한 경쟁을 하며 시장점유율 확보를 위해 애쓰기보다 차별화된 매력적인 제품과 서비스를 통해 경쟁자가 없는 자신만의 시장을 확보하여 경쟁하지 않고도 이길 수 있는 시장을 창출하는 것을 바로 블루오션 전략이라 한다.

84 히든 챔피언(Hidden Champion) … 헤르만 지몬의 「히든 챔피언」에서 소개되어 유행한 용어이다. 일반인이 접하기 어려운 제품을 만들거나 기업 경영자가 널리 알려지는 것을 꺼려하여 소비자들이 인지하지 못하는 브랜드지만 세계 시장에서 그 영향력은 큰 강소기업을 의미한다.

85 ② 프로마스터(promaster)란 생산자를 뜻하는 프로듀서(producer)와 분야별 최고 권위자를 뜻하는 마스터(master)의 합성어이다.

86 다음 빈 칸에 알맞은 말은 무엇인가?

> A게임사는 1년 5개월 전 출시한 소셜네트워크 게임을 통해 꾸준한 수익을 내고 있다. 이를 바탕으로 지난해 3분기까지 557억 원의 매출을 기록했다. 회사 관계자는 "B게임은 지금도 앱스토어나 구글 플레이스토어에서 매출 10위권 이상을 유지하는 등 지속적으로 인기를 끌고 있다"며 "C게임 같은 대박 게임이 없어도 기존의 여러 게임들이 꾸준한 인기를 유지하는 것이 지속 성장의 비결"이라고 설명했다. 업계에 따르면 '대박'을 쫓기 보다는 세분화된 사용자들의 기호를 충족시킬 수 있는 여러 게임을 선보여 장기적인 수익원을 마련하는 것이 모바일 게임 개발사들의 주요 전략으로 자리 잡고 있다. '하위 80%가 상위 20% 보다 더 의미 있는 역할을 한다'는 (　　　　)이 적용되고 있는 것이다.

① 파레토법칙　② 틈새상품
③ 롱테일법칙　④ 프로슈머마케팅
⑤ 매스마케

87 다음의 기사와 관련 있는 현상으로 최근 금융권에서도 관심을 가지고 있는 소비집단은 무엇인가?

> 금융권에서 최근 공모전 바람이 불고 있다. 특히 사내 공모가 대부분이었던 과거와는 달리, 최근 은행 간 경쟁이 치열해지면서 상품개발 및 마케팅 등에 외부 고객에 대한 참여기회를 적극 확대하고 있다. 상품을 직접 사용하는 소비자들의 생각에서 만들어진 상품이 보다 참신하고 그만큼 만족도도 높을 것이라는 판단에서다.
> - A은행은 '신상품 개발 경연대회'를 처음으로 개최한다. 수신 · 대출 등 주요 업무를 포함해 투자상품, 보험상품 등 은행에서 취급하는 전 분야가 공모 대상이다.
> - B은행은 이달부터 시행한 '고객평가단제'를 통해 은행 상품 및 서비스에 대한 피드백을 듣고 사업에 반영하고 있다. 다양한 연령층의 리서치 패널 35만 명과 소비자패널 2000여명이 온라인 설문과 이메일, 전화, 서면 조사 등의 방법으로 여론을 전달하고 있다.

① 스마트슈머　② 리더슈머
③ 리뷰슈머　④ 프로슈머
⑤ 트랜슈머

ANSWER　86.③　87.④

86 롱테일법칙 … '결과물의 80%는 조직의 20%에 의하여 생산된다'는 파레토법칙과 반대되는 이론으로 80%의 사소한 다수가 20%의 핵심 소수보다 뛰어난 가치를 창출한다는 이론이다.

87 프로슈머 … 소비자가 소비는 물론 제품개발, 유통과정에까지 직접 참여하는 생산적 소비자가 되는 것을 의미하는 것으로 소비자가 직접 상품의 개발을 요구하며 아이디어를 제안하고 기업이 이를 수용해 신제품을 개발하기도 한다.

88 지난 2000년 웹사이트 '마이클럽'은 서울시내 곳곳에 '선영아 사랑해'라는 현수막을 내걸어 사람들의 궁금증과 화제를 불러일으키는 등 엄청난 주목 효과를 봤다. 이와 관련된 광고기법은?

① 검색광고
② 네거티브광고
③ 시즐광고
④ 티저광고
⑤ PPL광고

89 국제투자자금이 이머징마켓에 유입되어 그 지역의 주가가 오르고 있다는 내용이 언론에 보도되는 경우가 있다. 다음 중 일반적으로 이머징마켓에 분류되지 않는 국가는?

① 캐나다
② 말레이시아
③ 러시아
④ 한국
⑤ 브라질

90 내비게이션을 만드는 ○○기업은 자사 내비게이션 사용자의 온라인 커뮤니티를 개설하여 회원들이 내놓은 의견을 토대로 다중 경로 탐색, 라디오 주파수 안내 등 새로운 기능을 선보였다. 다음 중 ○○기업의 사례에 적합한 용어는?

① 글로벌소싱
② 비즈니스프로세스아웃소싱
③ 홈소싱
④ 아웃소싱
⑤ 크라우드소싱

ANSWER 88.④ 89.① 90.⑤

88 ④ 티저광고(teaser advertising)란 중요한 내용을 감춰 소비자들의 궁금증을 유발한 뒤 점차 본모습을 드러내어 소비자의 궁금증을 유발하는 광고를 말한다.

89 ① 캐나다는 선진시장으로 분류된다.

90 ⑤ 크라우드소싱(Crowdsourcing)은 군중(crowd)과 아웃소싱(outsourcing)을 합쳐 만든 용어로 기업이 고객을 비롯한 불특정 다수에게서 아이디어를 얻어 이를 제품 생산과 서비스, 마케팅 등에 활용하는 것을 뜻한다.

91 1980년대 미국 모토로라사의 품질혁신 운동으로 시작된 이후 전 세계 기업들이 채택하고 있는 경영전략을 뜻하는 것은?

① QC
② TQC
③ Single PPM
④ 6 Sigma
⑤ 100 PPM

92 최근에는 냉장고 탈취제까지 냉동실용, 냉장실용, 김치냉장고용에 이어 야채실용까지 별도로 출시되고 있다. 냉장고의 온도와 용도가 다르기 때문에 탈취제 역시 특성에 맞춰 새로운 제품이 나오게 되었다. 다음 중 이를 설명하는 용어는?

① 그레이마켓
② 니치마켓
③ 불마켓
④ 비포마켓
⑤ 이머징마켓

93 상품에 예술이 결합된 디자인을 선호하는 소비자들을 일컫는 신조어는?

① 아티젠
② 크리슈머
③ 트레저 헌터
④ 몰링족
⑤ 맨슈머

ANSWER 91.④ 92.② 92.①

91 ④ 6시그마(6 Sigma)는 1987년 모토로라에 근무하던 마이클 해리에 의해 창안된 경영혁신운동이다. 기존의 품질관리 기법이 부분최적화에 관심을 갖거나 생산자 위주의 제조중심이었던 반면에 6시그마는 전사최적화가 목표인 전사적품질경영혁신운동으로 세계 유수기업들이 도입하고 있다.

92 ② 니치마켓(Niche Market)이란 시장이 작거나 특화 되어 있는 소규모 시장을 말한다. 최근 세심한 곳까지 용도를 다양화해 전문화된 제품을 출시하는 것이 그 예라고 할 수 있다.

93 ① 아티젠(Artygen)은 'arty(예술적인)'와 'generation(세대)'의 합성어로 예술이 결합된 디자인을 중요하게 생각하는 소비계층을 이르는 신조어이다.

94 다음의 기사와 가장 관련이 깊은 용어는?

> 백화점과 할인점의 마케팅 대행업체 '메일러스클럽'은 최근 고객에게 발송하는 DM 시스템을 전면 개선하였다. 기존에 획일적으로 제공하던 DM을 고객의 구매 이력을 분석하여 가장 많이 구입한 상품과 추천 상품의 할인 쿠폰을 개인별 맞춤 형태로 다르게 발송한 것이다. 그 후 일반적인 DM 회수율이 2% 미만이었던 반면 맞춤형 DM의 경우 회수율이 48%에 달하는 기대 이상의 성과를 올렸다. 이렇게 맞춤형 DM의 제작이 가능하게 된 것은 기존의 '옵셋(Off-Set)'에 비해 20~30% 가량 출력 비용이 저렴하고 빠른 출력 속도로 생산성이 높은 디지털 인쇄기를 활용한 덕분이다.

① STP전략
② 트랜스코더
③ 트랜스프로모
④ SWAT 분석
⑤ BCG 매트릭스

95 다음 중 ODM에 대한 설명으로 옳지 않은 것은?

① ODM은 상대적으로 적극적인 아웃소싱이라고 할 수 있다.
② ODM은 해외 시장에 판매할 경우 개발 로열티를 받을 수 있다.
③ ODM의 성공여부는 연구개발 인력 확보와 디자인과 기술 노하우 구축이 큰 비중을 차지한다.
④ ODM은 부품 구매 시 제조업체가 주도적으로 참여할 수 있어 원가를 낮추는 데 도움이 되며, 고부가가치형 생산체제로 평가받고 있다.
⑤ 제조능력을 가진 제조업자가 발주업자의 설계도에 따라 제품을 제조하여 제공하는 사업방식을 말한다.

ANSWER 94.③ 95.⑤

94 트랜스프로모(Transpromo) … '트랜잭션(Transaction)'과 '프로모션(Promotion)'의 합성어로 청구서에 고객 개개인의 맞춤형 정보와 광고를 제공하는 새로운 형태의 DM 마케팅이다. 출력 장비가 옵셋 중심의 아날로그에서 디지털 인쇄 장비로 바뀌며 보급의 탄력을 얻었으며 명세서 또는 송장과 같은 업무용 문서를 이용하여 기업이나 협력 업체의 서비스와 제품을 홍보하는 '통합 마케팅(integrated transactional marketing)' 수단으로 주목받고 있다.

95 ⑤ OEM에 대한 설명이다.

※ ODM과 OEM

㉠ ODM(Orginal Development Manufacturing) : 개발 · 설계 · 제조 능력을 가진 제조업자가 발주업자의 요구대로 기술 · 제품을 개발 · 제조하여 제공하는 사업방식을 의미한다.

㉡ OEM(Original Equipment Manufacturing) : 제조능력을 가진 제조업자가 발주업자의 설계도에 따라 제품을 제조하여 제공하는 사업방식을 의미한다.

96 다음 제시된 설명이 공통으로 나타내는 용어에 대한 설명으로 가장 적절한 것은?

- 지능형 전력망
- 버락 오바마 정부는 관련 법안을 만듦
- 전력계통망의 디지털화
- 에너지 효율을 최적화하는 전력 생산유통시스템

① 차세대 전력망으로서 전력 산업만을 대상으로 하여 추진되고 이를 통해 저탄소 에너지 이용의 극대화를 꾀할 수 있다.

② 2009년 7월 8일 열린 G8 확대 정상회의에서 세상을 바꿀 7개의 전환기술에 합의하였으며 일본은 스마트그리드 분야의 선도국가로 선정되었다.

③ 에너지효율성 향상과 신재생에너지 공급의 확대를 통한 온실가스 감축을 목적으로 전력 산업과 IT, 통신기술을 결합하여 실시간으로 전력공급자와 소비자 사이에 정보교환이 이루어지면서 사용현황을 파악하고 이에 맞게 전력 사용 시간과 양을 통제한다.

④ 자체적으로 전력을 생산하는 소규모 네트워크를 말하는 것으로 즉, 아파트의 경우 단지별, 마을의 경우 마을별 전력을 생산하는 것을 말한다.

⑤ 전력생산자의 입장에서는 전력 사용 현황을 실시간으로 파악하고 공급해야 하므로 전력 공급량의 조절이 비탄력적으로 운영된다는 단점이 있다.

ANSWER 96.③

96 ① 반드시 전력 산업만을 대상으로 추진되지 않으며 전력·통신·자동차·원자력·가전 산업 등 다양한 관련 산업들과 유기적으로 연관되어 있으며 이를 총체적으로 구현하는 구축 사업으로써 의의를 지닌다.

② 우리나라가 스마트그리드 분야의 선도 국가로 선정되었으며 이는 향후 제품 개발, 표준화, 해외 시장 진출 등의 유리한 위치를 점하는 계기가 될 것으로 보인다.

④ 마이크로그리드에 대한 내용이다.

⑤ 실시간 전력사용현황의 파악이 가능해지므로 전력사용이 적은 시간대에는 최대전력량을 유지하지 않고 이를 저장하여 전력 사용이 많은 시간대에 공급하는 등 탄력적 운영이 가능하다.

97 한국표준협회와 서울대 경영연구소가 공동으로 개발, 지식경제부의 후원을 받고 있는 브랜드 평가제도로 중산층 소비자를 대상으로 조사하여 카테고리별 1위 브랜드를 발표한다. 이로 인해 브랜드의 강·약점 및 경쟁적 위치뿐만 아니라 브랜드의 미래가치까지 반영하여 선정하는 것을 목적으로 하는 브랜드평가제도는?

① KHBI
② 파워브랜드
③ KS－PBI
④ LBCI
⑤ 인터브랜드

98 다음의 사례와 가장 관련 있는 용어는?

- LG전자는 서양화가 하상림 작가의 작품을 아트 디오스 냉장고에 디자인하여 가전제품은 단색이어야 한다는 고정관념에서 탈피하였다.
- 신세계백화점은 본점 구관의 외벽면을 르네 마그리트의 겨울비(Golconde)로 장식하였다.
- 웅진쿠첸은 밥솥의 디자인에 '아르누보패턴'을 도입하여 우아함을 추구하였다.

① 컨버전스 마케팅
② 데카르트 마케팅
③ 컬처노믹스
④ 마켓테인먼트
⑤ 뉴로 마케팅

ANSWER 97.③ 98.②

97 프리미엄브랜드 지수(KS－PBI) … 기업경영에 있어 브랜드의 중요성을 인식하고 기업의 경쟁력 확보 및 프리미엄 브랜드의 전략적 관리를 위해 개발한 브랜드평가제도이다.

98 데카르트 마케팅(Techart Marketing) … 기술(Tech) ＋ 예술(Art)을 합친 신조어로 신기술과 예술을 접목시켜 새로운 디자인의 상품을 만들고 이를 통해 소비자의 욕구를 상기시키는 최근의 상품디자인 및 마케팅 트렌드로 제품의 디자인이나 서비스 등에 감성적 예술요소를 가미하여 소비자를 감동시키는 마케팅의 한 방법을 말한다.

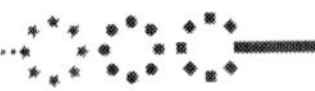

99 다음과 같은 특징을 가진 상품을 뜻하는 용어는?

> • 1위 브랜드 또는 경쟁사와 유사한 상품을 말한다.
> • 오리온 '초코파이'의 뒤를 이은 '롯데 초코파이', '크라운 초코파이' 등이 대표적인 예이다.
> • 독자적인 연구개발의 노력 없이 손쉽게 선발 업체의 인기를 이용한다는 점에서 비도덕적인 상술이라고 비난을 받기도 한다.

① 로스리더상품
② 미투상품
③ 틈새상품
④ 대체상품
⑤ 전략상품

100 다음 (　　) 안에 들어갈 용어로 적절한 것은?

> (　　) 서비스는 카드 대금의 일정 비율 또는 최소 결제액만 내면 잔액 결제는 다음 달로 넘어가는 것이다. (　　) 제도는 과다한 카드 사용을 유인해 회원의 채무건전성 악화 요인이 될 수 있으므로 그 대책으로 체크카드 사용 비율을 높일 수 있도록 소비자에게 소득공제 비율을 높여주고 가맹점에는 수수료율을 낮춰줄 필요가 있다는 의견이 제시되고 있다.

① 리볼빙
② 할부
③ 리스
④ 인피니티
⑤ 텔레뱅킹

ANSWER 99.② 100.①

99 미투(Me Too)상품 … 1위 브랜드나 인기 브랜드 또는 경쟁 관계에 있는 스타 브랜드를 모방하여 자사 제품을 손쉽게 판매하는 제품들을 '미투상품' 혹은 유사상품, 베끼기 상품이라 한다.

100 리볼빙(Revolving) … 리볼빙 서비스란 신용카드로 물품을 구입하거나 현금서비스를 이용한 후 다음 달 결제일에 사용금액 모두를 결제하는 것이 아니라 결제금액 중 최소비율 이상만 결제하면 잔여 카드이용대금의 결제가 연장되는 방식이다. 이때 잔여 카드이용대금은 일정 수수료와 함께 매월 장기 분할결제하면 된다.

03 •• 회계/재무관리의 기초

1 다음 중 재무관리의 기능으로 보기 어려운 것은?

① 사회적책임
② 투자결정
③ 자본조달결정
④ 배당결정
⑤ 재무분석결정

2 다음 중 듀레이션의 특징이 아닌 것은?

① 다른 조건이 동일하다면 표면이자율이 낮을수록 듀레이션은 커진다.
② 채권의 만기가 길수록 듀레이션도 커진다.
③ 채권수익률과 듀레이션은 역의 상관관계를 갖는다.
④ 만기일시 상환채권의 듀레이션은 채권의 잔존기간과 같다.
⑤ 듀레이션은 가산법칙이 성립하지 않는다.

ANSWER 1.① 2.⑤

1 재무관리의 기능

㉠ **투자결정**(Investment decision)
- 자본예산(Capital budgeting)
- 기업합병 및 인수(Mergers and acquisition)

㉡ **자금조달결정**(Financing decision)
- 자본구조결정(Capital structure decision)
- 배당정책(Dividend policy)

2 듀레이션의 특징

㉠ 다른 조건이 동일하다면 표면이자율이 낮을수록 듀레이션은 커진다.
㉡ 채권의 만기가 길수록 듀레이션도 커진다.
㉢ 채권수익률과 듀레이션은 역의 상관관계를 갖는다.
㉣ 만기일시 상환채권의 듀레이션은 채권의 잔존기간과 같다.
㉤ 듀레이션은 가산법칙이 성립한다(채권포트폴리오의 듀레이션).

3 다음에서 설명하고 있는 개념은 무엇인가?

> 일반적으로 소비자들은 미래의 현금보다는 현재의 현금을 더 선호하는 데 이를 유동성선호라고 한다. 소비자들이 이와 같이 미래의 현금흐름보다는 현재의 현금흐름을 더 선호하게 되는 이유는 크게 4가지로 설명될 수 있다.
> ① 소비자들은 미래의 소비보다는 현재의 소비를 선호하는 시차선호의 성향이 있다.
> ② 미래의 현금은 인플레이션에 따르는 구매력 감소의 가능성이 항상 존재하고 있다.
> ③ 현재의 현금은 새로운 투자기회가 주어질 경우 생산 활동을 통하여 높은 수익을 얻을 수 있다.
> ④ 미래의 현금흐름은 미래의 불확실성으로 인하여 항상 위험이 존재하게 된다.
> 한편 이와 같은 소비자들의 유동성선호를 반영하여 화폐의 시간가치를 나타내는 척도가 시장이자율이다. 따라서 시장이자율은 앞서 설명한 시차선호, 인플레이션, 생산기회, 위험 등을 반영하여 결정된다. 이와 같이 화폐란 시간이 지남에 따라 그 가치가 달라지는 것이므로 현금흐름의 발생시점이 다를 경우 화폐의 시간가치를 고려하여야 한다.

① 기업의 시간가치
② 화폐의 시간가치
③ 개인의 시간가치
④ 수요의 시간가치
⑤ 공급의 시간가치

ANSWER 3.②

3 화폐의 시간가치 … 어떤 한 단위의 화폐단위가 시간적 요인에 따라 다른 가치를 가지게 되는 것을 화폐의 시간적 가치라고 하며, 이러한 화폐의 시간적 가치는 고정부채, 할부매매, 사채, 영업권, 감가상각방법, 유효이자율, 기업가치 평가 및 의사결정 등에 매우 유용하게 활용이 된다.

4 다음 중 채권과 주식에 관한 설명으로 옳지 않은 것은?

		채권	주식
①	발행 주체	국채, 지방채 등	주식회사
②	자금조달방법	타인자본 조달	자기자본 조달
③	증권소유자 지위	주주	채권자
④	소유로부터의 권리	확정부 이자 및 수령권 만기시 원금상황수령권	결산시 사업이익금에 따른 배당을 받을 권리
⑤	존속 기간	일부 영구증권을 제외하고는 대부분 기한부 증권	발행회사와 존속을 같이 하는 영구증권

5 다음 중 채권수익률(채권가격)의 결정요인으로 보기 어려운 것은?

① 채권의 초과공급이 발생하면 채권수익률이 하락한다.
② 일반적으로 경제성장률이 높을 때에는 채권의 초과공급으로 채권가격이 하락한다.
③ 물가의 상승과 채권수익률은 정의 상관관계에 있다.
④ 시중의 자금사정과 정기예금금리 등 재정금융정책은 채권수익률과 밀접한 상관관계가 있다.
⑤ 장기채권 및 단기채권 여부에 따라 채권수익률은 달라진다.

ANSWER 4.③ 5.①

4

	채권	주식
발행 주체	국채, 지방채 등	주식회사
자금조달방법	타인자본 조달	자기자본 조달
증권소유자 지위	채권자	주주
소유로부터의 권리	확정부 이자 및 수령권 만기시 원금상황수령권	결산시 사업이익금에 따른 배당을 받을 권리
존속 기간	일부 영구증권을 제외하고는 대부분 기한부 증권	발행회사와 존속을 같이 하는 영구증권

5 채권수익률(채권가격) 결정요인

㉠ **수급상황**: 채권의 초과공급이 발생하면 채권수익률이 상승한다.
㉡ **경기동향**(fundamental): 일반적으로 경제성장률이 높을 때에는 채권의 초과공급으로 채권가격이 하락(채권수익률 상승)한다.
㉢ **물가상승**(inflation): 물가의 상승과 채권수익률은 정의 상관관계에 있다.
㉣ **시중자금 사정과 금융정책**: 시중의 자금사정과 정기예금금리 등 재정금융정책은 채권수익률과 밀접한 상관관계가 있다.
㉤ **채권의 만기**: 채권의 만기, 즉 장기채권 및 단기채권 여부에 따라 채권수익률은 달라진다.
㉥ **채무불이행 위험**: 채무불이행 위험이 커지면 당해 채권의 수익률도 상승한다.
㉦ **채권의 유동성**: 채권의 유동성 정도에 따라 채권의 수익률이 달라진다.

6 다음 중 채권의 가격정리에 관한 설명으로 옳지 않은 것은?

① 제1정리 : 채권가격은 채권수익률과 반대방향으로 움직인다.
② 제2정리 : 채권수익률이 변동할 때 그 변동으로 인한 채권가격의 변동폭은 만기가 길어질수록 커진다.
③ 제3정리 : 채권수익률 변동에 따른 채권가격 변동폭은 만기가 길수록 커지지만 변동폭 자체의 변화율은 체감한다.
④ 제4정리 : 만기가 일정할 때 채권수익률이 하락으로 인한 가격상승폭이 같은 폭의 채권수익률 상승으로 인한 가격하락폭 보다 작다.
⑤ 제5정리 : 채권수익률 변동으로 인한 채권가격의 변동률은 액면이자율이 높을수록 작아지며 이자지급 주기가 짧은 경우 채권가격 변동률은 적어진다.

7 다음 중 빈칸에 들어갈 말로 적절한 것은?

$$\text{배당수익률}(\%) = \frac{\text{주당 배당금}}{(\qquad\qquad)} \times 100$$

① 호가
② 주가
③ 거래량
④ 단순평균
⑤ 가중평균

ANSWER 6.④ 7.②

6 채권의 가격정리(B. G. Malkiel)
㉠ 제1정리 : 채권가격은 채권수익률과 반대방향으로 움직인다.
㉡ 제2정리 : 채권수익률이 변동할 때 그 변동으로 인한 채권가격의 변동폭은 만기가 길어질수록 커진다.
㉢ 제3정리 : 채권수익률 변동에 따른 채권가격 변동폭은 만기가 길수록 커지지만 변동폭 자체의 변화율은 체감한다.
㉣ 제4정리 : 만기가 일정할 때 채권수익률이 하락으로 인한 가격상승폭이 같은 폭의 채권수익률 상승으로 인한 가격하락폭 보다 크다.
㉤ 제5정리 : 채권수익률 변동으로 인한 채권가격의 변동률은 액면이자율이 높을수록 작아지며 이자지급 주기가 짧은 경우 채권가격 변동률은 적어진다.

7 $\text{배당수익률}(\%) = \frac{\text{주당 배당금}}{\text{주가}} \times 100$

8 **다음에서 설명하고 있는 개념은 무엇인가?**

> 현재의 주가를 1주당 순이익(EPS ; Earning Per Share)으로 나눈 비율로써 주가가 1주당 순이익의 몇 배가 되는지를 측정하는 지표이다.

① 배당수익률
② 순자산비율
③ 주가수익비율
④ 주가현금흐름비율
⑤ 경제적 부가가치

9 **다음 중 금리 상승으로 기업에서 나타날 수 있는 결과로 옳지 않은 것은?**

① 자금조달 축소
② 설비투자 축소
③ 수익성 악화
④ 채권수요 감소
⑤ 주가 하락

10 **다음 중 기술적 분석의 특징으로 적절한 것은?**

① 과거의 추세와 패턴이 향후에도 계속될 것으로 보는 것이 현실적이다.
② 패턴의 해석이 분석자에 따라 달라질 수 없다.
③ 시장의 변동원인을 분석할 수 있다.
④ 주가변동이 수급 이외의 요인으로 발생한 경우 이를 분석하기 쉽다.
⑤ 효율적 시장에서는 그래프에서 매수·매도 신호를 알기 어렵다.

ANSWER 8.③ 9.④ 10.⑤

8 주가수익비율(Price Earning Ratio)
㉠ PER란 주가를 주당순이익으로 나눈 주가의 수익성 지표를 말한다.
㉡ 주가가 주당순이익의 몇 배인가를 나타내는 것으로 투자판단의 지표로 사용된다.
㉢ PER가 높으면 기업이 영업활동으로 벌어들인 이익에 비해 주가가 높게 평가되었으며, 반대로 PER가 낮으면 이익에 비해 주가가 낮게 평가되었음을 의미하므로 주가가 상승할 가능성이 크다.

9 금리와 주가
㉠ 기업부문 : 금리 상승→자금조달 축소→설비투자 축소→수익성 악화→주가 하락
㉡ 민간부문 : 금리 하락→채권수요 감소→주식수요 증대→주가 상승

10 기술적 분석의 한계
㉠ 과거의 추세와 패턴이 향후에도 계속될 것으로 보는 것은 비현실적이다.
㉡ 패턴의 해석이 분석자에 따라 달라질 수 있으며 추세의 기간(단기, 중기, 장기추세 등)을 명확하게 구분하기 어렵다.
㉢ 시장의 변동원인을 분석할 수 없다.
㉣ 주가변동이 수급 이외의 요인으로 발생한 경우 이를 분석하기 어렵다.
㉤ 효율적 시장에서는 그래프에서 매수·매도 신호를 알기 어렵다.

11 **다음의 기사를 읽고 선물시장에서 일어날 수 있는 상황을 추론할 때 적절하지 않은 것은?**

> 10일 KOSPI200선물시장이 폭락했다. 외국인이 폭발적인 규모의 순매수를 기록했지만, 미국의 조기 금리인상과 국제유가 상승 등 대내외의 악재에 밀려 낙폭이 커졌다. 지수는 103선 아래로까지 떨어졌다. 이날 KOSPI200선물 최근 월물인 6월 물지수는 전일 대비 6.65포인트 하락한 102.40으로 장을 마감했다. 지수는 소폭 하락 출발해 오후 들어 낙폭을 급격히 키웠고, 지수가 5%이상 급락함에 따라 오후 2시 14분 사이드 카(Side Car)가 발동되기도 했다.

① 이날 발생한 사이드 카는 이 건이 유일한 것으로 단 한번뿐이었을 것이다.
② 만약 종합주가지수가 전일대비 10% 이상 하락하였다면 사이드 카 발동으로 선물시장은 20분간 중단될 것이다.
③ 주식시장의 프로그램매매 매도호가의 효력을 정지한 관계로 5분간 지연하여 매매가 체결되었을 것이다.
④ KOSPI200선물시장에서 전일 거래량이 가장 많은 종목의 가격이 전일 종가대비 5% 이상 변동하여 1분 이상 지속되었다.
⑤ 사이드 카가 발생한 것으로 보아 발생 시기는 개장 후 5분경과 전이나 장 마감 40분전에 발생한 것은 아니다.

12 **최근 자금난을 겪고 있는 ○○기업은 자금난을 해결하기 위해 주주 또는 제3자 등에게 새 주식을 발행하여 추가적으로 자금을 조달하기로 결정하였다. ○○기업이 자금난 해결을 위해 사용하려는 방법은 무엇인가?**

① 스톡옵션
② 무상증자
③ 유상증자
④ 직접금융
⑤ 간접금융

ANSWER 11.② 12.③

11 사이드 카에 대한 기본사항을 묻는 문제이다.
② 서킷 브레이커(Circuit Breakers)에 대한 설명이다.

12 유상증자
㉠ 주식회사가 주주 또는 제3자에게 현금이나 현물로 출자시켜 실질적인 자본금을 증가시키는 것으로 가장 일반적인 자기자본 조달형태를 말한다.
㉡ 유상증자는 회사의 재산이 실질적으로 증가하기 때문에 재무구조를 개선시키게 된다.

13 다음 중 재무 건전성이 가장 취약한 기업은?

구분	영업이익	당기순이익	이자비용
A기업	100	40	50
B기업	200	90	160
C기업	300	120	200
D기업	200	100	75
E기업	100	50	250

① A기업
② B기업
③ C기업
④ D기업
⑤ E기업

14 제너럴모터스(GM)가 채권단에 채무조정을 위한 출자전환과 관련한 수정안을 제안하고 채권단 일부가 이를 수용키로 하였다. 다음 중 이를 통해 추론할 수 있는 경제적 파급효과에 대한 설명으로 가장 적절하지 않은 것은?

① GM의 파산보호 신청이 임박했음을 알 수 있다.
② GM대우의 경우 수출량이 급감할 것이다.
③ 공장폐쇄, 감원, 딜러망 감축 등 구조조정으로 인해 실직자가 증가하고 부품업체, 협력업체 등이 어려움을 겪을 것이다.
④ GM의 파산임박소식은 자동차업계 전체에 악재로 작용하므로 GM대우 및 경쟁그룹 주가는 동반 약세를 보일 것이다.
⑤ 미국 내 최대 자동차업체로 손꼽히는 GM이 파산한다면 자동차 산업 내 연쇄 파산 위험과 실업자 증가에 따른 소비경기 위축이 예상된다.

ANSWER 13.⑤ 14.④

13 기업의 재무 건전성을 알 수 있는 대표적 지표는 이자보상비율로 기업의 지급 불능 상태를 파악하는 가장 중요한 지표이다. 이자보상비율은 영업이익을 이자비용으로 나눈 값으로 보통 2배 이상이면 양호한 것으로, 1배 미만이면 불량한 것으로 판단된다. E기업의 이자보상비율은 100/250 = 0.4배로 영업이익으로 이자비용의 40% 밖에 상환할 수 없는 상황임을 보여준다.

14 ④ GM의 파산임박소식은 GM관련주들에게 악재로 작용하지만 기타 산업내 경쟁업체에게는 오히려 시장점유율을 높일 수 있는 기회요인이 될 수 있어 경쟁업체의 경우 반사이익이 기대되어 주가가 강세를 보일 것이다.

15 자본시장과 금융투자업에 관한 법률에 따라 지급결제업무를 허용 받는 증권사는 카드사와의 제휴를 통하여 종합자산관리계좌(CMA)에서 카드사용대금을 결제할 수 있는 CMA 신용카드를 출시할 수 있게 되었다. 다음 중 CMA 신용카드의 출시에 따라 나타날 현상으로 적절하지 않은 것은?

① CMA 신용카드 상품의 첫 출시에 맞춰 증권사마다 신규 고객을 대상으로 이벤트와 혜택의 과당경쟁이 벌어질 가능성이 있다.
② CMA는 주식거래 또는 펀드 투자 등 교차판매의 발판이 될 수 있기 때문에 증권사에서는 고객을 최대한 확보하려고 할 것이다.
③ CMA 신용카드는 증권사 창구에서 CMA 거래고객을 상대로 판매될 것으로 보인다.
④ 카드영업수익과 수수료 및 부가서비스 이용료를 통한 수익의 극대화를 이룰 수 있어 증권사들은 고객유치경쟁을 벌일 것으로 예상된다.
⑤ 이용자에게는 은행계좌와 달리 하루만 맡겨도 이자가 붙고 더불어 신용카드 서비스의 혜택을 누릴 수 있다는 이점이 있다.

16 다음에서 공통적으로 설명하고 있는 것은?

- 주주총회에서 의결권을 지니지 않는다.
- 배당률이 높은 편이다.
- 주식의 액면가를 기준으로 이익배당이 지급된다.
- 보통 설립 시 발기인의 우대 또는 영업이 부진한 회사가 신주(新株)모집의 용이함을 위해 발행한다.

① 후배주 ② 의결권주
③ 보통주 ④ 혼합주
⑤ 우선주

ANSWER 15.④ 16.⑤

15 증권사에서는 단순히 카드영업수익 및 수수료, 부가서비스 이용료보다 신용카드지급결제 계좌로서 지니는 의미를 보다 높게 평가하고 있기 때문이다. 즉, 지급결제계좌로 활용될 경우 증권사에서는 고객의 자산이 곧 투자를 이룰 수 있는 기반이 되므로 보다 많은 신규고객을 확보하기 위해 경쟁을 벌이고 있는 것이다.

16 우선주 … 주식이 이익이나 이자의 배당 또는 잔여재산의 분배 등에 대해 우선적 지위가 인정되는 주식을 말한다. 종류로는 누적적 우선주와 참가적 우선주가 있다.

17 다음 ( ) 안에 들어갈 용어로 적절한 것이 차례로 짝지어진 것은?

> •(㉠) – 장래의 특정 시점에 인도할 것을 약정하는 계약
> •(㉡) – 장래의 일정기간 동안 미리 정한 가격으로 산출된 금전 등을 교환할 것을 약정하는 계약
> •(㉢) – 당사자 어느 한 쪽의 의사표시에 의하여 산출된 금전 등을 수수하는 거래를 성립시킬 수 있는 권리를 부여하는 것을 약정하는 계약

	㉠	㉡	㉢
①	옵션	선물	스왑
②	옵션	스왑	선물
③	스왑	옵션	선물
④	선물	스왑	옵션
⑤	선물	옵셥	스왑

18 다음 중 우리나라의 회계기준상 재무제표에 해당하지 않는 것은?

① 자본변동표
② 손익계산서
③ 재무상태표
④ 원가명세서
⑤ 결손금처리계산서

ANSWER 17.⑤ 18.④

17 파생상품의 정의

㉠ **선물** : 기초자산이나 기초자산의 가격 · 이자율 · 지표 · 단위 또는 이를 기초로 하는 지수 등에 의하여 산출된 금전 등을 장래의 특정시점에 인도할 것을 약정하는 계약

㉡ **옵션** : 장래의 일정기간 동안 미리 정한 가격으로 기초자산이나 기초자산의 가격 · 이자율 · 지표 · 단위 또는 이를 기초로 하는 지수 등에 의하여 산출된 금전 등을 교환할 것을 약정하는 계약

㉢ **스왑** : 당사자 어느 한 쪽의 의사표시에 의하여 기초자산이나 기초자산의 가격 · 이자율 · 지표 · 단위 또는 이를 기초로 하는 지수 등에 의하여 산출된 금전 등을 수수하는 거래를 성립시킬 수 있는 권리를 부여하는 것을 약정하는 계약

18 재무제표의 종류

㉠ **기본재무제표** : 재무상태표, 손익계산서, 이익잉여금처분계산서(또는 결손금처리계산서), 현금흐름표, 자본변동표

㉡ **주석** : 재무제표 본문의 내용을 상세하게 설명하고 보완하기 위하여 재무제표상의 해당 과목이나 금액에 기호를 붙이고 난외 또는 별지에 동일한 기호를 표시하여 그 내용을 간결 · 명료하게 설명하는 것을 말한다.

19 다음의 ( ) 안에 들어갈 적절한 경영학적 개념은?

> 현재 기업의 자원이나 능력을 초과하는 도전적인 목표를 설정함으로써 기업의 역량을 극대화하는 것을 (㉠)(이)라 한다면 이것을 위해 부족한 자원을 창의적으로 활용하여 그 가치를 극대화 시키는 것을 (㉡)(이)라 한다.

	㉠	㉡
①	전략	레버리지
②	전술	리더십
③	스트레치	레버리지
④	리더십	전략
⑤	전술	전략

20 다음에서 설명하고 있는 주식시장의 명칭은?

> ( )은 성장단계에 있는 중소, 벤처기업들이 원활히 자금을 조달할 수 있도록 비상장 벤처기업들의 자금난을 해소하는 창구가 되고 있다.

① KRX
② AMEX
③ NYSE
④ NASDAQ
⑤ Free Board

ANSWER 19.③ 20.⑤

19 스트레치와 레버리지
㉠ **스트레치** : 몸을 쭉 펴서 스트레칭 하며 몸을 쭉 펴듯이 기업이 획기적인 전략을 수립하여 달성하려는 목표 또는 기업의 야망과 이상을 나타낸다.
㉡ **레버리지** : 보유자원 중 가장 핵심적인 요소를 창의적으로 활용함으로써 스트레치를 완성하는 것을 말한다.

20 ⑤ 프리보드(Free Board)는 유가증권과 코스닥시장에 상장되지 않은 종목을 모아 거래하는 제3시장의 이름이다.

21 5대 그룹의 보험 산업 진입이 전면 허용되고 은행업과 보험업의 영역을 허무는 이 제도는 2003년부터 점진적으로 도입되었다. 은행과 보험사가 상호 제휴와 업무협력을 통해 종합금융 서비스를 제공하는 이것을 무엇이라고 하는가?

① 랩어카운트
② 방카슈랑스
③ 트릴레마
④ 벤더파이낸싱
⑤ 파생상품

22 증권시장에서 지수선물 · 지수옵션 · 개별옵션 등 3가지 주식상품의 만기가 동시에 겹치는 날을 뜻하는 것은?

① 넷데이
② 레드먼데이
③ 더블위칭데이
④ 트리플위칭데이
⑤ 쿼드러플위칭데이

23 다음 중 유가증권시장과 코스닥시장의 주식을 동시에 구성종목으로 채택하고 있는 것은?

① 스타지수
② 코스닥지수
③ KRX 100
④ KOSPI 200
⑤ 한국종합주가지수

ANSWER 21.② 22.④ 23.③

21 ① **랩어카운트**(자산종합관리계좌 ; wrap account) : 'wrap(포장하다)'과 'account(계좌)'의 합성어로 투자자가 증권사에 돈을 맡기고 계약을 맺으면 그에 따라 증권사가 자산을 대신 운용해 주는 계좌를 말한다.
② **방카슈랑스** : 은행과 보험사가 상호 제휴와 업무협력을 통해 종합금융서비스를 제공하는 새로운 금융결합의 형태이다.
③ **트릴레마**(trilemma) : 물가안정, 경기부양, 국제수지개선의 3중고를 가리키는 말로 이 3가지는 3마리 토끼에도 비유되는데 물가안정에 치중하면 경기가 침체되기 쉽고, 경기부양에 힘쓰면 인플레이션 유발과 국제수지 악화가 초래될 염려가 있음을 말한다.
④ **벤더파이낸싱**(vendor financing) : 하드웨어 · 장비의 판매업자를 뜻하는 '벤더(vendor)'와 금융을 통한 자금조달을 의미하는 '파이낸싱(financing)'의 합성어이다. 우리말로 풀어보면 '장비공급자에게서 금융지원받기' 정도가 된다.
⑤ **파생상품**(derivatives) : 특정상품이나 유가증권 등 실물을 소유하지 않고서도 투자할 수 있게 하는 제도이다. 파생상품은 특정 투자의 위험부담을 줄일 수 있는 보험 역할도 가능하다.

22 ④ 트리플위칭데이(Triple Witching Day)란 3 · 6 · 9 · 12월 둘째 목요일에 지수선물 · 지수옵션 · 개별옵션 등 3가지 주식상품의 만기가 동시에 겹치는 것을 뜻한다.

23 ③ KRX 100은 유가증권시장의 87개 종목과 코스닥시장의 13개 종목으로 구성되어 있다.

24 다음 중 옵션가격의 결정요인으로 적절하지 않은 것은?

① 이자율
② 잔존기간
③ 가격변동성
④ 증거금
⑤ 행사가격

25 다음은 P. Kotler가 제품을 정의한 것이다. (　　) 안에 들어갈 적절한 용어가 순서대로 바르게 연결된 것은?

> 제품은 3가지 차원으로 구성되어 있다. 첫째, (㉠)이란 소비자가 그 제품으로 원하는 편익을 말한다. 둘째, (㉡)은 소비자가 제품으로부터 추구하는 편익을 구체적인 물리적 속성들의 집합으로 유형화시킨 것이다. 셋째, (㉢)이란 (㉡)에다 친절한 판매서비스, 품질보증기간, 기업의 브랜드, 점원의 태도 등의 속성 등이 부가된 것을 말한다.

	㉠	㉡	㉢
①	핵심제품	확장제품	유형제품
②	핵심제품	유형제품	확장제품
③	확장제품	핵심제품	유형제품
④	확장제품	유형제품	핵심제품
⑤	유형제품	핵심제품	확장제품

ANSWER 24.④ 25.②

24 ④ 증거금은 선물거래 시 거래의 특징으로서 옵션가격의 결정요인과는 관계없다.

※ 옵션가격의 결정요인
㉠ 기초자산가격
㉡ 행사가격
㉢ 이자율
㉣ 잔존기간
㉤ 가격변동성

25 제품의 분류(P. Kotler)
㉠ **핵심제품**(core product) : 구매자에게 편익을 제공하는 차원의 제품
㉡ **유형제품**(tangible product) : 구매자가 추구하는 편익을 구체적인 물리적 집합으로 유형화시킨 것으로 특성, 스타일, 품질 등의 속성이 포함
㉢ **확장제품**(augmented Product) : 유형제품에 품질보증, 무료설치, 보수 및 유지, 판매 후 서비스 등의 추가적 서비스와 편익이 결합된 제품, 점원의 태도 등의 속성이 부가된 것

26 최근 각광받고 있는 워터파크의 경우 성수기와 비수기의 가격이 서로 다르게 운용되고 있다. 다음 중 이와 같은 유형의 마케팅 활동과 가장 관련 있는 마케팅 방법은?

① 재마케팅
② 동시화마케팅
③ 개발적마케팅
④ 자극적마케팅
⑤ 대량마케팅

27 다음 중 성격이 다른 하나는?

① 단기대여금
② 매출채권
③ 유가증권
④ 미수금
⑤ 선수금

28 재무적 옵션 이론을 확장시킨 것으로 사업위험을 헤징하는 기업의 전략적 의사결정 기법으로 불확실성이 높은 사업환경에서 투자할 때 경영이 지니는 선택권을 의미하는 것은 무엇인가?

① 시나리오 플래닝
② 리얼옵션
③ 주가지수 옵션
④ 전략적 사고
⑤ 투자자문업

ANSWER 26.② 27.⑤ 28.②

26 동시화마케팅(synchro marketing) … 생산의 시간적 패턴과 수요의 시간적 패턴을 일치시키려는 마케팅기법으로 수요의 계절적 · 시간적 변동이 심한 경우에 이용한다. 동시화마케팅은 제품이나 서비스의 공급능력에 맞추어 수요의 발생 시기를 조정 내지 변경하려고 하는 것이다.

27 ①②③④ 재무상태표상 유동자산에 속한다.
⑤ 재무상태표상 유동부채에 속한다.
※ 유동자산 … 1년 내에 현금으로 바꿀 수 있는 자산으로 당좌자산, 재고자산으로 구분한다.
㉠ 당좌자산 : 기업이 원하는 경우 즉각적 현금화가 가능한 자산
- 현금 및 현금등가물
- 단기금융상품
- 유가증권
- 매출채권
- 미수금, 미수수익
- 선급금, 선급비용
- 단기대여금 등

㉡ 재고자산 : 정상적인 기업의 영업활동과정에서 판매를 목적으로 보유하고 있는 자산, 생산과정에 있는 자산 및 판매할 자산을 생산하는데 사용 또는 소모될 자산을 말한다.

28 리얼옵션(Real Option) … 금융공학의 옵션이론을 실물자산 또는 프로젝트 평가에 적용시킨 사고방식으로 투자의사의 결정시 그 선택권의 가치도 포함하여 판단하는 것을 의미한다.

29 다음 중 기업의 손익계산서 작성에서 영업이익의 변화를 가져오는 항목이 아닌 것은?

① 임차료 ② 광고선전비
③ 통신비 ④ 회의비
⑤ 기부금

30 다음 중 손익분기점(break-even point)을 파악하기 위한 구성내용이 옳지 않은 것은?

① 총수익(총이익) = 총매출액 − 총비용
② 비용 = 고정비용 + 변동비용
③ 변동비용 = 개별상품단위당변동비용 × 매출(판매)액
④ 매출액 = 판매가격 × 매출(판매)수량
⑤ 매출 = 고정원가 + 변동원가

31 합병이란 상법의 절차에 따라 2개 이상의 회사가 모두 소멸 또는 1개 회사를 제외하고 소멸하되 청산절차를 거치지 않고 소멸하는 회사의 모든 권리 · 의무를 존속회사 내지 신설회사가 포괄적으로 승계하는 것을 말한다. 다음 중 합병회사가 해산 · 소멸하고 새로운 회사가 설립되고 기존 회사의 권리나 의무를 이어받아 사원을 수용하는 방식의 합병으로 적절한 것은?

① 흡수합병 ② 신설합병
③ 간이합병 ④ 소규모합병
⑤ 영업양도

ANSWER 29.⑤ 30.③ 31.②

29 영업이익은 생산 · 판매 등의 영업활동에서 발생한 손익을 표시하며 기부금은 영업외비용에 해당한다.

30 ③ 변동비용 = 변동전비용 × (신목표매출액 ÷ 변동전매출액 × 변동비율 + 공정비율)

31 ① 합병의 당사회사 중 1개 회사만이 존속하고 나머지 회사는 소멸한다.
③ 흡수합병시 소멸회사 주주총회의 승인결의를 요하지 않는 합병을 말한다.
④ 존속회사의 주주총회 승인결의를 요하지 않는 합병을 말한다.
⑤ 경영자의 지위인계 및 영업재산의 이전 등을 내용으로 하는 채권계약을 말한다.

32 기업이 파산위험에 직면하여 법원의 중재에 따라 채권자들과 채무변제협정을 체결하고 회사를 회생시키는 제도는?

① 파산제도
② 화의제도
③ 회사정리제도
④ 워크아웃제도
⑤ 청산제도

33 기업의 재무제표상 수지 균형이 잡혀 있어 외관상 건전하게 보여도 자금회전이 되지 않아 부도가 발생하는 경우가 있다. 이를 무엇이라 하는가?

① 디폴트
② 리콜제도
③ 흑자도산
④ 모라토리엄
⑤ 채무불이행

34 해당 기업이 기관투자자들이나 개인투자자들에게 새로운 경영지표와 사업계획 같은 기업정보를 정확하게 알려주는 제도는?

① IR
② PR
③ OR
④ DR
⑤ CR

ANSWER 32.② 33.③ 34.①

32 ① 기업의 회생보다 채권채무정리에 그 목적이 있으며 법원의 감독하에 기업재산을 채권자에게 분배하고 기업은 소멸시킨다.
③ 법정관리제도로서 갱생가능성이 있는 기업에 대하여 법원이 주주, 채권자 등의 이해관계를 조정하여 기업을 회생시키는 제도로서 제3자가 자금과 기업의 관리를 대신한다.
④ 기업재무구조개선방안으로 채권금융기관의 주도로 수행하는 구조조정작업을 말한다.
⑤ 영업의 지속이 회사를 정리하는 것보다 손실이 더 크다고 판단되는 경우 행해지며 절차의 종료 후 기업의 실체는 소멸된다.

33 ① 공·사채나 은행융자 등의 지불시기가 확정되어 있으나 채무자가 사정에 의해 이자 지불이나 원리금 상환을 계약에 정해진 대로 이행할 수 없는 상황에 빠진 것으로 채무불이행이라고도 한다.
② 제품의 결함이 있을 때 제품을 생산한 기업에서 회수하여 결함을 제거하거나 보상해 주는 제도를 말한다.
④⑤ 부채를 갚을 시기가 됐지만 부채가 너무 많아 일시적으로 상환을 연기하는 것을 말한다. 상환할 의사가 있다는 점에서 디폴트와 다르다.

34 IR(Investor Relation) … 기업이 자본시장에서 정당한 평가를 얻기 위하여 주식 및 사채투자자들을 대상으로 실시하는 홍보활동으로 투자자관계·기업설명활동이라고 한다. IR은 주식시장에서 기업의 우량성을 확보해 나가기 위해서 투자자들만을 대상으로 기업의 경영활동 및 이와 관련된 정보를 제공하는 홍보활동으로 기관투자가를 상대로 하고 회사의 장점뿐 아니라 단점까지도 전달한다.

35 주식의 일반적인 성격을 지니고 각 주식은 평등의 권리내용을 가지며, 이익배당이나 잔여재산의 배분에 있어서 우선적 지위나 후배적 지위를 결정하는 기준이 되는 주식은?

① 보통주
② 우선주
③ 후배주
④ 혼합주
⑤ 의결권주

36 기업분석상 양적분석에 해당하는 것을 모두 고르면?

> ㉠ 경영자
> ㉡ 사업내용
> ㉢ 사업전망
> ㉣ 총자산이익률
> ㉤ 손익분기점률

① ㉠㉡㉢
② ㉠㉢
③ ㉠㉣
④ ㉡㉢
⑤ ㉣㉤

37 주가를 1주당 순이익으로 나눈 값으로써 수익력에 비해 주가가 몇 배인가를 표시한 지표는?

① PER
② CMA
③ DR
④ IR
⑤ ROI

ANSWER 35.① 36.⑤ 37.①

35 ② 이익배당이나 잔여재산 배분에 있어서 보통주에 우선하여 참여할 수 있는 주식을 우선주라 한다.
③ 이익배당이나 잔여재산 배분에 있어서 후위에 있는 주식을 후배주라 한다.
④ 이익배당이나 잔여재산 배분에 있어서 한편으로는 보통주에 우선하면서 다른 한편으로는 보통주보다 뒤지는 권리를 가지는 주식을 혼합주라 한다.
⑤ 회사의 의결권이 부여된 주식을 의결권주라 한다.

36 기업분석상 양적분석 … 기업의 재무제표에 나타난 수치를 근거로 한 성장성, 안정성, 수익성 등을 분석하는 것이다.

37 ① PER(Price Earnings Ratio) : 주가수익률
② CMA(Cash Management Account) : 어음관리구좌
③ DR(Depositary Receipt) : 주식예탁증서
④ IR(Investor Relation) : 투자자관계, 보통 기업설명활동
⑤ ROI(Return On Investment) : 투자수익률

38 다음 중 미국 등 선진국의 대표적 부동산 투자상품 리츠(REITs ; Real Estate Investment Trusts)와 비슷한 특성을 지니는 부동산펀드로 알맞은 것은?

① 경·공매형부동산펀드
② 대출형부동산펀드
③ 임대형부동산펀드
④ 권리형부동산펀드
⑤ 개발형부동산펀드

39 다음에서 설명하는 개념은 무엇인가?

> 증권회사 등이 투자자의 자산규모와 투자성향 및 위험수용도 등을 분석하여 투자자의 자산을 적당한 금융상품 등에 투자해주고 일정한 수수료를 받는 것을 말한다.

① 단기금융집합투자기구
② 랩어카운트
③ 대안투자상품
④ late trading
⑤ 이연판매보수

40 다음에서 설명하는 주가지수는 무엇인가?

> • 우량 30 종목의 수정주가평균이다.
> • 1928년 10월 1일이 기준이며 당시는 240.01이었다.

① 다우존스 산업주가평균
② 코스닥지수
③ KOSPI 200
④ 나스닥지수
⑤ 러셀 3000 지수

ANSWER 38.③ 39.② 40.①

38 ③ 리츠의 기본특성은 수익성부동산을 매입하여 운용하는 것이라고 볼 수 있으므로 업무 및 상업용부동산을 매입하여 임대하는 것을 목적으로 운용하는 임대형부동산펀드와 가장 가깝다고 볼 수 있다.

39 랩어카운트(Wrap Account) … 랩(Wrap)과 어카운트(Account)의 조합어로 고객의 투자성향을 파악하여 이에 따른 총체적인 자산종합관리 서비스의 제공을 통해 일정한 수수료를 수취하는 자산종합계좌를 말한다.

40 ② 코스닥지수의 경우 종합 및 일반업종지수의 기준시점은 1996년 7월 1일이며, 제약은 2001년 1월 2일이며, 운송은 2000년 6월 5일이다.
③ KOSPI 200은 200종목을 선정하며 기준지수는 100, 기준시점은 1990년 1월 3일이다.
④ 나스닥지수의 기준일은 1972년 2월 2일이며 시가총액식 지수이다.
⑤ 시가총액이 큰 미국의 3000개 기업을 대상으로 작성하는 지수이다.

41 투자안의 경제성을 평가하는 방법 중, 순현재가치(NPV)법의 장점으로 옳지 않은 것은?

① 화폐의 시간가치와 투자안의 수익성을 동시에 고려한다.
② 동일한 현금할인모형인 내부수익률에 비해 계산이 간편하다.
③ 투자로 인한 기업가치의 증가분을 쉽게 파악할 수 있다.
④ 이해하기 쉽고 유동성이 높은 투자안을 선호하게 한다.
⑤ 기업의 최저요구수익률인 자본비용으로 재투자한다는 합리적 가정을 한다.

42 다음에서 설명하고 있는 것은 무엇인가?

> 외환 · 채권 · 파생상품 · 재정거래(arbitrage) 등으로 막대한 수익을 올리고 있는 국제 투기자본(핫머니)의 급격한 자금유출입으로 각국의 통화가 급등락하여 통화위기가 촉발되는 것을 막기 위한 규제방안의 하나로, 단기성 외환거래에 세금을 부과할 경우 연간 수천 억 달러의 자금을 확보할 수 있다. 이 제도는 일반 무역거래, 장기 자본거래, 그리고 실물경제에는 전혀 지장을 주지 않으면서 투기성 자본에만 제약을 가한다는 것이 특징이다. 또 각국의 중앙은행은 자신들의 실정에 맞게 독립적인 금리정책을 시행할 수 있게 되므로 국가 재정수입도 늘어나는 효과가 있다. 1990년대 후반부터 핫머니가 세계적으로 문제화됨에 따라 1995년 미국의 반대에도 불구하고 선진 7개국 정상회의(G7)의 의제로 상정되었으며, 현재 G7은 산하에 연구그룹을 만들어 이것의 효과를 검토하고 있다.

① 거래세
② 피구세
③ 부가세
④ 목적세
⑤ 증여세

ANSWER 41.④ 42.⑤

41 ④ 이해하기 쉽고 유동성이 높은 투자안을 선호하게 하는 것은 회수기간법의 장점이다.

42 피구세 … 단기성 외환거래에 부과하는 세금을 말하며, 미국의 노벨 경제학상을 수상한 제임스 토빈(James Tobin)이 1978년에 주장한 이론으로, 외환 · 채권 · 파생상품 · 재정거래(arbitrage) 등으로 막대한 수익을 올리고 있는 국제 투기자본(핫머니)의 급격한 자금유출입으로 각국의 통화가 급등락하여 통화위기가 촉발되는 것을 막기 위한 규제방안의 하나이다.

43 다음 중 국제금융시장에서 단기금리의 대표적인 지표로 사용되는 것은?

① RP금리
② 리보금리
③ T-bill
④ 키보금리
⑤ 유리보

44 경상수지에 해당하지 않는 것은?

① 상품수지
② 투자수지
③ 소득수지
④ 경상이전수지
⑤ 서비스수지

45 외국에 있는 기업에 대한 경영참여 등과 같이 영속적인 이익을 취득하기 위하여 행하는 대외 투자를 기록하는 국제수지표상의 항목은?

① 증권투자
② 기타투자
③ 자본이전
④ 직접투자
⑤ 투자소득

46 경기종합지수의 구성지표 중 선행종합지수에 해당하지 않는 것은?

① 장단기금리차
② 종합주가지수
③ 총유동성
④ 회사채유통수익률
⑤ 건설수주액

ANSWER 43.② 44.② 45.④ 46.④

43 리보금리 … 영국 런던에서 우량은행끼리 단기자금을 거래할 때 적용하는 금리를 말한다.

44 경상수지 … 상품수지, 서비스수지, 소득수지, 경상이전수지

45 ① 외국과의 주식, 채권, 파생금융상품 거래
② 직접투자와 증권투자에 포함되지 않는 외국과의 모든 금융거래
③ 이전거래(반대급부를 수반하지 않음) 중 수취 측의 총자본형성 또는 기타 자본축적의 원천이 되는 거래

46 회사채유통수익률은 후행종합지수에 해당한다.
※ **선행종합지수** … 구인구직비율, 소비자기대지수, 순상품교역조건, 건설수주액, 자본재수입액, 국내기계수주액, 재고순환지표, 총유동성, 종합주가지수, 장단기금리차

47 다음 중 우리나라의 기업회계기준에서 규정하고 있는 일반원칙이 아닌 것은?

① 명료성의 원칙
② 충분성의 원칙
③ 일시성의 원칙
④ 안전성의 원칙
⑤ 신뢰성의 원칙

48 다음은 ㅇㅇ기업의 현금흐름표를 요약한 것이다. 이에 대한 설명으로 가장 옳지 않은 것은? (단, 각 년도의 기간은 1월 1일부터 12월 31일까지를 말함)

현금흐름표(단위 : 억원)			
항목	2007년	2008년	2009년
영업활동으로 인한 현금흐름	150	185	188
−당기순이익	120	100	97
−현금유출입이 없는 비용 및 수익	30	85	91
투자활동으로 인한 현금흐름	−95	−135	−200
재무활동으로 인한 현금흐름	−90	140	200

① ㅇㅇ기업의 매출액 변동은 알 수 없다.
② 외부에서 자금유입이 증대되고 있다.
③ 신규설비의 확장으로 감가상각이 증대되고 있다.
④ ㅇㅇ기업의 수익성은 호전되고 있다.
⑤ 계속적으로 유형자산 또는 유가증권 등을 구입하고 있다..

ANSWER 47.③ 48.④

47 기업회계원칙의 일반원칙
㉠ 신뢰성의 원칙
㉡ 명료성의 원칙
㉢ 충분성의 원칙
㉣ 계속성의 원칙
㉤ 중요성의 원칙
㉥ 안정성의 원칙

48 ④ 당기순이익이 계속적으로 감소하고 있으므로 기업의 수익성이 악화되고 있다고 보여진다.
※ 현금흐름표
㉠ 일정기간 동안 기업의 현금유입과 유출을 나타내는 제무제표이다.
㉡ 영업활동 현금흐름, 투자활동 현금흐름, 재무활동 현금흐름으로 구성되어 있다.
• 영업활동 : 기업의 본원적 수익창출활동에서 창출된 현금흐름을 말한다.
• 투자활동 : 회사의 설비투자나, 여유자금 운용활동의 정도를 나타낸다.
• 재무활동 : 회사의 자금 조달 및 운용상태를 나타낸다.

49 다음 중 유동성 보강을 위해 기업이 추진할 수 있는 방법으로 적절하지 않은 것은?

① 차입매수를 통한 기업 인수
② 채권의 발행
③ 계열사의 매각
④ 주식의 발행
⑤ 은행 차입라인 증액

50 다음 중 MMF의 특징으로 옳지 않은 것은?

① 입출금이 자유롭다.
② 예금자보호제도의 보호대상 상품이다.
③ 증권사뿐만 아니라 은행에서도 가입 가능하다.
④ 단기 여유자금을 예치하는데 알맞다.
⑤ 실적배당금융상품이다.

51 카메라를 판매하는 N회사의 당기순이익에 영향을 주는 항목을 모두 고른 것은?

㉠ 카메라 부품의 가격이 증가하였다.
㉡ 신주를 발행하여 자본금을 증가시켰다.
㉢ 주주들에게 현금배당을 지급하였다.
㉣ 카메라를 판매 후 특정 결함으로 환불해주는 사례가 증가하였다.
㉤ 성공여부를 확신할 수 없는 신제품 개발에 투자하였다

① ㉠㉡㉢
② ㉠㉢㉣
③ ㉠㉣㉤
④ ㉡㉢㉤
⑤ ㉡㉣㉤

ANSWER 49.① 50.② 51.③

49 차입매수(LBO ; Leveraged Buyout) … 기업을 매수하는 기업(집단)이 인수시 필요한 자금을 인수기업이 모두 조달하는 것이 아니라, 매각되는 기업의 자산을 담보로 인수자금을 충당하는 방식이다. 이는 기업의 유동성을 보강하는 행위라고 볼 수 없다.

50 ② MMF(money market fund)란 '수시입출금식 초단기 채권형펀드'를 의미하며 예금자보호제도의 비보호대상이다.

51 당기순이익은 손익계산서에서 결정된다. 배당금의 지급은 당기순이익이 이미 결정된 이후에 결정되는 사항이다. 또한 신주발행을 통한 증자는 자기자본에 영향을 미친다.

52 다음 중 치호가 할 수 있는 선택에 대한 설명으로 적절하지 않은 것은?

> 벤처회사에 2년전 취직한 치호는 내년이면 회사에서 받은 스톡옵션을 행사할 수 있다고 좋아하고 있다. 치호가 다니는 회사 주가는 현재 7,000원을 기록하고 있으며, 치호의 스톡옵션수량은 1만 주이며 행사가격은 6,000원이다. 한편 치호는 스톡옵션을 받는 대신 퇴직금을 포기하였다.

① 퇴직금 대신 스톡옵션을 선택한 것은 회사의 성장성과 주가의 상승을 기대한 투자이기도 하다.
② 내년에 다니던 회사가 부도나서 청산될 경우에도 스톡옵션의 효력은 남아있다.
③ 내년에 회사 주가가 6,000원 이하를 맴돌 경우에는 스톡옵션을 행사하여 얻을 수 있는 이익이 없다.
④ 내년에 회사 주가가 7,000원 이상을 유지할 경우에는 스톡옵션을 행사하는 것이 유리하다.
⑤ 내년에 회사 주가가 8,000원일 때 스톡옵션을 행사할 경우에 치호는 2,000만 원의 행사차익을 얻는다.

53 다음 중 에코 버블(echo bubble)에 대한 설명으로 가장 적합한 것은?

① 환경오염 물질이 적정 수준을 넘어선 현상을 말한다.
② 환경 관련 산업에 대한 투자가 지나치게 많이 이루어지는 현상을 말한다.
③ 부동산이나 주가가 지나치게 올라 경제 전체에 버블이 심한 현상을 말한다.
④ 주가에 소형 거품이 형성되었다가 꺼지는 현상이 반복되는 현상을 말한다.
⑤ 현실 경제에는 별 문제가 없지만 경제학 분석 모델에 의하면 버블이 형성되어 있는 것으로 평가되는 국면을 말한다.

ANSWER 52.② 53.④

52 ② 회사가 청산되는 경우 스톡옵션의 효력도 상실된다.

53 에코 버블(echo bubble) … 메아리처럼 반복된 거품이라는 의미로, 경기침체와 금융위기가 진행되는 가운데 단기간의 금리 급락과 유동성의 증가로 주식시장이 반등한 후, 다시 증시가 폭락하는 경우를 말한다. 즉, 에코 버블은 유동성의 힘에 의해 주가가 상승하지만 경기지표가 이를 받쳐주지 못하면 전저점을 뚫고 다시 폭락하게 되는 것을 의미한다.

54 다음의 기사를 읽고 선물시장에서 일어날 수 있는 상황을 추론할 때 적절하지 않은 것은?

> 10일 KOSPI 200선물시장이 폭락했다. 외국인이 폭발적인 규모의 순매수를 기록했지만, 미국의 조기 금리인상과 국제유가 상승 등 대내외의 악재에 밀려 낙폭이 커졌다. 지수는 103선 아래로까지 떨어졌다. 이날 KOSPI 200선물 최근 월물인 6월물지수는 전일 대비 6.65포인트 하락한 102.40으로 장을 마감했다. 지수는 소폭 하락 출발해 오후 들어 낙폭을 급격히 키웠고, 지수가 5% 이상 급락함에 따라 오후 2시 14분 사이드 카(Side Car)가 발동되기도 했다.

① 이날 발생한 사이드 카는 이 건이 유일한 것으로 단 한번뿐이었을 것이다.
② 만약 종합주가지수가 전일대비 10% 이상 하락하였다면 사이드 카 발동으로 선물시장은 20분간 중단될 것이다.
③ 주식시장의 프로그램매매 매도호가의 효력을 정지한 관계로 5분간 지연하여 매매가 체결되었을 것이다.
④ KOSPI 200선물시장에서 전일 거래량이 가장 많은 종목의 가격이 전일 종가대비 5% 이상 변동하여 1분 이상 지속되었다.
⑤ 사이드 카가 발생한 것으로 보아 발생시기는 개장 후 5분 경과 전이나 장 마감 40분 전에 발생한 것은 아니다.

55 선물저평가(백워데이션 ; back-wardation)에 대한 설명으로 옳지 않은 것은?

① 선물가격이 현물보다 낮아지는 현상을 말한다.
② 역조시장(逆調市長)이라고도 한다.
③ 일반적으로 선물가격이 현물보다 높은 까닭은 기회비용 때문이다.
④ 반대 현상을 콘탱고(contango)라고 한다.
⑤ 선물저평가 상태의 시장을 비정상시장(Inverted Market)이라 한다.

ANSWER 54.② 55.③

54 사이드 카에 대한 기본사항을 묻는 문제이다.
② 서킷 브레이커(Circuit Breakers)에 대한 설명이다.

55 ③ 일반적으로 선물(先物)가격이 현물(現物)가격보다 높은 이유는 미래 시점에 받을 상품을 사는 것이므로 그에 대한 이자와 창고료, 보험료 같은 보유비용이 다 포함되어 있기 때문이다.

56 다음 중 기업경기전망지수(BSI)에 대한 설명으로 옳지 않은 것은?

① 기업경기의 구체적이고 객관적인 자료를 확보할 수 있다.
② 다른 경기지표와는 달리 기업가의 주관적이고 심리적인 요소까지 조사가 가능하다.
③ 한국은행, 전국경제인연합회, 상공회의소 등에서 조사 · 발표하고 있다.
④ 기업가의 판단과 계획이 단기적인 경기변동에 중요한 영향을 미친다는 점에서 중요하다.
⑤ 지수가 100 이상이면 경기나 업황이 좋아질 것으로 보는 기업이 많다는 뜻이다.

57 주식매입과 주가지수 선물매입에 관한 설명으로 옳지 않은 것은?

① 주가지수 선물매입은 만기가 있다.
② 이익을 얻으려면 주식거래 시에는 우선 주식을 매입하고 나중에 그 주식을 비싸게 판다.
③ 주가지수 선물매입에서 이익을 얻기 위해서는 우선 매도한 후 나중에 매도가격보다 비싸게 매입해도 이익을 얻을 수 있다.
④ 개별기업에 관한 정보(발행기업의 자금사정, 경영자의 활동, 발행기업의 수지상황)가 주가 가격을 결정한다고 볼 수 있다.
⑤ 주가지수 선물가격은 거시경제여건(산업생산, 국제수지, 시중자금사정 등)의 영향을 받는다.

58 사과가격이 현재 시장에서 2,000원에서 2,100원으로 올랐다. 이 경우 기초자산 가격과 옵션 가격과의 관계에 대해 바르게 설명한 것은?

① 콜 옵션 매입자와 풋 옵션 매도자는 이익을 얻게 된다.
② 콜 옵션 매수자와 풋 옵션 매도자는 이익을 얻게 된다.
③ 콜 옵션 매입자와 풋 옵션 매수자는 이익을 얻게 된다.
④ 콜 옵션 매입자와 풋 옵션 매수자는 손해를 본다.
⑤ 콜 옵션 매수자와 풋 옵션 매도자는 손해를 본다.

ANSWER 56.① 57.③ 58.①

56 ① 조사자의 주관적인 판단이 개입될 여지가 많은 것이 BSI의 단점이다.

57 ③ 주가지수 선물매입에서 이익을 얻기 위해서는 우선 매도를 한 후 나중에 매도가격보다 싸게 매입해도 이익을 얻을 수 있다.

58 ① 현재 가격이 오르면 행사가격이 한 달 뒤에 2,000원 아래로 떨어질 가능성이 낮아지므로 콜 옵션 매입자와 풋 옵션 매도자는 이익을 얻게 된다.

59 기업의 경영성과의 측정기준으로 효율성, 효과성, 형평성이 활용된다. 다음 중 이러한 측정기준에 대한 설명이 옳지 않은 것은?

① 효율성은 일정한 비용으로 가능한 한 많은 산출물을 획득하거나, 일정한 산출량을 얻기 위해 소요되는 비용을 가능한 한 줄이는 것을 말한다.
② 형평성은 개별기업들이 해결하기 매우 어려우므로 정부의 정책에 따른 해결이 더 바람직하다.
③ 성과분배에 있어서 형평성과 효율성은 상충관계(trade－off)가 아니라 상호보완 관계이다.
④ 효과성은 목표 지향적인 성과측정치로서, 유통기업이 표적시장이 요구하는 서비스성과를 얼마나 제공하였는가를 나타낸다.
⑤ 경제학에서 형평성이란 어느 한쪽에 치우침 없는 균형을 이룰 때 달성될 수 있다.

60 다음 중 영업양도에 대한 설명이 옳지 않은 것은?

> 영업을 양도한 경우에 다른 약정이 없으면 양도인은 ㉠20년간 동일한 특별시·광역시·시·군과 인접 특별시·광역시·군에서 ㉡동종영업을 하지 못한다. 단, 양도인이 동종영업을 하지 않을 것을 약정한 때에는 동일한 특별시·광역시·시·군과 인접 특별시·광역시·시·군에 한하여 ㉢20년을 초과하지 않은 범위 내에서 그 효력이 있다. 또한 영업양수인이 상호를 속용하는 양수인의 책임 또는 채무인수를 광고한 양수인의 책임으로 변제의 책임이 있는 경우 양도인의 제3자에 대한 채무는 ㉣영업양도 또는 광고 후 ㉤2년이 경과하면 소멸한다.

① ㉠
② ㉡
③ ㉢
④ ㉣
⑤ ㉤

ANSWER 59.③ 60.①

59 ③ 효율성과 형평성은 상충관계이다.

※ 효율성과 형평성

㉠ **효율성**:'무엇을 얼마나 어떤 방법으로 생산할 것인가'의 문제로 최소의 비용으로 최대의 만족을 구한다는 경제행위의 원칙으로 생산 또는 소비가 최선으로 이루어졌는가를 평가하는 기준을 말한다.

㉡ **형평성**:'누구에게 분배할 것인가'의 문제로 분배의 평가 기준으로 바람직한 분배 상태를 말하며 주관적인 가치판단의 개입과 시대와 사회에 따라 그 의미가 변화한다.

60 ① 영업을 양도한 경우 별다른 약정이 없다면 양도인은 10년간 동종영업을 동일한 특별시·광역시·시·군과 인접 특별시·광역시·군에서 할 수 없다.

61 다음 중 합병에 대한 설명으로 옳지 않은 것은?

① 합병 당사회사 중 1개 회사만 존속하고 다른 나머지 회사가 모두 소멸하는 경우를 흡수합병이라 한다.
② 합병 후 별도의 약정이 없다면 소멸회사의 근로조건 등은 그 효력이 소멸한다.
③ 간이합병시에는 소멸회사 주주총회의 승인결의를 요하지 않는다.
④ 기업유지를 위한 제도라는 측면에서 볼 때 영업양도와 동일하다.
⑤ 합병의 가장 큰 특징은 존속 또는 신설회사가 소멸회사의 권리와 의무를 포괄적으로 승계한다는 것이다.

62 다음 중 재무관리의 기능에 대한 설명으로 옳지 않은 것은?

① 재무관리의 기능은 투자의사결정과 자본조달의사결정으로 요약할 수 있다.
② 투자의사결정은 기업이 자금을 어떻게 운용할 것인가를 결정하는 것을 의미한다.
③ 자본조달의사결정은 기업 활동에 필요한 자금을 어떻게 조달할 것인가를 결정하는 것이다.
④ 투자의사결정은 대차대조표상에서의 대변항목들, 즉 부채와 자본에 대한 의사결정을 말한다.
⑤ 배당결정은 창출된 기업의 순이익 중 얼마를 주주에게 배당하고 얼마를 기업 내에 유보할 것인가에 대한 의사결정을 말한다.

ANSWER 61.② 62.④

61 ② 합병은 포괄적으로 소멸회사의 권리 및 의무를 승계하므로 별도의 약정이 없더라도 소멸회사의 근로조건 등이 합병 후에도 효력을 발생한다.

62 ④ 투자의사결정은 기업 가치를 극대화하기 위해 어떤 자산에 얼마나 투자할 것인가를 결정하는 의사결정이다.

63 다음 설명 중 옳지 않은 것은?

① 경제적 부가가치(EVA)를 통해 재무상태 뿐만 아니라 고객만족도나 내부평가 및 성장성에 대해서도 알 수 있다.
② 적정주가는 자산 가치와 경제적 부가가치를 접목하여 산출한다.
③ EV/EBITDA는 주가수익비율이나 주가순자산비율을 계산할 때 저금리나 환율변동에 따른 이익이 순이익에 포함되어 실질적으로 순자산이 많더라도 이익창출이 되지 않는 단점의 보완을 위한 지표이다.
④ EV/EBITDA가 낮을수록 주가가 저평가된 것이라고 할 수 있다.
⑤ 주가현금흐름비율(PCR)은 자금조달 능력을 측정하는 자료로 이용되기도 한다.

64 다음 중 채권과 주식의 비교로 옳지 않은 것은?

	구분	채권	주식
①	자금조달방법	타인자본	자기자본
②	소유로부터의 권리	원리금상환청구권	이익배당청구권
③	소유에 대한 반대급부	회사의 경영성과에 따라 배당금 지급	회사의 경영성과와 상관없이 확정이자 지급
④	증권소유자의 위치	채권자	주주
⑤	존속기한	영구증권을 제외하고는 모두 기한부증권	모두 영구증권

ANSWER 63.① 64.③

63 ① 경제적 부가가치(EVA)는 단순한 재무상태는 알 수 있으나, 고객만족도나 내부평가 및 성장성에 대해서는 알 수 없다는 단점이 있다.

64 ③ 채권의 경우 회사의 경영성과와 상관없이 확정이자를 지급하나 주식의 경우에는 회사의 경영성과에 따라 배당금을 지급받게 된다.

65 전환가격에 대한 주가의 비율을 패리티(Parity)라 한다. 다음 중 패리티를 구하는 공식으로 옳은 것은?

① $\frac{\text{전환가격}}{\text{주가}} \times 100$

② (전환가격 × 주가) × 100

③ $\frac{\text{전환가격}}{\text{주가}} \times 1,000$

④ $\frac{\text{주가}}{\text{전환가격}} \times 100$

⑤ $\frac{\text{주가}}{\text{전환가격}}$

66 다음 중 공식의 연결이 옳지 않은 것은?

① 표면이율 $= \frac{\text{연간 표면이자수입}}{\text{액면가액}} \times 100$

② 경상수익률 $= \frac{\text{연간 표면이자수입}}{\text{투자원금}} \times 100$

③ 만기수익률 $= \frac{\text{연평균 투자수입}}{\text{평균투자액}}$

④ 실효수익률 $= \left(\sqrt[\text{잔존기간}]{\frac{\text{현금흐름의 미래가치}}{\text{채권의 현재 시장가격}}} \right) \times 100$

⑤ 경상수익률 $= \frac{\text{연간 표면이자수입}}{\text{액면금액}} \times \frac{\text{투자원금}}{\text{액면금액}} \times 100$

ANSWER 65.④ 66.⑤

65 패리티 $= \frac{\text{주가}}{\text{전환가격}} \times 100$

66 경상수익률 $= \frac{\text{연간 표면이자수입}}{\text{액면금액}} \times \frac{\text{액면금액}}{\text{투자원금}} \times 100$

67 다음 중 손익계산서를 통해 얻을 수 있는 정보에 해당하지 않는 것은?

① 매출의 성장
② 비용의 효율적 관리
③ 매출증가를 통한 이익창출능력
④ 과거 영업활동으로 유보된 자금
⑤ 재무활동의 성과

68 무상증자에 관한 설명 중 옳은 것은?

① 무상증자는 자금조달 및 자본구성의 시정을 목적으로 한다.
② 회사의 총자산에 변화를 가지고 온다.
③ 회사의 실질적인 자본금 증가는 없다고 할 수 있다.
④ 준비금을 자본에 전입하여 각 주주에게 그들이 가진 주식 수에 반비례하여 무상으로 신주를 배정한다.
⑤ 법정준비금이나 임의준비금은 이사회 결의를 거치지 않고서도 그 전부 또는 일부를 자본에 전입할 수 있다.

69 주식시장 활성화를 위한 법안 중 주가 상승을 예상할 수 없는 것은?

① 부동산 취득 전면 금지
② 채권 발행 전면 금지
③ 주식의 현물 증여에 대한 상속세 폐지
④ 주식 공매도 확대
⑤ 국민연금 적립액 50% 일괄 주식 투자화

ANSWER 67.④ 68.③ 69.④

67 손익계산서
㉠ 일정기간의 기업의 재무상태를 타나내는 재무제표이다.
㉡ 비용, 이익, 수익에 관한 정보를 포함한다.
㉢ 수익 = 비용 + 이익

68 ① 무상증자는 자금조달을 목적으로 하지는 않는다.
② 회사의 총자산에는 아무런 변화가 없다.
④ 준비금을 자본에 전입하여 각 주주에게 그들이 가진 주식 수에 비례하여 무상으로 신주를 배정한다.
⑤ 법정준비금이나 임의준비금은 이사회 결의를 거쳐 그 전부 또는 일부를 자본에 전입할 수 있다.

69 미래 주식시장이 약세를 보일 경우 공매도를 통하여 시세차익을 얻을 수는 있으나 이를 통하여 주가 상승이 일어나지는 않는다.

70 **재고순환과 주가의 관계에 대해 잘못 설명한 것은?**

① 경기침체 시 출하는 급격히 감소하고 재고 역시 감소하며 주식시장은 침체에 빠진다.

② 경기가 정점 이후 후퇴국면에 들어서면 재고는 증가하는데 반해 출하는 감소하고 주가는 하락한다.

③ 경기가 활황국면에 들어서면 재고는 증가하고 출하 역시 급격하게 증가하며 주식시장도 활황국면으로 진입하게 된다.

④ 경기가 저점을 지나 회복국면에 들어서면 재고는 증가하고 출하는 증가하며 바닥을 친 주가는 서서히 회복된다.

⑤ 경기는 출하동향 및 재고를 파악함으로써 판단할 수 있다.

71 **다음 중 재무회계에 대한 설명으로 적합하지 않는 것은?**

① 기업의 내부 이해관계인인 경영자에게 관리적 의사결정에 유용한 정보를 제공하는 것을 목적으로 하는 회계이다.

② 기업의 외부 이해관계인인 주주나 채권자 등 불특정 다수인에게 경제적 의사결정에 유용한 정보를 제공하는 것을 목적으로 하는 회계이다.

③ 정기적 보고 및 일정기준에 따른 보고형식이 있으며 일정한 규정에 따라 보고를 하고 기본적으로 복식부기 시스템이다.

④ 대표적인 수단으로 대차대조표, 손익계산서, 현금흐름표, 이익잉여금처분계산서가 있다.

⑤ 일반적으로 인정된 회계원칙을 준수하며 과거지향적 시간관점을 지닌다.

ANSWER 70.④ 71.①

70 ④ 경기가 저점을 지나 회복국면에 들어서면 재고는 감소하고 출하는 증가하며 바닥을 친 주가는 서서히 회복된다.

71 재무회계의 주요목적은 불특정 다수의 정보이용자에게 제공할 일반목적의 재무제표의 작성이다.

72 다음 중 IFRS의 일반적 특징으로 옳지 않은 것은?

① IFRS는 규정중심 접근방식으로 기존 기업회계기준인 K-GAAP의 원칙중심과 차이가 있다.
② 자산과 부채를 공정가치로 평가한다.
③ 투자자에게 해당기업에 대한 정보를 충실하게 제공하는데 목적을 두고 있다.
④ 재무제표 항목의 순서나 형식에 자율성을 부여하고 있다.
⑤ 거래의 실질에 따라 회계처리가 이뤄진다.

73 다음 중 임원들의 자동차를 회사에서 할부로 구매하였을 때 할부금이 기록되어야 할 계정과목은?

① 외상매입금
② 단기차입금
③ 지급어음
④ 미지급금
⑤ 단기대여금

74 다음 설명 중 옳지 않은 것은?

① 설문조사에 의한 경기분석으로 기업경기실사지수(BSI)와 소비자태도지수(CSI) 등이 있다.
② 기업경기실사지수는 경기에 대한 기업가들의 판단, 예측 및 계획 등을 조사하여 지수화한 것이다.
③ 기업경기실사지수의 조사방법으로 기업활동의 수준 및 변화방향만을 조사하는 계수조사와 매출액 등 영업결과의 실제금액을 조사하는 판단조사의 두 가지 형태가 있다.
④ 기업경기실사지수가 100 이상인 경우는 경기를 긍정적으로 보는 업체수가 부정적으로 보는 업체 수에 비해 많다는 것을 의미한다.
⑤ 기업경기실사지수 및 소비자태도지수는 경제주체의 심리적 변화를 측정하는 것이다.

ANSWER 72.① 73.④ 74.③

72 ① IFRS는 원칙중심 접근방식으로 기존 기업회계기준인 K-GAAP의 규정중심과 여러 측면에서 차이가 있다.

73 **미지급금** … 외상매입금이나 지급어음 등의 매입채무와는 달리 일반적인 상거래 이외에서 발생한 확정된 채무 중 단기성 채무를 말한다. 주로 고정자산 항목의 취득에 따른 미지급채무를 기록하는 계정이다.

74 기업경기실사지수의 조사방법으로 판단조사는 기업활동의 수준 및 변화방향만을 조사하는 것이며 매출액 등 영업결과의 실제금액을 조사하는 방법은 계수조사방법이다.

75 다음 중 기업인수 · 합병(M&A)에 따른 이점이 아닌 것은?

① 독자적인 시장개척이 신속하게 이루어진다.
② 기업을 그대로 인수할 경우 인수되는 기업이 보유한 유리함을 그대로 향유할 수 있다.
③ 경영실적을 어느 정도 예측할 수 있으므로 미래의 불확실성 정도를 줄일 수 있다.
④ 기존 기업이 갖고 있는 모든 설비나 종업원을 그대로 물려받게 될 경우 창업에 따르는 시간과 경비를 그만큼 절감할 수 있다.
⑤ 조기에 시장에 진입하는 것도 가능하다.

76 VaR에 의한 위험관리를 하고자 한다. 다음 중, VaR의 유용성에 관한 설명으로 옳지 않은 것은?

① 위험이 금액단위로 표시되어 재무위험을 적절히 통제하는데 효과적이다.
② 표준편차와 달리 손실만을 위험으로 간주한다.
③ 기업의 재무위험을 외부 이해관계자에게 알리는데 유용하다.
④ 다양한 금융시장에서의 위험을 상호 비교할 수 있도록 다양한 기준치를 제공한다.
⑤ 수익률이 정규분포를 따르는 경우 표준편차와 동일한 정보를 제공한다.

ANSWER 75.① 76.④

75 M&A의 장 · 단점

㉠ 장점
- 시장에의 조기진입 가능
- 기존업계 진입 시 마찰회피와 시장에서의 시장지배력 확보
- 적절한 M&A 비용으로 인하여 투자비용을 절약
- 신규 시장진입으로 인한 위험을 최소화하여 이를 회피하는 기능

㉡ 단점
- M&A로 취득자산의 가치가 저하 가능
- M&A시 필요 인재의 유출, 종업원 상호간의 인간관계 악화 및 조직의 능률 저하 가능
- M&A 성공 후 안이한 대처로 인해 기업이 약화될 수 있다.
- M&A 소요자금의 외부차입으로 인한 기업의 재무구조 악화되는 경우가 많다.

76 ④ 다양한 금융시장에서의 위험을 상호 비교할 수 있도록 공통적인 기준치를 제공한다.

77 다음 중 '72의 법칙'을 실생활에서 가장 잘 활용한 사례는?

① 영숙은 평생 얼마를 벌어야 할지 72의 법칙을 통해 간단히 계산했다.
② 지은은 현재 금리로 10억 원이 언제 20억 원이 되는지를 72의 법칙을 통해 계산했다.
③ 원갑은 외제 승용차와 국산승용차의 연비차이를 72의 법칙을 통해 계산하곤 한다.
④ 다정은 원자재의 1년 동안의 가격 상승률을 72의 법칙을 통해 예상하곤 한다.
⑤ 가인은 사촌언니 집과 자신의 집의 자산가치 차이를 72의 법칙을 통해 비교하려 한다.

78 다음 중 M&A를 시도하는 회사의 관점에서 추진 절차에 대해 가장 적절하게 설명한 것은?

① M&A의 전략적 목표와 타당성을 사전에 명확하게 인식한 후 실무적 절차를 추진해야 한다.
② 동일한 기업을 타깃으로 인수를 시도하는 경쟁자가 많다면 이는 가격협상에서 유리함으로 작용한다.
③ 비상장기업의 인수에서는 수익가치보다 자산가치 위주의 기업가치평가가 더 적절하다.
④ 적대적인 방법을 취하는 것이 우호적인 방법보다 추진효과를 높일 수 있다.
⑤ 문화통합단계 시 인수하려는 기업의 문화를 자신의 회사문화에 동화시켜야 한다.

ANSWER 77.② 78.①

77 ② 72를 성장률로 나누어서 계산하며 이를 통해 원금이 몇 년 만에 2배가 되는지를 계산한다.

78 ② 경쟁사들이 많을수록 인수가격이 올라가며 인수자가 '승자의 저주'에 빠질 가능성이 높다.
③ 기업가치 평가 시 다양한 방법을 골고루 활용하여 계산한 후 비교 판단하는 것이 가장 적절하다.
④ 적대적 M&A는 피인수기업의 임직원뿐만 아니라 협력업체, 지역사회 등의 반감을 살 수 있기 때문에 반드시 우호적인 방법보다 추진효과를 높일 수 있다고 판단할 수 없으며 차선책으로 동원하는 것이 유리하다고 볼 수 있다.
⑤ 인수 후 문화적 통합은 인수기업과 피인수기업의 전략과 조직적 특성의 차이를 감안하여 한 쪽으로 동화시키거나, 독자적인 문화체제를 유지하거나, 제3의 문화를 창출하는 대안을 선택하는 것이 적절하며 반드시 피인수기업의 문화를 인수기업의 문화에 동화시키는 것이 적절하다고 볼 수 없다.

79 물가가 지속적으로 상승하고 재고자산의 수량도 꾸준히 증가하는 경우, 당기의 손익계산서에 반영되는 매출원가의 상대적 크기의 비교가 바른 것은?

① 선입선출법 < 이동평균법 < 총평균법 < 후입선출법
② 선입선출법 < 이동평균법 = 총평균법 > 후입선출법
③ 선입선출법 < 총평균법 < 이동평균법 < 후입선출법
④ 후입선출법 < 이동평균법 < 총평균법 < 선입선출법
⑤ 후입선출법 < 총평균법 < 이동평균법 < 선입선출법

80 다음은 11월의 거래를 기록한 현금계정이다. 날짜별로 거래를 추정한 내용이 옳지 않은 것은?

현금					
11월 2일	자본금	₩5,000,000	11월 7일	매입	₩2,000,000
11월 14일	외상매출금	₩500,000	11월 20일	광고선전비	₩300,000
11월 21일	단기대여금	₩22,000	11월 25일	단기차입금	₩1,300,000

① 11월 2일 현금 ₩5,000,000을 출자하여 영업을 시작하였다.
② 11월 7일 상품 ₩2,000,000을 현금으로 매입하였다.
③ 11월 14일 외상매출금 ₩500,000을 현금으로 회수하였다.
④ 11월 21일 현금으로 ₩22,000을 되돌려 받았다.
⑤ 11월 25일 현금 ₩1,300,000을 차입하였다.

ANSWER 79.① 80.⑤

79 재고수량이 증가(기말수량 > 기초수량)하고 물가가 상승하는 경우 선입선출법, 이동평균법, 총평균법, 후입선출법의 순으로 당기순이익이 크게 표시된다. 즉, 당기순이익이 크다는 말은 매출원가가 작다는 것이고 기말재고가 크다는 것이다.

80 ⑤ 단기차입금을 현금 ₩1,300,000으로 상환한 거래를 말한다.

81 서원각은 도서를 발행하는 업체이다. 최근 종이질이 훌륭하며 최신 개정 법률이 반영된 도서를 발행하기 시작하였다. 도서의 발행에 관련된 정보가 다음과 같을 때 손익분기점(Break-even Point)에 도달하기 위한 판매량은?

- 도서판매가격 : 8,000원
- 제품 단위당 변동비 : 4,000원
- 고정영업비 : 16,0000원

① 60
② 50
③ 40
④ 30
⑤ 20

82 출판 및 인쇄·제본 등을 영위하는 ○○기업의 2009년 영업이익이 작년과 비교하여 크게 감소하였다. 이때 영업이익의 감소원인이 될 수 있는 ○○기업의 내부사건으로 적절하지 않은 것은?

① 인쇄업을 영위하는 자회사가 화재로 인해 대규모 적자가 발생했다.
② 편집부 직원들에게 한 달간의 특별휴가를 주었다.
③ 전국 각지에 체인점을 지닌 주요 거래처 ◇◇서점이 영업부진으로 점포를 모두 폐쇄하였다.
④ ○○기업이 사용하는 종이의 값이 20% 인상되었다.
⑤ 매출이 부진하던 직영 제본회사를 폐쇄하고 직원 50명을 명예퇴직 시켰다.

ANSWER 81.③ 82.①

81 손익분기점 = 고정비용 / (판매가격 − 단위당 변동비)
= 16,000 / (8,000 − 4,000)
= 40

82 ① 자회사의 손실은 지분법 손실을 의미하므로 영업외비용으로 산입된다. 따라서 ○○기업의 영업이익 감소의 원인으로 볼 수 없다.

83 김 대리는 최근 주식시장의 강세에 따라 주식형 펀드 가입을 고려하고 있다. 다음의 조건을 바탕으로 할 때 가장 유리한 선택을 하는 펀드는?

<조건>

- 김 대리는 펀드선택시 과거 6개월간 수익률의 변동성이 반영된 샤프지수를 가장 중요하게 생각한다.
- 종합주가지수 상승률 : 35%
- 무위험자산수익률 : 5%

펀드	펀드수익률	수익률 표준편차	베타
A	7%	10%	0.5
B	15%	10%	0.8
C	20%	32%	1.0
D	30%	28%	1.2
E	40%	44%	1.5

① A
② B
③ C
④ D
⑤ E

ANSWER 83.②

83 ② 각 펀드의 샤프지수를 계산하면 B펀드가 1로 가장 높다.

※ **샤프지수**(Sharpe ratio) … 펀드의 성과분석에서는 수익률뿐만 아니라 위험도 함께 살펴보아야 한다. 이때 위험 조정 성과로 가장 많이 활용되는 것이 샤프지수로서 수익률을 위험(표준편차)로 나누어 계산한다. 따라서 이 수치는 수익률의 변동성 대비 수익률의 높은 정도 즉, 샤프지수는 위험의 한 단위당 수익률을 나타내므로 이 수치가 높을수록 투자성과는 성공적이라고 할 수 있다. 샤프지수의 측정은 다음과 같다.

$$\frac{\overline{R_p} - \overline{R_f}}{\sigma_p}$$

- $\overline{R_p}$: 포트폴리오의 평균 수익률
- $\overline{R_f}$: 무위험 수익률의 평균
- σ_p : 펀드 수익률의 표준 편차

84 **다음 중 내부감사에 대한 설명으로 가장 옳지 않은 것은?**

① 내부감사 제일의 목적은 경영관리의 적극적 수행을 도모하는 것이다.
② 일반적으로 감사범위는 매우 광범위하지만 경영활동에 대한 감사는 시행하지 않으며 회계감사가 주를 이룬다.
③ 내부관계자, 또는 내부직원 등이 주로 내부감사의 주체가 된다.
④ 외부감사가 공인회계사에 의해 행해지고 주로 투자자를 보호하기 위한 감사라면 내부감사는 주로 경영 내부적, 경영 관리적인 봉사를 주로 하는 감사라고 할 수 있다.
⑤ 내부감사에 의하여 위법행위가 회사에 큰 손해를 입힐 염려가 있다고 판단되면 행위의 중지를 요구할 수 있고 이를 무시한다면 재판소에 제소하여 중지할 수도 있다.

85 **상장지수 집합투자기구의 투자과정에 대한 설명이 옳지 않은 것은?**

① 주식과 인덱스의 장점을 모두 지닌다.
② 동시에 발생시장과 유통시장이 모두 존재한다.
③ 발행시장에서는 이미 발행된 ETF 증권이 증권시장을 통해 매매된다.
④ 지정참가회사(AP)를 통하여 ETF의 설정과 해지가 발생하게 된다.
⑤ ETF가 연동하는 자산에 대한 규제는 폐지되었다.

86 **다음 중 저축목적과 그에 적합한 금융상품의 연결이 옳지 않은 것은?**

① 자녀교육비마련 – 교육보험
② 주택자금마련 – 장기주택마련저축
③ 노후자금마련 – 종신보험
④ 대출을 위한 저축 – 신용부금
⑤ 생활의 안정성 – 교통상해보험

ANSWER 84.② 85.③ 86.③

84 ② 내부감사는 기업의 내부에 있는 사람에 의하여 행해지며 이는 반드시 회계감사에만 국한되지 않고 판매 · 재조 · 보관 · 노무 등의 기타 여러 업무를 포괄하는 업무감사와 조직내부의 각 단위 효율성 측정, 회계기록을 발생시킨 경영활동 그 자체에 대한 감사도 함께 이루어진다.

85 ③ 발행시장에서는 지정참가회사(AP)를 통하여 ETF의 설정과 해지가 발생하고 유통시장에서는 일반투자자들과 지정참가회사가 ETF 수익증권의 매매를 하게 된다.

86 ③ 종신보험은 생활의 안정성을 확보하기 위한 목적에 적합하다.

87 다음 내용을 고려하여 손익계산서상 영업이익을 구하면?

> • 수입 : 매출액 300, 유형자산처분이익 100
> • 비용 : 매출원가 100, 이자비용 20, 감가상각비 30, 급여 30, 법인세비용 10

① 110
② 120
③ 130
④ 140
⑤ 200

88 다음 금융상품 선택요령이 가장 적절하지 않은 것은?

① 일반적으로 금융상품을 선택할 때에는 안전성, 수익성, 유동성을 고려하여 선택하는 것이 적절하다.
② 금융상품의 안전성은 저축자금의 원금 또는 이자의 보호 정도를 의미하며 주요 경영지표 등을 이용하여 우량금융기관을 선택하는 것이 현명하다.
③ 유동성이 높은 상품을 선택하고자 한다면 자금의 필요시점에 언제든 보유금융상품을 현금화 할 수 있는 저축성 예금이나 신탁, 채권 등을 선택하는 것이 적절하다.
④ 취급기관의 운용방식 · 능력에 따라 동일금융상품도 수익률이 상이할 수 있으므로 거래금융기관을 선택할 때 취급기관의 운용방식 · 능력 및 부대서비스, 직원 업무능력 등을 알아보는 것이 좋다.
⑤ 시장실세금리를 반영하는 변동금리는 금리하락 시 수익률도 하락하므로 장기 확정금리상품을 선택하는 것이 유리하다고 볼 수 있다.

ANSWER 87.④ 88.③

87 영업이익 = 매출액 − 매출원가 − 판매비와 관리비 = 300 − 100 − 30 − 30 = 140
급여, 감가상각비는 판매비와 관리비에 해당하며, 이자비용은 영업외비용에 해당한다.

88 ③ 채권이나 신탁 또는 만기가 1년 이상인 상품 등은 중도해지, 환매 등에 따른 불이익으로 유동성이 낮다. 따라서 유동성이 높은 상품을 선택하고자 한다면 수익성은 낮지만 입출금이 자유로운 상품을 선택하는 것이 적절하다고 할 수 있다.

89 **주가수익비율(PER)에 관한 설명으로 옳지 않은 것은?**

① 주가수익비율은 수익성 지표이며 주가를 주당순이익으로 나누어 구한다.
② 기업의 주가수익비율이 과거보다 낮거나 동일한 산업임에도 불구하고 타 기업보다 주가수익비율이 높다면 주가가 상승할 가능성이 높다.
③ 주가수익비율은 주주에게 분배된 배당금 이외에도 주가의 상대적 수준을 측정하는데 순이익을 이용한다.
④ 인플레이션이 높은 상황 속에서 주가수익비율은 낮아지는 경향이 있다.
⑤ 투자자가 어느 회사의 주식에 투자할 것인지에 대해 의사결정을 할 때 가장 널리 활용되는 재무비율이다.

90 **A투자자의 연초 투자금액은 200,000원인데, 연말에 회수한 금액이 210,000원이고 1년 동안 3,000원의 현금배당이 있었다면 총투자수익률은?**

① 0.065%
② 0.65%
③ 6.5%
④ 65%
⑤ 650%

91 **㈜새옷은 개량형 한복을 판매할 계획으로 시장조사를 실시한다. 2014년도에는 이 제품을 6,000벌 판매할 것으로 예상하고 있다. 판매가격은 한 벌당 ₩3,000이고 변동비는 판매가격의 45%로 추정되고 고정비가 ₩8,250,000이라면 손익분기점 판매량은?**

① 4,500벌
② 5,000벌
③ 5,500벌
④ 6,000벌
⑤ 6,500벌

ANSWER 89.② 90.③ 91.②

89 ② 기업의 주가수익비율이 과거보다 낮거나 동일한 산업임에도 불구하고 타 기업보다 주가수익비율이 낮다면 주가가 상승할 가능성이 높다.

90 투자수익률 = {(연말의 부 − 연초의 부) + 연중 현금유입} ÷ 연초의 부
= {(210,000원 − 200,000원) +3,000원} ÷ 200,000
= 0.065(6.5%)

91
$$\text{손익분기점 판매량} = \frac{8,250,000}{3,000 \times (1-0.45)} = 5,000\text{벌}$$

92 **다음 설명 중 옳지 않은 것은?**

① 경제적 부가가치(EVA)를 통해 재무상태 뿐만 아니라 고객만족도나 내부평가 및 성장성에 대해서도 알 수 있다.
② 적정주가는 자산가치와 경제적 부가가치를 접목하여 산출한다.
③ EV/EBITDA는 주가수익비율이나 주가순자산비율을 계산할 때 저금리나 환율변동에 따른 이익이 순이익에 포함되어 실질적으로 순자산이 많더라도 이익창출이 되지 않는 단점의 보완을 위한 지표이다.
④ EV/EBITDA가 낮을수록 주가가 저평가된 것이라고 할 수 있다.
⑤ 주가현금흐름비율(PCR)은 자금조달 능력을 측정하는 자료로 이용되기도 한다.

93 **2013년 9월 1일에 앞으로 1년분의 이자 ₩24,000과 보험료 ₩24,000을 지급하였다. 다른 거래가 전혀 없었다면, 2013년 12월 31일 회계기말의 재무상태표와 손익계산서의 잔액은 각각 얼마인가? (단, 2013년 9월 1일의 기업재산은 현금 ₩48,000이었음)**

재무상태표	손익계산서
① 자산 32,000	−16,000
② 자산 48,000	0
③ 부채 32,000	−16,000
④ 부채 48,000	0
⑤ 부채 48,000	−16,000

ANSWER 92.① 93.①

92 ① 경제적 부가가치(EVA)는 단순한 재무상태는 알 수 있으나, 고객만족도나 내부평가 및 성장성에 대해서는 알 수 없다는 단점이 있다.

93 이자 등 지급일로부터 2013년 12월 31일 까지 4개월 이므로 다음과 같이 회계 처리한다.

<차> 선급이자 ₩16,000 <대> 현금 ₩24,000
이자비용 ₩8,000
<차> 선급보험료 ₩16,000 <대> 현금 ₩24,000
보험료 ₩8,000

따라서 B/S잔액은 선급비용 ₩32,000이고, I/S잔액은 당기순손실 △16,000이다.

94 다음을 읽고 도출할 수 있는 결론 중에서 적절하지 않은 것은?

> "모든 사람이 자신의 돈을 세 부분으로 나누어, 1/3을 토지에, 다른 1/3을 사업에 투자하고, 나머지를 준비금으로 보유하도록 하라"(탈무드) 이것을 현대적인 의미로 재해석하면 토지는 부동산을, 사업은 주식을, 그리고 준비금은 채권이나 예금을 의미할 것이다.

① 자산배분에 대한 원칙을 설명한 글이다.
② 자산을 적절히 배분하여 분산효과를 갖도록 노력해야 한다는 의미이다.
③ 자산배분을 하는 이유는 부동산 투자를 통하여 사업을 성공시키기 위해서이다.
④ 준비금으로 채권이나 예금을 거론한 것은 다른 자산에 비해 상대적으로 안전하기 때문이다.
⑤ 항상 현금만 보유하고 있는 것보다 주식이나 채권과 같은 금융자산에 대한 관심도 높여야 한다.

95 다음 이색옵션의 종류와 설명이 바르게 짝지어지지 못한 것은?

① 버뮤다옵션 – 유럽식 옵션과 미국식 옵션의 양면을 취하고 있는 형태라고 할 수 있다.
② 디지털옵션 – 일종의 정액보상보험과 같이 미리 약속한 일정금액을 지급한다.
③ 후급옵션 – 미리 옵션프리미엄이 지급된다.
④ 승수옵션 – 시장가격과 행사가격의 차이의 제곱 등으로 내가격(In – the – money) 가치가 주어진다.
⑤ 배리어 옵션 – 녹인(Knock – in)과 녹아웃(Knock – out)의 두 가지가 있다.

ANSWER 94.③ 95.③

94 포트폴리오 투자를 하는 것은 손실을 최소화하면서 수익성을 추구하기 위해서이다.

95 ③ 옵션프리미엄이 미리 지급되는 것이 아니라, 내가격(In–the–money)이 될 때 지급된다.

96 **주가순자산비율(PBR)에 관한 설명으로 옳지 않은 것은?**

① 주가를 1주당 순자산으로 나눈 것으로 주가가 1주당 순자산의 몇 배로 매매되고 있는가를 표시하며 주가수익비율과 같이 주가의 상대적 수준을 나타낸다.
② 주가순자산비율은 순이익 측면에서 주가수준을 판단한 지표이다.
③ 회사가 해산 시 주주에게 분배될 금액으로 사외유출이 확정된 금액 등을 차감한 것으로 기업 내에 실제로 남게 되는 자산을 순자산액이라고 한다.
④ 주가순자산비율이 1미만인 회사는 시장평가액이 청산가치 이하로 낮게 평가된 것이라고 할 수 있다.
⑤ 주가순자산비율은 장부가치 측면에서 주가수준을 판단한 지표라고도 할 수 있다.

97 **투자자 A는 주당 10,000원인 주식 10주를 매수하면서 행사가격이 8,000원인 풋옵션 한 개를 3,000원에 매수하였다. 한 달 뒤 주가가 11,000원이 되었을 때, 주식과 풋옵션을 모두 매도했다면 투자자 A의 매매손익은 얼마인가?**

① 6,000원
② 7,000원
③ 8,000원
④ 9,000원
⑤ 10,000원

98 **거래가 부진한 약세장 속에서의 일시적 반등 장세를 지칭하는 용어는?**

① 불마켓랠리
② 베어마켓랠리
③ 크리스마스랠리
④ 산타랠리
⑤ 서머랠리

ANSWER 96.② 97.② 98.②

96 ② 주가순자산비율은 재무상태 측면에서 주가수준을 판단한 지표이다.

97 주식 매매손익 : (11,000 − 10,000) × 10주 = 10,000원
풋옵션 매매손익 : −3,000원(행사가격 보다 주가가 높으므로 풋옵션 매수금액만큼 손실이 발생한다.)
∴ 10,000 − 3,000 = 7,000원

98 ② 베어마켓랠리(Bearmarket Rally)는 곰처럼 느리고 거래가 부진한 약세시장에서의 일시적 반등장세를 의미한다.

99 다음 내용을 고려하여 A주식의 요구수익률을 계산하면?

- 종합주가지수의 기대수익률 : 8%
- 무위험이자율 : 3%
- A주식의 베타 : 1.2

① 5%
② 6%
③ 7%
④ 8%
⑤ 9%

100 다음 중 엔젤투자자에 대한 설명으로 옳지 않은 것은?

① 기술은 있으나 자금조달이 어려운 벤처기업에 투자하는 기업 투자자를 말한다.
② 첨단산업이 주 투자대상이다.
③ 무담보로 투자하는 것이므로 투자자금을 돌려받을 수 없다.
④ 사업성공률이 10% 미만일 정도로 위험성이 높다.
⑤ 지분을 갖고 자본참여를 한다는 점에서 사채업자와 다르다.

ANSWER 99.⑤ 100.①

99 ⑤ A주식의 요구수익률 = 무위험이자율 + (시장기대수익률 − 무위험이자율) × A주식의 베타 = 3 + (8 − 3) × 1.2 = 9%

100 ① 엔젤(Angel)투자자는 개인이 자기 책임 하에 투자하는 것이므로 벤처캐피탈과는 다르다.

부록

01 •• 최신 경제 · 경영용어

≫ 세계화 4.0

세계화 4.0은 세계 산업이 인공지능 등 첨단 기술 도입으로 디지털 경제로 재편되면서 서비스 부문의 글로벌 분업과 협업이 필요한 시대로 변했다는 점을 제시하기 위해 나온 용어다. 4차 산업혁명 기술 조류에 맞게 지속적인 경제 발전을 이룩하면서도 그 이면의 문제들을 해결하기 위해 세계가 공동으로 분비해야 한다는 의미다.

≫ WEF(World Economic Forum)

저명한 기업인 · 경제학자 · 저널리스트 · 정치인 등이 모여 세계 경제에 대해 토론하고 연구하는 국제민간회의이다. 독립적 비영리재단 형태로 운영되며, 본부는 스위스 제네바주의 도시인 콜로니(Cologny)에 위치한다. '세계경제올림픽'으로 불릴 만큼 권위와 영향력이 있는 유엔 비정부자문기구로 성장하면서 세계무역기구(WTO)나 서방선진 7개국(G7) 회담 등에 막강한 영향력을 행사하고 있다.

≫ 인적자원경쟁력지수(Global Talent Competitiveness Index ; GTCI)

인적자원경쟁력지수(GTCI)란 한 나라 인재의 성장, 유치, 보유 등 인적 자원의 경쟁력을 포괄적으로 나타내주는 지수로 R&D, 고등교육 정도, 인재시장 전망, 노동시장 유연성, 여성 사업기회 부문 등 지표를 종합해 평가한다.

≫ 베어마켓 랠리(bear market rally)

경기불황으로 주식시장에서 장기적인 약세장(베어마켓)이 진행되는 도중에 일시적으로 주가가 반등하는 현상을 말한다. 정부가 경기부양을 위해 유동성(자금)을 대거 풀어서 시중에 유동성이 넘치거나, 주가가 지나치게 하락했다고 투자자들이 판단할 때 이 같은 일시적 현상이 발생한다.

» 브렉시트(Brexit)

영국(Britain)과 탈퇴(Exit)의 합성어로 영국의 유럽연합(EU) 탈퇴를 뜻하는 말이다. 이는 그리스의 유로존(유로화 사용 19개국) 탈퇴를 일컫는 그렉시트(Grexit)에서 따온 말이다. 브렉시트는 2016년 6월 23일 진행된 브렉시트 찬반 국민투표에서 투표에 참여한 영국 국민 3,355만 명의 51.9%인 1,742만 명이 브렉시트 찬성에 표를 던지면서 결정된 바 있다. 만약 영국이 EU를 탈퇴하게 될 경우 1993년 EU가 정식으로 출범한 이래 25년 만에 처음으로 탈퇴하는 회원국이 나오게 된다. 만약 영국과 EU가 협상 기간 연장에 합의하지 않은 채 2년 내 합의안을 마련하지 못하면 영국은 2019년 3월 29일 협정 없이 자동으로 EU를 탈퇴(노딜 브렉시트)하게 된다.

» 백스톱(backstop)

영국이 EU탈퇴 후 EU 회원국인 아일랜드와 영국령인 북아일랜드 사이에서 하드보더(국경을 엄격히 차단하고 통관과 통행 절차를 강화하는 조치)를 피할 수 있도록 영국과 EU가 영국을 당분간 EU 관세동맹에 잔류시키기로 타협한 조항이다. 그러나 영국 내 브렉시트 강경파인 보수당은 자칫 영국이 계속해서 EU의 관세동맹에 남을 수 있다면서 “백스톱 조항이 있으면 89억 파운드(약 12조 8000억 원)나 물어주고 EU를 탈퇴하는 것이 의미가 없다.”라고 주장하고 있다.

» 하이퍼루프(hyperloop)

하이퍼루프는 엘론 머스크가 이끌고 있는 백트레인(진공튜브 열차) 유형의 고속 철도를 말한다. 시속 1,280 km(마하 1.06)의 속도를 낸다. 441km인 경부선의 경우, 16분 만에 주파한다.

» 소버린 리스크

한 나라의 정부나 공공기관이 국제금융시장에서 돈을 빌렸거나 지급보증을 한 경우 발생하는 리스크를 뜻한다. 국가주권자(Sovereign)에 채무상환에 관계된 위험(Risk)이 따르기 때문에 이 위험을 소버린 리스크라 부른다. 재정상황이 취약하거나 해외차입 의존도가 높은 나라가 소버린 리스크에 노출된다.

» 모라토리움

모라토리움이란 한 국가가 경제 · 정치적인 이유로 외국에서 빌려온 차관에 대해 일시적으로 상환을 연기하는 것을 말한다. 모라토리엄은 상환할 의사가 있다는 점에서 지급거절과 다르다. 그러나 외채를 유예 받는다고 하더라도 국제적으로 신용이 하락하여 대외거래에 갖가지 장애가 뒤따른다. 또한 환율이 급등하고 신용경색으로 인해 물가가 급등하여 전반적으로 심각한 경제적 혼란을 겪게 된다.

» 뱅크런

은행에 돈을 맡긴 사람들의 예금인출이 대규모로 발생하는 현상을 말한다. 이는 금융시장이 극도로 불안한 상황일 때 은행에 맡긴 돈조차 제대로 받을 수 없을지도 모른다는 공포감에서 발생한다. 뱅크런의 발생으로 은행은 당장 돌려줄 돈이 바닥나게 되는 패닉 현상에 빠지게 된다. 뱅크런에서 유래한 것으로, 펀드 투자자들이 펀드에 투자한 돈을 회수하는 것을 펀드런(fund run)이라고 한다.

» 롤 오버

선물이나 옵션포지션 보유자가 만기가 도래하는 계약을 만기가 남아있는 다른 종목(원월물 등)으로 교체함으로써 사실상 포지션을 이월하는 것을 말한다. 예를 들면, KOSPI200 선물 9월물 100계약을 보유하고 있는 투자자가 9월물 만기일을 맞아 기존 9월물을 전량 매도하는 동시에 원월물인 12월물을 100계약 매수하게 되면, 선물을 계속 보유하게 되는 결과를 갖게 된다.

» IFRS9

2018년 1월부터 한국에서 시행되는 금융상품 국제회계기준으로 은행, 보험, 카드, 캐피털사 등 대부분 금융회사가 적용 대상이다. 은행은 IFRS 일반기준 외에 대출채권과 유가증권 등 금융자산 분류 등에선 IFRS9 기준을 적용받는다. 대손충당금을 산출할 때 기존 발생 손실에서 미래 예상 손실로 기준을 변경한 것이 핵심이다. 만기가 긴 여신에 대한 대손충당금 규모가 크게 늘어난다.

ABCP

유동화 전문회사인 특수목적회사(SPC)가 매출채권, 부동산 등의 자산을 담보로 발행하는 기업어음이다. 그 중 부동산 관련 ABCP는 건물 지을 땅, 건설사 보증 등 부동산 관련 자산을 담보로 발행되는 기업어음을 말한다. ABCP를 발행하기 위해서는 일단 SPC가 금융위원회에 ABCP 발행계획을 등록해야 하고 자산 보유자가 SPC에 자산을 양도하면 신용평가회사가 SPC가 발행하는 유동화증권에 대해 평가등급을 부여하게 된다.

크로스 디폴트(Cross Default)

이미 체결된 계약이나 앞으로 체결할 다른 계약서의 조항을 이행하지 않을 경우 본계약 위반으로 간주하는 것이다. 채권보유자가 해당기업의 채무불이행을 대외적으로 선언해 채권회수의 근거를 마련하는 디폴트선언 이후 다른 금융기관도 똑같이 디폴트선언 의사를 밝힌 뒤 채권을 갚아달라고 요청한 것으로, 한 융자계약에서 디폴트 선언을 당하면 채권자는 다른 융자까지 일방적으로 디폴트 선언을 할 수 있는데 이를 크로스 디폴트라고 한다.

뉴트로(New-tro)

새로움(New)과 복고(Retro)를 합친 신조어로, 복고(Retro)를 새롭게(New) 즐기는 경향을 말한다. 뉴트로의 예로는 마치 시간을 되돌려 놓은 듯한 물건과 소품으로 인테리어를 한 카페나 음식점들이 최근 들어 인기를 누리고 있는 것들을 들 수 있다. 예컨대 1970~80년대 학교 앞 분식점에서 사용됐던 초록색 점박이 플라스틱 접시를 사용하는 식당이나, 오래된 자개장이나 과거의 골동품들을 인테리어로 활용한 카페, 1980~90년대 음료 회사에서 홍보용으로 나눠줬던 옛날 유리컵들이 뉴트로 열풍을 타고 인기를 끌고 있다.

규제 샌드박스

규제 샌드박스(Regulatory Sandbox)란 신산업 · 신기술 분야에서 새로운 제품과 서비스를 내놓을 때 일정 기간 기존 규제를 면제하거나 유예시켜주는 제도이다. 어린이들이 자유롭게 노는 모래 놀이터처럼 규제로부터 자유로운 환경을 제공해 줌으로써 그 안에서 다양한 아이디어를 마음껏 펼칠 수 있도록 하겠다는 취지에서 샌드박스라는 표현이 붙었다.

» 배출권거래제(ETS)

온실가스의 배출 감축을 위한 시장기반 정책수단이다. 본 제도는 일반적으로 배출총량거래(cap and trade) 원칙에 기초해 운영된다. 정부가 경제 주체들을 대상으로 배출허용총량(cap)을 설정하면, 대상 기업체는 정해진 배출허용범위 내에서만 온실가스를 배출할 수 있는 권리, 즉 배출권(permit)을 부여 받게 된다. 배출권은 정부로부터 할당 받거나 구매할 수 있으며, 대상 기업체들 간에 거래(trade)할 수 있다. 이 전 과정을 배출총량거래(cap and trade)라 일컫는다. 국가단위 배출권거래제 출범을 준비 중인 중국을 포함해 현재 17개국에서 배출권거래제를 시행하고 있다. 이는 세계 경제의 40%를 점유하는 국가들이 배출권거래제를 시행하고 있음을 의미한다.

» 스튜어드십 코드(stewardship code)

연기금과 자산운용사 등 기관투자자들이 기업의 의사결정에 개입할 수 있도록 하는 제도를 의미한다.

» 인슈어테크(InsurTech)

핀테크(금융과 정보기술의 결합)의 한 영역인 인슈어테크는 인공지능(AI), 사물인터넷(IoT), 빅데이터 등의 IT기술을 활용한 혁신적인 보험 서비스를 일컫는다. 인슈어테크가 도입되면 기존의 운영방식이나 상품 개발 및 고객 관리 등이 전면적으로 재설계되어 보다 고차원적인 관리 및 서비스가 이뤄진다. 예를 들면 전체 가입자에게 동일하게 적용하던 보험료율을 빅데이터 분석을 통해 다르게 적용하거나 사고 후 보상 개념인 기존 보험과 달리 사고 전 위험관리 차원으로 접근하는 서비스가 가능하다. 또 보험 상담 업무도 로봇이 대행할 수 있고, 빅데이터 관리를 통한 보다 효과적인 영업과 블록체인 등을 이용한 안전한 결제 시스템 등을 구축할 수 있다.

» 클린에너지

태양열이나 수소 에너지, 지열, 조력발전 등과 같이 환경오염물질을 발생시키지 않는 에너지를 말하며, 현재 가장 많이 사용하는 석유와 석탄 같은 에너지는 공해현상의 주범이므로 선진국들은 공해 에너지를 대체할 수 있는 클린 에너지 개발에 진력하고 있다.

» 블룸버그 혁신지수

블룸버그 혁신지수는 연구개발(R&D) 지출 집중도, 제조업 부가가치, 생산성, 첨단기술 집중도, 교육 효율성, 연구 집중도, 특허 활동 등 7개 분야에서 통계수치를 지수화해 국가별로 0~100점을 부여하는 방식으로 산출된다. '블룸버그 통신'은 이를 바탕으로 해마다 50개국에 대한 혁신지수를 발표하고 있으며, 한국은 2018년 6년 연속 1위를 차지했다.

» 미국 연방정부 셧다운

미국 연방정부 일시폐쇄제도. 새해 예산안 통과 시한까지 정당 간의 예산안 합의가 이뤄지지 못하는 경우 정부기관이 잠정폐쇄되는 상태를 말한다. 이 기간 정부는 일부 필수적인 기능만 유지된 채 업무를 잠정 중단하게 된다.

미국은 1976년 이후부터 트럼프 행정부인 현재까지 21번의 셧다운을 겪었다. 트럼프 대통령은 자신의 오랜 공약이던 국경지대 장벽 설치를 위해 정부 예산 57억 달러를 투입해야 한다고 주장했으나, 양당이 이 부분에 대한 합의를 이뤄내지 못하면서 2019 회계연도 예산안이 통과되지 못해 12월 22일부터 셧다운에 들어갔다. 특히 한 해 3번 셧다운은 1977년(지미 카터 행정부) 이후 41년 만으로, 이는 2019년 1월 13일로 23일 차로 접어들며 셧다운 기간 역대 최장 기록을 갈아치웠다. 그러다 2019년 1월 25일, 해당 셧다운은 트럼프 대통령과 의회 지도부가 2월 15일까지 3주간 연방정부를 정상 가동하면서 멕시코 국경장벽 예산에 대한 논의를 이어가는 '정부 시한부 정상화'에 합의하면서, 35일 만에 조건부 해제됐다.

» 소비자중심경영(Consumer Centered Management ; CCM)

기업 등이 수행하는 모든 활동을 소비자 관점에서, 소비자 중심으로 구성하고 관련 경영활동을 지속적으로 수행하고 있는지를 한국소비자원이 평가하고 공정거래위원회가 인증하는 법정 인증제도로 현재 170개(대기업 124개, 중소기업 46개) 기업 및 기관이 인증을 받았다. 평가기준은 리더십, CCM 체계, CCM 운영, 성과관리 등 크게 4개 분야이며, 이 기준에 따라 일정 점수 이상을 획득한 기업 등은 인증심의위원회를 거쳐 최종 CCM 인증을 받게 된다. CCM 인증은 한 번 취득하면 2년 동안 유효하다. 인증을 받은 기업은 중소기업 정책자금 융자한도 상향(45억→70억 원), 법 위반 제재 수준 경감, 우수기업 포상 등의 인센티브를 받는다.

» 데카콘기업

기업가치 100억 달러(10조 원 이상) 이상의 기업을 뜻한다. 유니콘의 유니(uni)가 1을 의미하는 데서 착안해 미국 블룸버그가 10을 뜻하는 접두사 데카(deca)를 유니콘의 콘(corn)에 붙여 '데카콘(decacorn)'이라는 용어를 만들었다. 여기에는 우버와 에어비앤비 등 전 세계적 플랫폼 기업과 중국의 샤오미, 디디추싱 등이 포함된다.

» 유니콘 기업

비현실적으로 기업가치를 얻어낸 기업들을 '유니콘 기업'이라 말한다. 기업가치가 10억 달러, 우리 돈 1조 원 이상인 비상장 스타트업을 가리키는 의미다. 상장조차 하지 않은 기업이 1조 원의 가치를 갖기가 현실적으로 힘들기 때문이다. 국내 유니콘 기업은 쿠팡, 옐로모바일, L&P코스메틱 등 3곳이다.

» 빅블러

인공지능(AI) · 빅데이터 · 사물인터넷(IoT) 등 첨단 정보통신기술(ICT)의 발달로 산업의 경계가 모호해지는 현상을 일컫는다.

» 휘소가치

'휘발하다'의 '휘'와 '희소가치'의 합성어다. 소비의 목표가 순간적인 자기만족에 있다. 다른 사람들에게는 휘발성을 가진 무의미한 물건처럼 보일지라도 내게 의미 있는 소비를 중시하는 젊은 층의 소비습관을 뜻한다.

» 회색코뿔소

지속적인 경고로 충분히 예상할 수 있지만 쉽게 간과하는 위험 요인을 말한다. 지속적인 경고로 충분히 예상할 수 있지만 쉽게 간과하는 위험 요인을 말한다. 코뿔소는 멀리서도 눈에 잘 띄며 진동만으로도 움직임을 느낄 수 있지만 정작 두려움 때문에 아무것도 하지 못하거나 대처 방법을 알지 못해 일부러 무시하는 것을 비유한 말이다. 2018년 이후 중국 경제의 성장률보다는 신용 위기라는 '회색 코뿔소'에 주목해야 한다는 분석이 나왔다.

협력이익공유제

협력이익공유제는 대기업과 협력사가 공동 노력으로 이익을 얻게 되면 대기업의 매출액·영업이익 등 재무적 성과와 연계해 사전 약정에 따라 이익을 공유하는 제도를 말한다.

슈거 하이

설탕을 먹으면 일시적으로 쓴 맛은 느끼지 못하고 흥분하는 일시적 흥분상태를 말한다. 경제상황에서는 경기가 근본적인 개선 없이 좋아지는 현상을 일컫는 말로 하버드대 교수인 제프리프랑겔이 처음으로 사용했다. 2019년부터는 2009년부터 시작됐던 세계경제 10년 호황이 종료되고 있어 '슈거 하이' 효과가 사라지고 있다는 지적이 잇따르고 있다.

골디락스

골디락스란 너무 뜨겁지도 차갑지도 않은 딱 적당한, 이상적인 상태로 높은 성장을 이루고 있음에도 물가가 안정된 상태를 뜻한다. 현재 미국이 높은 경제 성장률을 유지하면서도 2000년 이후 가장 낮은 수치의 실업률을 보여주면서 2018년 글로벌 경제 키워드 '골디락스'가 떠오르기 시작했다. 골디락스는 마케팅 전략에도 응용되는데, 고가와 저가 제품 사이에 중간 가격 제품을 진열해 소비하도록 유도하는 것이다. 실제로 소비자는 고가의 제품은 부담스럽고, 저가의 제품은 상대적으로 품질이 좋아 보이지 않아 중간 가격의 제품을 고르는 경우가 많다고 한다. 골디락스는 경제뿐만 아니라 적당한 상황, 적당한 것을 선호하는 우리의 삶을 반영한다.

딤섬본드

외국계기업이 홍콩 채권시장에서 발행하는 위안화표시채권을 말한다. 2010년 2월 중국 정부가 홍콩 금융시장 확대를 위해 외국계기업의 위안화 표시 채권을 발행을 허용함으로써 도입됐다. 외국인 투자자들은 중국정부의 엄격한 자본통제 때문에 본토에서 발행되는 위안화표시 채권은 살수 없는 반면 '딤섬본드'는 아무런 제한 없이 투자가 가능하다. 한편, 외국계기업이 중국 본토에서 발행하는 위안화 채권은 '판다본드'라고 한다.

» 레몬마켓

레몬마켓은 흔히 판매자와 구매자 사이에서 정보의 비대칭성이 클 때 발생하게 된다. 더불어 저품질이 거래되는 시장이라고도 지칭한다. 그러나 처음부터 저품질 시장이 형성되는 것은 아니며, 정보가 부족한 구매자가 어느 수준 이상의 금액을 지불하려 하지 않기 때문에 수요가 생기지 않으면서 점점 저품질 시장이 형성되어지는 것이다.

» 붉은 깃발법

1865년 영국에서 제정돼 1896년까지 약 30년간 시행된 세계 최초의 도로교통법인 동시에 시대착오적 규제의 대표적 사례로 꼽힌다. 영국은 마차 사업의 이익을 보호하기 위해 자동차의 최고속도를 시속 3km(도심)로 제한하고 마차가 붉은 깃발을 꽂고 달리면 자동차는 그 뒤를 따라가도록 하는 붉은 깃발법(적기조례)을 만들었다. 이로 인해 영국은 가장 먼저 자동차 산업을 시작했음에도 불구하고 독일과 미국에 뒤처지는 결과를 초래하였다.

» 바이백(Buy-back)

바이백은 무엇을 팔았다가 다시 되사들이는 행위를 지칭하는 것으로, 국채나 회사채(회사채의 종류)를 발행한 국가나 기업이 만기 전에 채권시장에서 국채나 회사채를 사들임으로써, 미리 돈을 갚는 것을 말한다. 국채에 있어 바이백은 '국채 조기 상환'이라는 뜻으로 사용된다. 국채는 중앙정부가 자금 조달이나 정책 집행을 위해 발행하는 만기가 정해진 채무증서로, 조세와 함께 중요한 국가 재원 중의 하나이다.

» 제로페이

대한민국 정부가 주도하는 간편 결제 표준안. 최저임금 인상으로 불거진 자영업자들의 부담을 완화시키고자 내놓은 정책들 중 하나다. 소상공인 수수료 부담 제로 결제서비스 도입을 위한 업무 협약이 2018년 7월 25일 체결됨에 따라 협약 대상 금융사와 결제사는 기관이 구축한 공동 QR 허브 서비스를 이용한 계좌 간 직접결제를 활성화 하기로 하였다. 금융사와 결제사들이 공동으로 QR코드 기반의 결제망을 구축하여 공급자와 소비자의 계좌간 직접결제를 통해 수수료를 낮추는 것을 목표로 하고 있다. 수수료는 0%로 알려졌으나 연 매출 8억 원 미만의 소상공인에게만 적용되며, 8억원 이상은 0%, 8억~12억은 0.3%, 12억 초과는 0.5%의 수수료가 부과된다. 그 외 대형마트와 같은 가맹점은 신용카드

보다 낮은 수준에서 협의를 거쳐 결정할 계획이라고 한다. 소비자를 유인하기 위해 제로페이 결제금액에 대한 40%의 높은 소득공제율 적용을 기획재정부와 협의 중이며 참여 지자체에서 공공서비스 할인 혜택을 제공할 것으로 알려졌다.

≫ 입국장 면세점

귀국 시 이용할 수 있도록 입국장에 마련된 면세점으로, 국내에는 출국장 면세점만 운영되고 있으나 2019년 5월 말 인천국제공항에 설치돼 6개월간 시범 운영될 예정이다. 입국장 면세점을 설치하면 해외여행객들이 여행 내내 면세품을 들고 다니는 불편을 없앨 수 있는 반면 조세 형평성 논란과 세관 · 검역기능 약화 등의 문제가 발생한다.

≫ 랩 어카운트

고객이 예탁한 재산에 대해 증권회사의 금융자산관리사가 고객의 투자 성향에 따라 적절한 운용 배분과 투자종목 추천 등의 서비스를 제공하고 그 대가로 일정률의 수수료(Wrap fee)를 받는 상품이다. 증권회사에 계좌를 개설하고 자신이 선택한 종목을 매매하는 기존의 투자 방식과는 달리 증권회사에서 고객이 예탁한 재산에 대해 자산 구성에서부터 운용 및 투자 자문까지 통합적으로 관리해주는 종합금융서비스라고 할 수 있으며, 선진국에서는 투자은행의 보편적인 영업 형태이다.

≫ 이자보상배율(Interest Coverage Ratio)

한 해 동안 기업이 벌어들인 돈(영업이익)이 그 해에 갚아야 할 이자(이자비용)에 비해 얼마나 많은지를 나타내는 지표로 영업이익을 이자비용으로나눠 구한다. 따라서 이자보상배율이 1보다 작다는 건 한 해 동안 벌어들인 돈으로 이자조차 갚지 못한다는 의미다. 보통 이자보상배율이 1.5 이상이면 빚을 갚을 능력이 충분한 것으로, 1 미만이면 잠재적인 부실기업으로 본다. 3년 연속 이자보상배율이 1 미만인 기업을 좀비 기업(한계기업)으로 간주한다. 3년 연속 이자조차 갚지 못할 정도라면 자체적인 생존능력이 없다고 보는 것이다. 기업이 영업활동을 통해 돈을 벌기는커녕 손해를 보고 있다면(영업손실을 입었다면) 이자보상배율은 마이너스(−)가 된다.

» OPEC 바스켓 가격

OPEC 회원국들이 생산하는 7개 대표 유종의 가격을 가중평균한 원유가격을 말하며 OPEC는 이 가격을 국제유가의 지표로 삼고 있다. 7개 유종은 알제리의 사할람브렌트, 인도네시아의 미나스, 나이지리아의 보니라이트, 사우디아라비아의 아랍라이트, 두바이의 파테, 베네수엘라의 티아후아나 라이트, 멕시코의 이스무스로 구성된다.

» 윔블던 효과(Wimbledon Effect)

윔블던 효과란 윔블던 테니스대회에서 주최국인 영국 선수보다 외국 선수가 더 많이 우승하는 것처럼 영국의 금융기관 소유주가 영국인보다 외국인이 더 많아지는 현상을 의미한다. 영국의 경우 1986년 금융빅뱅을 단행한 이후 금융산업 전반에 개방화 · 자유화 · 국제화 · 겸업화를 빠르게 진행하면서 윔블던 효과가 나타났다. 영국의 금융시장이 개방되자마자 막강한 자금과 조직을 앞세운 미국과 유럽의 금융업자들이 영국 금융기관을 인수하기 시작해 영국 10대 증권회사 가운데 8개사가 도산되거나 흡수 · 합병됐다. 이후 영국뿐만 아니라 뉴질랜드 등 대부분 국가에서 금융시장 개방화 과정에서 윔블던 효과가 우려됐다.

» 온 디맨드

공급 중심이 아니라 수요가 모든 것을 결정하는 시스템이나 전략 등을 총칭하는 단어로 정보기술(IT) 업계에서는 폭넓게 쓰여 왔다. 2002년 10월 IBM의 CEO인 샘 팔미사노가 IBM의 새로운 차세대 비즈니스 전략으로 '온 디맨드'라는 개념을 사용하면서 최근 IT 업계에 새롭게 회자되고 있다. IBM이 최근 강조하는 '온 디맨드 전략'은 하드웨어는 물론 애플리케이션, 솔루션 등 전산 자원과 서비스를 소비자가 원하는 대로 골라 쓰게 하겠다는 개념이다. 기존 경쟁업체들이 하드웨어 자원을 소비자가 빌려 쓰고 싶은 만큼 사용하는 컴퓨팅이 눈에 보이는 전산자원에 국한했다면, IBM의 온 디맨드 전략은 전산 시스템에다 서비스까지 포함됐다는 점에서 진일보한 것이다.

» 우버화

우버화는 4차 산업혁명 시대의 새로운 경제 형태다. 클라우드 컴퓨팅, 소셜 미디어, 스마트폰, 빅데이터의 발전에 의해 자원을 소유하지 않고 필요한 사람들과 공유하는 공유 경제가 가능하게 되었다. 이는 개방적이며, 선택의 폭을 넓혀 주고, 가격 메커니즘에 입각한 자원 분배 방법으로 기존의 경제 패러다임을 보완하거나 부분적으로 대체하는 새로운 패러다임이다.

» 슬리포노믹스(sleeponomics)

수면(Sleep)과 경제학(Economics)을 합친 신조어로 수면산업을 일컫는다. 바쁜 일상 속에서 늘 수면이 부족한 현대인들을 대상으로 발달한 신종 산업이다. 미국 등 우리나라보다 경제개발을 빨리 이룬 선진국의 경우 1990년대부터 슬리포노믹스가 성장하기 시작했다. 슬리포노믹스가 포괄하는 영역은 넓다. 일반적으로 쉽게 떠올릴 수 있는 기능성 매트리스·베개·이불 등 숙면 유도 기능성 침구류와 기능성 수면안대·수면양말·잠옷·수면촉진 식품 등 수면 관련 생활용품, ICT(정보통신기술)·IOT(사물인터넷) 등을 도입해 수면 상태를 점검하고 수면의 질을 분석해 숙면을 유도하는 제품 모두 슬리포노믹스에 들어가는 상품이다. 수면 상담, 슬립 코디네이팅, 수면캡슐·수면카페·영화관 내 시에스타 서비스 등의 수면공간 제공 서비스 역시 슬리포노믹스에 속한다. 슬리포노믹스에 포함되는 영역은 일일이 열거하기 어려울 정도로 광범위하다. 더욱이 그 영역이 빠르게 확장돼 가고 있는 추세다.

» 차이나 리스크(China risk)

중국이 긴축적인 정책을 펼치거나 타 이유들로 인해 중국의 경제가 얼어붙을 경우, 중국에 대해 수출의존도가 큰 기업이나 국가들이 큰 위험에 처하는 것을 뜻한다.

» 디지털 세금

유럽연합(EU)가 유럽에서 매출을 올리는 전 세계 100대 IT기업들을 대상으로 순이익이 아닌 매출을 기준으로 징수하는 세금으로 2020년 도입을 목표로 하고 있다. 미국 도널드 트럼프 행정부가 유럽을 비롯한 외국산 철강·알루미늄에 25%, 10% 관세를 부과하기로 한 데 대한 보복으로 미국 IT 기업들에 대한 세금을 부과하려 계획하고 있는 것이다. 이익에 과세해온 기존 전통을 깨고 매출에 세금을 매기는 것으로 구글 등의 디지털광고 매출, 애플 등의 서비스 구독료 등이 대상이다. 디지털세가 도입되면 EU가 거둬들일 수 있는 연간 세수는 50억 유로에 달하는 것으로 집계됐다. 150개 기업이 새로운 세제의 영향을 받을 전망이다. 이 중 절반 정도가 구글, 페이스북, 애플, 아마존과 같은 미국 IT 기업이다.

» 트릴레마

세 가지 옵션 중 각각 받아들이기 어려우거나 불리한 어려운 선택을 말한다. 경제용어로서는 ① 물가안정, ② 경기부양, ③ 국제수지개선의 세 가지를 가리키는데, ① 물가안정에 치중하면 경기가 침체되기 쉽고, ② 경기부양에 힘쓰면 인플레이션을 유발하거나 ③ 국제수지 악화를 초래할 우려가 있는 등 서로 물리고 물려서 정책선택이 딜레마에 빠지게 된다는 뜻이다.

» 울프슨지수(Wolfson Index)

소득 불평등의 정도를 나타내는 지표로 중산층으로부터 상위층과 하위층의 소득이 괴리 정도를 통해 산출된다. 캐나다 통계학자인 마이클 울프슨이 지난 1995년 고안한 지표로 국내에서는 지난 2013년부터 통계청이 발표한다. 소득의 분산이 커질수록 중산층 규모도 함께 줄어든다는 가설을 전제로 중산층과 상·하위층 간 소득 차이의 절댓값을 이용해 도출한다. 이 수치가 '0'에 가까운 수치를 나타낼수록 중산층 비중이 높아지고, '1'에 가까울수록 중산층 비중은 줄어든다. 특히 중산층의 범위를 중위소득(전체 가구를 소득 순으로 나열했을 때 한 가운데 있는 가구의 소득) 기준으로 해당 부근(50~150%) 내에 속한 집단으로 규정한다는 점도 특징이다.

» 로우볼 전략

증시의 상승 · 하락폭이 확대되면서 변동이 심할 때 상대적으로 주가 변동성이 낮은 종목으로 이뤄진 상품에 분산 투자하는 전략을 말한다.

» 파운드리(Foundry)

반도체산업에서 외부 업체가 설계한 반도체 제품을 위탁 받아 생산 · 공급하는, 공장을 가진 전문 생산 업체를 지칭한다. 반대 개념으로, 공장이 없이 파운드리에 위탁생산만을 하는 방식을 팹리스 생산이라고 한다.

» 일코노미

한 사람을 뜻하는 1인과 경제를 의미하는 이코노미(economy)의 합성어로 1인 가구나 혼자 뭔가를 즐기는 사람들이 증가하면서 발생하는 경제 현상을 일컫는다.

» 횰로족

횰로족은 '나홀로'와 '욜로(YOLO'의 합성어다. 말 그대로 혼자 사는 욜로족을 의미하는 횰로족들은 비록 소규모로 소비하지만 한 번뿐인 인생, 스스로를 위한 지출에는 매우 과감한 경향을 보인다. 지난해 가정간편식(HMR), 에어 프라이어, 착즙기, 블렌더, 안마의자, 건강기능식품, 전기차, 소형 SUV 등이 시장에서 큰 반향을 일으켰듯이 이들을 대상으로 한 식음료 · 가구 · 가전 · 주방제품 등이 올해도 더욱 진화한 형태로 속속 나올 전망이다.

» 케렌시아(Querencia)

스페인어로 피난처 · 안식처를 의미한다. 투우 경기장에서 소가 잠시 쉬는 곳을 뜻하는 케렌시아는 스트레스로 지친 일상에서 나만의 휴식처를 찾는 현상을 방증한다. 커피숍, 코인노래방, 독립서점, 수면카페, 도서관, 갤러리 등이 인기를 끄는 이유다. 유통업계는 쇼핑 중 잠시 숨을 고를 수 있는 안식처를 제공하는데 공을 들이고 있다.

» 워라밸

'Work and Life Balance'의 약자인 워라밸은 일과 삶의 균형을 맞추는 것을 의미한다. 저녁이 있는 삶과 개인 여가를 중시하며 레저와 취미 관련 소비를 아끼지 않는 삶이다. 유통업계에선 근로시간 단축 및 유연화로 효율성을 제고하려는 워라밸 실험이 빠르게 확산하고 있다.

» 올인빌(All In Vill)

최근 주택시장에서 주목받는 트렌드다. 작은 평수의 원룸, 오피스텔, 다세대주택이라 해도 집은 여가, 운동, 취미생활 등 모든 것이 가능한 아지트여야 하기에 셀프 인테리어로 꾸미고 그 공간 안에서 즐기는데 '올인' 한다. 결혼 후 가족이 늘면 더 넓은 집으로 이사하기 위해 절약하고 비싼 집값을 피해 도시 외곽 주거단지로 이동했던 기성세대와 다른 주거 패턴이다.

» 편세권 · 스세권 · 맥세권

1인가구가 집을 구할 때 중요하게 생각하는 요소다. 편세권은 편의점과 매우 가까운 집이란 뜻이고 스세권은 카페 스타벅스가 가까운 곳, 맥세권은 맥도날드 배달서비스가 가능한 곳을 의미한다. 집밥과 다름없는 식사를 할 수 있는지도 따진다. 이런 조건을 갖춘 곳들은 대부분 역세권이라 출퇴근하기도 편하다. 집 근처 동네에서 쇼핑과 여가, 문화생활, 의료 등 모든 것을 해결할 수 있다.

» 기그 이코노미(gig economy)

우버나 에어비앤비처럼 산업 현장에서 필요에 따라 임시로 계약을 맺고 일을 맡기는 '임시직 경제'를 총칭한다. 활성화될수록 정규직, 비정규직 등의 이분법적 고용 형태 구분이 무색해질 전망이다.

» 딥 웹

네이버나 구글처럼 일반적인 포털사이트에서 검색되지 않는 인터넷 공간을 말한다. 별도로 암호화된 네트워크에 존재하기 때문에 '토르' 같은 특정한 인터넷 브라우저를 통해서만 접속이 가능하다. 컴퓨터 주소인 IP는 여러 차례 우회하며 흔적을 거의 남기지 않으며, 우회 통로마다 암호화된 장벽도 있다. 사용하는 화폐는 추적이 어려운 가상화폐인 비트코인이다.

» 어닝시즌(Earning Season)

기업들의 실적이 집중적으로 발표되는 시기를 가리켜 어닝시즌이라 한다.

02 필수 경제 · 경영용어

» 젠트리피케이션(Gentrification)

구도심 상권이 번성해 대기업 프랜차이즈나 상가 투자 수요가 몰리면서 임대료가 오르고 비싼 월세를 감당할 수 없는 원주민이 내몰리는 현상을 일컫는 말이다. 예컨대 서울의 경우 2000년대 이후 종로 삼청동을 비롯해 마포 홍대입구, 이태원동 상권, 신사동 가로수길 등에서 젠트리피케이션 현상이 벌어지고 있다.

» 가상현실(VR ; Virtual Reality)

가상현실은 군사, 오락, 의료, 학습, 영화, 건축설계, 관광 등 다양한 분야에 활용되면서 공상과학 소설이나 영화에서 묘사되는 상상적 단계를 벗어나 점차 현실화되고 있다. '가상현실'이란 용어는 1989년 재론 래니어(Jaron Lanier)에 의해 고안되었지만, 그것을 지칭하는 개념이나 시스템은 기술 중심적 입장, 경험 중심적 입장, 그리고 사이버 문화적 입장 등에서 다양하게 정의되어 왔다.

특수한 안경과 장갑을 사용하여 인간의 시각, 청각 등 감각을 통하여 컴퓨터의 소프트웨어 프로그램 내부에서 가능한 것을 현실인 것처럼 유사 체험하게 하는 유저 인터페이스 기술의 하나로 말 그대로 현실이 아닌 세계를 말한다. 전자 쇼핑을 예로 들 경우, 마치 3D 게임에서 건물 안을 자유롭게 돌아다니면서 마음에 드는 매장에서 마음에 드는 제품을 선택하여 보고, 전자적으로 대금을 결제할 수 있는 가상 현실적인 서비스가 가능하다. 즉, 컴퓨터에서 현실을 가상으로 구현한 것으로 앞으로 소프트웨어 기술이 향상되면서 그 성능이 보다 향상될 것으로 보인다.

≫ 기업 활력 제고 특별법(원샷법)

기업 활력 제고를 위한 특별법(원샷법)은 공급과잉업종에 속한 기업이 신속하게 사업 재편을 할 수 있도록 기업 구조조정, 인수 · 합병(M&A)과 관련된 복잡한 규제 절차를 이 법 하나를 통해 해결하기 위해 만든 법이다. 한국에서 이 법은 2016년 2월 4일 국회 본회의를 통과했다. 원샷법은 기업의 합병 · 분할, 주식의 이전 · 취득에 따르는 절차와 규제 등을 간소화함으로써 신수종 사업 진출을 포함한 원활한 사업 재편을 돕는 게 골자다. 특히 분할로 설립되는 회사의 순자산액이 승인 기업 순자산액의 10%에 미달할 때는 주주 총회의 승인을 거치지 않고 이사회 승인으로 갈음할 수 있게 하였다. 이와 함께 사업 재편 계획을 승인받는 기업에 대해선 세제 · 금융, 연구개발 활동, 중소 · 중견기업의 사업 혁신과 고용 안정을 지원할 수 있는 근거 규정도 담았다.

다만 대기업 특혜라는 일각의 지적에 따라 사업 재편 목적이 경영권 승계일 경우 승인을 거부하고, 승인 이후에도 경영권 승계가 목적으로 판명되면 혜택을 취소하고 지원액의 3배에 달하는 과징금을 부과하는 견제 장치도 포함하였다.

이 밖에 상호출자제한기업집단 내 부채비율이 200%를 상회하는 계열사의 경우, 사업재편 승인을 받더라도 지원 혜택에서 배제했다. 소수 주주 보호를 위해 소규모 분할 횟수는 사업재편 기간 동안 1회로 제한된다.

≫ 스마트 워크(smart work)

사무실 개념을 탈피해 언제 어디서나 쉽게 업무를 볼 수 있는 근무 형태를 말한다. 유형은 재택근무, 이동근무, 유연근무, 스마트워크센터 근무 등 크게 4가지로 나뉜다. 재택근무는 말 그대로 각종 IT기기를 이용해 집에서 일을 하는 것이며, 이동근무는 스마트폰이나 노트북 등을 이용해 공간적 제약 없이 업무를 보는 것이다. 그리고 유연근무는 사무실이 정해져 있지만 근로자의 생활 패턴에 맞춰 시간에 구애받지 않고 근무하는 형태며, 스마트워크센터 근무는 주거 지역 부근에 사무실을 마련해 놓고 이곳에서 원격 근무를 하는 방식이다. 이러한 근무형태는 출퇴근 시간 교통량을 감소시켜 환경 보호에 도움이 되며, 비용 절감, 소외계층의 일자리를 창출할 수 있다는 점에서 주목받고 있다.

≫ 마이너스 금리(negative interest)

마이너스 금리는 중앙은행이 시중은행이 맡긴 지급준비금 등 당좌예금에 이자를 주지 않고 오히려 수수료를 받는 것을 말한다. 마이너스 금리를 부과하면 중앙은행에 돈을 맡길 이유가 사라져 시중은행들이 대출 확대에 나서고 투자·소비도 늘어날 수 있다. 그러나 원자재 등 세계 상품가격의 거품을 키우기도 하는 등의 부정적인 현상도 초래한다.

≫ 핀테크(FinTech)

금융을 뜻하는 파이넌스(finance)와 기술을 뜻하는 테크놀로지(technology)의 합성어이다. 모바일, 소셜네트워크서비스(SNS), 빅데이터 등의 첨단 기술을 활용해 기존 금융 기법과 차별화 된 새로운 형태의 금융기술을 의미한다. 즉, 점포 중심의 전통적 금융 서비스에서 벗어나 소비자 접근성이 높은 인터넷, 모바일 기반 플랫폼의 장점을 활용하는 송금, 결제, 자산관리, 펀딩 등 다양한 분야의 대안적인 금융 서비스이다.

핀테크의 비즈니스 모델과 사업 영역을 분류하는 기준은 크게 은행업 및 금융 데이터 분석(Banking & Data Analytics), 지급 결제(Payment), 자본시장 관련 기술(Capital Market Tech), 금융자산 관리(Finance Management) 등 4가지 영역으로 정리돼 가고 있다.

핀테크의 예로 삼성전자의 모바일 결제서비스 "삼성페이"를 비롯해 알리페이(알리바바), 애플페이(애플), 구글월렛(구글) 등이 있다.

≫ 가상통합기업(VIE ; Virtual Integrated Enterprise)

창고에 남은 재고를 쌓아두지 않고 영업을 하거나, 유통업체와 생산 공장이 없는 기업의 형태를 말한다. 가상통합기업은 회사경영에 핵심적인 업무만 처리하고 나머지는 다른 업체를 통하여 대신 생산하게 함으로서 속도경영이 가능하다. 직원들은 사무실과 근무시간도 스스로 결정하고 인터넷 등으로 본사·외부공급업체·고객들 간에 완벽한 내용 전달이 가능해 업무효율을 극대화할 수 있으며, 가상통합기업 시스템은 인터넷과 정보통신(IT) 기술발전, 소비자 중심의 대량 소비 사회의 도래 등 앞으로 공급자는 물론 종업원과 소비자를 하나의 영역으로 묶는 비즈니스 모델로 발전할 것이다.

» 가업상속

중소기업으로서 피상속인이 10년 이상 계속하여 경영한 기업의 상속을 말한다. 가업이라 함은 중소기업을 영위하는 법인의 최대주주 또는 최대출자자인 경우로서 그와 특수관계에 있는 자의 주식 등을 합하여 해당 법인의 발행주식총수 또는 출자총액의 50% 이상을 보유하고 있는 경우도 포함한다. 공제는 가업상속재산가액의 40%에 상당하는 금액(단, 그 금액이 60억 원을 초과하는 경우에는 60억 원을 한도로 하며, 피상속인이 15년 이상 계속하여 경영한 경우에는 80억 원, 피상속인이 20년 이상 계속하여 경영한 경우에는 100억 원을 한도로 함)이나 2억 원(단, 해당 가업상속재산가액이 2억 원에 미달하는 경우에는 그 가업상속재산가액에 상당하는 금액) 중 큰 금액으로 한다.

» 가젤형 기업(Gazelles Company)

상시 근로자 10인 이상이면서 매출이나 순고용이 3년 연속 평균 20% 이상인 기업으로, 빠른 성장과 높은 순고용 증가율이 가젤(빨리 달리면서도 점프력도 좋은 영양류의 일종)과 닮았다는 데서 이름이 유래됐다. 자생적 성장을 이룬 기업을 지칭하므로 인수합병은 제외된다. 특히 가젤형 기업 중에서도 매출 1,000억 원 이상의 기업은 슈퍼 가젤형 기업이라고 한다. 가젤형 기업은 규모가 작아 눈에 띄지 않지만, 틈새시장을 집요하게 파고들어 세계 최강자 자리에 오른 히든 챔피언과는 차이가 있다. 히든 챔피언이 매출 시장에 비중을 더 두는 데 비해 가젤형 기업은 안정적인 일자리 창출에 중추적인 역할을 하고 있기 때문이다.

» 간주상속재산

상속재산은 아니라 하더라도 상속이나 유증 또는 사인증여에 의하여 취득한 재산과 유사한 경제적 이익이 발생되는 경우에는 실질적으로는 상속재산으로 본다는 것으로 의제상속재산이라고도 한다. 간주상속재산에는 피상속인의 사망으로 인해 지급받는 보험금 중 피상속인이 계약자이거나 보험료를 지불한 보험금, 신탁자가 피상속인 자산 또는 타인 여부와는 상관없이 피상속인이 신탁한 재산의 수익자로서 받게 되는 재산, 피상속인에게 지급될 퇴직금이 포함된다.

» 감리포스트

감리포스트는 증권거래소에서 불공정하게 거래되고 있는 종목을 별도로 모아서 특별한 감시아래 매매시키는 거래장소를 말한다. 감리포스트로 지정되면 가격등락폭이 줄어들어 신용융자를 받지 못한다.

≫ 강세스프레드

강세스프레드는 선물과 옵션거래에서 기초자산의 가격상승으로 인해 이익을 볼 수 있도록 한 계약을 매입하고 그와 반대로 다른 계약을 매도하는 투자전략 중 하나이다.

≫ 개더링 사이트(Gathering Site)

포털 사이트가 A업체 하나의 사이트에서 다양한 서비스를 제공하는 것이라고 한다면, 허브 사이트는 A, B, C 등의 업체가 독자적인 서비스를 하고 있는 전문 인터넷 사이트들을 하나의 사이트에 집합시켜 체계적이고 전문적인 정보를 제공하는 것을 말한다.
개더링 사이트는 사이트 회원들의 관심과 참여를 높일 수 있도록 각종 동호회나 모임 등을 활성화시킨 사이트를 말한다. 개더링 사이트의 관리자는 고객의 개인활동이나 여러 특성들을 분석하여 고객관리에 보다 철저해질 수 있다.

≫ 개인워크아웃(Individual workout)

실직, 사고, 기타 불가피한 사유 등으로 현재의 소득수준으로는 정상적 채무상환이 어려운 과중채무자를 대상으로 상환기간의 연장, 분할상환, 이자율조정, 변제기 유예, 채무감면 등의 채무조정을 통하여 안정적인 채무상환이 가능하도록 지원해주는 채무조정제도이다.
금융회사의 채무를 3개월 이상 연체하고 있는 금융채무불이행자로서 금융기관에 대한 총채무액이 15억원(무담보 5억원, 담보 10억원) 이하이며, 최저생계비 이상의 수입이 있는 자 또는 채무상환이 가능하다고 심의위원회가 인정하는 자를 지원 대상으로 한다. 무담보 채무의 경우 최장 10년, 담보채무의 경우 3년 이내 거치 후 20년 이내 분할 상환하는 상환기간의 연장과 2년 이내의 기간 내에서 채무상환을 유예할 수 있는 변제기 유예(6개월 단위 지원, 유예기간 이자율 2%), 일정 요건에 따른 채무감면 등의 지원제도를 활용하고 있다.
채무자의 재산을 모두 처분하더라도 채무를 완납하기 어렵고, 변제 금액이 강제집행 시 회수예상가 이상인 경우 채권의 성격을 감안하여 이자 전액, 원금은 금융기관이 손실 처리한 상각채권에 한하여 1/2 범위 내에서 감면할 수 있다. 2002년 11월 시행되었으며, 금융기관이 직접 채무조정을 담당하지 않으므로 은행연합회, 여신전문금융연합회 등의 금융대표기구가 회원사로 있는 신용회복위원회를 통하여 채무조정을 해 주고 있다. 그 결과 신용회복위원회의 회원사가 아닌 금융기관이나 사설대부업체에 대한 채무는 신용회복지원 대상에게 제외되고, 금융기관은 개인워크아웃 대상자에게 채권회수를 위한 강제집행이나 소송을 할 수 없다.

» 걸리시 소비자(Girlish Consumer)

어른이 된 뒤에도 10대 소녀 같은 감성을 지니고 있는 소비자계층을 말하며, 어려 보이고 싶은 욕구 때문에 더욱 여성스러움을 추구하는 여성소비계층으로 남의 눈을 의식하지 않는 자기만족형 소비문화가 반영된 것으로 보고 있다. 이들은 바비인형을 시작으로 핑크색 휴대폰에 이르기까지 자신의 소녀취향의 만족을 위해 걸리시 아이템을 망설이지 않고 구매한다. 또한 본인만의 취향에 머물지 않고 서로의 관심사를 공유하며 유대관계를 형성하는 경향을 띤다. 최근 IT분야에서 과거 검정과 회색 일색이던 제품에서 벗어나, 핑크색, 오렌지색 등과 같은 화려한 컬러와 디자인의 휴대폰, 디지털카메라, 노트북 등을 선보임으로써 여성 고객의 마음을 사로잡고 있으며, 나이가 들어도 자신을 꾸미는 데 게으르지 않은 30~40대 여성이 걸리시 소비자로 흡수되면서 걸리시 트렌드를 향한 영역의 확장은 계속되고 있다.

» 공개매수제도(Take over bid)

공개매수제도란 특정회사의 경영권을 얻기 위한 목적으로 사전에 매입기간과 주식수 등을 일반에게 공개하고 증권시장 밖에서 불특정 다수인을 대상으로 공개적으로 주식을 매수하는 것을 말한다.

» 금융소외(financial exclusion)

정상적인 제도권 금융기관의 금융서비스 및 금융상품에 접근할 수 없거나 이용할 수 없는 것을 말한다. 1980년 이후 금융기관의 수익성이 강화되면서 수익이 발생할 것으로 기대되지 않는 계층에 대한 금융소외 문제가 대두되었다. 넓은 의미의 금융소외는 지리적, 신체적, 비용적 배제를 의미하며 좁은 의미의 금융소외는 저신용 및 저소득층의 금융서비스 제한을 말한다.

» 그림자 금융(Shadow Banking System)

은행처럼 엄격한 규제를 받지 않는 '비은행 금융기관' 또는 이런 금융기관이 취급하는 '비은행 금융 상품'을 뜻한다. 헤지펀드, 사모펀드나 투자은행 등이 대표적으로 은행과 유사한 신용중개행위를 하지만, 은행과 같은 금융기관처럼 감독이 이루어지지 않는 금융영역이다. 그림자 금융은 자금이 필요한 중소기업에게 유동성을 공급한다는 장점도 있지만 규제가 적절히 이루어지지 못하면 역기능이 나타날 가능성이 크다.

» 기대인플레이션(Expected inflation)

물가가 상승하는 인플레이션이 장기간 지속될 경우 앞으로도 물가가 계속 상승할 것이라는 예상을 하게 된다. 이처럼 경제주체들이 예상하는 미래의 인플레이션을 기대인플레이션이라고 한다. 기대인플레이션은 경제주체들의 의사결정에 영향을 미친다.

» 녹색 기후 기금(GCF ; Green Climate Fund)

개발도상국의 온실가스 감축과 기후변화 적응을 지원하기 위한 유엔(UN) 산하의 국제기구가 조성한 기금을 말한다. 산업화에서 발생되는 온실가스 증가로 인해 지구온난화가 가속화가 진행되고 남북극의 빙하 면적이 감소되면서 몰디브와 해수면이 낮은 지역에서는 해수면의 상승으로 국가가 없어질 위기에 있기도 하는 등 가뭄과 홍수로 많은 국가가 피해를 입고 있다. 이에 UN은 선진국들이 기금을 조성하여 기후변화로 어려움을 겪고 있는 개발도상국에 피해를 줄이고 환경오염을 최소화하고자 기금을 조성한 것이 바로 녹색 환경 기금이다.

» 농지연금

만 65세 이상 고령농업인이 소유한 농지를 담보로 노후생활 안정자금을 매월 연금형식으로 지급받는 제도이다. 농지자산을 유동화하여 노후생활자금이 부족한 고령농업인의 노후생활안정 지원으로 농촌사회의 사회 안정망 확충 및 유지를 목적으로 한다.

» 단말기 유통구조 개선법(단통법)

줄여서 '단통법'이라고도 한다. 휴대폰 보조금을 규제하기 위해 미래창조과학부 의뢰로 발의한 법안으로 2014년 10월 1일부터 시행되고 있다. 단통법은 이동사 및 제조사 보조금 상한 규제, 보조금 지급액 공시, 고가요금제 및 부가서비스 강요 금지, 공짜폰 상술 금지 등의 내용을 담고 있다. 불법 보조금 차별을 없애 요금제에 따라 최대 34만 5,000원의 보조금 혜택을 볼 수 있도록 한 것이다. 이와 함께 이통사는 홈페이지에, 대리점과 판매점은 각 영업장에 단말기별 출고가와 보조금, 판매가 등을 투명하게 공시해야 한다. 가입유형(번호이동, 기기변동), 나이, 가입지역 등에 따른 보조금 차별은 원천 금지되며 위반 시 엄격한 법적 처벌을 받게 된다.

정부는 단통법 시행과 함께 이통사들의 막대한 보조금과 마케팅 비용을 줄일 수 있게 된 만큼, 휴대폰의 요금이 인하될 것이라고 기대했다. 그러나 오히려 이통사들의 경쟁이 줄고 보조금 규모가 축소되면서 피해가 고스란히 소비자들에게 전가된다는 목소리가 높아 과연 단통법이 누굴 위한 법인가에 대한 목소리가 높다. 그러나 단통법이 시행되어 휴대폰이 팔리지 않으면 기기값이 내려가게 되어 보조금 없이도 휴대폰 가격이 안정될 가능성이 있기 때문에 단통법을 비관적으로 보기에는 시기상조라는 의견도 있다.

» 데이터마이닝(Data Mining)

기업들이 축적해놓은 방대한 데이터베이스에서 사용자가 필요로 하는 정보를 취합해서 뽑아내는 기술을 의미한다. 소비자의 구매행태를 예측하거나 변수간의 인과관계를 분석하여 판매를 촉진하는 마케팅 기법으로도 활용되고 있다. 예를 들어, 백화점에서 판매 데이터베이스의 데이터를 분석하여 금요일 오전에는 어떤 상품들이 잘 팔리고 팔리는 상품들간에는 어떤 상관관계가 있는가 등을 발견하여 이를 마케팅에 반영하는 것이다. 1995년 영국 금융업계에서 처음 도입되었으며, 최근 금융업 · 유통업 · 도소매업 등에서 기업과 고객의 1대 1 마케팅에 이용이 확대되고 있다. 우리나라에서 데이터마이닝은 아직은 초기 단계에 머물러 있다. 그러나 데이터마이닝을 하기 위한 최적의 시스템이 되는 데이터웨어하우스가 국내에 이미 많이 구축되어 있고, 기업의 요구사항이 주로 고객관리에 중점을 두는 데이터베이스 마케팅 쪽으로 가고 있기 때문에 데이터마이닝은 급속히 발달할 것으로 전망되고 있다.

» 디레버리지(deleverage)

레버리지(leverage)는 '지렛대'라는 의미로 금융권에서는 차입의 의미로 사용된다. 디레버리지는 레버리지의 반대어로 상환의 의미를 가진다. 경기가 좋을 때에는 빚을 지렛대 삼아 투자수익률을 극대화하는 레버리지가 효과적이지만, 최근 금융위기로 자산가치가 폭락하자 빚을 상환하는 디레버리지가 급선무가 되었다. 다만 2012년 하반기 이후 디레버리지 속도가 다소 둔화되었다.

» 디지털 노마드(Digital Nomad)

노마드(nomad)는 '유목민, 정착하지 않고 떠돌아다니는 사람'을 뜻하는 말이다.
이에 비해 자동차와 최첨단 정보통신기기를 가지고 시공간을 넘나드는 21세기형 신인류를 '디지털 노마드(Digital Nomad)'라고 한다.

일과 주거에 있어 유목민(nomad)처럼 자유롭게 이동하면서도 창조적인 사고방식을 갖춘 사람들을 뜻한다. 이전의 유목민들이 집시나 사회주변부의 문제 있는 사람들로 간주 되었면에 디지털 노마드는 스마트폰과 태블릿 같은 디지털 장비를 활용하여 정보를 끊임없이 활용하고 생산하면서 디지털 시대의 대표적인 인간유형으로 인식되고 있다. 프랑스 사회학자 자크 아탈리가 그의 저서 〈21세기 사전〉에서 '21세기는 디지털 장비를 갖고 떠도는 디지털 노마드의 시대'라고 규정하면서 본격적으로 쓰이게 되었다. 즉 시간적, 공간적 제약으로부터 자유로울 수 있는 인터넷, 모바일 컴퓨터, 휴대용 통신기기 등 디지털 시스템 하에서의 인간의 삶은 '정착'을 거부하고 '유목'으로 변모해간다는 것이다.

》 디팩토 스탠더드(De Facto Standard)

어떤 제품이나 물질이 최초로 개발되거나 발견되면 그것이 곧 모든 네트워크에 파급되어 사실상의 표준을 이룬다는 것을 뜻한다. 표준화라고도 하며, 디지털화 · 정보화 · 통신의 글로벌화가 진행될수록 표준화의 중요성은 급속도로 부각되고 있다. 이러한 디팩토 스탠더드의 특징은 무엇보다 기술력의 차이는 별 의미가 없으며, 시장을 선점이 중요한 요소로 작용한다는 것이다.

》 라이프 로그(life log)

개인의 일상에 대한 정보를 뜻한다. 일기도 일종의 라이프 로그다. 스마트폰의 GPS, 카메라, 신용카드 기능을 이용해 개인의 이동경로, 구매패턴, 일일 운동량 등 다양한 '라이프 로그'를 수집할 수 있다. 일본에서는 정부 주도로 약 1,200만 달러를 투자해 라이프 로그 정보의 활용 및 상용화를 모색하는 '정보 대항해 프로젝트(Information grand voyage project)'가 2007년부터 진행 중이다.

》 로빈후드세(Robin Hood tax)

저소득층을 지원하기 위한 목적으로 고수익을 올리는 기업 또는 개인에게 부과하는 세금이다. 탐욕스런 귀족이나 성직자, 관리들의 재산을 빼앗아 가난한 이들에게 나누어준 로빈후드처럼 막대한 소득을 올리는 금융기관 등의 기업과 고소득자에게 부과하여 빈민들을 지원하는 데 쓰는 세금을 로빈후드세라고 부른다.

» 로스 리더(Loss Leader)

각 유통업체들이 더 많은 손님을 끌어 모아 매출을 신장하기 위해 원가이하의 가격을 붙여 한정된 기간에 판매하는 상품을 말한다. 보통 손님을 끌어 들이기 위한 미끼상품, 특매품, 유인상품, 특매상품 등으로 불린다.

대형마트, 백화점 등에서 벌이는 할인 행사에서 그 사례를 찾아볼 수 있다. 원가 이하의 저렴한 가격으로 상품을 판매하는 것은 손해로 보일 수도 있지만, 실상은 파격적인 가격의 광고를 보고 소비자는 로스 리더 상품만 사지 않고 자연스럽게 다른 상품도 구매를 하기 때문에 대규모 유통업체에서는 이를 로스 리더 전략을 자주 사용한다. 로스 리더 상품은 고객을 끌어들이는데 가장 쉽고 신속하면서 효과가 극대적인 상품이 선정된다.

즉 브랜드 인지도가 높으면서 시장 점유율이 높고, 가계소비에서 가장 큰 비중을 차지하는 공산품, 가공식품, 저가생활용품과 같은 상품이 선정되어 정해진 기간 동안 판매되는 것을 볼 수 있다.

» 롱테일 현상

IT 및 통신서비스의 발달로 시장의 중심이 소수 20%에서 다수 80%로 이동되는 것을 의미한다. 예를 들면 인터넷 서점 아마존(Amazon), DVD대여점 넷플릭스(Netflix), 음악서비스 아이튠즈(itunes) 등에서는 다양한 상품의 구성을 그 특징으로 하는데 이는 온라인 매장에서는 오프라인 매장보다 물류진열비용 및 재고비용이 낮아 그동안 잘 팔리지 않는 80%의 상품을 진열할 수 있기 때문이다. 이를 통해 판매가 저조했던 80%의 다품종 소량 상품들의 매출은 상위의 20% 상품 매출의 이상을 차지하게 된다. 즉, 롱테일 현상은 80 : 20의 법칙으로 대변되는 파레토법칙을 벗어나고 있으며 이는 바로 IT와 통신서비스의 발달에서 기인하는 것이라 할 수 있다.

» 리드엔젤과 서포트엔젤

리드엔젤은 벤처기업에 대한 자금지원뿐 아니라 비상근 이사로서 경영에도 참가하는 이들을 말하고, 서포트엔젤은 변호사나 회계사 등의 전문직 종사자나 기타 인맥을 활용하여 간접적인 경영지원을 하는 이들을 지칭한다.

» 리모트 뱅킹(Remote Banking)

금융 서비스 공급자인 금융기관과 수요자인 고객 간에 직접적인 접촉 없이 먼 거리에서도 금융 업무를 수행할 수 있는 시스템을 말한다. 1970년대 선진국에서 시작된 현금자동인출기(ATM ; Automated Teller Machine)를 통한 예금인출업무가 시작이라 볼 수 있는데, 시행초기에는 은행 업무를 중심으로 이루어져 왔으나, 전자정보 기술의 발달 및 금융자유화 등의 추세에 힘입어 점차 그 영역은 증권 · 보험 · 신용카드 등 다양하고 광범위하게 확대되고 있다. 사용 수단도 초기의 ATM에서 벗어나 전화 · 개인용 컴퓨터 · 인터넷 등의 다양한 방식들이 이용되고 있다.

» 리세스 오블리주(richesse oblige)

UK의 유대교 최고지도자인 조너선 삭스가 그의 저서 「차이의 존중 」에서 언급한 개념이다. 노블레스 오블리주(noblesse oblige)가 지도층의 의무를 강조했다면, 리세스 오블리주는 부(富)의 도덕적 의무와 사회적 책임을 강조한다.

» 마을기업

마을 주민들이 주도적으로 지역의 각종자원을 활용한 수익사업을 추진하여 지역 공동체를 활성화하고, 지역 주민에게 소득과 일자리를 제공하는 마을단위 기업이다. 여기서 마을 주민 주도적이란 마을 주민 출자가 총 사업비의 10% 이상을 차지할 경우를 말하며, 출자한 주민이 참여하여 의사를 결정하는 구조여야 한다.

» 마이크로 크레딧(Micro Credit)

은행이라는 전통적인 금융기관으로부터 금융서비스를 받을 수 없는 빈곤계층에 소액의 대출과 여타의 지원 활동을 제공함으로써 이들이 빈곤에서 벗어날 수 있도록 돕는 활동을 말한다. 방글라데시 경제학 교수인 무하마드 유누스(Muhammad Yunus)가 그라민 은행(Grameen Bank)을 설립한 데서 비롯되었다.

유누스 교수는 치타공대학 인근의 조브라 마을을 조사하던 중 농촌지역의 빈민층이 게으르기보다는 소액의 초기자금이 부족하여 열심히 일하고도 빈곤의 악순환에서 벗어나지 못하고 있음을 발견하였다. 또한 조브라 마을 전체 가구 중 42가구가 빈곤에서 벗어나는데 단지 856타카(약 27,000원)만이 필요하다는 사실을 알고 사재를 털어 자금을 지원하였는데 이것이 마이크로 크레디트의 시초가 되었다.

» 머니마켓펀드(MMF ; Money Market Fund)

투자자가 일시적인 여유자금을 맡길 때 운용하는 펀드로 단기금융상품에 투자해 수익을 얻는 만기 30일 이내 초단기 금융상품이다. 금리위험과 신용위험이 낮은 단기채권 · 양도성예금증서(CD) · CP · 예금 · 콜론 등과 같이 안정성이 높은 단기금융상품에 주로 운용되며, 수익률은 콜금리보다 조금 높으며 수시로 입출금이 가능하고 하루만 돈을 넣어도 운용 실적에 따라 이익금을 받을 수 있다. 단기금융시장의 안정을 도모하기 위하여 1996년 9월에 처음 도입되었으며 단기금융집합투자기구로도 불린다.

» 매출채권팩토링제도(Account receivable factoring system)

매출채권팩토링제도는 금융기관들이 기업으로부터 상업어음이나 외상매출증서 등 매출채권을 매입하고 이를 바탕으로 자금을 빌려주는 제도이다. 팩토링금융은 기업들이 상거래 대가로 현금 대신 받은 매출채권을 신속히 현금화하여 기업활동을 돕자는 취지로, 1920년대 미국에서 처음 도입되었으며, 영국 · 일본 등 선진국에서는 오래 전부터 보급되어 왔다. 신용상태가 좋은 물품구입자 대신에 물품대금을 매출자에게 지급해주는 업무 외에도 선대를 하고 업체의 신용조사 · 보증업무도 한다. 대출한도는 매입채권액면의 100%까지 가능하지만 해당기업의 매출규모나 신용도에 따라 다소 낮아지기도 한다. 팩토링의 거래당사자에는 Factor(팩토링 업무를 주요 업무로 하는 금융기관), Client(factor와 팩토링 계약을 체결하는 거래처로서 이 계약에 의해 해당 상거래에서 발생한 외상매출채권을 Factor에게 원칙적으로 전부 양도하여 대금을 지급받음) 및 Customer(client의 판매처로서 factor에 대해서는 제3채무자에 해당)가 있다.

» 메시 비즈니스(mesh business)

소비자가 필요로 하는 제품과 서비스를 기업이 구축한 네트워크를 활용해서 공유하거나 빌림으로써 돈과 시간을 절약하는 새로운 사업트렌드이다. 리사 갠스키가 자신의 저서 '메시(The Mesh)'에서 처음 정의한 개념이다. 저자는 "소셜네트워크서비스(SNS)가 보편화되면서 소비자들을 그물망(메시)처럼 연결시키고 고객과의 접촉 횟수를 늘리는 '메시 비즈니스'가 기존 기업들에도 잠재적인 먹을거리가 될 것"이라고 말한다.

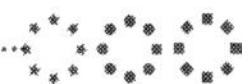

» 모디슈머(Modisumer)

모디슈머란 기업에서 내놓은 상품을 표준방법대로 따르지 않고 자신만의 방식으로 재창조해 내는 소비자 집단을 말한다. 수정하다는 뜻의 Modify와 소비자(Consumer)의 합성어로 모디슈머는 특히 식품업계에서 그 활동이 두드러진다.

모디슈머는 SNS와 같은 소셜 네트워크 서비스가 큰 역할을 하였다. 사람들은 페이스북이나 트위터 등을 통해 자신의 의견이나 생각을 공유하면서 소비자와 소비자가 정보를 교환할 수 있는 쌍방향적 매체가 삶의 일부분으로 들어오면서 모디슈머의 열풍이 분 것으로 파악된다.

실제로 짜장 라면과 일반 매운 라면을 함께 끓인 '짜빠구리'라는 라면이 대표적으로 제조업체에서 밝히는 제조 방법이 아니라 소비자가 스스로 조리법을 고안하여 자신만의 독특한 레시피를 만들어내는 것을 알 수 있다.

» 바이러스 마케팅(Virus marketing)

바이러스 마케팅이란 네티즌들이 이메일이나 다른 매체를 통해 자발적으로 특정 기업이나 기업의 제품을 홍보할 수 있도록 제작한 마케팅 기법을 말한다. 바이러스처럼 확산된다고 해서 바이러스 마케팅이라고 이름 붙여졌다.

» 배드뱅크(bad bank)

은행 등 금융기관의 부실자산이나 채권만을 사들여 전문적으로 처리하는 기관이다. 방만한 운영으로 부실자산이나 채권이 발생한 경우, 배드뱅크를 자회사로 설립하여 그곳으로 부실자산이나 채권을 넘겨줌으로써 본 은행은 우량자산과 채권만을 보유한 굿뱅크(good bank)로 전환되어 정상적인 영업활동이 가능하다.

» 백워데이션(Backwardation)

선물가격이 현물가격보다 낮은 것을 말한다. 일반적으로 선물은 기타 부대비용이 따르므로 현물가격보다 높은 것이 정상이며, 일반적인 시장을 콘탱크라고 한다. 그러나 백워데이션은 그 반대로 선물 매도물량이 매수주문을 크게 웃돌면 선물가격이 지수보다 저평가되는 경우가 발생하는데, 백워데이션은 이러한 역조시장(逆調市場)을 의미한다.

» 블랙 이코노미(Black Economy)

블랙 이코노미란 정부의 규제를 회피하여 공식적으로 보고되지 않는 지하경제를 가리킨다. 일반적으로 이러한 블랙 이코노미는 정부의 눈을 피하기 위해 현금으로 거래되는 경우가 많기 때문에 '캐시 이코노미(Cash Economy)'라고 부르기도 한다.
블랙 이코노미는 우리가 흔히 지하경제라고 알고 있는 사채, 절도, 마약거래, 범죄, 매춘, 도박 등 위법행위와 기업의 비자금 등 정상적인 경제활동 이지만 정부기관에서 포착하지 못하는 것으로 구분한다.

» 베일인(bail-in)

채무를 상환할 능력이 부족한 채무자를 돕기 위한 방법의 하나로 채권자가 자발적으로 채무자의 손실을 분담하거나 직접 자본참여자가 되는 채무구제방식이다. 채무자의 부담을 줄여주는 방식이라는 점에서 구제금융인 bail-out과 동일하지만, 베일인은 추가자금 지원이 없다는 특징이 있다. 베일인은 보통 상환기간 연장 및 이자율 조정, 액면금액 감액 등의 방식으로 이뤄진다.

» 변동성지수(VKOSPI)

코스피200의 옵션 가격을 이용해 주식시장의 향후 변동성을 측정하는 지수로 미국 시카고 옵션거래소(CBOE)가 S&P500지수 옵션을 토대로 발표하는 변동성지수(VIX)와 유사하다. 이 지수는 일반적으로 코스피200지수가 하락할 경우 반대로 상승하는 특성을 갖는다. 코스피200 옵션가격을 이용해 옵션 투자자들이 예상하는 코스피200지수의 미래 변동성을 측정하는 지표로 활용된다. 변동성지수는 주가가 급락할 때 급등하는 역상관관계를 보였기 때문에 '공포지수(Fear Index)'라고도 불린다. 2009년 4월 13일부터 한국거래소에서 산출해 발표하고 있다.

» 비합산조치

특정 물품의 수입이 증가하여 국내 산업에 피해가 발생했을 경우 이에 대한 피해 사실을 조사할 때 해당 물품이 여러 국가로부터 수입되었을지라도 그 산업의 피해를 개별 수입국별로 조사하도록 하는 것을 말한다. 예를 들어 미국이 수입으로 인한 산업피해를 추산할 때 덤핑 혐의가 있는 여러 수출국들로 인한 피해를 누적 적용하지 않고, 특정국가 기업만 떼어내 판정하는 것을 말한다.

≫ 사회책임투자(SRI ; Socially Responsible Investment)

일반적인 투자에서는 투자가가 오로지 재무적인 관점만을 중시하여 이윤의 극대화에만 초점이 맞춰져 있지만, 사회책임투자는 노동착취, 환경오염 등 사회적으로 해로운 계약이나 기업에는 투자하지 않는 등 투자의 대상과 방식을 선별한 투자를 의미한다.
사회책임투자는 일반적인 투자와 달리 투자하는 기업의 생산활동 과정이나 결과가 환경이나 사회에 어떠한 영향을 끼치는지도 고려하여 투자의 포트폴리오를 구성하고 운용한다는 점에서 전통적인 윤리투자(Ethical Investment)와 동일선상에서 파악하고자 하는 견해도 있는데, 이러한 윤리투자방식은 종교기관이나 시민단체 등에서 주로 실행되고 있다.

≫ 샐러던트(Saladent)

샐러던트란 샐러리맨과 스튜던트의 합성어로 공부하는 직장인을 뜻하는 신조어이다. 경쟁이 심화적인 우리나라의 경우 직장인들은 끊임없이 새로운 지식을 업그레이드를 해야만 살아남을 수 있다는 강박관념이 만들어낸 자화상이라 할 수 있다. 보통 업무를 마치고 쉬는 것이 아니라 영어, 중국어, 일본어와 같은 어학 학습 또는 직무와 관련된 학습을 병행하는 것이 보통이다.

≫ 셰일오일(shale oil)

석유가 생성되는 퇴적암에서 추출하는 전통적 의미의 원유와 달리 원유가 생성되는 셰일(점토)층에서 뽑아내는 원유를 말한다. 셰일오일 생산이 장기적으로 지속될 경우 세계 원유 공급 확대 요인으로 작용하여 국제유가 하락 압력으로 작용할 전망이다. 현재 셰일오일의 생산은 미국이 주도적으로 담당하고 있으며, 이는 곧 국제 원유 시장에서 중동 석유 수출국의 영향력 감소 및 미국의 영향력 확대를 가져올 것으로 보인다.

≫ 소프트패치(Soft patch)

앨런 그린스펀 미 연방준비제도이사회(FRB) 의장이 2002년 처음으로 사용한 이후 널리 쓰이고 있는 말로, 경기 회복 국면에서 본격적인 후퇴는 아니지만 일시적인 어려움을 겪는 상태를 지칭한다. 소프트 패치는 원래 골프장 잔디 상태를 일컫는 '라지 패치(병이나 해충 등의 이유로 골프장 페어웨이 가운데 잔디가 잘 자리지 못한 부분)'라는 말에서 유래한 것으로, 그린스펀은 이 용어를 소프트 패치로 변형하여 다소 불안하고 취약하지만 곧 회복세를 보일 것이라는 점을 강조하였다.

» 손주(孫) 비즈니스

자신을 위해서는 지출하는 것을 망설이지만 손자나 손녀를 위해서라면 기꺼이 지갑을 여는 시니어 세대를 타깃으로 하는 사업을 말한다. 손주 비즈니스 시장은 저출산과 고령화 사회로 접어들면서 자녀는 줄어드는 반면 조부모는 늘어나면서 급성장하고 있다.

» 솔로 이코노미(solo economy)

주택, 식품, 소형 가전 등 관련 산업에서 혼자 사는 싱글족을 겨냥해 제품을 개발하고 출시하는 경제를 말한다. 2007년 다보스 포럼(세계경제포럼)에서 형성된 개념으로, 2012년 뉴욕대 사회학 교수 에릭 클라이넨 버그의 저서 〈고잉 솔로 싱글턴이 온다〉에서 이 용어가 적극적으로 등장하기 시작했다. 미니 청소기, 간편식 등 소용량·소포장 상품이 이에 해당한다.

솔로 이코노미는 1인 가구의 급증과 관련이 깊다. 2000년 15.5퍼센트였던 1인 가구 비율은 2012년 25.3퍼센트로 급증한 데 이어 2025년에는 31.3퍼센트로 높아질 것으로 전망되고 있다.

» 수요 시프트인플레이션(demand-push inflation)

경제전반에 초과수요가 존재하지 않더라도 가격·임금의 하방경직성이 존재하게되면 완전고용 실현을 위한 유효수요정책을 수행함으로써 발생하는 일반물가 수준의 상승, 경기 침체기의 인플레이션 현상을 설명하기 위하여 C.슐츠가 주장했다.

» 스팀펑크 스타일(steampunk style)

서로 다른 시대의 패션을 섞는 스타일. 예컨대 고전적 디자인의 가방에 현대식 장식을 다는 식이다. 증기기관을 뜻하는 스팀과 사이버펑크(첨단공상과학소설)를 합성한 용어이기도 하다. 2013년 2월 14일 IBM은 향후 2년간 유통 산업의 트렌드는 '스팀펑크 스타일'이 주도할 것이라는 예측을 내놓기도 했다. IBM은 50만 건 이상의 인터넷게시판과 블로그, 뉴스 자료를 이용한 '소셜감성지수' 분석 결과 스팀펑크 스타일이 사회 전반으로 확산되고 있다고 발표했다. 초기에 일부 계층만 좋아하던 이 스타일이 음악 분야 트렌드가 되고, 수작업으로 소량 제작되던 관련 상품이 기성 상품으로 대량 생산되기 시작했다는 것이다.

≫ 스필오버효과(Spillover Effect)

스필오버란 '넘친', '과잉'이란 뜻으로 특정한 현상이 다른 영역이나 지역에 영향을 주는 것을 말한다. 과거 엔화의 가치가 상승하면서 우리나라를 방문하는 일본인 관광객이 많아지자 서울 한복판인 명동 일대의 호텔방을 구할 수 없게 되자 강남이나 다른 지역에 일본인들이 흘러 넘치는 명동 스필오버 현상이 나타난 것이 대표적이다.

≫ 시퀘스터(Sequester, 예산자동삭감조치)

재정적자를 완화하기 위해 연방정부의 예산이 자동으로 삭감되는 조치를 말한다. 2013년 1월 1월 2개월간 한시적으로 발동이 연기됐다가 협상 실패로 3월1일 부터 발동되기 시작했다. 시퀘스터는 연간 1천100억 달러씩 10년간 총 1조2천억 달러의 정부지출을 자동 삭감하게 된다.

≫ 아베노믹스(Abenomics)

2012년 12월 총리로 취임한 일본의 아베 신조가 내놓은 일련의 정책들을 의미한다.
일본은 제2차 세계대전에서 패전 이후 군수산업으로 인하여 현대적인 산업국가로 변신에 성공한 나라로, 국내 산업이 부흥하자 세계 곳곳에서 많은 투기자금이 쏟아져 들어왔다.
일본으로 유입된 많은 투기자본은 부동산 가격을 상승시키는 역할을 하였다.
이러한 부동산의 가격급등은 '부동산불패신화'를 탄생하여 일본 사람들은 부동산가격이 계속 오를 것이란 믿음 하에 부동산을 구입하기 시작했고, 부동산 가격급등으로 인해 막대한 차익을 챙긴 일본 사람들은 또 다른 부동산을 대거 사들이는 한편 소비도 대폭 늘려 소비열풍의 경기 호황기에 들어섰지만 일본 정부가 경기과열을 우려해 부동산 투기자금의 융자를 제한하는 '부동산 투기 자금 규제 정책'이 발표되자 부동산 가격의 거품이 빠지면서 부동산 가격은 폭락을 거듭했고, 부동산에 투자했던 은행이나 일반 사람들 모두 파산하며 소비까지 위축하게 되었다.
이렇게 소비가 위축되자 기업도 도산하게 되고, 직장을 잃어 모두 어려워지는 이른바 잃어버린 20년이란 최악의 상황이 지금까지 이어져 오고 있는데 이를 일본의 총리인 아베가 모든 정책 수단을 동원하여 경제를 활성화한다는 아베 정권의 정책이다. 주요 내용으로 과감한 금융완화와 재정지출확대, 경제성장 전략을 펴고 있다.

에코부머(Echo-Boomer)

에코부머란 1955~63년생인 베이비부머세대의 자녀 세대들로, 1979~85년생을 지칭한다. 에코부머 세대는 베이비부머 세대가 이룬 경제적 안정을 바탕으로 소비문화의 주체로 되고 있으며, 에코세대의 4년제 대학진학률은 45.5%로 베이비부머와 비교하여 매우 높아졌다. 또한 에코부머 세대는 '3포 세대'로도 불리는데 이는 치솟는 물가와 등록금, 취업난, 집 값 등 경제적, 사회적 압박으로 인해 스스로 돌볼 여유도 없다는 이유로, 연애와 결혼을 포기하고, 출산을 기약 없이 미루고 있는 상황을 빗대어 표현한 것으로 볼 수 있다.

엠커브 현상(M-Curve)

많은 여성이 20대 초반에 일을 하다가 결혼과 임신, 육아 등의 이유로 20대 후반에서 30대 중후반 사이에 노동시장을 이탈한 후 자녀 양육시기가 어느 정도 끝난 뒤 다시 노동시장으로 회귀하는 여성 취업률 패턴을 말한다. 이 같은 여성 취업률의 변화 추이가 영문 M자를 닮아서 '엠커브 현상'이라 부른다.

외국환평형기금채권(Foreign Exchange Stabilization Bond)

원화의 대외가치 안정과 투기적 외화의 유출·유입에 따른 악영향을 막기 위해 정부가 운영하는 외국환평형기금의 재원조달을 위해 정부가 지급보증형식으로 발행하는 채권으로 외평채라고도 한다. 원화표시로만 발행되었으나 IMF구제금융지원 이후 외환 부족을 해결하기 하기 위해 외화표시 증권을 발행하였다. 해외시장에서 발행할 경우 기준금리에 발행국가의 신용도와 유통물량을 고려하여 가산금리가 붙으며, 국회의 동의를 거쳐 발행되고, 발행과 운용사무는 한국은행이 맡고 있다.

은퇴 크레바스

직장에서 은퇴해 국민연금을 받을 때 까지 소득이 없는 기간을 말한다. '소득 크레바스'라고도 한다. 한국 직장인의 경우 50대 중반에 은퇴해 60대에 연금을 수령할 때까지 5년정도의 공백기간이 발생하는데 이 기간동안 생계에 위협을 받는 것에 대한 두려움을 '크레바스 공포'라고 한다.

≫ 워비곤 호수 효과(Lake Wobegon Effect)

자신이 평균보다 더 낫다고 믿는 일반적인 오류를 말한다. 미국의 작가 게리슨 케일러가 1970년대 진행했던 미국 라디오쇼 '프레리 홈 컴패니언(A Prairie Home Companion)'은 '워비곤 호수'라는 가상의 마을을 무대로 한 프로그램이다. 이 마을은 '여자는 모두 강인 하고, 남자는 모두 잘생겼으며, 아이들은 모두 평균 이상인' 허구의 세계다. 그런데 현실의 사람들도 이런 착각에 빠져 산다. 자신의 능력과 재능을 과대평가하거나 약점에는 그럴듯한 해석을 붙여 실제보다 나아 보이게 만들기 일쑤인데 이처럼 자신이 평균보다 더 낫다고 착각하는 경향을 '워비곤 호수 효과'라고 한다. 데이비드 마이어스가 쓴 '사회심리학'도 워비곤 호수 효과의 가설을 입증하는 연구 사례들을 소개합니다. 기업 임원들 중 90%가 자신의 성과를 평균 이상이라고 자평하는 것이 좋은 예이다. 해리 베키스의 저서 '보이지 않는 것을 팔아라.'에서도 80%의 직장인이 스스로를 평균 이상이라고 여긴다. 부모들이 흔히 '우리 아이도 혹시 수재가 아닐까'하고 착각하는 것도 워비곤 호수 효과에 속한다.

≫ 장수채권(longevity bonds)

장수리스크(기대수명이 예상보다 증가함에 따라 발생하는 불확실성) 관리대상의 생존율과 연계되어 원리금을 지급하는 채권이다. 연금가입자가 기대수명 이상으로 생존함에 따라 증가하는 연금지급자의 장수리스크를 자본시장으로 이전한 것으로, 정부 또는 금융회사에서 발행한 장수채권에 연금지급자가 투자하고 정부나 금융회사가 이에 대한 이자를 지급하는 구조로 이루어진다.

≫ 재형펀드

서민 및 중산층의 재산형성에 기여하고자 부활한 재형저축으로 기존의 펀드 상품과 비교해 비과세혜택을 받을 수 있으며, 판매 운용보수를 30% 이상 인하하여 장기투자자에게 비용절감 효과를 제공한다. 총 급여 5천만 원 이하인 근로자 또는 종합소득금액 3,500만 원 이하의 사업자를 가입대상으로 한다.

≫ 창조경제(Creative Economy)

이 용어는 영국의 경영전략가인 존 호킨스(John Howkins)가 2001년 펴낸 책 The Creative Economy에서 처음 사용됐다. 그는 '창조경제란 새로운 아이디어, 즉 창의력으로 제조업, 서비스업 및 유통업, 엔터테인먼트산업 등에 활력을 불어넣는 것'이라고 설명하였다. 2013년 2월 25일 박근혜대통령이 취임사에서 창조경제를 강조함으로써 다시 한번 관심을 끌고 있다. 박대통령은 "창조경제는 과학기술과 산업이 융합하고, 문화와 산업이 융합하고, 산업 간의 벽을 허문 경계선에 창조의 꽃을 피우는 것"이라며 "경제부흥을 이루기 위해 창조경제와 경제민주화를 추진해 가겠다"고 강조했다.

» 출자총액제한

출자총액제한제도는 30대 대규모 기업집단소속 계열사가 순자산(자기자본)의 일정 범위 이상을 다른 회사에 출자할 수 없게 하는 제도를 말한다. 재벌그룹들이 기존 회사의 자금을 이용하여 자회사를 무분별하게 설립하거나 인수하는 문어발식 시장 확대를 제한한다는 취지에서 도입되었다. 자산총액 합계액이 6조원 이상인 기업집단에 속하는 기업은 회사 순자산의 25%를 초과해 다른 국내 회사에 출자할 수 없도록 하는 것이다. 1987년 첫 도입된 뒤, 1998년 2월 국내 알짜기업에 대한 외국자본의 적대적 M&A(인수합병)를 막기 위해 폐지됐다가, 2001년 4월 재도입되었다.

» 카페라떼 효과

최근에 등장한 경제 신조어로 식사 후 자연스럽게 마시는 커피 한잔을 아낄 경우 기대 이상의 재산을 축척 할 수 있다는 것을 말한다. 하루 평균 4,000원의 커피 값을 절약할 경우 30년에 2억이라는 목돈을 마련 할 수 있으므로 소액이라도 장기적으로 투자하면 큰 효과를 볼 수 있다는 것을 말한다.

» 코리보(KORIBOR ; KORea Inter-Bank Offered Rate)

KORIBOR는 국내 은행들이 서로 자금거래를 할 때 기준이 되는 금리를 말한다. 금융시장이 발달하고 금융상품이 다양해지면서 국내에서도 영국 런던의 은행간 단기자금 거래시 적용되는 금리인 LIBOR(London Inter-Bank Offered Rate)와 같은 은행간 단기 자금거래의 기준금리를 도입할 필요성이 높아졌다. 이에 한국은행은 은행, 전국은행연합회 등과 협의를 거쳐 2004년 2월 단기 기준금리 도입방안을 구체화하고 수개월 간의 시범운영을 거쳐 같은 해 7월 26일 정식으로 도입하게 되었다.

≫ 큐레이슈머(Curasumer)

박물관의 큐레이터처럼 자신의 라이프스타일에 맞는 요소들로 삶을 구성하고 이를 사람들에게 당당히 표현하는 소비자들을 가리킨다. 이들은 원래 상품의 용도나 이미지와는 상관없이 자신의 스타일에 맞게 여러 가지 물건을 조합해 사용하는 데 익숙한 사람들로 이들은 기업이 의도한 브랜드 이미지, 제품 사용방식, 그리고 사회적 관습에도 구애받지 않고 자신만의 노하우를 활용해 색다름을 추구하는 편집형 소비자라 할 수 있다.

≫ 크라우드소싱(Crowdsourcing)

크라우드소싱이란 기업이 제품이나 서비스 개발과정에서 외부 전문가나 일반 대중이 참여할 수 있도록 한 정책을 말한다. 크라우드소싱의 대표적인 것으로 위키피디아가 있다. 위키피디아는 다국적 온라인 백과사전으로 전문가가 아닌 사람들이 누구나 자유롭게 글을 쓸 수 있는 사용자 참여의 온라인 백과서전으로 2012년 200여 개의 서로 다른 언어로 작성된 400만 개 이상의 항목으로 구성되어 있을 정도로 그 규모가 방대하다.

≫ 키코(KIKO ; Knock-In Knock-Out)

환율변동에 따른 위험을 방지하기 위하여 등장한 파생금융상품의 일종이다. 환율이 일정범위 내에 있을 경우 시장환율보다 높은 지정환율로 외화를 팔 수 있는 통화옵션이다. 만약 환율이 지정된 범위의 하단 이하로 내려가게 되면 계약이 무효(knock-out)가 되고, 반대로 지정된 범위의 상단 이상으로 올라가면 계약금액의 2～3배를 시장환율보다 낮은 지정환율로 팔아야(knock-in)하기 때문에 기업이 손해를 보게 된다. 여기서 녹인(knock-in)은 덫에 걸려드는 것, 녹아웃(knock-out)은 계약관계 종료를 의미한다.

≫ 톱다운제도(Top Down)

재정당국이 정해준 예산한도 내에서 부처별로 자유롭게 예산을 편성할 수 있도록 하여 부처의 자율성을 높이는 예산편성제도이다. 즉, 사전재원배분제도(Top Down)는 국가의 전략적 목표와 우선순위에 따라 재정당국이 5개년 국가재정운용계획을 수립한 것을 바탕으로 주요 분야별 및 부처별 지출한도를 먼저 설정하고, 개별부처는 그 한도 내에서 개별사업에 대한 예산을 요구하는 방식이다.

» 투자유의종목 지정

투자유의종목 지정은 환금성이 결여되어 있거나 경영부실 등의 사유가 발생할 경우 기업들을 별도로 관리함으로써 투자자의 투자판단에 주의를 환기시키는 제도이다.

» 트리클-다운효과(Trickle-down)

우리나라 말로는 적하효과 혹은 하방침투효과라고도 불리운다. 물이 넘치면 바닥을 적셔주는 것과 같이 정부가 투자를 대대적으로 늘려 대기업 위주의 정책을 편다면 대기업의 부를 늘려주고 이는 중소기업과 저소득층에게도 혜택이 골고루 돌아간다는 이론이다.

» 특별인출권(SDR ; Special Drawing Right)

1969년 IMF가 브레튼우즈 체제의 고정환율제를 지지하기 위해 내놓은 것으로 국제 유동성이 부족할 경우를 대비해 금이나 달러 등의 준비자산을 보완하는 2차적 준비자산으로 등장한 제3의 국제통화를 말한다. 가맹국의 합의에 따라 발행총액을 결정하고 IMF에서의 출자액 비율에 따라 배분되며 각국의 필요에 따라 인출할 수 있는 권리이다. SDR의 가치는 당초 금에 의해 표시되었으나 주요 선진국들이 변동환율제를 채택함으로써 1974년 7월부터 가치기준을 세계 무역에서 비중이 큰 16개국의 통화시세를 가중평균하는 방식인 표준 바스켓 방식(standard basket system)으로 변경되었다. 그 후 1980년 9월 IMF총회에서는 표준 바스켓의 통화를 미국 · 영국 · 프랑스 · 독일 · 일본 등 5개국의 통화로 축소하였으며, 서브프라임 이후 달러화 주도의 국제 금융시장에 대한 위기감이 대두되면서 중국이 SDR의 달러 대체를 주장하였다.

» 파밍(pharming)

넓은 의미에서는 피싱(phishing)의 한 유형으로서 피싱보다 한 단계 진화한 형태라고 할 수 있다. 파밍은 해커가 인터넷뱅킹 등의 사이트 주소를 관할하는 도메인서버를 직접 공격해 인터넷 프로토콜(IP)주소 자체를 변경해 'www'로 시작하는 주소를 정확히 입력해도 가짜 사이트(피싱사이트)가 뜨게 해 개인정보를 빼간다. 따라서 사용자들은 늘 이용하는 사이트로만 알고 아무런 의심 없이 접속하여 개인 아이디(ID)와 암호(password), 금융 정보 등을 쉽게 노출시킴으로써 피싱 방식보다 피해를 당할 우려가 더 크다.

파밍 피해를 방지하기 위해서는 브라우저의 보안성을 강화하고, 웹사이트를 속일 수 있는 위장 기법을 차단하는 장치를 마련해야 하며, 전자서명 등을 이용하여 사이트의 진위 여부를 확실하게 가릴 수 있도록 하여야 한다.

≫ 퍼네이션(Funation)

퍼네이션은 '즐거움(Fun)'과 '기부(Donation)'의 줄임말로, 번거롭고 부담스러운 기부 대신 참여를 통해 기부의 즐거움을 느끼는 나눔 활동을 가리킨다. 퍼네이션은 최근 기업의 사회 공헌 방법의 하나로 떠오르고 있으며, 최근 참신한 아이디어로 무장한 젊은 벤처기업들이 일상생활에서 자연스럽게 기부를 할 수 있는 웹, 모바일 플랫폼을 만들어 퍼네이션(Funation)을 도입하고 있다.

≫ 푸드 마일리지(Food Mileage)

푸드 마일리지란 먹을거리가 생산자 손을 떠나 소비자 식탁에 오르기까지의 이동 거리를 말한다. 보통 생산지에서 소비지까지 식품 수송량에 수송거리를 곱한 수치로 식품 수송에 의한 환경부하량파악을 측정하는 수치로 활용된다.

2007년을 기준으로 1인당 수입식품 푸드 마일리지는 일본, 한국, 영국, 프랑스 순으로, 한국과 일본은 곡물 푸드 마일리지가 가장 큰 반면, 유럽 국가들은 야채 · 과실이 가장 크게 나타났다. 국립환경과학원은 국민들이 지구온난화 방지에 참여할 수 있는 녹색소비(저탄소 식품 소비) 촉진을 위해, 주요 소비 식품에 대하여 푸드 마일리지 및 CO_2 배출량 산정을 지속적으로 추진하여 국민들에게 홍보하고 있다.

≫ 하우스 푸어(House Poor)

하우스 푸어란 대출을 받아 집을 장만했으나 부동산 시장의 위축으로 인하여 주택가격 하락되어 빚을 지거나 손해를 본 사람을 지칭하는 용어이다.

하우스 푸어의 주된 원인은 구입한 집 값 폭락, 전세값 상승으로 무리한 주택구입, 불경기 지속 등이 주요하며 이외에도 사업상 이유, 가정 내 상황(자녀 학자금 부담, 맞벌이, 은퇴 등)이 있다. 이들은 소득에서 주택 구입에 들었던 대출금 이자와 원금을 갚는데 큰 비중을 차지하기 때문에 집은 실상 보유하고 있으나 생활에서는 여유를 얻지 못하는 라이프 패턴을 보인다. 이와 비슷한 것으로 렌트 푸어(Lent Poor)가 있다. 렌트 푸어란 하우스 푸어의 전세판으로 전셋값이 올라 전셋값을 감당하는 데 소득의 대부분을 지출하느라 삶의 여유 없이 사는 사람들을 일컫는 말이다.

» 환태평양경제동반자협정(TPP ; Trans-Pacific Partnership)

아시아 · 태평양 지역 간에 진행 중인 광역 자유무역협정(FTA)을 말한다. 최초 뉴질랜드 · 싱가포르 · 칠레 · 브루나이 등 4개국이 2005년 체결한 자유무역협정이 그 시작이었으며, 2013년 까지 한국을 비롯한 중국, 일본, 미국 등이 함께 참여하여 2015년까지 아시아 · 태평양 지역의 관세 철폐와 경제통합을 목표로 하고 있다.

본 협정에서는 관세철폐 이외에도 농업, 노동, 환경보호, 정부구매, 투자, 지식 재산권 보호, 서비스 무역, 기술무역 장벽, 원산지 표준 등 자유무역협정의 거의 모든 주요사안이 포함되어 있으며 원칙적으로 예외품목을 두지 않는다. TPP는 12개국 이상이 참가하는 다자간 자유무역협정이지만, FTA는 당사자 2개국이 참가하는 양자간 자유무역협정이라는 점에서 차이가 있다.

» 합동경보제

보이스피싱 수법에 적극 대응하고 피해확산을 조기에 차단 및 예방하고자 금융위, 경찰청, 금감원이 공동으로 경보를 발령하고 홍보하는 제도. 2012년 12월 도입됐다.

» 가격파괴(Price destruction)

유통업체들이 고객확보를 위해 경쟁적으로 가격을 인하함으로써 기존의 가격체계가 무너지는 현상을 말한다. 1994년 E마트와 프라이스클럽 오픈을 계기로 국내에 본격 소개되었다. 이러한 할인업태의 돌풍은 소비생활의 합리화와 자동차 대중화로 주말쇼핑문화가 확산되면서 선풍적 인기를 끌었으며, 주요 백화점들도 식품매장의 일부를 가격파괴매장으로 전환하였다.

» 가산금리(spread)

채권이나 대출금리를 정할 때 기준금리에 덧붙이는 위험가중금리로 채권시장에 있어서 기준금리와 실제 시장금리와의 차이를 말한다. 가산금리는 융자를 원하는 기관의 신용도에 따라 정해지는 벌칙성 금리에 해당하기 때문에 돈을 빌리는 기관의 신용도가 높을수록 가산금리가 적게 붙고, 신용도가 나쁠수록 가산금리가 높다. 가산금리의 단위로는 bp(basis point)를 사용한다.

» 감가상각비(Depreciation)

토지를 제외한 건물 · 비품 등의 고정자산은 시간의 경과와 사용의 정도에 따라서 그 가치가 점차 감소해간다. 이 가치감소를 결산시에 일괄계산하여 손실과 함께 해당 고정자산의 이월액에서 감액시켜야 하는데, 이 절차를 감가상각이라 하고 그 감가액을 감가상각비라 한다.

※ 감가상각비(연간) $= \dfrac{\text{취득원가}(C) - \text{잔존가격}(S)}{\text{내용연수}(N)}$

» 경상이익(Ordinary Profit)

영업이익(영업수익 – 영업비용)에다 영업외수익을 더하고 영업외비용을 뺀 것이다. 이 이익은 기업회계원칙에서 당기순이익이라고 부르는 것에 해당한다.

» 경영자혁명(managerial revolution)

오늘날 기업의 지배적 지위는, 기업의 소유자(자본가)가 아닌 경영자가 경영의 실권을 잡는 경영자사회로 되어가고 있다는 것을 뜻한다. 미국의 철학자이며, 사회평론가인 번햄(J. Burnham)이 '경영자혁명시대'라고 주장한 데서 나온 말로, 이는 주식분산화에 의거한 현상이다.

» 관계마케팅(Relation Marketing)

장기적으로 기업과 고객 사이의 지속적인 관계형성 및 유대관계를 핵심으로 하기 때문에 경작형 마케팅으로 불리기도 한다. 현대마케팅의 목표는 고객과의 유대관계를 통해 기업이 시장에서 비교우위를 차지하는데 있으며 때문에 충성고객(Loyal Customers)의 존재여부가 초점이 된다. 따라서 충성고객을 확보하기 위해 기존의 판매위주의 거래개념이 아닌 장기적이고 지속적인 프로세스를 실행하게 되는데 잠재고객이 실제 소비자로 전환되는데 그치지 않고 이를 고객으로 발전시키고 지속적인 유대관계를 통해 지지자와 동반자의 관계로까지 발전시키는 프로세스를 말한다.

» 그린 플랜(green plan)

사회활동할 수 있는 나이이나 기업의 정년 규정에 따라 직장을 그만두는 데서 오는 개인적·사회적 손실을 줄이고 새로운 생활에 적응할 수 있도록 하기 위해서 회사가 교육을 지원하는 프로그램을 말한다.

» 그린 IT(Green IT)

지구 환경을 보호하는 차원에서 친환경적인 성격을 갖는 IT 기기 및 IT 기술을 말하며, 초기에는 저전력 설계, 재활용성을 높인 IT 제품들을 지칭하였으나 현재는 자연 공해나 산업화에 따른 생태계 오염을 IT기술로 예방한다는 의미 또한 내포하고 있다. 기존의 IT가 경제력 활성화에 그 목적을 두고있다면 그린 IT는 인류, 지구, 그리고 수익에 그 목적을 두고 있다. 미국의 IT 시장조사기관인 가트너는 '2008년 IT 10대 전략 기술'의 첫 번째로 그린 IT를 제시하면서 그린 IT는 환경을 파괴하지 않고 IT 기술을 이용하여 자연환경 보존에 보탬이 되는 것이라고 정의하였다.

» 그린메일(green mail)

기업사냥꾼(green mailer)이 대주주에게 주식을 팔기 위해 보낸 편지를 말한다. 기업사냥꾼들이 상장기업의 주식을 대량 매입한 뒤 경영진을 위협해 적대적 M&A를 포기하는 대가로 자신들이 확보한 주식을 시가보다 훨씬 높은 값에 되사들이도록 강요하는 행위이다.

» 금융통화위원회(Monetary Policy Committee)

한국은행법에 의해 한국은행 안에 설치되어 있는 통화신용정책 수립기관으로서 동시에 한국은행의 업무, 운영, 관리를 지시·감독하는 기관이다. 한국은행 총재 및 부총재, 국민경제 각 분야를 대표하는 5인 등으로 구성되며 한국은행 총재는 국무회의의 심의를 거쳐 대통령이 임명하고 부총재는 총재의 추천에 의해 대통령이 임명한다. 다른 5인의 위원은 각 추천기관의 추천을 받아 대통령이 임명하며 위원의 임기는 4년(부총재는 3년)이고 전원 상근하며 업무를 처리한다.

기업구조조정 촉진법

기업구조조정 촉진법이란 부실징후기업에 대한 구조조정의 원활한 추진을 위해 필요한 사항을 규정한 법률로 기업의 회계투명성을 제고하고 금융기관이 신용위험을 효율적으로 관리할 수 있는 체제를 마련토록 규정된 법률을 말한다. 이 법에 따르면 채권금융기관은 신용공여를 받고자 하는 기업에 대해 직전 2개 사업연도의 감사보고서를 제출하도록 요구할 수 있고, 기업신용위험의 상시평가기준 및 사후관리기준을 마련해 운용해야 한다. 기업에 부실징후가 나타날 경우 주채권은행은 당해 기업에 대한 관리조치를 취해 외부전문기관으로부터 자산·부채실사 및 존속능력평가 등을 받도록 요구할 수 있다. 이와 함께 기업으로부터 사업계획서 등을 받아 평가하고 일정한 관리절차에 들어가는 등의 조치를 취해야 한다. 주채권은행이 공동관리절차를 개시하기 위해 협의회를 소집하는 경우에는 그 사실을 금융감독원장 및 채권금융기관에 통보해야 하고, 협의회는 공동관리 절차가 개시된 부실징후기업과 경영정상화계획의 이행을 위한 약정을 체결해야 한다. 또 채권금융기관은 협의회의 의결에 따라 기업에 대한 채권재조정이나 신규신용공여를 할 수 있다. 채권금융기관의 공동관리절차가 중단된 경우로 부실기업에 대해 정리절차를 신청하는 때에는 주채권은행이 경영정상화계획 또는 이를 개선한 계획을 법원에 제출해야 한다. 협의회에서 채권금융기관은 신고된 신용공여액에 비례해 의결권을 행사할 수 있고 주채권은행 단독으로도 부실징후기업에 대한 관리절차를 개시할 수 있다.

기업회계기준(企業會計基準)

한 국가의 회계이론을 종합적으로 집약하여 체계화한 것으로, 기업회계실무를 지도하는 원리 및 지침이 되고 있다. 이것은 경영자의 판단을 올바르게 유도하고, 회계관습의 적용을 정당하게 하기 위하여 설정되었다. 따라서 회계목적이나 회계처리상 지표가 됨과 동시에 회계를 처리함에 있어 준수해야 할 기준이 된다. 여기에는 일반기업의 지표가 되는 기업회계원칙과 상장법인에 적용되는 상장법인 등의 회계처리에 관한 규정이 있었으나, 기업회계기준으로 일원화되었다.

네거티브시스템(negative system)

원칙적으로는 수출입을 자유화하고 예외적으로 수출입을 제한하여 금지하는 품목만을 규정하는 무역제도로, 이때 금지하는 품목을 네거티브리스트(negative list)라 한다. 이 제도의 목적은 무역자유화의 폭을 넓히고 국내산업의 체질을 개선하며 일반인의 소비생활을 향상시키는 데 있으며, 우리나라에서도 채택하고 있다.

» 다국적 기업(multinational corporation)

국적을 초월한 범세계적인 기업으로 세계기업(world enterprise)이라고도 한다. 일반적으로 수개국에 걸쳐 영업 내지 제조거점을 가지고 국가적 · 정치적 경계에 구애받지 않고 세계적인 범위와 규모로 영업을 하는 기업이다. 국내활동과 해외활동의 구별이 없으며 이익획득을 위한 장소와 기회만 있으면 어디로든지 진출한다. 각 지점은 모두 독립적인 이익관리단위로서의 성격을 가지며, 이익은 각 거점의 경영충실화를 위해 재투자되는 것이 원칙이다.

» 다단계판매(multilevel marketing)

최초의 소비자가 판매회원이 되어 또 다른 소비자를 모집하고, 이들이 다시 판매회원이 되는 반복과정을 거쳐 거대한 점조직의 판매망을 갖추는 판매기법이다. 모든 소비자가 가지치기식으로 회원을 확보하므로 조직성장속도가 빠르고 판매회원들에게 판매실적에 따라 일정비율 마진을 보장해 주므로 엄청난 영업력을 형성한다. 혈연 · 학연 · 지연 등 인맥관계를 총동원, 일반광고효과보다 월등한 구전(口傳)광고를 무기로 회원을 모집하는 것이 특징이다. 상품광고나 매장없이 유통비용을 절감하여 소비자와 생산자에게 그 혜택을 돌려 준다는 원칙은 강제구매 · 재고부담 등으로 사회적 물의를 일으키는 피라미드판매와 구별된다.

» 다우존스의 주가지수(Dow Jones Average)

1884년 7월 3일 미국의 다우존스(Dow Jones)에 의하여 처음 발표된 것으로 가장 오랜 역사를 가진 주가지수이다. 미국 주가평균 중 가장 오래되고 권위있는 지표로 다우존스 주가평균에는 공업주 30종목 평균, 운송주 20종목 평균, 공익사업주 15종목 평균과 65종목 종합주가 평균 등이 있고 이들 네 가지의 평균이 함께 발표되고 있다. 다우존스의 특징은 상장종목 중 거래가 활발한 대표적인 소수인 우량주를 채택하여 시황을 민감하게 파악하는 데 있으며 원칙적으로 채택종목의 변경을 하지 않는다. 또한 다우 주가평균은 금액으로 표시되기 때문에 일반투자자에게 인기가 있으며 전술한 시가총액식 주가지수보다 산출방식이 용이하므로 그 작성에 소요되는 경비나 인력을 절약할 수 있는 장점도 지니고 있다. 이 방법의 단점으로는 자본금의 크기에 관계없이 채택종목을 동등하게 취급하므로 가격의 움직임이 큰 주식의 영향을 강하게 받게 되어 정확한 시황파악이 어려울 경우가 있고 채택 종목수가 한정되어 있으므로 산업구조의 급속한 변화 등에 대응하기 어렵다는 점이다.

≫ 다운사이징(downsizing)

감량경영을 뜻하는 말로, 기구축소 또는 감원, 원가절감이 목표이기는 하지만 원가절감과는 개념이 다르다. 단기적 비용절약이 아니라 장기적인 경영전략으로, 그 특징은 수익성이 없거나 비생산적인 부서 또는 지점을 축소·제거하는 것, 기구를 단순화하여 관료주의적 경영체제를 지양하고 의사소통을 원활히 하여 신속한 의사결정을 도모하는 것 등이다.

≫ 단자회사(short-term investment finance company)

8·3조치 이후 단기자금의 공급을 제도화할 목적으로 법률에 의하여 설립된 단기금융회사로, 제2금융이라 한다. 시중의 3개월 이내의 단기유휴자금을 고금리로 흡수하여 국내 기업체에 기업자금으로 공급해 준다. 주요 업무는 3개월 내의 단기융자, 어음할인·매매·인수 및 보증 등으로 은행과 유사한 업무를 한다.

≫ 당기업적주의(current operating performance concept)

기업의 정상적인 경상거래의 결과로써 당기순이익을 획정하기 위한 손익계산의 방법으로, 비정상적 손익 또는 전기손익의 수정은 손익계정을 통하지 않고 직접 이익잉여금에 가감 계산하는 주의를 말한다.

≫ 대차평균(貸借平均)의 원리

거래가 발생하면 거래의 이중성에 의하여 반드시 어떤 계정의 차변과 또 다른 계정의 대변에 동액이 기록된다. 따라서 총계정원장에서 모든 계정의 차변의 총계는 반드시 대변의 총계와 일치한다는 원리이다.

≫ 독약계약(poison pill plan)

가장 강력하고 적극적인 기업인수·합병(M&A) 방어수단이다. 주주에게 보통주로 전환할 수 있는 우선주나 특정 권리를 행사할 수 있는 증서를 무상으로 배부, 일정 조건을 만족시키는 상황이 발생하면 비싼 가격에 주식을 회사에 되파는 식으로 권리를 부여한다.

≫ 디노미네이션(denomination)

관리통화제하에서 화폐의 호칭단위를 낮추는 것을 말한다. 인플레이션에 의하여 팽창한 통화의 계산단위를 바꾸는 것으로, 엄밀한 의미에서는 평가절하라 할 수 없다.

≫ 라인(Line) · 스탭(Staff)

라인은 구매 · 제조 · 판매부문과 같이 경영활동을 직접적으로 집행하는 조직이며, 스탭은 인사 · 경리 · 총무 · 기술 · 관리부문과 같이 라인활동을 촉진하는 역할을 하는 조직이다. 기업규모가 작을 때에는 라인만으로도 충분하지만 규모가 확대됨에 따라 직능이 분화되어 스탭을 두게 된다.

≫ 레버리지효과(reverage effect)

차입금 등 타인자본을 지렛대로 삼아 자기자본이익률을 높이는 것으로, 지렛대효과라고도 한다. 차입금 등의 금리 코스트보다 높은 수익률이 기대될 때에는 타인자본을 적극적으로 활용해서 투자하는 것이 유리하나, 과도하게 타인자본을 도입하면 불황시에 금리부담 등으로 저항력이 약해진다.

≫ 레이더스(raiders)

기업약탈자 또는 사냥꾼을 뜻한다. 자신이 매입한 주식을 배경으로 회사경영에 압력을 넣어 기존 경영진을 교란시키고 매입주식을 비싼값에 되파는 등 부당이득을 취하는 집단이다. 즉 여러 기업을 대상으로 적대적 M&A를 되풀이하는 경우를 말한다.

≫ 리쇼어링(Reshoring)

리쇼어링이란 외국의 저임금 등으로 외국으로 생산 시설을 진출했던 제조업 기업들이 속속 국내로 돌아오는 현상을 말한다.

리쇼어링을 택하는 원인은 인건비 효과가 떨어지는 것이 가장 큰 원인이다. 중국 근로자의 임금은 해마다 증가하여 미국 근로자와 임금 격차가 줄어들면서 이제는 중국 노동력의 인건비가 더 이상 매력적이지 않기 때문에 리쇼어링을 선택하고 있으며, 해외에서 만든 물건을 운송할 때 드는 운송 비용도 증가하는 것도 그 원인이라 할 수 있다.

리쇼어링은 세수 확대와 인프라 투자의 선순환을 가져와 자국의 경제를 활성화하는 긍정적인 효과가 있어 미국 정부는 침체된 경기를 살리기 위해 적극적으로 리쇼어링을 독려하고 있다.

» 리스(lease)

사용료의 징수를 조건으로 부동산 또는 동산의 소유자가 타인에게 이용 또는 점유를 허용하는 계약을 말한다. 리스는 금융리스(financial lease)와 운용리스(operation lease)로 구별되는데, 금융리스는 일종의 선물융자로 대여한 이후에 운용과 보수 등에 관여하지 않는 것으로 기간은 장기리스이며 중도해약이 원칙적으로 인정되지 않는다. 그러나 운용리스는 대여 후 계속 운영수선 등의 사후봉사를 하며 기간은 비교적 단기로 사전통지 후에 계약의 중도해지가 가능하다. 리스는 거액의 자금이 없어도 비교적 기계설비의 구입이 쉬워 담보 및 자금조달능력이 취약한 중소기업이 이를 손쉽게 이용할 수 있다는 장점이 있다. 1952년 미국에서 처음 도입되었으며, 우리나라에서는 1972년 한국산업리스 주식회사가 설립되었다.

» 리스트럭처링(restructuring)

사업재구축으로, 발전가능성이 있는 방향으로 사업구조를 바꾸거나 비교우위가 있는 사업에 투자재원을 집중적으로 투입하는 경영전략을 말한다. 사양사업에서 고부가가치의 유망사업으로 조직구조를 전환하므로 불경기 극복에 효과적이며, 채산성(採算性)이 낮은 사업은 과감히 철수 · 매각하여 광범위해진 사업영역을 축소시키므로 재무상태도 호전시킬 수 있다.

» 마태 효과(Matthew Effect)

마태 효과란 부자는 더욱 부자가 되고 가난한 자는 더욱 가난해지는 부익부 빈익빈 현상을 지칭하는 용어이다. 성경 마태복음 제25장 제29절에 나와 있는 부분을 빗대어 표현한 것으로 "무릇 있는 자는 받아 충족하게 되고 없는 자는 그 있는 것까지 빼앗기리라."는 부분을 미국의 사회학자 로버트 머튼이 성경의 마태복음에 있는 한 구절을 인용하여 사회현상에 적용한 것이다.

» 매트릭스 조직(matrix organization)

기능별 및 부서별 명령체계를 이중적으로 사용하여 조직을 몇 개의 부서로 구분하는 조직이다. 매트릭스 조직은 직능구조의 역할과 프로젝트 구조의 역할로 이루어진 이중역할구조로 되어 있으면서 복합적인 조직목표를 달성하는 것이 목적이다. 매트릭스 조직은 신축성과 균형적 의사결정권을 동시에 부여함으로써 경영을 동태화시키나 조직의 복잡성이 증대된다는 문제점이 있다.

» 머천다이징(merchandising)

적당한 상품을 알맞은 값으로 적당한 시기에 적당량을 제공하기 위한 상품화계획을 말한다. 이러한 상품을 생산하기 위해서는 제품의 품질, 디자인, 제품의 개량, 새로운 용도 발견, 제품라인의 확장 등에 관한 철저한 시장조사가 행해져야 한다.

» 메리트시스템(merit system)

19세기 초에 미국 민주주의 풍조에서 생긴 엽관제도의 폐단을 없애기 위해 생겨난 공무원 임용제도에서 비롯된 제도이다. 근무상태, 능률, 능력 등을 세밀히 조사하여 급료(봉급 · 상여금)에 차별을 두는 일종의 능률급제이다.

» 미텔슈탄트(Mittelstand)

미텔슈탄트란 독일 중견기업들을 지칭하는 용어로 우수한 기술력을 바탕으로 독일을 제조업 명품국가로 만든 원동력으로 만든 것으로 평가되고 있다.

독일은 대량 공장 생산체제의 영국과 달리 과거부터 소규모 장인 공장이 발달하게 됐고 이는 독일이 제조업의 강대국으로 발돋움하는데 큰 역할을 하였다.

독일은 세계 1위의 경상수지 흑자국으로 경상수지 흑자를 창출하는 기업 중 중소기업이 비중이 다른 국가들과 비교해 매우 높은 강점을 가지고 있으며, 독일의 중소기업 수는 400만 개에 달할 정도로 많은 중소기업이 존재하고 있다. 이는 독일 전체 기업의 99%를 차지하는 비중으로 이들이 창출하는 부가가치는 독일 전체의 절반 수준을 넘는다.

≫ 바나나 현상(Banana Sydrome)

'Build Absolutely Nothing Anywhere Near Anybody.'를 따서 만든 신조어이다. 즉 각종 환경오염 시설들을 자기가 사는 지역권 내에는 절대 설치하지 못한다는 내용의 지역 이기주의를 표현한 것으로 국민들의 환경에 대한 의식이 높아감에 따라 일정 지역 거주민들이 지역 훼손사업 또는 오염산업의 유치를 집단으로 거부하고 있어 국가 차원의 공단설립이나 원자력발전소, 댐건설은 물론이고 장례식장, 쓰레기 매립장 같은 혐오시설의 설치가 중단되는 등 많은 문제를 낳고 있다. 위험시설, 혐오시설 등이 자신들이 살고 있는 지역에 들어서는 것을 강력하게 반대 님비증후군(Nimby Syndrome)과 비슷한 개념이다.

≫ 바잉파워(buying power)

대량판매점의 거대한 판매력을 배경으로 한 구매력을 뜻한다. 대량거래에 의한 유통의 효율화로 소비자 이익에 공헌하는 한편, 메이커나 도매상에 대한 우월한 지위를 남용하여 경제적 마찰을 일으키기 쉽다. 불공정 거래행위 등의 폐단이 생기기도 한다.

≫ 바이백옵션(buy-back option)

특정 기업을 인수할 경우 나중에 매각하게 되면 우선매수청구권을 상대방에게 인정해주는 방식으로 피인수 기업을 되살 수 있는 조건을 제시함으로써 매각을 보다 쉽게 할 수 있는 장점이 있다.

≫ 발틱건화물운임지수(BDI ; Baltic Dry Index)

발틱 해운거래소가 발표하는 해운운임지수를 말하며, 벌크선운임지수도로 불린다. 종전의 Baltic Freight Index(BFI)를 대체한 것으로 1999년 11월 1일부터 발표하고 있다. 철광석 · 석탄 · 곡물 등 원자재를 실어 나르는 벌크선 시황을 나타낸다. 세계 26개 주요 항로의 배 유형별 벌크화물 운임과 용선료 등을 종합하였다. 1985년 1월 4일을 기준인 1,000으로 한 지수는 선형별로 대표항로를 선정하고 각 항로별 톤마일 비중에 따라 가중치를 적용하여 산정한다.

» 버냉키 쇼크(Bernanke Shock)

미국 연방준비제도이사회(FRB) 의장인 낸 버냉키의 발언이 세계 증시에 미치는 영향력을 표현한 단어이다. 벤 버냉키는 미국 출신 경제학자로서 대학교수와 백악관 대통령 자문위원회 의장을 지낸 인물로 그린스펀의 뒤를 이어 미국 연방준비제도이사회 의장을 역임한 사람으로 전 세계 경제에 가장 영향력이 있는 인물로 평가받는다. 미국 연방준비제도이사회 의장은 세계 경제 대통령으로 불리며, 연방준비위원회 의장의 언행은 전세계 금융시장에 강력한 파장을 몰고 오기 때문에 전 세계 주식시장에 연쇄 하락 또는 상승과 같은 효과를 가져 온다.

» 백기사(white knight)

경영권 다툼을 벌이고 있는 기존 대주주를 돕기 위해 나선 제3자이다. 이때 우호적인 기업인수자를 백마의 기사라고 한다. 백마의 기사는 목표기업을 인수하거나 공격을 차단해 주게 된다. 백기사처럼 기업을 인수하는 단계까지 가지 않고 기업의 주식확보를 도와주는 세력은 백영주(white squire)라고 한다.

» 백도어리스팅(Back Door Listing)

뒷문을 통해 상장한다는 의미의 백도어리스팅은 비상장기업이 상장을 위한 심사나 공모주 청약 등의 정식 절차를 밟지 않고 우회적인 방법, 즉 상장된 기업과의 합병 등을 통해 곧바로 증권거래소나 코스닥시장 등 증권시장에 진입하는 방식이다.

우회상장의 대표적인 방법은 이미 상장된 기업과의 합병을 통해 경영권을 인수받아 상장하는 것이다. 자금 사정은 좋지만 상장요건을 갖추지 못했거나 복잡한 절차를 피해 빠른 시일 내에 상장하려는 비상장기업으로서는 대주주 지분율이 낮고 경영난에 빠진 부실한 상장기업을 인수·합병하는 방식으로 이루어진다.

2014년 5월 국내 2위 포털업체인 다음커뮤니케이션과 국내 1위 모바일 메신저 업체인 카카오가 합병을 공식 발표하면서 카카오의 우회상장(백도어리스팅)이 알려진 것이 대표적이다.

» 뱅크론(bank loan)

은행간의 차관으로, 은행이 차입국의 은행에 융자하여 그 금융기관이 자기책임하에 자국의 기업에 대해서 자금을 대부하는 방식이다. 특히, 저개발국에 대한 민간경제협력의 하나이다. 보통의 차관은 정부나 기업이 개발도상국의 정부나 기업에 대해 자금을 대출하지만 뱅크론은 은행이 개발도상국의 은행에 대해 대출한다.

법정관리(法定管理)

기업이 자력으로 회사를 운영하기 어려울 만큼 부채가 많을 때 법원에서 제3자를 지정하여 자금을 비롯한 기업활동 전반을 관리하게 하는 것을 말한다. 법정관리신청을 하면 법정관리체제의 전단계 조치인 재산보전처분결정을 내려 이날부터 회사와 관련된 모든 채권·채무가 동결되고, 법정관리결정을 내려 법정관리자를 지정하면 법정관리체제로 전환된다. 법정관리신청이 기각되면 파산절차를 밟거나 항고·재항고를 할 수 있는데, 항고·재항고기간중엔 법원의 회사재산보전처분결정이 그대로 효력을 발생, 시간벌기작전으로 파산위기를 넘기기 위한 목적으로 이용되는 경우도 있다. 부도위기에 몰린 기업을 파산시키기보다 살려내는 것이 단기적으로는 채권자의 이익을 희생시키는 대신 장기적으로는 기업과 채권자에게는 물론 국민경제 전반에 바람직한 경우가 많다는 점에서 이 제도를 시행하고 있다. 또 회사의 경영을 계속 유지시켜 줌으로써 인적 자원이나 경영노하우를 보호하는 측면도 있다. 그러나 법정관리가 부실기업의 도피처로 악용되거나 남용되는 사례가 많다는 비판도 있다.

벤처캐피탈(Venture Capital)

모험자본이라는 뜻으로 고도의 기술력을 보유하여 장래성은 있지만 경영기반이 미약해 주식취득의 형식으로 투자를 실시하는 기업 또는 이러한 기업의 자본 그 자체를 의미한다. 대부분은 당해 기업이 성장한 후 자신이 취득한 주식을 공개함으로써 얻을 수 있는 자본이익(Capital Gain)으로 수익을 올리는 것이 일반적이다. 이는 수익성이 높은 만큼 위험성도 큰 투자의 형태이다.

복식부기(複式簿記)

금전수지뿐만 아니라 모든 재화를 화폐액으로 계산함과 동시에 재화나 자본의 증감변동을 기록하며, 손익발생의 원인이나 이유를 상세히 기록하는 계산이다. 이는 모두 일정한 원리나 법칙에 따라서 조직적으로 기록하므로 '계정의 학문'이라고도 하지만, 모든 금액이 이중으로 기입되기 때문에 복식부기라고 한다.

분권관리(分權管理)

기업전체조직을 부문단위로 편성하고, 최고경영자는 각 부문의 관리자에게 권한과 책임을 위임하여 자주성과 결정권을 갖게 하는 관리조직의 형태로 집권관리에 대립한 말이다.

» 분사(分社)

회사의 특정 부분을 별도 회사로 분리하는 것을 말한다. 물리적인 방법을 통한 인력재분배과정을 통해 새롭게 탄생한 외부의 새로운 조직이 아웃소싱의 형태로 운영될 수도 있고 외주, 인재파견 혹은 컨설팅의 형태로도 운영될 수 있다. 이는 인수주체에 따라 스핀오프, EBO, MBO 등으로 나뉜다.

» 비관세장벽(NTB ; Non Tariff Barrier)

정부가 국산품과 외국품을 차별하여 수입을 억제하려는 정책일반으로, 관세 이외의 방법이다. 전형적인 것은 수입수량제한, 국내산업보호정책, 수출에 대한 금융지원과 세제상의 감면 등 우대조치, 반덤핑정책 등으로 정부의 국내산업보호와 수출장려정책의 수단을 말한다.

» 비셰그라드(Visegrad)

비셰그라드란 유럽의 4개국(폴란드 · 헝가리 · 체코 · 슬로바키아)를 묶은 지역협의체를 말한다. 1991년 헝가리 비셰그라드에서 열린 폴란드, 체코슬로바키아, 헝가리 3국 정상회담에서 창설됐다.

이후 1993년 체코슬로바키아가 해체되며 체코와 슬로바키아가 그룹 회원국이 되었다.

이들 국가는 유럽연합(EU) 경제에서 차지하는 비중이 점차 증가하고 있으며, 경제, 안보, 에너지 등 다양한 분야에서 서로 협력하고 있다.

» 비트코인(Bitcoin)

2009년부터 발행을 시작한 온라인 가상 화폐를 말한다. 나카모토 사토시라는 인물 혹은 단체에 의해 만들어진 비트코인은 컴퓨터로 수학문제를 풀어 채굴하는 독특한 방식으로 비트코인을 얻을 수 있다. 비트코인은 누구나 채굴할 수 있지만 무한정 존재하지도 않을 뿐더러, 채굴하기도 쉽지 않다는 점에서 금과 같은 희소성을 가지고 있다.

비트코인은 일반적인 물리적 화폐와 달리 비트코인 거래는 금융기관 등 제3자를 거치지 않으므로 수수료나 대기시간에 구애받지 않고 세계 어디서나 빠르고 편리하게 전송할 수 있으며, 총 발행량은 고정되어 있어 인플레이션의 위험이 없다. 또한 금융에 소외된 이들도 비트코인을 통해 글로벌금융거래에 참여 가능하다는 장점이 있다.

그러나 모든 비트코인 거래기록은 익명으로 영구히 공개되지만 마약과 총기 거래 등으로

악용될 소지가 있기도 하다. 그리고 우리나라는 비트코인이 화폐도 금융상품도 아니라는 결정을 내렸는데, 발행 주체가 모호하고, 유통과정에서 이용자를 보호할 방법이 마땅치 않으며, 변동성이 커서 가치를 저장하거나 측정하는 전통적인 화폐는 물론 금융상품으로 볼 수도 없기 때문이라고 하였다.

≫ 빅딜(big deal)

주요 사업에 대한 기업들의 맞교환을 말한다. 국내 산업경쟁력을 높이기 위해 대그룹 간의 사업부문을 맞바꾼다는 뜻으로 정부가 기업구조조정의 수단으로 활용하고 있다. 정부와 재계가 추진하고 있는 빅딜은 특정 분야에서 경쟁력이 있는 그룹에 해당 산업을 자율적으로 집중시키는 방식으로 진행중이다.

≫ 사내벤처(社內 Venture)

새로운 제품을 개발하거나 본래의 주업무와는 다른 시장으로 진출하고자 할 때, 기업 내부에 설치하는 독립적인 사업체를 말한다. 미국의 IBM 등 대기업들이 이 방식을 채택하고 있는데, 단기간에 신규사업을 육성하는 데 효율적이다.

≫ 사업부제

기업의 조직을 제품별 · 지역별 · 시장별 등으로 구분하여 개별적인 경영단위로서의 사업부를 만들고 각 사업부에 대폭적인 자유재량을 주는 분권관리의 한 조직형태이다. 그러나 사업부는 기업의 일부이므로 자유재량은 전사적(全社的)인 방침이나 목표의 제약 내에서 주어지는 것이며, 일반적으로는 이익목표만을 주고, 이를 달성하기 위한 생산이나 판매의 내용 · 방법 · 규모 등이 일임된다.

≫ 사외이사제(社外理事制)

우리나라는 1996년 현대그룹이 국내에서 처음으로 도입했으며 회사의 경영을 직접 맡는 이사 이외에 회사 밖의 전문가들을 이사회 구성원으로 선임하는 제도를 말한다. 경영감시를 통한 공정한 경쟁과 기업이미지 쇄신, 기업경영에 전문지식을 활용하려는 데 목적이 있다.

» 상향평가제(上向評價制)

부하직원이 직장상사의 업무수행태도와 능력, 부하와의 관계 등을 평가하는 인사평가제도를 말한다. 구체적으로는 팀워크구축 · 공정성 · 의사소통 · 전문지식 · 업무판단력 · 기획력 · 솔선수범 · 개선노력 등이 주된 평가항목이며, 그 결과가 각종 포상 및 승진에 반영된다. 평가내용은 철저히 비밀이 보장되며 면책특권도 갖는다.

» 서든 스톱(Sudden Stop)

서든 스톱이란 예상하지 못한 외국 자본유입이 중단될 때 대규모 외자유출이 발생하면서 나타나는 외화유동성이 고갈되는 현상을 말한다. 서든 스톱은 자본의 급격한 유출이 있는 경우 발생하게 되는데 1997년에 발생한 아시아 외환위기, 1999년의 러시아 모라토리엄, 2007년의 미국 서브프라임 위기 등이 서든 스톱이 원인이라 할 수 있다.

» 선입선출법(FIFO ; First-In First Out method)

상품매출시 먼저 매입한 것부터 순차적으로 매출하는 형식이다. 이 방법에 따르면 매입된 가격이나 수량이 각각 다르다 하더라도 평균단가계산을 할 필요가 없으며, 재고자산이 현시가에 가장 가까운 가액으로 평가된다는 장점이 있다.

» 세이프가드(safeguard)

세계무역기구(WTO) 협정에 근거한 수입제한조치로 수입 증가에 따른 국내 산업 보호를 목적으로 하는 조치로 관세를 부과하여 해당 상품의 국내 가격을 올리는 것으로 해당 물건을 수출하는 업체에 심한 타격을 입힐 수 있다. 세이프가드 조항 또는 에스케이프 조항으로 불리는 GATT(관세 및 무역에 관한 일반협정 ; General Agreement on Tariffs and Trade) 제19조에서는 수입수량 제한이나 관세인상 등의 수입제한 조치를 취할 수 있다고 규정하고 있다. 1975년 성립된 미국의 불공정무역관행에의 보복 또한 세이프가드를 보다 용이하게 발동할 수 있도록 규정하고 있으며, 1993년 체결된 우루과이라운드, 다자간 무역기구(MTO ; Multilateral Trade Organization)의 정식 발족으로 그 상황은 점차적으로 심각해지고 있다.

» 소셜덤핑(social dumping)

'사회적 희생에 의한 덤핑'이란 뜻으로, 해외시장에서 타국의 생산품을 압도하는 낮은 가격으로 투매하는 것이다. 이를 위해 생산비용을 낮춰야 하는데 그 방법으로 노동자의 근로조건을 부당하게 낮추든가 희생시키게 된다. 이로 인해 얻어지는 부당한 이윤으로 해외시장에 상품을 값싸게 덤핑하므로 소셜덤핑이라고 한다. 이는 구조적으로 낮은 임금수준과 비교적 양질의 노동생산력이 특이하게 결합되어 있는 나라, 주로 신흥공업국에서 나타나는 현상이다.

» 손익계산서(P/L ; Profit and Loss statement)

회계기간의 경영성과를 명확히 하기 위하여 그 기간에 발생한 수익과 비용을 대응시켜 당기순손익을 표시한다. 이것을 토대로 경영의 성과를 정확히 계산하여 기업의 이해관계자에게 보고하기 위해 작성되는 것이다. 보고식과 계정식 두 종류가 있으며, 우리나라에서는 보고식 작성을 원칙으로 하고 있다.

» 손익분기점(BEP ; Break-Even Point)

일정 기간의 총수익(매출총액 또는 총생산액)과 총비용이 일치되는 점으로, 이익도 손실도 발생하지 않는 점이다. 총수익선이 이 점을 상회하면 그만큼의 이익이 발생하고 하회하면 그만큼의 손실이 발생한다.

※ 손익분기점 $= \dfrac{\text{고정비}}{1-\left(\dfrac{\text{변동비}}{\text{매출액}}\right)}$

» 수율(yield)

불량률의 반대어로 이로 인해 생산량이 결정되고 회사능력이 좌우된다. 자동차는 일부에 문제가 있으면 그 부분만 교체하면 된다. 하지만 반도체는 그럴 수가 없다. 한 부분이라도 결함이 있으면 전체를 버려야 한다. 그래서 수율은 회사마다 극비보안사항이다.

» 스마트 그리드(Smart Grid)

에너지효율성 향상과 신재생에너지공급의 확대를 통한 온실가스 감축을 목적으로 전력산업과 IT 그리고 통신기술을 결합하여 안정적이고 고효율의 지능화된 전력망을 구축하는 것으로 실시간으로 전력 사용현황을 파악하고 이에 맞게 전력 사용 시간과 양을 통제한다.

» 스크루플레이션(Screwflation)

쥐어짜다라는 의미의 '스크루(Screw)'와 인플레이션(Inflation)의 합성어로 물가상승으로 인해 중산층의 실질임금이 감소하면서 젖은 옷의 물을 짜내듯이 중산층을 쥐어짜는 경기침체가 지속되는 현상을 의미한다. 2011년 미국 헤지펀드업체의 대표인 '더글러스 카스'가 처음 사용한 단어로 미국 경제가 1970년대 스태그플레이션보다도 해결하기 어려운 상황에 처한 것을 언급하면서 처음 소개되었다.

» 스트레스 테스트(stress test)

특정한 조건의 발생상황에서 상황에 대한 반응을 수치적인 결과로 나타낼 수 있도록 하는 실험측정검사 방법으로 반드시 금융분야에 국한된 것은 아니다. 금융분야에서는 경제여건이 지금보다 훨씬 더 어려워질 것이라는 가정하에 은행들이 충분한 자본과 유동성으로 위기를 헤쳐나갈 수 있는지를 평가하는 것으로 금융기관은 심사를 통과해야만 재무부의 자금지원을 받을 수 있고 그렇지 못한 금융기관은 재무부의 자금지원을 받을 수 없다. 심사에 통과하여 자금지원을 받는다고 하더라도 그에 상응하는 전환우선주 및 배당금을 지급해야 하므로 기존의 주주에게는 일정부분의 손해가 미친다.

» 스핀오프(spin-off)

정부출연연구기관의 연구원이 자신이 참여한 연구결과를 가지고 별도의 창업을 할 경우 정부보유의 기술을 사용한데 따른 로열티를 면제해주는 제도를 말한다. 이를 실시하는 국가들은 기술이 사업화하는데 성공하면 신기술연구기금을 출연토록 의무화하고 있다. 또 기업체의 연구원이 사내창업(社內創業)을 하는 경우도 스핀오프제의 한 형태로 볼 수 있다.

≫ 승수이론(theory of multiplier)

경제현상에 있어서 최초의 경제량의 변화에 의한 계속적인 파급관계를 분석하여 최종적으로 생겨난 총효과를 밝히는 경제이론으로, 최종적으로 생겨난 효과를 승수효과라 한다. 이 이론은 케인스 경제학체계의 기본을 이루는 것으로, 투자가 파급효과를 통하여 결국은 같은 액수의 저축을 낳는다고 하였다.

≫ 시가평가제(MTM ; Mark to Market)

증권, 포트폴리오, 계좌 등을 매입시의 장부가격이 아닌 현재 시장에서 거래되는 가격대로 기록하는 것을 말한다. 금융기관의 회계 투명성과 정보의 정확성을 위해 일반적으로 채택되고 있는 회계원칙이나 극도의 신용경색으로 정상적인 가격이 형성되지 않는 상황에서는 금융권의 재무건전성을 악화시키는 요인이 되고 있다는 비판을 받고 있다.

≫ 시뇨리지(Seigniorage)

중앙은행이 화폐를 발행함으로써 얻는 이익, 다시 말해 화폐의 액면가에서 제조 비용을 뺀 이익을 시뇨리지(Seigniorage)라 한다. 다른 말로는 화폐주조차익 또는 화폐발권차익이라고 한다. 시뇨리지는 중세 유럽의 봉건 영주(Seignoir)에서 나온 말로, 화폐 주조권자가 화폐 주조 의뢰자에게 부과한 수수료를 가리킨다. 당시 개인이 화폐 주조권자인 국왕이나 영주의 조폐소에 금이나 은을 주어 보증 화폐의 주조를 의뢰하면 화폐 주조권자가 화폐를 주조해 주는 대신 수수료로 해당 금속의 일정 몫을 떼어 가졌다. 즉, 화폐 주조에 따른 비용은 화폐 주조 비용(Brassage)과 화폐 주조권자의 이윤(Seigniorage)으로 구성된 것이다. 현대에 시뇨리지의 구체적인 의미는, 중앙은행이 무이자의 화폐를 발행하여 유이자의 금융 자산을 취득함으로써 얻는 이익을 가리킨다. 한편 오늘날 화폐 발행권이 있는 정부나 중앙은행은 시뇨리지 효과를 보며, 국제적으로는 기축통화를 발행하는 나라가 시뇨리지 효과를 본다. 통화 공급을 늘려 인플레이션이 발생하면 기존 통화에서 실질가치가 줄어들고 그만큼의 부가 중앙은행으로 가기 때문에 시뇨리지는 '인플레이션 세금(Inflation Tax)'으로 불리기도 한다.

》 시장지배적 사업자(市場支配的事業者)

시장지배적 사업자 지정은 특정 품목의 시장점유율이 높은 독과점기업의 횡포로부터 소비자와 다른 사업자를 보호하기 위해 1981년부터 실시해 온 제도이다. 독점규제 및 공정거래에 관한 법률에 따라 상위 1개사의 시장점유율이 50%를 넘거나 상위 3개사의 점유율이 75% 이상인 품목과 기업을 매년 지정하고 있다. 시장지배적 사업자로 지정되면 가격 및 물량조절, 타사업자 영업방해, 신규참여방해, 독과점적 지위를 이용한 부당행위에 대해 별도로 규제받는다.

》 신디케이트(syndicate)

카르텔 중 가장 결합이 강한 형태로, 중앙에 공동판매소를 두어 공동으로 판매하고 이익을 분배하는 기업집중의 형태이다. 공동판매카르텔이라고도 한다.

》 신용장(L/C ; Letter of Credit)

은행이 특정인에게 일정한 기간 · 범위 안에서의 금액을 자기은행이나 자기가 지정한 은행 앞으로 어음을 발행하는 권한을 부여하는 보증장을 말한다. 여행신용장과 상업신용장이 있으며, 상업신용장에는 클린신용장과 화환신용장이 있다. 화환신용장에는 취소가능신용장과 취소불능신용장, 확인신용장, 무확인신용장이 있다.

》 실질국민총소득(GNI ; Gross National Income)

생산활동을 통해 획득한 소득의 실질구매력을 반영하는 소득지표이다. 경제여건 변화에 따라 소득의 구매력도 달라지므로 한 나라의 경제력을 측정하기 위해서는 생산측면뿐만 아니라 교역조건 등을 감안한 구매력도 포함해야 한다는 취지에서 만들었다. 실질GNI는 실질GDP에 '수출입단가 변동으로 인한 실질무역손익'과 '실질국외순수취요소소득(이자 · 배당 · 임금 등)'을 더한 수치이다. 그 동안 소득지표로 사용해 왔던 실질GNP는 물량변화를 반영하는 생산지표(GDP)와 소득지표(국외순수취요소소득)가 혼합돼 있어 성격이 불분명하다는 지적을 받아 왔다. 그래서 UN과 IMF 등 국제기구는 1993년 '개정 국민계정체계(SNA)'를 제정해 GNP를 GNI로 개정하도록 권고해 왔으며, 주요 선진국들도 대부분 이를 쓰고 있다.

» 아시안공동기금 ; CMI 다자화기금

한국, 중국, 일본과 동남아국가연합(ASEAN)이 글로벌 금융위기에 공동 대처하기 위해 추진 중인 공동기금. 외환위기직후인 2000년 태국의 치앙마이에서 제안되었으며, 미국발 서브프라임의 여파로 국제금융시장의 위기가 가속화되자 2009년 2월 22일 해당국 재무장관들은 그 규모를 종전 800억 달러에서 1,200억 달러로 확대하기로 했다.

» 애드호크러시(ad-hocracy)

목적달성을 위해 조직이 편성되었다가 일이 끝나면 해산하게 되는 일시적인 조직을 말한다. 예를 들면 프로젝트팀(project team)이나 태스크 포스(task force) 등이다. 토플러(A. Toffler)는 현대사회의 특징을 가속성과 일시성이라고 하였는데, 이러한 현상이 기업조직에서도 나타나서 조직의 영속성이 없어져가고 있다고 한다.

» 양허관세(亮許關稅 ; bounded tariffs)

다자간 협상을 통해 국제적으로 공인된 관세이다. 일단 관세를 양허하면 그 이하로 낮출 수 있어도 더 이상의 관세를 부과할 수는 없다. 그러나 해당 산업을 보호하기 위한 목적으로 재협상할 여지는 있다. 다만, 양허관세를 올리려 할 경우 해당 품목의 주요 수출국의 양해가 필요하며, 이때 양국간에 이에 상응하는 보상수단 등이 논의된다.

» 어닝 쇼크(Earning Shock)

기업이 실적을 발표할 때 시장에서 예상했던 것 보다 저조한 실적을 발표하는 것을 일컫는다. 기업은 반기 또는 분기별로 어닝 시즌(Earning Season)에 자신의 영업실적을 발표하는데, 발표한 실적이 저조하면 시장에 어닝 쇼크를 일으킨다.

일례로 2014년 2분기 잠정실적에서 우리나라의 삼성전자 및 현대차의 실적 발표에 따라 주가 상승하거나 하락하는 것이 어닝 쇼크에 의한 결과라 할 수 있다. 어닝 쇼크와 반대되는 용어로 어닝 서프라이즈(Earning Surprise)가 있는데, 이는 기업의 발표 실적이 시장의 예상치를 훨씬 초과하는 것을 나타내며 '깜짝 실적'이라고도 표현한다.

» 엠바고(embargo)

금수(禁輸)조치. 일정국가와 직간접으로 교역 · 투자 · 금융거래 등 모든 부분의 경제교류를 중단하는 조치로, 보통 정치적인 목적에서 어떤 특정국을 경제적으로 고립시키기 위해 사용된다. 대상국과는 원칙적으로 모든 경제교류가 중단되나, 인도적 교류나 문화 · 체육분야의 교류에는 예외가 인정되는 것이 보통이다. 이같은 국가 대 국가의 경우 이외에도 UN의 결의에 의해 여러 국가가 특정국에 경제봉쇄조치를 실시하는 경우도 넓은 의미에서 금수조치에 포함된다. 걸프전쟁 당시 이라크에 대한 제재조치가 대표적인 예이다. 매스컴 용어로는 일정시점까지 보도금지를 의미한다.

» 연결재무제표(consolidated financial sheets)

지배 · 종속관계에 있는 기업들을 하나의 큰 기업으로 보고 지배회사의 입장에서 나머지 회사와의 상호 투자 및 매출 · 매입거래 등 내부거래를 없애고 작성한 재무제표이다. 지배회사와 종속회사는 법률상 독립단위지만 경제적으로는 단일한 조직체로 기업을 이룬다. 따라서 종속회사에 대한 지배관계의 진상을 명시하지 않은 지배회사의 단독 대차대조표만으로는 그 진실한 재정상태를 충분히 표시할 수 없기 때문에 연결재무제표를 작성, 모회사가 보유하는 주식의 배후에 있는 재정상태를 명백히 한다.

» 영기준예산(zero-based budget)

미국의 사무기기업체 제록스사가 처음으로 도입하였으며 우리나라는 1983년부터 채택했다. 모든 예산항목에 대해 기득권을 인정하지 않고 매년 제로를 출발점으로 과거의 실적이나 효과, 정책의 우선순위를 엄격히 사정해서 예산을 편성하는 방법을 말한다. 예산규모의 무질서한 팽창, 경직화를 방지하기 위해 기득권이나 관습에 사로잡히지 않는 입장을 취한다.

≫ 오픈북 경영(Open-Book Management)

정보공유경영을 말한다. 모든 종업원들에게 기업의 재정상태나 경영정보를 공유할 수 있도록 하여 종업원들이 경영자와 같은 주인의식을 갖도록 함으로써 기업 전체의 이익을 우선시하도록 하려는 경영전략으로, 기업의 위기공감과 책임과 권리의 공동인식 등과 기업의 구조를 변경하지 않고 구성원들을 혁신의 주체로 변화시킬 수 있는 장점이 있다.

≫ 오픈프라이스제(open price system)

최종판매업자가 제품의 가격을 표시해 제품가격의 투명성을 높이는 제도를 말한다. 그동안 제조업자가 턱없이 높은 권장소비자가격을 매겨 놓고 유통업자가 소비자에게 판매할 때 이를 대폭 할인해 주는 식으로 영업을 하였으나 이 제도를 도입하면 판매자 간의 가격경쟁을 유도할 수 있어 최종소비자는 더욱 싼값으로 제품을 구입할 수 있게 된다. 제조업자가 가격을 편법으로 인상할 필요도 없어진다.

≫ 외부경제효과(外部經濟效果)

생산자나 소비자의 경제활동이 시장을 통하지 않고 직간접으로 제3자의 경제활동이나 생활에 영향을 미치는 것을 말한다. 외부경제효과가 있으면 시장기구가 완전히 작동해도 자원의 최적배분이 실현되지 못한다.

≫ 우선주(優先株)

보통주에 대해 이익배당이나 기업이 해신할 경우의 잔여재산 분배 등에 우신권을 갖는 주식을 말한다. 누적적 우선주와 참가적 우선주가 있다.

» 워크아웃(workout)

기업가치회생작업으로, 기업과 금융기관이 서로 합의해서 진행하는 일련의 구조조정과정과 결과를 말한다. 미국의 GE사가 1990년대 초 개발한 신(新)경영기법이다. 사전적 의미로는 운동 · 훈련 등으로 몸을 가뿐하게 하는 것으로, 종업원들이 근무장소에서 벗어나 회사 내 문제점에 대한 토론을 벌이고 이를 통해 회사의 발전방안을 도출해 내는 의사결정방식이다. 주채권은행을 중심으로 한 채권단이 해당 기업과의 자율적인 협약에 따라 부실기업의 재무구조를 개선해 회사를 살리는 것이다. 일시적인 유동성 부족 등으로 외부기관의 도움만 받으면 쉽게 회생할 수 있을 때 유리하고, 법정관리에 비해 의사결정이 빨리 이루어지는 것이 장점이다. 채권단이 원리금 탕감 및 상환유예, 출자전환 등을 포함한 기업개선계획안을 마련, 총채권액 기준 75% 이상 승인을 받으면 효력이 발생한다. 해당 기업도 고통분담차원에서 인원 및 조직축소와 유휴자산매각, 감자(減資), 부실경영진 퇴진 등의 조치를 취한다.

» 유동비율(流動比率)

유동자산을 유동부채로 나눈 비율이다. 회사의 지불능력을 판단하기 위해서 사용하는 분석지표로, 비율이 높을수록 지불능력이 커지며 200%가 이상적이라고 한다. 은행가의 비율 또는 2대 1의 원칙이라고도 한다.

» 유한책임사원(有限責任社員)

회사의 자본금 이상 손실에 대하여 출자액 한도 내에서 책임을 지는 사원을 말한다. 주식회사와 유한회사는 유한책임사원으로 구성되어 있으며, 합자회사는 무한책임사원과 유한책임사원으로 구성되어 있다.

» 유효수요(有效需要)

실제로 구매력을 가지고 있는 수요로, 물건을 구입할 돈을 갖고 또 구매하려는 욕구를 가진 수요이다. 케인스의 경제학에서 경기회복, 완전고용의 실현을 위한 중요한 요소이다. 케인스는 실업의 발생원인을 유효수요의 부족에서 온다고 했고 고용의 증가를 유지하기 위해서 정부의 신투자가 있어야 한다고 주장했다.

≫ 의제자본(擬制資本)

주식회사에서 현물출자를 하는 토지 · 건물 등을 평가할 때 실제의 가격보다 높게 평가하여 주식을 발행하는 경우가 있다. 이와 같이 초과된 평가액에 따라 발행된 자본을 의제자본이라 한다.

≫ 이노베이션(innovation)

슘페터(J. A. Schumpeter)의 경제발전이론의 중심개념으로 기술혁신을 뜻한다. 혁신의 주체는 기업이며 기업은 신(新)경영조직 구성 · 신생산방법 도입 · 신시장 개척 · 신자원 개발로 높은 이윤획득의 기회를 창출한다는 것이다.

≫ 이연자산(移延資産, deffered assets)

지출효과가 차기 이후에까지 영향을 미치기 때문에 당기에 자본화하는 자산을 말하는 것으로 창업비, 신주발행비, 사채발행비, 개업비, 개발비, 건설이자, 시험연구비 등이 이에 속한다. 이미 지출한 비용을 이연하여 자본화한 것으로, 지출효과를 차기 이후로 이연시켜 자산으로 계상한다는 점에서 선급비용과 비슷한 성격을 가지며, 형태가 없고 비유동자산에 속하며 정액법에 의하여 균등상각을 하는 점에서 무형고정자산과 유사하다.

≫ 이익준비금(利益準備金)

상법 제458조에 규정된 것으로, 그 자본의 2분의 1에 달할 때까지 매결산기의 금전에 의한 이익배당금의 10분의 1 이상을 계속적으로 적립해야 하는 법정준비금이다. 이것은 자본준비금과 함께 결손보존과 자본전입에만 국한되어 있는 소극적 적립금이다.

» 인적자원회계(HRA ; Human Resource Accounting)

기업이 자기회사의 인적 자원에 관한 정보를 측정하여 보고하는 과정을 말한다. 인적자원이란 창의적인 아이디어나 기술을 보유한 사람을 의미하는 것으로, 측정방법으로는 크게 원가법과 경제적 가치법이 있다. 원가법은 종업원을 채용, 훈련, 개발, 배치하는데 드는 비용을 투자자산으로 계량화한 후 인적자원의 기대사용년수에 걸쳐 상각하여 비용처리하게 되며, 경제적 가치법은 인적자원으로부터 기대되는 미래의 경제적 효과이익을 현재 가치로 할인하는 방법으로 원가법에 비하여 추상적이며 주관적인 요소를 내포하고 있다.

» 임금피크제(Salary peak)

임금피크제는 정년연장 또는 정년 후 재고용하면서 일정나이, 근속기간을 기준으로 임금을 감액하는 제도를 말한다. 임금피크제도를 실시하면 중년근로자로 계속 일할 수 있고 청년의 일자리도 늘어날 수 있으며, 해고를 피할 수 있을 뿐만 아니라 사실상 혹은 사규에 정해진 정년 이후에도 계속 일을 할 수 있어 정부는 인구고령화에 따른 경제활동인구 부족 문제를 해결할 수 있고, 그에 따른 사회보장비용 부담도 줄일 수 있다. 임금피크제도를 도입하게 되면 정년을 만58세에서 만60세로 연장되어 임금피크제 적용시 1년차 30%, 2년차 40%, 3년차 60%, 4년차 60%, 5년차 이후 70%로 감액되게 된다. 그러나 이를 사업장에 도입하기 위해서는 근로자대표의 동의를 얻어 실시하여야 하고, 사업주가근로자 대표의 동의를 받아 일정 연령 이상까지 고용을 보장하는 조건으로 일정 연령, 근속시점 또는 임금액을 기준으로 임금을 감액하는 제도를 시행하는 경우에 그 제도의 적용을 받는 근로자는 일정 기간 고용 지원금을 지급받아 소득수준을 유지할 수 있도록 대비책을 마련하고 있다.

» 임팩트론(impact loan)

본래는 소비재 수입에 쓰이는 외환차관을 뜻하는 말이었으나 최근에는 차관의 조건, 즉 자금의 용도가 지정되어 있지 않은 차관을 말한다. 외화를 국내에서의 설비투자나 노무조달에 이용함으로써 고용과 임금소득이 늘고 소비재에 대한 수요가 증가해 인플레이션의 충격(임팩트)작용을 초래한다는 뜻에서 생긴 말이다. 타이드론(tied loan)에 반대되는 개념이다.

임페리얼 마케팅(Imperial Marketing)

가격파괴와 반대되는 개념으로 좋은 품질과 높은 가격으로 소비자를 공략하는 판매기법이다. 이 전략은 최근 주류업계에서 고급소주나 양주 개발 등으로 시작되어 다른 업종으로 급속도로 확산되고 있다.

자본시장과 금융투자업에 관한 법률

자본시장에서의 금융혁신과 공정한 경쟁을 촉진하고 투자자를 보호하며 금융투자업을 건전하게 육성함으로써 자본시장의 공정성·신뢰성 및 효율성을 높여 국민경제의 발전에 이바지함을 목적으로 제정된 것으로 2007년 8월 3일에 공포되어 2009년 2월 4일부터 시행되었다. 이 법은 국외에서 이루어진 행위로 그 효과가 국내에 미치는 경우에도 적용된다.

자산재평가(assets revaluation)

자산재평가는 사업용 자산의 가격을 취득원가가 아닌 시가로 재평가하는 것으로 장부가를 현실화하는 작업을 말한다. 재평가를 하면 제대로 감가상각을 할 수 있어 명목이익이 배제되고 배당이나 세금으로 자금이 회사 바깥으로 유출되는 것을 방지하고 정확한 원가계산이 가능해지는 등 자본의 정확을 기해 경영의 합리화를 도모할 수 있다. 또 회사 자산을 처분할 경우 차익에 대한 세금부담이 적고 재평가 차액을 적립하므로 자기자본이 늘어 부채비율이 낮아지는 효과도 있다. 그러나 재평가세(재평가 차액의 3%)를 내야 하므로 일시적인 자금의 유출이 생기고 감가상각비가 높아져 원가상승에 따른 경쟁력이 떨어지며 재평가 후 무상증자를 실시하면 배당압력이 높아지는 단점도 있다.

자체상표(PB ; Private Brand)

백화점과 할인점 등 유통업체의 고유 브랜드를 말한다. 로열티와 중간마진, 광고비, 판촉비가 추가로 들지 않아 10 ~ 30%의 원가절감이 가능하고 판매가격도 그만큼 저렴하다. 유통업체가 자기매장의 특성과 고객의 성향에 맞춰 독자적으로 개발한 브랜드 상품으로, 패션 상품에서부터 식품·음료·잡화에 이르기까지 다양하며 PL이라고도 한다. 해당점포에서만 판매된다는 점에서 전국 어디에서나 살 수 있는 제조업체 브랜드(NB)와 구별된다.

» 자사주소각(retirement of shares)

회사가 자사의 주식을 취득하여 이것을 소각하는 것으로, 발행주식수를 줄여 주당가치를 높이는 방법을 통해 주주이익을 꾀하는 기법으로 주식소각이라고도 한다. 자사주를 매입해 소각하는 경우 본질적으로 기업의 가치는 불변이지만 주식수가 줄어들어 1주당 가치는 높아지기 때문이다. 자사주소각을 하면 자본항목인 자본금 또는 이익잉여금이 감소되므로 자본총계(자기자본)가 줄어든다. 따라서 소각 후 자기자본수익률(REO)이 높아지는 효과가 있다. 또한 유통주식수가 줄어들기 때문에 주당순이익(EPS)도 증가한다. 자사주소각은 주가관리효과가 자사주 매입보다 높은 것이 일반적이다. 이는 주식수가 줄기 때문에 물량부담도 없어지고 자사주 펀드처럼 나중에 매물로 나올 염려도 없기 때문이다. 그러나 자사주를 소각하면 자기자본이 줄어들어 부채비율이 높아진다는 단점도 있다.

» 재무상태표(B/S ; Blance Sheet)

일정한 시점에 있어서 기업의 재정상태를 명백히 나타내기 위하여 작성하는 자산·부채 및 자본상태의 일람표를 말한다. 차변(왼쪽)에 자산을, 대변(오른쪽)에 부채와 자본을 기록한다. 대차대조표는 일시점에 있어서 재정상태의 일단면이며, 이러한 의미에서 정태표라고도 한다. 반면 손익계산서는 일정 기간의 경영활동을 파악하는 것이므로 동태표라 하며, 양자는 재무제표의 중심부분이다.

» 재무제표(F/S ; Financial Statements)

기업의 경영성적과 재정상태를 이해관계자에게 보고하기 위한 수단으로 작성하는 여러가지 서류이다. 기업회계기준상 재무제표에는 재무상태표, 손익계산서, 현금흐름표, 자본변동표, 이익잉여금 처분계산서 또는 결손금 처리계산서, 주석이 있다.

» 전대차관(轉貸借款)

외국환은행이 국내거주자에게 수입자금 등으로 전대할 것을 조건으로 외국의 금융기관으로부터 외화자금을 차입하는 것이다. 일종의 뱅크론이라고 할 수 있지만 일반적으로 뱅크론은 자금의 용도에 대해 차관공여주로부터 아무런 조건이 붙지 않는 임팩트론이지만, 전대차관은 차관공여국 또는 특정 지역으로부터 물자수입자금에의 사용 등 차입자금의 용도에 대해 조건이 따른다. 또한 뱅크론의 차관공여주는 주로 외국의 일반상업은행인 데 비해 전대차관의 공여주는 외국의 특수정책금융기관 혹은 국제금융기관인 것이 일반적이다.

» 전략정보시스템(SIS ; Strategic Information System)

경쟁기업에 대하여 전략적인 우위를 점하기 위해 구축하는 정보시스템으로 전사적인 토탈 시스템에서 생산, 재무관리, 판매, 물류 등의 개별시스템까지 기업에 따라 규모나 영향력이 달라질 수 있다. 이러한 전략정보시스템의 구축으로 시장점유율 변동에 영향이 발생하므로 경쟁기업에서도 시스템을 구축하여 경쟁을 벌이기도 한다.

» 전사적 품질 경영(TQM ; Total Quality Management)

고객 만족을 목적으로 한 조직적인 관리 방법으로 제품 및 서비스의 지속적인 개선을 통해 높은 품질을 제공하고 경쟁력을 확보하기 위한 전종업원의 체계적인 노력을 말한다. 고객 만족, 인간성 존중, 사회에의 공헌을 중시하는 전사적 품질 경영은 고객, 종업원, 관리자 등 기업 활동에 관련된 모든 사람을 존중한다. 지속적인 종업원 교육, 제품 및 서비스를 제공하는 프로세스의 연속적인 개선, 미래에 발생할 수 있는 문제 예방, 기업 문화 창달과 기술 개발 등을 통해 기업의 경쟁력을 제고함으로써 장기적인 성장을 도모하는 경영체계라 할 수 있다.

» 제조물책임법(PL ; Product Liability Law)

소비자가 상품의 결함으로 손해를 입었을 경우 제조업자는 과실이 없어도 책임이 있다는 무과실책임이 인정되어 기업이 배상책임을 지도록 하는 것이다. 우리나라 현행 민법에서는 피해자측이 과실을 입증하지 못하면 기업은 책임을 면할 수 있게 되어 있다. 그러나 수입품에 의한 소비자피해가 발생했을 때에는 해당 외국기업이 배상책임을 지도록 하고 있다.

» 종업원지주제도(從業員持株制度)

회사가 종업원에게 자사주의 보유를 권장하는 제도로서 회사로서는 안정주주를 늘리게 되고 종업원의 저축을 회사의 자금원으로 할 수 있다. 종업원도 매월의 급여 등 일정액을 자금화하여 소액으로 자사주를 보유할 수 있고 회사의 실적과 경영 전반에 대한 의식이 높아지게 된다.

≫ 주가지수선물거래(株價指數先物去來)

증권시장에서 매매되는 전체 또는 일부 주식의 주가를 하나로 묶어 산출한 주가지수를 매매대상으로 하는 선물거래이다. 주식시장 시세변동에 따른 위험을 줄이기 위해 고안되었다. 장래 주가지수의 움직임에 대해 예상을 달리하는 시장참가자들이 거래소의 공개호가방식에 의해 결정된 가격을 기준으로 거래를 한다. 보통 주가지수선물의 이론가격은 '현물가격 + 금융비용 − 배당수입'으로 표시될 수 있다.

≫ 주가지수옵션거래(Stock Index Option)

실체가 없는 주가지수를 매매할 수 있는 권리를 시장에서 형성된 가격에 따라 매매하는 것을 의미한다. 옵션거래방법으로는 증권사를 통해 거래하고자 하는 종목 · 수량 · 가격 등을 주문표에 기재하면 되나, 기존주식과는 별도의 계좌가 필요(선물거래계좌는 가능)하다. 계좌를 만들 때 최소증거금 1,000만 원 이상의 현금이나 유가증권 기탁, 증권사는 옵션거래가 이루어지면 고객에게 매매체결내용을 통보해야 한다. 투기성이 매우 강하므로 자칫 잘못하면 투자액 전액을 잃을 수 있다.

≫ 주식매수청구권(株式買受請求權)

주주의 자익권(自益權)으로서 주주총회에서 경영에 중대한 영향을 미치는 사안이 다수결로 결의된 경우 이에 반대한 주주가 회사에 대해 보유주식을 매수해 줄 것을 요구할 수 있는 권리이다. 대주주의 횡포로부터 소액주주를 보호하기 위해 제도적으로 마련된 장치이다. 이러한 권리는 영업의 양도 · 양수, 경영위임, 합병 등 주주총회의 특별한 결의에만 해당된다. 회사가 자금력의 부족으로 주식매수청구권을 받아들이지 못했을 경우 주주총회의 결의는 무효가 된다.

≫ 지주회사(持株會社, holding company)

타회사의 주식을 많이 보유함으로써 그 기업의 지배를 목적으로 하는 회사로, 이를 모회사(母會社), 지배를 받는 회사를 자회사(子會社)라고 한다. 현행 독점규제 및 공정거래에 관한 법률에서는 한 회사가 다른 회사 주식의 50% 이상을 보유하고 있을 때 전자를 모회사, 후자를 자회사라 한다.

직무의 3면등가의 원칙

조직이 전체적인 질서를 갖고 원활한 운영을 가능케하기 위해 직무를 명확히 규정하는 원칙이 되는 것으로 직무를 명확히 하기 위해서는 각 직무의 책임, 권한, 의무의 세 부분이 대등해야 하는 것을 의미한다.

최초공모(IPO ; Initial Public Offering)

IPO는 주식회사가 한국거래소나 코스닥시장에 상장 또는 등록하기 위해 일반인을 대상으로 새로 발행한 주식을 모집하는 것을 말한다. 공모주청약이란 바로 이 주식을 사겠다고 증권사에 신청하는 것이다. 일반적으로 기업을 공개할 때는 공모를 실시하기 때문에 IPO는 기업공개와 동의어로 사용되기도 한다. 하지만 엄격하게 나누자면 기업공개(going public)는 공모를 하지 않고 이미 발행된 주식을 파는 매출을 통해서도 가능하기 때문에 좀더 포괄적인 개념이다.

카르텔(cartel)

기업연합을 뜻하는 것으로, 같은 종류의 여러 기업들이 경제상 · 법률상의 독립성을 유지하면서 상호간의 무리한 경쟁을 피하고 시장을 독점하기 위해 협정을 맺고 횡적으로 연합하는 것을 말한다. 협정의 내용에 따라 구매카르텔, 생산카르텔(생산제한 · 전문화 등), 판매카르텔(가격 · 수량 · 지역 · 조건 · 공동판매 등)이 있다. 우리나라에서는 독점규제 및 공정거래법에 의해 원칙적으로 금지되어 있다.

커리어 플랜(career plan)

인간관계나 파벌에 따른 인사이동이 아닌 종업원의 희망, 장래의 목표 등을 파악한 후 능력과 경험을 파악한 후 계획적으로 직장의 훈련 또는 연수를 진행시켜 나가는 제도를 말한다. 커리어 프로그램 또는 직능개발 프로그램이라고도 한다.

» 컨소시엄(Consortium)

공사채나 주식과 같은 유가증권의 인수가 어려울 때 이의 매수를 위해 다수의 업자들이 공동으로 창설하는 인수조합이나 정부나 공공기관이 추진하는 대규모 사업에 여러 개의 업체가 한 회사의 형태로 참여하는 경우를 일반적으로 컨소시엄이라고 한다. 보통 컨소시엄을 구성할 때는 투자위험 분산, 개발이익의 평등분배, 부족한 기술의 상호보완 등이 고려되어야 하며, 컨소시엄의 주목적은 단독으로 진행했을 경우 안게 될 위험부담을 분담하기 위한 것이다.

» 컨슈머리즘(consumerism)

소비자주권운동으로, 1960년대 후반 이후 기술혁신에 의한 신제품의 대규모 개발, 대량소비붐과 함께 불량품, 과대광고, 부당한 가격인상 및 유해식품 등의 부작용이 세계적으로 확대되었다. 컨슈머리즘은 소비자들이 힘을 모아 이러한 왜곡된 현상을 시정하고 자신들의 권리를 지키려는 운동이다. 구체적으로는 대규모 불매운동과 생산업자가 상품의 안정성을 보장할 의무를 법제화시키는 방법 등이 있다. 우리나라는 1980년대 이래 소비자보호원을 중심으로 활발한 소비자운동을 전개하고 있다.

» 컨트리 리스크(Country Risk)

컨트리 리스크란 금융기관이 해당 국가에 투자나 금전을 융통을 할 경우 손해발생 가능성의 정도를 나타내는 국가별 신용척도를 말한다. 보통 그 나라의 국제 수지, 외화 준비, 1인당 국민 소득, 대외 채무 잔액 및 정치적 안정성 따위를 종합 분석하여 결정한다.

컨트리 리스크는 경제적 리스크, 사회적 리스크, 정치적 리스크로 나뉘어 평가를 하는데, 경제적 리스크는 외환 보유액, 대외채무, 재정 건전성이 있으며, 정치적 리스크는 정권의 연속성, 내란가능성 등이 있다. 사회적 리스크는 국민 간 종교 갈등, 소득 격차 등이 있으며, 해외 투자를 하는 투자자는 컨트리 리스크가 높은 국가에 투자나 대출을 할 경우 컨트리 리스크가 낮은 국가에 비해 상대적으로 높은 금리를 조건으로 할 수 있다.

≫ 코넥스(Korea New Exchange)

코넥스란 자본시장을 통한 초기 중소기업 지원을 강화하여 창조경제 생태계 기반을 조성하기 위해 새로이 개설되는 중소기업전용 신시장을 말한다. 2013년 7월 1일부터 개장하였으며, 코넥스시장은 「중소기업기본법」5상 중소기업만 상장 가능한 시장으로서 초기 중소기업에 특화된 시장이라는 특징을 갖는다. 코넥스시장은 전문투자자 등으로 시장참여자를 제한하나, 중소기업 투자전문성이 인정되는 벤처캐피탈(창업투자조합 등 포함) 및 엔젤투자자의 시장참여를 허용하여 모험자본의 선순환을 지원하며, 코넥스시장은 초기 중소기업 중심의 시장으로서 어느 정도 위험감수능력을 갖춘 투자자로 시장참여자를 제한할 필요가 있어 코넥스시장 상장주권을 매수하려는 자의 경우 3억 원 이상을 기본예탁금으로 예탁하도록 하고 있다.

≫ 콘체른(konzern)

동종(同種) 또는 이종(異種)의 각 기업이 법률상으로는 독립하면서 경제상으로는 독립을 상실하고 하나의 중앙재벌 밑에서 지배를 받는 기업집중의 형태로, 재벌이라고도 한다. 일반적으로 거대기업이 여러 산업의 다수기업을 지배할 목적으로 형성된다.

≫ 탄소나노튜브(CNT ; Carbon Nano Tube)

벌집모양의 긴 탄소구조물로 원통지름이 수십 나노미터(nm는 10억 분의 1m)에 불과하다. 탄소나노튜브는 탄소 6개로 이뤄진 육각형들이 서로 연결돼 관 모양을 형성하고 있으며, 구리와 전기전도도가 비슷하고 열전도율은 다이아몬드와 같다. 강도는 강철보다 1백배나 우수하다. 전기적, 기계적 특성이 우수하여 차세대 반도체의 소재로 연구되고 있다. 탄소나노튜브로 반도체 표면을 긁거나 나노물질 잉크를 묻혀 회로를 그리면 반도체 크기를 줄일 수 있다.

≫ 테이퍼링(Tapering)

미국의 중앙은행인 연방준비제도(Fed)가 경제 위기에 대처하기 위해 취했던 양적 완화의 규모를 점진적으로 축소해 나가는 것을 의미한다. 본래 테이퍼링이란 뜻은 '끝이 뾰족해지는', '점점 가늘어지는'이란 뜻으로 쓰이는 용어로, 급작스런 양적 완화 축소를 실시하는 것이 아니라 서서히 자연스레 양적 완화의 속도를 줄여나가는 방식이라 할 수 있다.

미국은 경제회복을 의해 시행해온 양적완화(QE Quantitative Easing)를 축소하는 테이퍼링을 시작하기로 2013년 12월 18일 미국 연방공개시장위원회(FOMC)에서 결정한 바가 있다. 미국이 양적완화를 축소한다는 것 자체가 미국경제가 회복되고 있다는 신호이며 다시 정상적 금융정책으로 돌아온다는 뜻으로 풀이할 수 있으나, 미국에 대한 경제 의존도가 큰 우리나라의 경우외환시장에서 자금 유출과 이에 따른 금융불안이 나타날 수 있으며, 이자율 상승에 따란 투자의 축소, 가계부채 부담의 증가가 나타날 수 있다.

≫ 테일러시스템(Taylor system)

19세기 말 미국의 테일러(F. W. Taylor)가 제창한 것으로서 과업관리(task management)라고도 한다. 시간연구(time study)와 동작연구(motion study)에 의하여 공정한 하루의 과업을 정하고 그 과업의 성취도에 따라 차별임금을 지급하며, 직능식 관리제도를 실시하여 작업능률을 향상시키려는 관리방법이다.

≫ 토탈마케팅(total marketing)

마케팅활동이 회사 전반적인 체제로 전개되는 것으로, 직접적인 판매활동은 물론 제품계획 · 시장조사 · 상품유통 · 판매가격의 결정 · 광고 및 판매촉진 · 판매원 교육 · 금융판매 등을 포함한 전반적인 마케팅관리를 말한다.

≫ 톱 매니지먼트(Top management)

경영관리조직에서 최고경영층을 의미한다. 이는 수탁관리층(이사회), 전반관리층(대표이사 · 사장), 부문관리층(부장)의 세 가지로 구성된다.

» 트러스트(trust)

동종 또는 유사한 기업의 경제상·법률상의 독립성을 완전히 상실하고 하나의 기업으로 결합하는 형태로, 이는 대자본을 형성하여 상대경쟁자를 누르고 시장을 독점지배할 수 있다. 일반적으로 거액의 자본을 고정설비에 투자하고 있는 기업의 경우에 이런 형태가 많다. 트러스트의 효시는 1879년 미국에서 최초로 형성된 스탠더드 오일 트러스트(standard oil trust)이다.

» 트리플위칭데이(triple witching day)

주가지수선물, 주가지수옵션, 개별주식옵션의 만기가 동시에 겹치는 날로 3개의 주식파생상품의 만기가 겹쳐 어떤 변화가 일어날지 아무도 예측할 수 없어 혼란스럽다는 의미에서 생긴 말이다. 트리플위칭데이는 현물시장의 주가가 다른 날보다 출렁일 가능성이 상존하는데 이를 가리켜 만기일효과(expiration effect)라고 부른다. 또한 결제일이 다가오면 현물과 연계된 선물거래에서 이익을 실현하기 위해 주식을 팔거나 사는 물량이 급변, 주가가 이상 폭등·폭락하는 현상이 나타날 가능성이 크다. 특히 결제 당일 거래종료시점을 전후해서 주가의 급변동이 일어날 수 있다. 미국의 경우는 S&P500 주가지수선물, S&P100 주가지수옵션, 개별주식옵션 등의 3가지 파생상품계약이 3·6·9·12월 세번째 금요일에, 한국은 3·6·9·12월의 두번째 목요일에 트리플위칭데이를 맞게 된다.

» 특수인수목적회사(SPAC ; Special Purpose Acquisition Company)

비상장기업 인수합병을 목적으로 하는 페이퍼컴퍼니(paper company)를 말하며, 액면가로 신주를 발행하여 투자자금을 모은 후 상장하고 이를 바탕으로 기업에 투자한다. 일반투자자들로서는 SPAC 주식 매매를 통해 기업 인수에 간접 참여하는 셈이 되고 피인수 기업으로서도 SPAC에 인수되는 것만으로 증시에 상장하는 효과가 있다. SPAC의 최종 목적은 기업 인수가 아니라 투자 차익이기 때문에 기존 경영진을 유지하는 경우가 대부분이며, 미국에서는 2003년부터 본격적으로 활성화되고 있다.

» 파생금융상품(Financial Derivatives)

환율이나 금리, 주가 등의 시세변동에 따른 손실위험을 줄이기 위해 미래 일정 시점에 일정한 가격에 제품이나 주식, 채권 등을 거래하기로 하는 일종의 보험성 금융상품을 말한다. 거래대금의 10 ~ 20%의 증거금만 내고 미래의 권리를 사고파는 거래형태라고 할 수 있다. 금융 및 자본시장에선 채권, 주식, 환율, 대출 등 다양한 형태의 거래가 이뤄지고 있다. 현대적 의미의 파생금융상품이 선보인 것은 브레턴우즈 체제가 무너진 1972년이며, 당시 시카고 상업거래소(CME)에서 통화선물거래가 처음으로 이루어졌다. 파생금융상품은 선도거래, 선물, 옵션(선택매매), 스왑(교환) 등 크게 4가지 유형으로 나눌 수 있다.

» 팩토링(factoring)

외상매출채권을 상환청구권 없이 매입하여 이 매입채권을 대가로 전대금융하며 채권만기일에 채무자로부터 직접 회수함을 기본업무로 하는 단기금융제도이다. 팩토링의 거래당사자에는 factor, client 및 customer가 있는데 factor는 팩토링업무를 주요 업무로 하는 금융기관을 말하며 client는 factor와 팩토링계약을 체결하는 거래처로서 이 계약에 의해 해당 상거래에서 발생한 외상매출채권을 factor에게 원칙적으로 전부 양도하여 대금을 지급받으며 customer는 client의 판매처로서 factor에 대해서는 제3채무자에 해당한다.

» 포드시스템(ford system)

1903년 세워진 포드 자동차회사에서 포드(H. Ford)에 의해 실시된 경영합리화방식을 말한다. 작업조직을 합리화한 컨베이어 시스템(conveyor system)에 의한 대량생산, 즉 분업생산공정의 철저한 기계화로 각종 작업의 전체적인 동시진행을 실현하고 관리활동을 자동화한 제도이다.

» 포디즘(fordism)

포드(H. Ford)의 경영이념이다. 포드는 이윤보다는 사회적 봉사를 경영목적으로 삼고, 낮은 판매가격으로 제품을 시장에 공급하는 한편 노동자들의 임금은 가급적 증대시켜 기업이 사회대중의 생활수준을 향상시키는 봉사기관으로서의 선도적 역할을 해야 한다고 주장했다.

≫ 포지티브시스템(positive system)

수출입공고방법으로, 가능품목을 공고하고 공고에 포함되지 않은 품목은 원칙적으로 수출입을 제한하는 제도이다. 수출입 허용품목 표시제라고도 하며, 네거티브시스템과 반대되는 제도이다.

≫ 풋백옵션(putback option)

일정한 실물 또는 금융자산을 약정된 기일이나 가격에 팔 수 있는 권리를 풋옵션이라고 한다. 풋옵션에서 정한 가격이 시장가격보다 낮으면 권리행사를 포기하고 시장가격대로 매도하는 것이 유리하다. 옵션가격이 시장가격보다 높을 때는 권리행사를 한다. 일반적으로 풋백옵션은 풋옵션을 기업인수합병에 적용한 것으로, 본래 매각자에게 되판다는 뜻이다. 파생금융상품에서 일반적으로 사용되는 풋옵션과 구별하기 위해 풋백옵션이라고 부른다. 인수시점에서 자산의 가치를 정확하게 산출하기 어렵거나, 추후 자산가치의 하락이 예상될 경우 주로 사용되는 기업인수합병방식이다.

≫ 프로슈머(prosumer)

'producer(생산자)'와 'consumer(소비자)'의 합성어로 토플러(A. Toffler) 등 미래학자들이 예견한 상품개발주체에 관한 개념이다. 소비자가 직접 상품의 개발을 요구하며 아이디어를 제안하고, 기업은 이를 수용하여 신제품을 개발한다.

≫ 헤일로효과(halo effect)

헤일로(halo)란 후광을 뜻하는데, 인물이나 상품을 평정할 때 대체로 평정자가 빠지기 쉬운 오류의 하나로 피평정자의 전체적인 인상이나 첫인상이 개개의 평정요소에 대한 평가에 그대로 이어져 영향을 미치는 등 객관성을 잃어버리는 현상을 말한다. 특히 인사고과를 할 경우 평정자가 빠지기 쉬운 오류는 인간행동이나 특성의 일부에 대한 인상이 너무 강렬한 데서 일어난다. 헤일로효과를 방지하기 위해서는 감정 · 선입감 · 편견을 제거하고, 종합평정을 하지 말고 평정요소마다 분석 평가하며, 일시에 전체적인 평정을 하지 않을 것 등이 필요하다.

» 헤지거래(hedge trading)

현재 보유하고 있거나 장래 보유예정인 현물의 불확실한 가치에 대해 선물옵션시장에서 반대되는 포지션을 취함으로써 가격변동위험을 한정시키는 거래이다.

» 헤지펀드(hedge fund)

국제증권 및 외환시장에 투자해 단기이익을 올리는 민간투자기금이다. 대표적인 것으로는 소로스의 퀀텀펀드, 로버트슨의 타이거펀드 등이 있다. 모집은 물론이고 투자대상과 실적 등이 베일에 싸여 있다. 언제 어디서 투기를 할지 모른다는 점에서 '복병'으로 인식된다.

» 헤징(hedging)

환율이나 금리, 주가지수 등의 급격한 변동으로 인한 손실을 막기 위해 행하는 거래로 선물환거래가 대표적이다. 환위험 헤징에는 선물시장을 이용하는 방법과 금융시장을 이용하는 방법이 있는데, 선물시장을 이용하는 방법으로 선물환을 비롯, 통화선물 · 통화옵션 등이 있고 금융시장을 이용하는 방법으로 통화스왑이 있다. 급격한 금리변동으로 인한 손실을 막는 방법으로 금리선물 · 금리옵션 · 금리스왑 등이 있다.

» 호손실험(hawthorn research)

미국의 웨스턴 일렉트릭회사(Western Electric Company)에 속해 있는 호손공장에서 메이요(E. Mayo)를 중심으로 한 하버드대학 교수들이 1924년부터 8년 동안에 걸쳐 실시한 인사관리에 대한 실험이다. 그 결과 작업능률을 좌우하는 것은 임금 · 노동조건 등 작업환경으로서의 물적 조건뿐만 아니라 근로자의 태도와 정감 등 인간관계의 조정이 매우 중요하다는 것이 증명되었다. 이로 인해서 인간관계론의 성립을 보게 되었다.

≫ 환경친화적 기업경영제도(環境親和的 企業經營制度)

기업으로 하여금 스스로 기업활동 전과정에 환경경영계획을 세우도록 하는 제도이다. 기업이 매년 상반기 중 자재구입에서부터 오염물질 배출단계까지 경영 전과정에 걸쳐 1년간의 환경목표를 설정, '환경기업' 지정을 신청하면 환경부는 이를 토대로 매년 말 그 이행여부를 심사, 환경친화적 기업으로 인정해 준다. 환경친화적 기업으로 선정되면 배출시설 설치허가와 자가측정의무 면제, 환경부의 지도단속 대상에서 제외, 오염저감시설 설치시 각종 세제 및 융자혜택을 받게 된다. 우리나라는 영국 · 일본에 이어 세계에서 세 번째로 1995년 4월 17일부터 시행하고 있다.

≫ 회계연도(會計年度)

국가의 세입 · 세출을 구분 정리하기 위해 정한 일정기간을 말하는데 우리나라는 1월 1일에서 12월 31일까지, 미국은 10월 1일에서 다음해 9월 30일까지, 일본은 4월 1일에서 다음해 3월 31일까지이다.

≫ 후입선출법(LIFO ; Last-In First-Out method)

후에 입고된 것을 먼저 출고하는 방법으로, 선입선출법의 반대가 되는 방법이다. 이 방법은 시가에 가까운 매출원가 또는 소비액을 표시하게 되는 반면, 기말재고품을 비교적 구원가로 계산하게 된다. 따라서 물가상승시에는 다른 계산법보다 매출원가가 커지므로 이익을 적게 되고, 물가하락시에는 매출원가가 적으므로 이익은 커지게 된다.

03 경제 · 경영 약어

» All-IP

All-IP는 이동통신 서비스인 롱텀에볼루션(LTE), 초고속인터넷 기반의 인터넷전화(VoIP), 인터넷TV(IPTV) 등 유·무선 등 모든(All) 통신망을 하나의 인터넷 프로토콜(IP)망으로 통합하는 것을 말한다. All-IP 환경에서는 음성·데이터·멀티미디어 등 모든 서비스가 인터넷 기반으로 제공된다. 유·무선을 넘나들며 동일한 서비스와 콘텐츠를 편리하게 이용할 수 있게 된다. 예를 들어 IPTV에서 스마트폰 이용자와 고화질(HD) 영상통화를 하고, 스마트폰으로 시청하다 중단한 영화 등 동영상을 집에 있는 TV에서 자동으로 이어서 볼 수 있다. 스마트폰, IPTV, 인터넷전화, 초고속인터넷 등 서비스별로 따로 냈던 요금도 통합해 낼 수 있게 된다.

» B2B · B2C

B2B는 Business to Business(기업 대 기업)의 줄임말로 기업과 기업이 전자상거래를 하는 관계를 의미하며, 인터넷 공간을 통해 기업이 원자재나 부품을 다른 기업으로부터 구입하는 것이 대표적이다. 일반소비자와는 큰 상관이 없지만 거래규모가 엄청나서 앞으로 전자상거래를 주도할 것으로 보인다. B2C는 Business to Consumer의 줄임말로 기업이 개인을 상대로 인터넷상에서 일상용품을 판매하는 것이 대표적이다. 현재 인터넷에서 운영되고 있는 전자상거래 웹사이트의 대부분이 B2C를 겨냥하고 있다. 이밖에도 전자상거래의 유형 중에는 C2B, C2C도 있으나 차지하는 비중은 미미한 편이다.

» CEO(Chief Executive Officer)

미국 대기업의 최고의사결정권자로. 우리나라의 대표이사와 같은 의미이다. 최고경영자가 회장직을 겸하는 경우도 있으나 두 직책이 분리되는 경우도 있다. 분리되는 경우 회장이 단지 이사회(理事會)를 주재하는 권한만을 행사하는데 반해 최고경영자는 경영 전반을 통괄한다. 실권은 최고경영자에게 있다.

㉠ CCO(Chief of Contents Officer) : 벤처기업의 콘텐츠 기획과 운영에 관한 모든 책임과 권한이 부여된 전문경영자를 말한다.

㉡ CDO(Chief of Distribution Officer) : 최고경영자인 CEO보다 한 단계 상위개념이다. 단순한 최고경영자에서 벗어나 회사 내의 A부터 Z까지 모든 업무를 하나하나 꼼꼼히 챙기는 전문경영자를 의미한다.

㉢ CFO(Chief of Finance Officer) : 벤처기업 내의 재무에 관련된 모든 업무를 담당하는 경영자로서 다양한 루트를 통해 자금을 원활히 조달하는 전문화된 인력을 말한다.

㉣ CKO(Chief of Knowledge Officer) : 최고지식경영자 혹은 지식경영리더로 불리며 신세대에 맞는 독특하고 기발한 아이디어를 내는 것이 주된 업무이다.

㉤ CTO(Chief of Technology Officer) : 기업내 기술총책임자를 의미한다.

㉥ COO(Chief of Operating Officer) : 개발된 제품을 사업으로 연결시키는 역할을 담당하면서 회사내 사업추진의 총책임자로 활약하는 경영자를 일컫는 용어이다.

» CI(Corporate Identity)

기업이미지 통합을 말한다. 상품구입에서 직장을 고르는 경우에 이르기까지 기업 · 소비자 · 취직자 등은 그 기업의 이미지에 따라 선택판단을 내리게 되는 경우가 많다. 이 때문에 각 기업들은 기업의 명칭에서부터 종업원의 복장에 이르기까지 통일된 이미지를 주는, 즉 같은 회사의 제품이라는 것을 식별할 수 있도록 해주는 기업활동과 전략을 수립하고 있다. 본격적으로 도입된 것은 1980년대부터인데 여기에는 시각이미지 통일(VI ; Visual Identity), 행동양식 통일(BI ; Behavioral Identity), 심리 통일(MI ; Mind Identity) 등이 있다.

» CIB(Commercial Investment Bank)

상업은행과 투자은행을 결합한 용어로 금융지주회사 형태의 통합금융회사를 의미한다. 1933년 상업은행과 투자은행의 업무를 엄격하게 분리한 글라스-스티걸법의 제정으로 은행부분과 증권부분이 분리됐으나 최근 금융위기로 골드만삭스, JP모건 등 투자은행들이 은행지주회사 구조로 전환하면서 CIB가 그 대안으로 부상하고 있다.

» CIO(Chief Information Officer)

최고정보경영자 또는 정보담당임원을 말한다. 경영환경이 정보 중심으로 급변함에 따라 각 기업들은 정보화문제를 총괄하는 고위직 책임자를 필요로 하게 되었고, 이를 CIO라 부르게 되었다. 미국에서는 일반적으로 부사장급에서 선임되고 있으며, 도입 초기단계인 우리나라에서는 이사급에서 선임된다.

※ 미국에서는 애플 · GE · NBC 등이 CIO직을 신설 도입했고, 우리나라에서는 삼성 · 아시아나항공 · 금융결제원 등이 CIO직을 도입했다.

» CSS(Credit Scoring System)

개인의 신상, 직장, 자산, 신용, 금융기관거래정보 등을 종합평가해 대출 여부를 결정해주는 자동전산시스템으로 '개인대출평가시스템'이라고도 불린다. 각각의 개인대출신청은 CSS결과에 따라 자동승인, 재심사대상, 승인거절 등으로 분류된다.

» DIY(Do It Yourself)

소비자가 스스로 자신이 원하는 물건을 만드는 데 쓰이는 상품을 의미한다. 엄밀한 의미에서 DIY는 반제품상태의 부품을 사다가 직접 조립하거나 제작하는 과정을 통해 다양하고 창조적인 재미를 느낄 수 있는 상품을 지칭하며 넓은 의미로는 DIY조리기구 · DIY페인트 · DIY자동차용품 등 스스로 만들거나 손질하는데 쓰이는 상품 전부가 포함된다. 미국에서는 1950년대부터 선보였으며, 동네 슈퍼마켓에 대부분 DIY코너가 마련되어 있다. 우리나라는 1988년부터 DIY상품을 취급하고 있다.

» ERP(Enterprise Resource Planning)

MRP(물류지원관리 ; Material Resource Planning)에서 한 단계 진보한 개념으로 기업 내의 모든 인적·물적 자원을 효율적으로 관리하여 경쟁력을 높여주는 통합정보시스템을 말한다. 경영활동의 수행을 위해 인사, 생산, 판매, 회계 등의 여러가지 운영시스템으로 분산되어 있는데 ERP는 이러한 경영자원을 하나의 체계로 통합관리하는 시스템을 재구축하여 생산성을 극대화하려는 기업 리엔지니어링 기법이다.

» EVA(Economic Value Added)

경제적 부가가치를 의미하며 세후 영업이익에서 자본비용을 차감한 값으로 투하된 자본과 비용으로 실제로 얼마나 많은 이익을 올렸느냐를 따지는 경영지표를 말한다. 회계장부상으로는 순익이 나더라도 EVA가 마이너스인 경우에는 기업의 채산성이 없는 것을 의미한다. 1980년대 후반 미국의 스턴스튜어트 컨설팅사에 의해 도입, 선진국에서는 기업의 재무적 가치와 경영자 업적평가에서 순이익이나 경상이익보다 훨씬 효율적인 지표로 활용되고 있다. 어느 기업의 EVA가 마이너스라는 것은 투자자 입장에서 보면 투자할 가치가 없다는 뜻이다.

» FMS(Flexible Manufacturing System)

생산성을 떨어뜨리지 않고 여러 종류의 제품형태를 가공·처리할 수 있는 유연성이 풍부한 자동화 생산라인이다. CNC공작기계, 로봇자동창고, 무인운반기, 제어용 컴퓨터 등으로 구성된 자동조립·가공라인을 가리킨다. FMS가 등장하게 된 사회적 배경은 시장의 성숙화에 따른 다품종소량 생산시대를 맞은 것, 다양한 욕구·수요에 유연하게 대응할 수 있는 시스템의 필요성, 마이크로 일렉트로닉스 기술의 진보에 수반한 고도의 CNC공작기계나 로봇의 개발을 들 수 있다.

» FISH

FISH는 프랑스(France), 이탈리아(Italy), 스페인(Spain), 네덜란드(Holland)의 영문 첫 머리글자를 딴 말이다. FISH는 PIIGS(포르투갈 · 이탈리아 · 아일랜드 · 그리스 · 스페인)에 이어 유럽 경제의 새로운 우환거리로 떠오르고 있다.

파이낸셜타임스(FT) 칼럼니스트 질리안 테트(Tett)가 프랑스(France), 이탈리아(Italy), 스페인(Spain), 네덜란드(Holland)의 4개 국가를 첫 머리글자를 따 'FISH' 라고 묶어 말했다. 과거에는 유럽 경제의 걱정거리가 포르투갈, 이탈리아, 아일랜드, 그리스, 스페인에 맞춰 있었지만, 최근 FISH국가로 옮겨 가고 있다고 하였다. 그 원인은 FISH 국가들의 장기 경제 침체와 경쟁력에 대한 의구심 때문이라고 전했다.

» GWP(GWP)

Great Work Place. 일하기 좋은 기업을 말한다. 조직 내 신뢰가 높고, 업무에 대한 자부심이 강하며, 즐겁고 보람 있게 일하는 회사로 미국의 경영컨설턴트인 로버트 레버링 박사가 뛰어난 재무적 성과를 올리는 기업들의 기업문화를 연구해 1998년 경제전문지 포춘에 발표하면서 눈길을 끌었다.

» IMF 쿼터(IMF Quota)

국제통화기금에서 각 회원국들에 할당한 출자금비율로 IMF는 각 가맹국에 대해 그 경제력이나 무역량에 따라 출자할당액을 정한다. 가맹국은 할당액의 25%를 금, 나머지 75%는 자국통화로 납입하게 되어 있었으나 1978년 4월의 신(新)협정으로 금에 의한 납입은 SDR로 납입하게 되었다. 다만, IMF가 인정할 경우에는 다른 가맹국통화 또는 자국통화로 납입할 수 있다. 이와 같은 할당액에 의한 자금을 일반자금이라 하며, 가맹국은 국제수지가 악화되었을 때 IMF의 승인을 얻어 이를 인출하여 이용할 수 있다.

» IR(Investor Relations)

기업설명회를 뜻한다. 기관투자가, 펀드매니저 등 주식투자자들에게 기업에 대한 정보를 제공하여 투자자들의 의사결정을 돕는 마케팅활동의 하나이다. 기업입장에서는 자사주가가 높은 평가를 받도록 함으로써 기업의 이미지를 높이고 유상증자 등 증시에서의 자금조달이 쉬워지는 효과를 거둘 수 있다.

» JIT(Just In Time)

생산현장에서 꼭 필요한 물자를 필요한 양만큼만 필요한 시간과 장소에 생산·보관하는 방식이다. 재고감소·납기준수·낭비제거 등을 위한 기법으로, 경영자원을 최대한으로 활용하는 것을 목표로 한다. 이 방식은 일본의 도요타 자동차사가 미국의 GM타도를 목표로 창안한 기법으로, 자동차와 함께 도요타 생산방식(TPS)의 축을 이루고 있다. JIT시스템이 중점을 두는 생산활동은 사람, 기계, 물자 등 3M을 적절하게 조화시키는 것이다. JIT시스템은 이같은 3M을 조화하는 과정에서 낭비를 제거한다. 제조공정의 시간을 단축하기 위해 필요한 재료를 필요한 때에 필요한 양만큼 만들거나 운반하는 것이다. 이를 간판방식이라고도 한다. 그러나 최근 들어 어느 생산라인 한 곳만 차질을 빚거나 수송이 막히면 전면적인 생산마비가 불가피하다는 문제점이 제기돼 도요타자동차사 내에서도 JIT에 대한 재평가작업이 활발히 이루어지고 있다.

» M & A(Mergers and Acquisitions)

기업의 인수·합병을 말한다. M & A는 우호적인 매수와 비우호적인 매수로 나뉘는데, 비우호적인 경우, 매수대상 기업의 주식을 일정한 값으로 매입해 버릴 것을 공표하는 테이크 오버 비드(TOB)란 방법도 이용된다. 우리나라도 1997년 4월 1일부터 주식소유한도가 완전폐지되어 본격적인 M & A시대로 접어들었다.

※ TOB(Take-Over Bid) … 공개매수를 뜻한다. 주로 경영권을 지배하기 위해 주식의 매수희망자가 매수기간, 주수, 가격을 공표해 불특정다수의 주주로부터 매수하는 방식이다. 유리한 점은 시장에 출회되는 주가 적은 경우에도 시장가격보다 비싼 가격으로 매도를 유발하여 주를 모을 수 있고, 주수가 목표에 미달했을 때 사들이는 것을 모두 취소해도 무방하므로 위험부담이 적다는 것이다.

» M-비즈(Mobile Business)

이동 중 인터넷 접속이 가능한 사업을 지칭한다. 인터넷 접속도구로 이동전화를 비롯한 개인디지털장비(PDA)가 빠르게 보급됨에 따라 컴퓨터를 이용한 기존의 E-비즈니스가 퇴색하고, 대신 M-비즈니스가 급부상하고 있다. M-비즈니스가 급확산 추세를 보이는 것은 휴대폰 등 이동장비가 컴퓨터보다 훨씬 더 폭넓게 보급되어 있기 때문이다. 인터넷을 휴대형기기로 연결하는 무선애플리케이션프로토콜(WAP)표준방식이 에릭슨, 노키아, 모토로라 등 세계 주요 이동전화 메이커들로부터 강력한 지지를 받고 있어 M-비즈니스는 앞으로 더욱 빠른 속도로 활기를 띨 전망이다.

※ WAP(Wireless Application Protocol) … M-비즈니스시장에서 가장 널리 통용되고 있는 단일 요소로 마이크로소프트, 오라클, AT&T 와이어리스, 휴렛팩커드, 겜플러스, 아더 앤더슨 등 2백여개 업체들이 시스템 개발에 참여하고 있다. WAP방식은 핸드폰이 GSM방식이건 CDSM방식이건 CDMA방식이건 상관없이 콘텐츠를 받아볼 수 있다는 점이 최대 강점으로 꼽히고 있다.

» MBA(Master of Business Administration)

경영학 석사학위 또는 동학위취득자를 말한다. 미국에서 호평받고 있는 2년제 대학원에 상당하는 비즈니스 스쿨(business school)을 수료한 학생에게 수여되는 학위로 고도로 실무적인 경영훈련을 실시, 기업 엘리트를 배출하는 것을 목적으로 하고 있다.

» MBO(Management Buy Out)

고용안정을 기하면서 조직을 슬림화시키는 구조조정기법을 말한다. 기업구조조정과정에서 현경영진과 종업원이 중심이 되어 자신들이 속해 있는 기업이나 사업부를 매수하는 것을 말한다. MBO에 참여하는 은행이나 벤처캐피털은 자금지원 외에도 MBO 대상기업에 대한 지속적인 감시와 모니터링을 수행하므로 MBO 성패를 좌우하는 중요한 역할을 담당한다. MBO는 대기업이 계열사나 사업부를 분리할 때 주로 사용되며, 자회사분리 또는 신설(spin-off), 기업분할(split-off), 모기업 소멸분할(split-up), 자회사분리 및 공개상장(equity carve-out), 지분매각, 영업양도 등의 형태로 이루어진다. 최근 MBO는 정리해고·청산 등에 따른 실업증가가 사회문제로 떠오르면서 구조조정의 새로운 수단으로 각광받고 있다.

» OJT(On the Job Training)

종업원을 훈련시키는 한 방식으로 직무를 통한 훈련, 즉 직장 내 훈련을 말한다. 실제 종사하고 있는 직무와 관련된 지식 · 기능을 연마하는 것이 그 목적이다.

» OR(Operation Research)

제2차 세계대전중에 작전계획의 과학적 연구를 바탕으로 발전되었으나, 전후에는 기업경영에 도입 · 활용되었다. 생산계획, 재고관리, 수송문제, 설비계획 등 여러 경영정책의 결정을 수학적 · 통계학적으로 구하는 방법이다. 선형계획법, 시뮬레이션, 게임이론, PERT 등이 대표적으로 이용된다.

» PIIGS

포르투갈(Portugal), 이탈리아(Italy), 아일랜드(Ireland), 그리스(Greece), 스페인(Spain)의 단어 첫 글자를 딴 것이다. 소규모 유럽 국가들의 재정부실이 국가채무불이행 위험(sovereign risk)으로 연계되면서 국제적인 문제가 됨에 따라 포르투갈, 이탈리아, 아일랜드, 스페인을 묶어 PIGS로 지칭하였으나 금융위기로 급격히 재정 악화를 맞은 아일랜드를 포함해 PIIGS로 바뀌었다.

» POS(Point Of Sales)시스템

판매시점 정보관리시스템을 의미한다. 유통업체 매장에서 팔린 상품에 관한 정보를 판매시점에서 품목 · 수량 · 가격 등과 같은 유통정보를 기록함으로써 컴퓨터를 이용하여 재고나 매출과 관련된 자료를 분석 · 활용할 수 있는 유통업계 정보시스템을 말한다. POS시스템은 판매정보입력을 쉽게 하기 위해 상품 포장지에 바코드(Bar Code)나 OCR태그(광학식 문자해독 장치용 가격표) 등을 부착시켜 판독기(Scanner)를 통과하면 해당 상품의 각종 정보가 자동적으로 메인컴퓨터에 들어가게 된다. 백화점, 은행, 대형서점 등 유통 서비스업계는 이 정보를 활용하여 매출동향을 파악하는 것은 물론 적정 재고량을 유지할 수 있는 등의 장점이 있어 상품관리 · 자동화업무를 추진하고 있다.

» QC(Quality Control)운동

제품의 품질을 유지 · 향상시키기 위한 품질관리상운동이다. 오늘날의 품질관리는 가장 경제적이고 가장 도움을 주며, 구입자가 만족하는 품질의 제품을 개발하여 설계 · 생산 · 판매하고 서비스하는 것을 말한다.

» QM(Quality Management)운동

일본 기업들의 세계시장 진출로 미국 시장이 잠식당하는데 자극을 받아 미국의 기업들이 대대적으로 벌이고 있는 품질경영운동을 말한다. 품질은 고객의 요구와 일치, 저품질을 만들지 않도록 노력, 결함률은 제로, 품질측정기준은 결함발생액으로 삼는다는 네 가지의 원칙을 내용으로 한다.

» R & D(Research and Development)

연구개발을 뜻한다. 'research'는 기초연구와 응용연구, 'development'는 이러한 연구성과를 기초로 제품화하는 개발업무를 가리킨다.

» S 운동

생산성의 향상 · 품질의 개선을 추진하기 위해서 부품규격 등의 표준화(standardization), 제품의 단순화(simplification), 제조공정 및 작업의 전문화(specialization) 등을 기업 내에서 실행하려는 경영합리화운동을 말한다.

» VE(Value Engineering)

가치공학(價値工學)을 의미하는 표현으로 최저의 비용으로 필요한 기능을 확실히 달성하기 위하여 조직적으로 제품 또는 서비스의 기능을 연구하는 방법이다. VE의 궁극적 목표는 이러한 연구를 통하여 고객의 입장에서 제품이나 서비스의 가치에 관한 문제를 분석하여 가치를 높이는 일이다.

» 20-50 클럽

인구 5,000만 명 이상, 국민소득 2만 달러 이상의 나라들을 가리키는 용어이다. 우리나라는 2012년에 인구 5,000만 명을 돌파하면서 이 클럽에 가입되게 되었다. 일본(1987년), 미국(1988년), 프랑스와 이탈리아(1990년), 독일(1991년), 영국(1996년)에 이어 16년만에 우리나라가 일곱번째 '20-50'클럽 가입국으로 탄생한 것으로 한국전쟁 이후 최빈국이었던 대한민국이 국민소득 2 만 달러 이상을 달성할 수 있게 된 비결은 당시의 효과적인 경제정책, 우리민족의 뛰어난 국민성 그리고 교육적성과 등에서 찾을 수 있다.

» W이론

한국의 실정에 맞는 독창적인 기업경영철학을 확립하자는 의미에서 1993년 서울대 이면우 교수가 주창한 이론으로, 현재 우리 경제가 당면한 심각한 위기상황을 극복하고 발전하기 위해서는 외국의 경영이론이나 철학을 무분별하게 수용하여 산업현장에서 무리하게 적용함으로써 발생하는 비능률을 제거하고 우리 산업의 실체, 문화적 · 역사적 토양, 시대적 배경 등을 점검하여 우리의 실정에 맞는 한국형 기술, 한국형 산업문화 발전전략을 뒷받침하는 독자적인 경영철학을 확립하자는 것이다. W이론의 실체는 산업현장에 '신바람'을 불러일으킨다는 것이다. 경영자나 지도자가 솔선수범하여 구성원의 흥을 불러일으키면 생산성이 배가된다는 것이다.

» ZD(Zero Defects)운동

무결점운동이다. QC(품질관리)기법을 제조부문에만 한정하지 않고 일반관리사무에까지 확대적용하여 전사적(全社的)으로 결점이 없는 일을 하자는 것이다. 구체적으로는 전(全)종업원에게 경영참가의식을 갖게 하여 사기를 높임으로써, 전원이 결점을 없애는데 협력해 나가도록 하는 운동이다.

» 3C

세계 정상급 기업이 되기 위한 요건이다. 발상(Concepts), 능력(Competence), 관계(Connections)를 의미한다. 미 하버드대 경영대학원의 로저베스모스 캔터교수가 자신의 저서 '세계정상급'에서 제시한 것으로, 먼저 발상은 최신의 지식과 아이디어를 습득해야 하며 기술을 계속 향상시켜야 한다. 두 번째는 가장 높은 수준에서 일할 수 있는 능력을 갖추어야 한다. 또한 전세계에 걸쳐 적합한 인물들과 교류를 갖는 관계를 유지해야 한다. 그밖에 전세계 사람들과 허심탄회하게 일할 수 있는 세계화(Cosmopolitan)적 인식과 활동, 공동의 문제들을 함께 해결해 나가려는 협력(Collaborations)의 자세도 중요하다고 지적하고 있다.

» 5S서비스

금융 · 호텔 · 병원 · 수송 등 종래의 전통적인 서비스업 외의 새로 개발된 5가지 서비스 산업을 의미한다.

㉠ Substitute : 기업 · 개인의 업무를 대행서비스
㉡ Software : 컴퓨터 시스템의 사용 · 유지관리, 프로그램 등 서비스
㉢ Security : 생명 · 재산 보호, 개인 · 기업의 안전서비스
㉣ Social : 복지사업 등 사회보장 확립 서비스
㉤ Special : 변호사 · 의료 · 사설학원 등 서비스

» 7C

7C란 21세기 지식산업시대의 경쟁력 강화에 필수적인 7가지 요소로서, 미국 교육부와 상무부가 발표한 보고서에서 나온 용어이다. 7C는 정보통신 및 컴퓨터 네트워크 간의 연결성(Connectivity), 특정 소수집단을 초월한 지역단위(Community)의 기반, 지식사회를 주도적으로 이끌 인적 기반 등의 수용성(capacity), 인터넷 웹사이트를 구성하는 내용물(Contents), 지역사회 내부의 협동체제(Collaboration), 지식사회를 지속적으로 혁신하는 데 동원될 자금력Ccash) 등 7가지 요소이다. 각각의 요소들이 유기적으로 결합할 때 국가경쟁력의 극대화를 기대할 수 있을 것이다. 네트워크기술 발달은 앞으로 시간과 공간을 초월한 경쟁구도를 만들어 낼 것으로 전망된다. 경쟁의 치열함이나 속도도 지금과는 비교할 수 없을 정도이다. 탄탄한 인프라 기반과 순발력 있는 창의적 인재의 조화가 성패의 관건이다.

서원각

자격시험 대비서

임상심리사 2급

건강운동관리사

사회조사분석사 종합본

사회조사분석사 기출문제집

국어능력인증시험

청소년상담사 3급

관광통역안내사 종합본